wortstark

9

Sprach-Lesebuch Deutsch

Differenzierende Ausgabe

Schroedel

wortstark 9

Sprach-Lesebuch Deutsch

Differenzierende Ausgabe

Herausgegeben von
August Busse, Ingrid Hintz und Peter Kühn

Erarbeitet von
August Busse, Simone Depner, Irmgard Ehls, Ingrid Hintz,
Irmgard Honnef-Becker, Peter Kühn, Heiderose Lange,
Gerd Ludwig, Eleonore Preuß und Fritz Wiesmann

Druck A[1]/ Jahr 2011
Alle Drucke der Serie A sind im Unterricht parallel verwendbar.

Redaktion: Stefan Bicker
Herstellung: Andreas Losse
Illustrationen: Sabine Lochmann und Yaroslav Schwarzstein
Umschlaggestaltung und Layout: Janssen Kahlert Design & Kommunikation, Hannover
Satz: Jesse Konzept & Text GmbH, Hannover
Druck und Bindung: westermann druck GmbH, Braunschweig

ISBN 978-3-507-**48229**-6

So könnt ihr mit „wortstark" arbeiten

Wie das Buch aufgebaut ist

- In den **Themenkapiteln** (S. 10–193) geht es – wie der Name schon sagt – um interessante Themen wie „Reisen“, „Freundschaft/Liebe“ oder „Medien“. Hier findet ihr Texte, Bilder, Aufgaben und Anregungen zum Lesen, Sprechen, Schreiben und Darstellen.

1 Grüne Aufgaben helfen euch, einen Text oder ein Thema erst einmal zu verstehen. Manchmal kann man diese Aufgaben auch überspringen.
2 Blaue Aufgaben solltet ihr bearbeiten, wenn ihr bei einem Thema seid. Hier wird alles Wichtige erarbeitet.
3 Rote Aufgaben könnt ihr zusätzlich machen, um am Thema weiterzuarbeiten. Oft sind sie ein bisschen kniffliger als die blauen ...

In der Mitte der Themenkapitel findet ihr *Werkstattseiten*. Hier lernt ihr Schritt für Schritt, was beim Sprechen, Schreiben und Lesen wichtig ist. Daran schließt sich ein *Extrateil* an – hier könnt ihr entscheiden, wie ihr am Thema weiterarbeiten wollt, und ihr könnt anwenden, was ihr auf den Werkstattseiten gelernt habt.
Am Ende der Kapitel könnt ihr überprüfen, was ihr gelernt habt – und woran ihr noch arbeiten solltet *(Überprüfe dein Wissen und Können)*.

- In den drei ausführlichen **Werkstätten** im zweiten Teil des Buchs (S. 194–263) wird sprachliches „Handwerkszeug“ vermittelt, das ihr immer wieder verwenden könnt: Ihr denkt darüber nach, wie unsere Sprache aufgebaut ist, und nutzt dieses Wissen für das Sprechen, das Schreiben und das Verstehen von Texten *(Werkstatt Sprache* und *Werkstatt Rechtschreibung)*. Außerdem lernt ihr wichtige *Methoden und Arbeitstechniken* zur Ausarbeitung von Referaten und zu ihrer Präsentation.

- Im Deutschunterricht werdet ihr eine Menge lernen und nach und nach immer mehr wissen und können. Da kann es leicht passieren, dass man etwas wieder vergisst oder durcheinanderbringt. Im Nachschlageteil **Wissen und Können** (S. 274–299) könnt ihr noch einmal das Wichtigste nachlesen und wiederholen.

Gemeinsam lernen

▸▸ Gemeinsam lernen macht Spaß und ist oft besonders erfolgreich. In den Bänden 5–8 von „wortstark" habt ihr schon zahlreiche Methoden kennengelernt und erprobt, wie ihr miteinander lernen könnt. Im Nachschlageteil „Wissen und Können" könnt ihr noch einmal nachlesen, wie diese Methoden funktionieren und wozu man sie besonders gut einsetzen kann (S. 295–299)

Im Band 9 werden noch drei weitere Methoden neu eingeführt:
- Gedankenblitze (S. 60)
- Eine Debatte führen – Argumente erproben (S. 145)
- Die Posterkonferenz (S. 263)

Prüfungsvorbereitung

▸▸ Während dieses und des nächsten Schuljahres werdet ihr euch im Unterricht und darüber hinaus unterschiedlichen Formen von schriftlichen Tests und Prüfungen stellen müssen, in denen auch eure Leistungsfähigkeit im Fach Deutsch überprüft wird.

In „wortstark" 9 und in „wortstark" 10 findet ihr am Ende des Buches eigene Kapitel, mit denen ihr euch darauf langfristig und in Ruhe vorbereiten könnt. Schlagt einfach mal auf den Seiten 264–273 nach!

Anderswo ankommen

Menschen sind ständig unterwegs: Sie reisen in ferne Länder und wollen fremde Städte und Landschaften kennenlernen. Andere müssen ihre Heimat verlassen, um anderswo zu leben und zu arbeiten. Viele von ihnen bleiben auf Dauer und das fremde Land wird Heimat für sie. Wer „anderswo ankommt", sieht die andere Welt zunächst mit „fremden Augen". Um die fremde Welt zu verstehen, braucht man nicht nur Informationen darüber, sondern man muss sich auch in sie hineinversetzen.

In diesem Kapitel lernt ihr

- Informationen und Eindrücke in Reiseberichten und Reportagen einander gegenüberzustellen,
- Vorstellungen und Bilder von fremden Ländern zu untersuchen,
- Sachtexte und literarische Texte miteinander zu vergleichen,
- einen Textvergleich schriftlich zu formulieren,
- „eingewanderte" und „ausgewanderte" Wörter zu unterscheiden.

1 Schau dir die Bilder an: Wo sind die Menschen unterwegs? Warum?

2 Sammelt Gründe, warum Menschen in andere Länder reisen.

3 Sicher seid ihr selbst schon „anderswo angekommen“. Erzählt:
- Wo seid ihr angekommen?
- Wie seid ihr dorthin gekommen?
- Warum seid ihr dorthin gefahren?
- Was war fremd für euch?
- Was hat euch am meisten gefallen?

→ Interviewt Personen aus eurer Familie oder Nachbarschaft, die eingewandert sind. Erstellt dazu Fragebögen.

→ Werdet Experten für fremde Länder und Menschen. Präsentiert eure Ergebnisse in Kurzvorträgen oder auf Postern.

Die Fremde kennenlernen

1 Überfliege die Texte auf dieser Doppelseite:
- Welcher spricht dich an? Warum?
- Welche Texte sind Sachtexte, welches sind literarische Texte? Woran hast du das erkannt?

Christine Nöstlinger

Die weite Welt

„Mich zieht es in die weite Welt hinaus, ich will die Fremde kennenlernen", sprach Herr Meier, packte zwei große Koffer voll, tat sie in den Kofferraum seines Autos, winkte seinen Nachbarn zu und brauste ab. Fuhr und fuhr drauflos, tankte, fuhr und fuhr, tankte, fuhr und fuhr und fuhr ... bis er, nach drei Tagen, endlich zu sich sprach: „So, nun bin ich aber ganz weit in der Welt! Fremder kann's gar nicht mehr werden!"

Er mietete sich ein kleines Haus, trug seine Koffer ins Haus hinein und holte allerhand aus den Koffern heraus:

Das Hochzeitsfoto seiner Eltern. Das hängte er an die Wand.

Eine Plastiktischdecke mit Rosen drauf. Die breitete er über den Tisch.

Zwei Kochtöpfe, eine Tasse, zwei Teller und eine Filterkaffeemaschine. Die tat er auf ein Bord über dem Herd.

Ein kleines Kissen aus gestreiftem Samt. Das legte er auf das Bett.

Einen Jogginganzug. Den zog er an.

Dann setzte er sich zum Fernseher und schaute sich den Eurovisions-Song-Contest an und seufzte zufrieden: „Ganz wie zu Hause!"

Alexander von Humboldt

(1769–1859)

Noch heute, 150 Jahre nach seinem Tod, kennt jedes Kind in Venezuela Alexander Humboldt, den Naturforscher aus Deutschland. Fünf Jahre lang reiste er durch den Amazonas-Dschungel, bestieg die höchsten Berge der Anden, entdeckte Pflanzen und Tiere. Alexander von Humboldt war einer der herausragenden Naturforscher des 19. Jahrhunderts. Bereits als Jugendlicher hatte er einen Traum: eine Forschungsreise in den tropischen Regenwald, den Amazonas-Dschungel. Und dieser Traum erfüllte sich, als er am 5. Juni 1799 in La Coruna, in Spanien seine Reise begann ... Am Ende seiner Reise schreibt von Humboldt:

„Jetzt, da ich am Ende meiner Reise stehe, ist meine Freude, dieselbe gemacht zu haben, eine doppelt große. Mein Schatz an Erfahrungen und Kenntnissen ist ein großer. Der fleißigste Gelehrte wird während eines langen, im Studierzimmer verbrachten Lebens keinen halb so großen sammeln, wie ich in noch nicht fünf Jahren."

Roger Manderscheid

ein beobachter der luft

dieser mann, siebenundsechzig jahre alt und seit elf jahren verwitwet, kinderlos, in seiner aktiven zeit als arbeiter beschäftigt mit säuberungsarbeiten an der unterirdischen kanalisation der stadt. fährt seit drei jahren, tag für tag, und zwar einmal im lauf des morgens und noch einmal im lauf des nachmittags, mit seinem auto zum flughafen findel, steigt über die dreiundzwanzig treppenstufen zur aussichtsplattform hinauf, lehnt sich ans geländer an der äußersten rampe und sieht und hört den mächtigen maschinen der luft beim starten und landen zu. manchmal setzt er ein riesiges fernglas vor seine augen und verfolgt in einer langsamen drehbewegung des halses die absinkenden oder aufsteigenden flugzeuge. sein gesicht gerät dabei in verzückung, ein beobachter könnte meinen, der mann sei in diesen momenten überglücklich. beim hinuntergehen und sogar noch beim starten seines autos lächelt er: leise, verschämt. er selber besteigt nie ein flugzeug.

Virtuelles Reisen

„Reisen bildet!“, hieß es einst. „Reisen tötet!“, heißt es heute. Allein schon der Transport von der Wohn- zur Urlaubsstätte birgt so viele Gefahren in sich, kostet dermaßen viel Energie und verlangt dem Reisenden einen derartigen Stress ab, dass sich wohl nur äußerst unvernünftige Menschen einer solchen Bedrohung ihrer Unversehrtheit aussetzen.

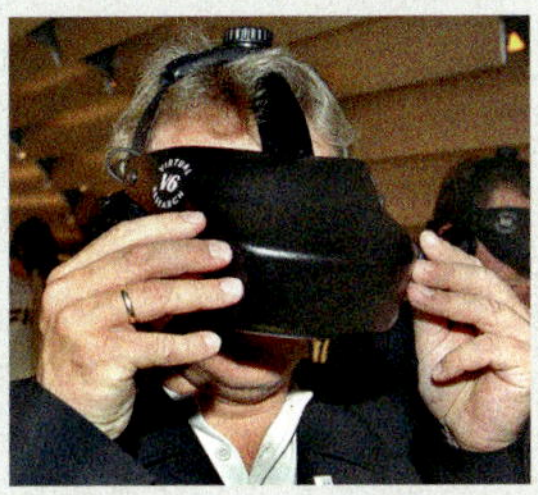

Ob mit Auto, Zug, Schiff oder Flugzeug ... Reisen bedroht die Gesundheit, bedroht das Leben der Reisenden. Die Lösung heißt: virtuelles Reisen.

„Virtuelles Reisen“ bedeutet die Anwendung einer speziellen Technik, die den Reisenden in eine computererzeugte Urlaubswelt hineinführt. Um diese „neuen Welten“ zu ermöglichen, benötigt man sehr leistungsstarke Rechner sowie einen Datenhelm mit Computerschirmanzeige vor den Augen und Datenhandschuhe. Somit können mehrere Sinne gleichzeitig angesprochen werden wie zum Beispiel Sehsinn, Gehörsinn, Tastsinn und teilweise auch der Geruchsinn.

Einfach von zu Hause aus in eine andere Welt eintauchen, den Dschungel im Amazonasgebiet betreten, die Pyramiden von Ägypten entdecken, oder Korallenriffe vor Australien erforschen, ohne auf die Sicherheit der eigenen vier Wände verzichten zu müssen.

2 Untersucht die einzelnen Texte in Gruppen und vergleicht eure Ergebnisse:
- Fasst den Inhalt des Textes kurz mit eigenen Worten zusammen.
- Was hat euer Text mit dem Thema „Reisen“ zu tun?
- Ordnet euren Text ein: Will er vor allem werben, informieren, zum Nachdenken anregen, Kritik üben? Belegt eure Meinung am Text.
- Was haltet ihr von den Ideen und Gedanken, die euer Text enthält?

3 Bearbeite eine der beiden Aufgaben:

a Welche weiteren Fragen zu den Sachtexten hast du? Recherchiere im Netz.

b Schreibe eine der beiden Geschichten weiter.

Unterwegs in Afrika

Illija Trojanow
wurde 1965 in Sofia (Bulgarien) geboren. 1972 Flucht mit der Familie über Jugoslawien nach Italien, später politisches Asyl in Deutschland. Zehnjähriger Aufenthalt in Kenia. Als Autor und Herausgeber erhielt Trojanow zahlreiche Auszeichnungen.

Illija Trojanow

Das Bett auf dem Dach

Transport ist in Afrika eine Angelegenheit, die geduldig und erfinderisch gemeistert wird. Fahrpläne existieren nicht; wer sich auf eine Reise begibt, weiß, was ihn erwartet.

Wenn der Bus an einer Raststelle anhält, leert er sich so schnell, wie überall auf der Welt. Nach einiger Zeit finden sich alle wieder ein – ohne dass ein Zeitpunkt angegeben worden wäre oder der Fahrer zum Aufbruch gerufen hätte. Manchmal wird ein Passagier vergessen. Der Bus biegt auf die Fernstraße ein, da rufen die hinteren Reihen nach vorne. Alle drehen sich um und gucken durch die Rückscheibe - der Vergessene sprintet hinter dem Bus her. Der Fahrer bremst nur langsam ab, der Bus hält, der Mann trabt gemächlich zur Tür und steigt ein, begrüßt von den geistreichen Kommentaren der vierzig Mitreisenden. Er lacht, der Fahrer lacht, die Passagiere lachen, der Bus fährt wieder, beschwingt von überbordender Heiterkeit.

Der öffentliche Transport funktioniert aufgrund von Ahnungen, wechselnden Prioritäten und Zufällen – aber er funktioniert, getreu dem Motto, dass sein kann, was sein muss. Die Menschen sind sehr mobil. Kaum ein Stadtbewohner, der nicht einmal im Monat seinem Heimatdorf einen Besuch abstattet, kaum ein Händler, der nicht hierhin und dorthin zum Einkaufen fährt, hier und dort ein Schnäppchen macht und dann wieder nach Hause strebt. Kaum ein Bauer, der nicht seine Ernte zu den Märkten transportieren oder in der Stadt Saatgut besorgen muss.

Die Mobilität ist größer als das Transportangebot. Aber das wird nicht hingenommen. Und siehe da, der zusätzliche Platz findet sich. Oft kann man nur staunen, was alles in einen Bus, einen Zug, ein Auto oder gar auf ein Motorrad passt ..., der Bauer auf seinem kleinen Motorrad tuckert mit seiner seltsamen Fracht einen Anstieg herauf. Wir überholen ihn, halten, winken ihm zu, er hält auch. Tatsächlich! Der Mann transportiert Hühner, mehr als wir zählen können. Hundertundfünfzig sind es, erzählt er, etwas belustigt von unserem fassungslosen Interesse. Hundertundfünfzig lebende Hühner! Er sei auf dem Weg zum Markt, um das Federvieh von seiner und von den benachbarten Farmen zu verkaufen. In seinem Dorf gebe es nur das eine Motorrad, also habe er die Hühner zusammengeschnürt, zu zwei großen Trauben gefasst und an seinem Motorrad befestigt. Er sei guter Dinge, noch

am selben Abend ohne die gefiederte Last auf seine Farm zurückkehren zu können. Nach diesen Erklärungen steigt er wieder auf sein Motorrad und fährt davon. Von weitem sehen die Hühner wie riesige Satteltaschen aus.
An einem Morgen, an dem die Sonne sich bedeckt hält, warten wir auf den richtigen Bus. Die Menschen sind noch Schatten, das Leben sammelt sich allmählich. Mehrere Busse haben ihre Türen geöffnet und warten darauf, voll zu werden. Erst dann werden sie abfahren, so lautet der Fahrplan. Ein jugendlicher Schaffner reibt sich den Schlaf aus den Augen und setzt seine Mütze wieder auf, das einzige, das entfernt an eine Uniform erinnert. Mit Fistelstimme ruft er den Zielort seines Busses aus, schubst unsichere oder verwirrte Fahrgäste in den Bus hinein und ihr Gepäck auf das Dach, wo ein Kollege es verstaut und mit Seilen zusammenbindet.
Das Radio im Bus spielt einen trampelnden Hit. Die Morgenmüdigkeit ist vertrieben, die Gerüche sind gereift, Kinder laufen umher und bieten Kaugummi, Bananen, Zigaretten, Eis, Erdnüsse zum Verkauf. Der Platz ist voller Reisenden mit ihren Kindern und ihrem Federvieh. Einer zieht eine bockige Ziege hinter sich her, und zwei verschwitzte Männer schleppen ein Bett herbei, das noch auf das Dach muss.

1 Was erfährst du über das Reisen in Afrika? Sammelt Informationen zu Busfahren und Verkehr, Haltesstellen und Fahrplan, Fahrer, Reisenden und Gepäcktransport.

2 Wie bewertet Illija Trojanow Menschen und Reise:
– Was findet er bemerkenswert, fremd oder ungewöhnlich?
– Worüber wundert er sich?

3 Welches Bild von Afrika wird im Text vermittelt? Welche Formulierungen findest du zutreffend? Belege deine Meinung am Text.
a) Die Reisenden sind fröhlich und gelassen.
b) Das Reisen verläuft chaotisch.
c) Die Menschen sind hektisch und nervös.
d) Die Menschen wissen sich zu helfen.

4 Erkläre den Satz „Die Mobilität ist größer als das Transportangebot“ aus dem Textzusammenhang.

→ Illija Trojanow hat viele Länder kennengelernt. Recherchiere im Internet und ergänze die Kurzbiografie.

In Deutschland angekommen

Gacheri Ndumba Mbogori
besuchte 2010 einen Deutschkurs an der Universität Trier. Sie stammt aus Kenia.

Gacheri Ndumba Mbogori

Wirklich, mir fehlt der Staub ...

Es gab nur zwei Afrikaner im Flugzeug nach Frankfurt, meine Freundin und mich. Wir haben uns während des Flugs auf Suaheli unterhalten. Wie wird es in Deutschland sein? Sie hat gehört, dass die Deutschen sehr unfreundlich sind. Von der Pünktlichkeit, Disziplin und der Liebe zu Regeln haben wir auch gehört. Ein ganz ordentliches Land mit unfreundlichen Leuten und grauen Gebäuden haben wir uns vorgestellt. Im Flughafen in Frankfurt/Main wurde diese Erwartung erfüllt. Alle liefen so schnell, keiner lachte oder lächelte auch nur. Alle hatten es eilig. Niemand, auch nicht die Dame im Informationsbüro, hatte Zeit zu erklären, wo der Zug nach Köln abfährt. „Im Erdgeschoss." Aber es gibt zwei Erdgeschosse und eine Menge an Zügen ... Ich bin zum Schalter der Bahn gegangen und dort habe ich die erste nette Deutsche getroffen. Eine blonde Frau mit blauen Augen - wie die Deutschen im Film aussehen. „Sind Sie hier fremd?" Nicken. „Hier ist eine Karte vom Flughafen. Ihr Zug fährt im zweiten Erdgeschoss, Gleis 2, um 17:21 und fährt zwei Minuten später ab. Der Zug fährt nicht direkt nach Trier, Sie müssen in Köln umsteigen."

Endlich bin ich in Köln angekommen. Bunt. Wenn man diese Stadt mit nur einem Wort beschreiben müsste, dann würde ich dieses Wort gebrauchen. Die Leute tragen bunte Kleider, sie lachen oder lächeln. Man fühlt sich sofort wohl. Alles ist so grün, die Gebäude sind auch bunt und unglaublich schön. Natürlich ist alles sehr ordentlich und so erkennt man auch, dass man in Deutschland ist. Mein unvergesslicher Eindruck von Köln: direkt am Bahnhof ein schwarzes Poster, darauf in Rot „Wir sind gegen Ausländerhass!" Ich habe eine Frau gesehen, die sich um ihr Baby im Kinderwagen kümmert, an der Hand ihre blonde Tochter im rosa Kleid, die sich genauso wie ihre Mutter um einen Teddy kümmert, der in einem Mini-Kinderwagen liegt. Wir schauen uns an und dann beginnt sie mir zu winken und mir zuzurufen „Hallo!" – mitten in der Fußgängerzone. So habe ich mich sofort in die Stadt Köln verliebt.

Mein erster Eindruck von Trier: Es gibt keinen Staub in Deutschland. Im Bus sind alle sehr ernst, aber es sind wirklich nette Leute. Überall sind Leute mit Hunden und Leute, die Fahrrad fahren.

Wirklich, mir fehlt der Staub ...

1 Welches Bild von Deutschland hat Gacheri, bevor sie ankommt?

2 Werden ihre Erwartungen bestätigt oder widerlegt? Belege deine Antwort am Text.

3 Wie bewertet Gacherie Menschen und Städte:
- Was ist für sie fremd?
- Was beeindruckt sie am meisten?

Gacheri beschreibt, dass sie im Ferienkurs nicht nur Deutsch gelernt hat:

Was ich gelernt habe: Das Fernsehen ist ein sehr gefährliches Spielzeug. Die anderen Studenten wissen nichts über Afrika außer Armut, Krankheit und Krieg. Sie stellen Fragen, die mich amüsieren oder auch irritieren.
Frage: „Hast du die Schuhe auf dem Frankfurter Flughafen gekauft?“
Meine Antwort: „Die habe ich in Kenia gekauft.“
Frage: „Aber für diesen Kurs, oder? Zu Hause trägst du doch sicher afrikanische Schuhe?“
Meine Antwort: „Nein, solche trage ich immer.“
Frage: „Ist es gefährlich mit wilden Tieren zu leben?“
Meine Antwort: „Die wilden Tiere sind in National wildlife reserves!“
Frage: „Ich habe eine Freundin, die in Kamerun arbeitet, willst du ihre Adresse?“
Ich: „Ihre E-Mail-Adresse?“
Sie: „Habt ihr Computer in Afrika?“
Ich: Keine Antwort mehr.
Ich reagiere immer höflich, aber ich fühle mich sehr in Versuchung, einmal zu schreien: „FRAGEN SIE MAL ONKEL GOOGLE! Es gibt in Afrika nicht nur Armut, Krankheit und Krieg. Es ist auch nicht wie in National Geographic! Wir leben in modernen Städten. Afrika ist ein Kontinent, kein Land.

4 Gacheri wundert sich über das Afrika-Bild ihrer Mitschüler:
- Welches Bild von Afrika haben die Kursteilnehmer?
- Was glaubt Gacheri, woher dieses Bild stammt?
- Wie verhält sie sich gegenüber den Kursteilnehmern?
- Wie fühlt sie sich? Warum?

5 Überlege, wie Gacheri gegenüber ihren Kursteilnehmern hätte reagieren können. Schreibe ihr eine E-Mail.

Texte miteinander vergleichen

1 Lies den folgenden Text.
- Was für ein Text ist es? Woher stammt er wohl?
- Sammle die Informationen zu folgenden W-Fragen:
  Was sind „Gastarbeiter"?
  Wann, woher und warum sind sie nach Deutschland gekommen?
  Was bedeuten „Anwerbeabkommen" und „befristeter Aufenthalt"?

Geschichte der „Gastarbeiter"

Mit dem Wirtschaftswunder der Bundesrepublik in den 1950er Jahren wurden immer mehr Arbeiter gesucht, die in Deutschland nicht mehr zu finden waren. Daher schloss die Bundesrepublik am 20. Dezember 1955 mit Italien ein sogenanntes Anwerbeabkommen ab:
In diesem Vertrag regelten die beiden Länder, wie viele Arbeiter aus Italien nach Deutschland kommen sollten. Es folgten Abkommen mit Griechenland und Spanien (1960), der Türkei (1961), Marokko (1963), Portugal (1964), Tunesien (1965) und dem ehemaligen Jugoslawien (1968).
1964 wurde der millionste Gastarbeiter – Armando Rodriguez aus Portugal – feierlich vom damaligen Bundesinnenminister begrüßt. Sowohl die Bundesrepublik Deutschland als auch die „Gastarbeiter" gingen dabei von einem befristeten Aufenthalt aus, d.h. sie glaubten, dass der Aufenthalt in Deutschland zeitlich begrenzt sei.

Mit verlegener Miene stand der millionste Gastarbeiter der Bundesrepublik, der Portugiese Armando Sa Rodrigues, in einem kleinen Kölner Bahnhof inmitten von Reportern und Kameraleuten. Nach über zweitägiger Fahrt von seinem kleinen portugiesischen Heimatort Valle de Madeiros aus war er in einem Gastarbeitertransport nach Köln gekommen. Als Willkommensgeschenk wurde ihm ein Moped sowie eine Ehrenurkunde überreicht. Wie lange er in der Bundesrepublik bleibt, weiß er noch nicht, sagte der Gastarbeiter. Doch sollen seine Frau und seine beiden Kinder bald nachkommen.

→ Welche zusätzlichen Fragen habt ihr? Sammelt weitere Informationen zum Thema „Gastarbeiter". Recherchiert im Netz.

2 Sprecht über den Begriff „Gastarbeiter":
- Wie ist er wohl entstanden?
- Ist er heute noch angemessen? Welche anderen Ausdrücke kennt ihr?

3 Lies den folgenden Text von Nilgün Taşman.

- Was für ein Text ist das?
  a) ein Text aus der Zeitung b) eine erfundene Geschichte
  c) ein Reisebericht d) eine Autobiografie
- Welche zusätzlichen Informationen über die „Gastarbeiter“ kannst du herauslesen? Ergänze deine Notizen.

4 Was erfährst du über Einstellungen, Gefühle und Probleme der Gastarbeiterfamilie?

- Was denken die Eltern über den Plan, nach Deutschland zu gehen?
- Wie war die erste Zeit in Deutschland? Was war schwierig für sie? Was hat ihnen geholfen?

Nilgün Taşman

Zwei Jahre Deutschland

1968 stand in den türkischen Zeitungen, dass in Süddeutschland Gastarbeiter gesucht werden. Mein Vater, der als Schreiner auf der Werft in Istanbul arbeitete, bewarb sich, ohne meine Mutter zu fragen, und bekam nach einer gründlichen Untersuchung sofort die Zusage für eine Einreisegenehmigung. Ein Freund, der sich mit ihm beworben hatte, wurde wegen seiner schwarzen Zähne abgelehnt. Man musste kerngesund sein, um eine Einreisegenehmigung nach Deutschland zu erhalten.

Meine Mutter war von der Idee, nach Deutschland zu gehen, gar nicht begeistert. „Wir wissen nicht mal, wie man Deutschland schreibt, wie wollen wir da klarkommen?“, fragte sie und wollte nicht von Istanbul weg.

Meine Eltern wohnten damals in einer kleinen Zweizimmerwohnung mitten in der Stadt. Meine Schwester war vier Jahre alt und ich gerade mal sechs Monate. „Wir waren arm, aber glücklich. Wir hatten türkische Erde unter den Füßen“, sagte meine Mutter später immer.

Baba versprach Annem, höchstens zwei Jahre in Deutschland zu bleiben. Nur, bis wir genügend Geld für ein eigenes Haus gespart haben.

So machten wir unsere erste große Reise mit dem Zug. Die Beamten am Zoll in Deutschland müssen sehr nett gewesen sein. Sie lachten, weil bei den meisten Türken im Reisepass als Geburtsdatum der 1. Januar eingetragen war. Viele Türken wurden, wie meine Babaanne, erst Jahre später registriert, und die meisten Eltern wussten dann nicht mehr, wann ihre Kinder geboren waren. Also gab man entweder den 1. Januar oder den 15. August an. Bei meinem Baba stand der 15. August und bei meiner Anne der 1. Januar im Pass.

Wir wurden mit noch fünfzehn weiteren Türken am Bahnhof in Stuttgart von zwei Männern im Empfang genommen, die ein Schild mit der Aufschrift „Karl Kübler“ hoch hielten. Das war der Name der Firma, in der mein Baba arbeiten sollte. Einer der Männer war ein Landsmann von uns, der von den Neuankömmlingen wie ein Heiliger verehrt wurde, denn alle waren erleichtert zu sehen, dass es in Deutschland bereits Türken gab, und froh darüber, dass sie von jemanden abgeholt wurden, der sie verstand.
„Ich werde Bruder Mustafa nie vergessen, denn er war ein Stück Heimat in der Fremde“, sagte meine Anne später noch oft mit Tränen in den Augen.
Wir wurden in einem Mehrfamilienhaus untergebracht und bekamen eine Zweizimmerwohnung, die bereits eingerichtet war.
Die ersten Wochen und Monate müssen eine ganz schlimme Zeit für unsere Eltern gewesen sein. Mein Vater hatte einen Teil seines ersten Gehalts im Voraus bekommen, aber er wusste nicht einmal, wo man etwas zu essen einkaufen konnte.
Jahrelang konnten meine Schwester und ich nicht genug von den Geschichten aus dieser Anfangszeit bekommen. Meine Lieblingsgeschichte war die vom ersten Einkauf meiner Eltern:
Sie zeigten auf alles mit dem Finger und sprachen türkisch. Meine Mutter zeigte auf Bananen. „Muz“, sagte sie auf Türkisch und die Verkäuferin antwortete: „Banane?“
„Banane“ heißt auf Türkisch „mir egal“.
Meine Mutter zeigte erneut auf die Bananen und die Verkäuferin sagte wieder: „Banane“.
Meine Eltern fühlten sich beleidigt und liefen einfach weiter.
Viele Geschichten, die uns Anne von früher erzählte, waren schön und lustig. Aber wenn wir lachten, sagte sie immer: „Heute lachen wir darüber, damals haben wir geweint.“
In einer Sache waren sich alle türkischen Gastarbeiter einig: Sie wollten auf jeden Fall nur zwei Jahre in Deutschland bleiben. Nur so lange, bis sie sich ein eigenes Haus leisten konnten, wie unsere Eltern auch.
Wenn man unseren Eltern damals gesagt hätte, dass die geplanten zwei Jahre irgendwann zu zwanzig Jahren werden würden, wäre meine Anne wahrscheinlich sofort umgekehrt.

→ *Wie man Texte vergleicht, könnt ihr auf Seite 24/25 erarbeiten.*

5 Vergleiche den vorherigen Text mit dem Auszug aus der Autobiografie von Melda Akbaş: Was hat sich an der Einstellung gegenüber Deutschland und der Türkei bei Kindern und Enkeln der Gastarbeiter geändert?

Melda Akbaş

So wie ich will

Ich möchte unbedingt noch etwas über die Türkei erzählen, aber das ist so eine Sache. Sie ist mein Heimatland, weil meine Eltern von dort stammen und deren Eltern und so weiter, dabei kenne ich dieses Land kaum. Ich habe nie mitgezählt, aber ich schätze, dass ich in meinem Leben vielleicht zehn- oder elfmal dort war. Das ist viel, aber auch wenig, kommt darauf an, wie man es betrachtet. Manchmal verbrachte ich die ganzen Sommerferien dort, manchmal nur zwei Wochen davon. Und immer fühlte ich mich wie im Urlaub, nie wie zu Hause. Das finde ich auch gar nicht schlimm. Ich habe deswegen nichts vermisst. Ich will damit nur sagen, dass sich meine Sicht auf die Heimat meiner Familie nicht wesentlich von der eines Touristen unterscheiden dürfte. Vielleicht erscheint mit manches vertrauter, weil ich die Sprache der Menschen dort beherrsche, im Sinne ihrer Werte und Traditionen erzogen wurde und weil ich als Muslimin derselben Religion angehöre wie die meisten von ihnen. Und dann gibt es auch noch unsere Verwandten, die da leben. Aber sonst?

6 Melda Akbaş schreibt über die Türkei „Sie ist mein Heimatland“.
Nimm Stellung zu Meldas Aussage.

7 Schreibe einen Hintergrundbericht über „Gastarbeiter in Deutschland“.
Er soll über das Thema zuverlässig informieren und sachlich verfasst sein.

Sprache

In verschiedenen Sprachen können Wörter vorkommen, die sich in Schrift und Aussprache ähnlich sind, jedoch eine andere Bedeutung haben: Banane ist im Deutschen eine Frucht, im Türkischen bedeutet es soviel wie Mir egal. Solche Wörter nennt man **falsche Freunde**. Das Wort kommt einem bekannt vor, es hat jedoch eine andere Bedeutung. Daher kann es zu Missverständnissen kommen.
Beispiele für falsche Freunde: Deutsch – Englisch: Gift – gift (Geschenk), Deutsch – Französisch: brav – brave (mutig), Deutsch – Niederländisch: bellen – bellen (klingeln), Deutsch – Russisch: Glas – glas/глаэ (Auge), Deutsch – Rumänisch: kalt – cald (warum).

Ein- und ausgewanderte Wörter

Job
Flyer Par-
ty Flair fair Bar clever
Allee Gage Jury Alibi
Festival Kampagne
Büro Fitness Tabu
Kiosk Prali- ne Zoff
Kuli Laptop Magie Feullie-
ton Allianz Chance Vernissage charmant
Kaffee Dessert Abonnement Baguette
blümerant Manege Champagner Deli-
katesse Parcour Dessous Gag Dol-
metscher Garderobe Reportage
Gentleman Genie Zoff Restau-
rant Gitarre Hitparade Revanche
Horde Ingenieur Toilette Resultat
Tollpatsch Veranda T-Shirt Affäre
Pumps Garage Dschungel Py-
jama Medaille flirten Parterre
Nuance Paparazzi Bar Ape-
ritif Parfum petzen Plädoyer
Portemonnaie Kaffee Joghurt
Gage Pullover Amateur Ma-
nagement Budget Visi-
tenkarte Deo Werbe-
spot Techtelmechtel
Ketchup flirten Mis-
sionar recyceln Allee
Regisseur Buffet cle-
ver Bar Regime Bistro
Reisenecessaire Ser-
vice Praline Shampoo
Marketing flirten Bar
Smoking Deo Flyer
Party Flair Amateur
Veranda Deo Inge-
nieur Gage Baguette
blümerant Kaffee
Flair Tabu Cham-
pagner Parcours
Dessous Kiosk
Dolmet- scher
Abon- nement
Garderobe Reporter
Pullover Genie
Gitarre Hitparade
Regime Ingenieur

1 Woraus besteht der „Wörter-Wanderer“?

2 Suche je fünf Wörter heraus, die aus dem Englischen oder Französischen stammen und die du selbst gebrauchst.

3 Bei welchen Wörtern aus dem „Wörter-Wanderer“ wundert ihr euch, dass sie Fremdwörter sind? Sucht euch fünf Wörter heraus und klärt gemeinsam ihre Herkunft.

→ Zeichnet selbst Bilder aus eingewanderten Wörtern. Nutzt dazu Zeitschriften, Magazine, Zeitungen oder das Internet.

4 Schau dir die Karikatur an und lies die Worterklärung zu „Ticket“.
- Worum geht es in der Karikatur?
- Welchen Unterschied gibt es zwischen „Ticket“ und „Fahrausweis“?
- Welcher Vorteil von Fremdwörtern wird in der Worterklärung angesprochen? Stimmst du dem zu? Begründe deine Meinung.

Ticket
AUS DEM ENGLISCHEN

Fahrschein, Fahrkarte, Flugschein, Parkschein, Strafzettel, Eintrittskarte
Und das alles mit sechs Buchstaben –
welch eine Einsparung an Arbeitszeit und Denkleistung!

Werner Gierlich, Ludwigshafen

5 Schau dir das Foto an: Die Aufnahme stammt aus Turku in Finnland. Was könnte „Kaffepaussi" bedeuten?

6 Auch viele deutsche Wörter sind in andere Sprachen eingewandert.
- Ordnet die Erklärungen auf den Zetteln den Begriffen zu.
- Klärt, in welches Land die Wörter eingewandert sind und was sie dort bedeuten.

Japanisch für: Zweitjob

Polnisch für: träger Mensch

el mannschaft

Polnisch für: Schublade

Szlafmyca

loustic

Englisch für: Freude, die man empfindet, wenn jemand leidet

Hebräisch für: Mittagsruhe

Schlafstunde

mexikanisches Spanisch für: Nachbarschaftsfest

kaffeeklatsching

arbeito

Russisch für: belegtes Brot

Bulgarisch für: Koffer

Szuflada

habengut

Finnisch für: Pause, derzeit außer Betrieb

Ungarisch für: Zettel

Schadenfreude

buterbrod

Kufar

Englisch für: bei Kaffee und Kuchen zusammensitzen und plaudern

Französisch für: zu den Akten legen/die Sache vertuschen

kermés

Kaffepaussi

Dänisch für: das, was du besitzt und mit dir tragen kannst

cetli

Arabisch für: Eigenname der deutschen Fußballmannschaft

schubladiser

Französisch für: eine besonders lustige Person

7 Recherchiert im Internet nach weiteren deutschen Wörtern, die in andere Sprachen eingewandert sind. Schreibt die Begriffe wie in den Beispielen auf dieser Seite mit Sprache und Bedeutung auf.

Werkstatt

Lesen – Texte und Medien

Texte vergleichen, einen Textvergleich schreiben

Reiseberichte, Reiseführer, Lexika oder auch Erzählungen und Geschichten – in all diesen Büchern und Texten findet ihr Wissenswertes über fremde Länder und Menschen. In dieser Werkstatt lernt ihr, Texte miteinander zu vergleichen, Gemeinsamkeiten und Unterschiede herauszuarbeiten und eure Ergebnisse in einem schriftlichen Textvergleich festzuhalten.

Istanbul (*türkisch* İstanbul), das alte Konstantinopel, ist die größte Stadt der Türkei. Auf dem Stadtgebiet leben rund zehn Millionen Menschen, mit Vorstädten etwa vierzehn Millionen. Istanbul erstreckt sich sowohl auf der europäischen als auch auf der asiatischen Seite des Bosporus und ist damit die einzige Metropole, die auf zwei Kontinenten liegt. Aufgrund ihrer dreitausendjährigen Geschichte gilt sie als eine der ältesten noch bestehenden Städte der Welt. Die Stadt hat eine sehr bewegte und bunte Geschichte. Fast 1600 Jahre lang diente Istanbul dem Römischen, Byzantinischen und dem Türkisch-Osmanischen Reich als Hauptstadt. Hier herrschten über 120 Kaiser und Sultane. Auch nachdem Ankara zur Hauptstadt erklärt wurde, verlor Istanbul nichts von seiner Bedeutung. Istanbul ist Kultur- und Wirtschaftszentrum der Türkei. 2010 wurde Istanbul zur Kulturhauptstadt Europas ernannt.

Über Istanbul könnte man ein ganzes Buch schreiben oder gleich zehn. Stoff gäbe es genug. Doch ich will hier nicht die Reiseführerin geben. Nur ein Tipp: Wer noch nie am Bosporus war – nichts wie hin! Istanbul ist eine extrem coole Stadt, faszinierend, groß - ach, was sag ich: größer als groß, gewaltig, mit wunderschönen Ecken, romantischen Parks, tollen Cafés, noch tolleren Clubs, von den vielen alten Bauwerken, den Moscheen und Palästen, ganz zu schweigen. Ich merke schon, jetzt gerate ich doch gleich wieder ins Schwärmen. Um aber keinen falschen Eindruck zu erzeugen: Istanbul ist der Hammer, da gibt's nichts. Obwohl die Stadt auch ihre unschönen Seiten hat, heruntergekommene Viertel, Arbeitslosigkeit und Armut, wie man sie in Deutschland nicht kennt. Trotzdem kann ich nicht sagen, ob ich da leben könnte. Ich meine, könnte ich wahrscheinlich schon. Aber ob ich mich auch wohlfühlen würde? Schwer zu sagen. Die Mentalität der Menschen ist doch sehr fremd.

Melda Akbaş

1 Lies die beiden Texte auf Seite 24.
- Welches gemeinsame Thema behandeln sie?
- Um was für Texte handelt es sich?
- Wollen die Texte vor allem werben, informieren, zum Nachdenken anregen, Kritik üben?

Lesetipp 1
Wenn du Texte miteinander vergleichst, ist es zunächst wichtig, Autor, Thema, Textsorte und Textabsicht zu bestimmen.

2 Vergleiche die Texte miteinander:
- Was erfährst du aus den beiden Texten über die Stadt Istanbul?
- Wo entdeckst du Gemeinsamkeiten?
- Wo liegen Unterschiede?

Lesetipp 2
Texte zu einem Thema enthalten unterschiedliche Informationen.
Es ist deshalb wichtig, die Informationen miteinander zu vergleichen und Unterschiede festzuhalten.

3 Welche der folgenden Aussagen passt zu welchem Text?
a) Der Text ist sachlich geschrieben.
b) Der Text ist aus der persönlichen Perspektive verfasst.
c) Der Text enthält umgangssprachliche Wörter.
d) Der Text enthält Fachwörter.
e) Der Text enthält viele Daten und Zahlen.
f) Der Text enthält persönliche Eindrücke und Wertungen

4 Schreibe einen Textvergleich:

1. Schritt: *Gib an, was es für Texte sind, wer die Texte geschrieben hat und zu welchem Zweck sie verfasst worden sind.*
Der erste/zweite Text ist ...
Beim ersten/zweiten Text handelt es sich um ...

2. Schritt: *Beschreibe die Gemeinsamkeiten und Unterschiede der Texte. Fasse dazu auch die wichtigsten Informationen der einzelnen Texte zusammen.*
In beiden Texten geht es um ... Beide Texte behandeln das Thema ...
Im ersten Text wird besonders betont/herausgestellt/hervorgehoben,
...
Ein Unterschied zwischen den Texten besteht darin, dass ...

3. Schritt: *Formuliere deine eigene Meinung und Gedanken zu den Texten.*
Ich glaube, dass ...
Besonders interessant/gut/weniger gut/finde ich, dass ...

Lesetipp 3
Bei einem Textvergleich ist es wichtig, verschiedene Sichtweisen auseinanderzuhalten. Berichtet der Text sachlich und objektiv (z. B.: Istanbul ist die größte Stadt der Türkei) oder enthält er persönliche Eindrücke und Wertungen? (z. B.: Istanbul ist der Hammer)?

Andere Länder – andere Sitten?

***Steffen Möller** ist ein deutscher Schauspieler und Kabarettist, der seit 1994 in Polen lebt. Er gilt als der „berühmteste deutsche Gastarbeiter in Polen". In seinem Buch „Viva Polonia" erzählt Möller unter anderem, dass er oft im Eurocity Berlin-Warschau unterwegs ist. Hier wimmelt es „von Polen und Deutschen, die seit Jahren im jeweils anderen Land leben, ständig hin- und herfahren und auf die Frage nach ihrer Staatsangehörigkeit im Reisepass nachgucken müssen." Steffen Möller berichtet, was ein Reisender ihm über die deutsch-polnischen Beziehungen erzählt hat und macht sich auch selbst Gedanken darüber.*

Von da an habe auch ich manche überraschende Gemeinsamkeit bemerkt:

1. Polen und Deutschland besitzen die gleiche Anzahl an Bundesländern beziehungsweise Wojewodschaften (Verwaltungsbezirke), nämlich sechzehn.
2. Beide Staaten haben einen reicheren Westen und einen ärmeren Osten.
3. Beide Staaten haben jeweils drei staatliche Fernsehprogramme, zwei überregionale und ein regionales.
4. Beide Staaten plagen sich mit der endgültigen Abwicklung des Kohlebergbaus.
5. Das Verblüffendste für denjenigen, der Polnisch besser kennenlernt, ist aber die Ähnlichkeit zwischen den Sprachen. Zweifellos wirkt Polnisch im ersten Moment total fremd. Auf den zweiten Blick gibt es aber eine Menge Lehnwörter aus dem Deutschen:

Bruderzaft – *Bruderschaft trinken*
Szajs – *Scheiß (für minderwertige Produkte)*
Dach – *Dach*
Szyberdach – *Schiebedach*
Fajrant – *Feierabend*
Szrot – *Schrott*
Frajda – *Freude*
Gancegal – *ganz egal*
Wihajster – *wie heißt er (im Sinne von „dingsda")*
Szlus – *Schluss*
Schlafrok – *Bademantel*

Polnisch-slawische Lehnwörten im Deutschen:
Gurke – *Ogórek*
Grenze – *Granica*
Säbel – *szabla*
Peitsche – *pejcz*

1 Was schreibt Möller über die „deutsch-polnischen Beziehungen"? Was verblüfft ihn am meisten?

Roger Boyes ist ein britischer Journalist und Buchautor. Seit 1993 berichtet er als Korrespondent der britischen Tageszeitung „The Times" aus Deutschland. Dem deutschsprachigen Publikum wurde er vor allem durch seine ironischen, nicht immer ganz ernst zu nehmenden Bücher über die „Krauts" – so nennen die Briten die Deutschen – bekannt.

Mag das Verb im Deutschen oft erst am Ende eines Satzes kommen und mag es auch gemeinhin dreimal so lange wie im Englischen dauern, etwas Sinnvolles zu sagen – wenn es ans Beleidigen geht, kommt der Kraut schnurstracks zur Sache. Wenn man in Berlin jemanden anrempelt, sagt man: „Ey, Sie da! Passen Se ma bloß uff!" Ich liebe dieses „Sie", diesen wohlgewählten Ausdruck des Respekts. In Großbritannien hingegen sagt man nach einer solchen Karambolage: Sorry. Die korrekte Antwort darauf lautet ebenfalls: Sorry. Das kann bis zu viermal hin und her gehen und muss dann beendet werden.

Es wäre freilich eine Illusion zu glauben, die Deutschen wären die Meister des Groben und die Engländer in einer Höflichkeit Marke 18. Jahrhundert steckengeblieben. Wir Engländer sind einfach nur weniger direkt.

Wenn sich ein deutscher Autofahrer über einen anderen Verkehrsteilnehmer aufregt, schreit er einfach: „Arschloch!" Ein Engländer hingegen würde das Fenster herunterkurbeln und fragen: „Sind Sie neu hier? Haben Sie Schwierigkeiten mit der hiesigen Straßenverkehrsordnung?" Natürlich täuscht diese Höflichkeit. Im Klartext heißt das: „Zisch ab, du blöder Provinz-Arsch!"

Die Berliner haben die deutsche Grobheit zur Kunstform erhoben, allen voran die Busfahrer. Einmal beobachtete ich, wie ein französischer Tourist in den Bus einstieg und nicht recht wusste, was er mit dem zuvor erworbenen Fahrschein tun sollte. Wofür er nichts konnte, denn der öffentliche Personennahverkehr in Berlin ist absichtlich so kompliziert, damit ausländische Touristen mit dem Taxi fahren müssen. Der arme Franzmann hielt also hilfesuchend dem Fahrer seinen Fahrschein vor die Nase. Doch der starrte ihn nur finster an – und polterte dann los: „Na wat denn, soll ick da rinbeißen oder wat?"

2 Was schreibt Boyes über Briten und Deutsche? Was hebt er besonders hervor?

3 An welchen Ausdrücken und Formulierungen im Text kann man erkennen, dass nicht alles ganz ernst zu nehmen ist, was Boyes schreibt?

4 Vergleiche die Texte miteinander.

Unterschiede zwischen Sprachen und Kulturen reflektieren

Überprüfe dein Wissen und Können

Freunde fürs Leben

Ich war überwältigt! Am Ende meines Austauschhalbjahres stand ich hier, in der Abflughalle des Sankt Petersburger Flughafens, umringt von 15 Freunden, die extra gekommen waren, um mich zum Abschied zu überraschen. Damit hatte ich überhaupt nicht gerechnet, denn am Anfang war es mit schwergefallen, in der Stadt Fuß zu fassen. Meine Gasteltern wohnten außerhalb des Zentrums. Wir sahen uns nicht oft und wenn, dann nur abends, da sie viel arbeiteten und ich nach dem Unterricht meist in der Stadt blieb, um noch etwas zu unternehmen. Meine Mitschüler und Lehrer wirkten am Anfang ebenfalls verschlossen und distanziert. Sie hätten mich glatt ignoriert, wäre ich nicht vom ersten Tag an auf sie zugegangen. Heute weiß ich, dass man als Neuling in Russland hartnäckig sein muss. Es dauert sehr lange, bis sich die Menschen öffnen, man von ihnen eingeladen wird und sie einem die Chance geben, sich als Freund zu beweisen. Trotzdem ist es mit gelungen, gute Bekannte zu finden. Das Tolle an ihnen: Sie sind Freunde fürs Leben, die sich wirklich kümmern. Ein Mitschüler hat mich zum Beispiel für ein Wochenende mit zu seinem Vater nach Moskau genommen. Ich wurde die ganze Zeit von A bis Z umsorgt und verwöhnt. Russisch spreche ich auch heute noch viel. Seit meiner Rückkehr nach Memmingen engagiere ich mich nämlich in einem Projekt, das russlanddeutschen Aussiedlern den Start in Deutschland erleichtern soll. Ich helfe in einem Wohnheim Schülern bei ihren Hausaufgaben. Und noch etwas hat sich verändert. Seit ich in Russland gesehen habe, gegen welche Armut manche Familien ankämpfen, weiß ich zu schätzen, wie gut es mir hier zu Hause geht.

1 Schreibe aus dem Text Informationen zu folgenden Stichpunkten heraus: Name/Alter: *Julian/18 Jahre;* zu Hause in: ...; zu Gast in: ...; Grund des Aufenthalts: ...; Dauer des Aufenthalts: ...; Unterkunft: ...; Sprachkenntnisse: ...; Tätigkeit nach der Rückkehr: ...

2 Beschreibe Julians Eindrücke aus Russland. Beantworte die Fragen:
- Was war anfangs schwer für ihn?
- Wie sind ihm die Menschen vorgekommen?
- Von welchem besonderen Erlebnis berichtet er?
- Wie bewertet er den Aufenthalt nach seiner Rückkehr?

3 Marius schreibt Julian folgende Mail:
Hallo Julian, ich werde auch zu einem Austausch nach St. Petersburg fahren. Hast du ein paar Tipps für mich, damit ich gut klarkomme?
Gruß Marius

Formuliere Julians Antwortmail.

4 Untersuche den folgenden Text von Martina über ihren Schüleraustausch: Notiere dir, wo sie gewesen ist, was sie erlebt hat und welche Eindrücke sie von Südafrika bekommen hat.

Ein Land, viele Gesichter

Ich bin in Südafrika dreimal umgezogen. Das war so nicht geplant, hat sich aber als Glücksfall herausgestellt, weil ich auf diese Weise Menschen aus allen Schichten kennenlernte.

Meine ersten Gasteltern waren schon pleite, bevor ich ankam. Die Mutter hatte ihre Arbeit verloren, das Geld reichte nicht mehr, sodass ich nach kurzer Zeit zu einer Freundin zog. Deren Vater war Arzt, die Familie reich. Wir hatten Hausangestellte, einen Swimmingpool und unternahmen viele Ausflüge, zum Beispiel an den Indischen Ozean.

Als „meine“ Familie bezeichne ich aber die dritte Gastfamilie, die Eltern meiner besten Freundin. Wir haben uns auf Anhieb verstanden, waren im Krüger-Nationalpark zelten und halten auch heute noch engen Kontakt. Als jedoch die Oma zwei Monate vor meiner Abreise erkrankte, bin ich aus Rücksicht ausgezogen zu einer farbigen Frau nach Johannesburg.

Vorher hatte mich meine schwarze Freundin Nonoke für ein Wochenende in ihr Viertel eingeladen. Ein Wahnsinnserlebnis! Die kleinen Kinder dort hatten noch nie eine Weiße gesehen und wollten mich unbedingt anfassen. Die Mädchen führten mich überall herum. Es duftete herrlich, denn alle Mütter fingen an zu backen und zu kochen. Statt süßer Leckereien hatte Nonoke für mich als Abendessen aber etwas anderes im Sinn: etwas typisch Afrikanisches! Wir gingen zu einem Straßengrill. Ich erkannte nicht sofort, was die Männer dort grillten, bis Nonoke ein Stück bestellte und eine andere Freundin hämisch zu grinsen begann. Es waren Hühnerfüße! Zugegeben, ich brauchte ein paar Minuten, um die Krallen abzureißen und zuzubeißen. Wenn man sich aber erst einmal überwunden hat, schmecken sie gar nicht schlecht.

5 Schreibe einen Textvergleich. Beschreibe die Gemeinsamkeiten und Unterschiede. Du kannst so vorgehen:

- Schreibe zunächst, wo die beiden gewesen sind und wie sie dort gelebt haben.
- Vergleiche, was ihnen besonders aufgefallen ist und was sie besonderes erlebt haben.
- Fasse zusammen, wie sie ihren Aufenthalt bewerten.
- Formuliere deine eigene Meinung und Gedanken zu den Erlebnissen von Julian und Martina.

Einen Textvergleich schreiben

6 Nimm Stellung zu der Äußerung von Julian:
„Seit ich in Russland gesehen habe, gegen welche Armut manche Familien ankämpfen, weiß ich zu schätzen, wie gut es mir hier zu Hause geht.“

Aufstehen statt abtauchen!

Hinschauen,
wenn andere wegsehen.
Sich einmischen,
wenn andere schweigen.
Erinnern,
wenn andere vergessen.
Eingreifen,
wenn andere sich wegdrehen.
Unbequem sein,
wenn andere sich anpassen.

Dagmar Reim

Wegschaugesellschaft

Überall, wo Menschen miteinander leben, können Konflikte entstehen: in der Familie, in der Schule, am Arbeitsplatz, aber auch auf der Straße. Für ein friedliches Miteinander ist es jedoch wichtig, sich sicher zu fühlen und Verantwortung zu übernehmen - für sich selbst und für andere. Dazu kann jeder etwas beitragen. In diesem Kapitel setzt ihr euch mit Situationen auseinander, in denen Zivilcourage gefragt ist. Anhand unterschiedlicher Beiträge erhaltet ihr Anregungen, wie ihr für eure Standpunkte und Sichtweisen argumentieren könnt.

Ihr lernt,
- Sachtexte und literarische Texte in ihrem Bedeutungszusammenhang zu verstehen und auszuwerten,
- zu Konfliktsituationen mündlich und schriftlich Stellung zu nehmen,
- einen argumentativen Text zu verfassen.

Zivilcourage
Mut zur offenen Meinungsäußerung; die Bereitschaft, unter Inkaufnahme möglicher Nachteile zur eigenen Überzeugung zu stehen und sich auch danach zu verhalten.

1 Schaut euch diese Doppelseite in Ruhe an und beschreibt, was ihr seht. In welchem Zusammenhang stehen Texte und Bilder zueinander?

2 Betrachtet die Karikatur „Wegschaugesellschaft“ genauer.
- Ergänzt für jede Person eine Denkblase (Kopie oder Skizze): Was könnte den Personen gerade durch den Kopf gehen, was fühlen oder denken sie?
- Welche Botschaft will diese Karikatur vermitteln?
- Wie könnten sich die Personen anders verhalten?
- Sprecht über ähnliche Situationen, die ihr erlebt oder von denen ihr gehört oder gelesen habt.

3 Beschäftigt euch mit der kurzen Definition zum Begriff „Zivilcourage“.
- Wo ist euch der Begriff schon begegnet?
- Informiert euch genauer über diesen Begriff (Internet, Lexika ...).
- Erläutert den Begriff mit eigenen Worten.

Eine Geschichte, die uns angeht

Ingrid Hintz

„Herzlichen Glückwunsch, Isabell!"

„Hey!", sagte Johanna. „Ich könnte sie in den Schwitzkasten nehmen, wenn sie kommt."

„Und ich könnte ihr einfach eine runterhauen", fügte Lili hinzu. „Oder ihr den Arm umdrehen, bis die eingebildete Ziege mal richtig schreit."

„Das bringt doch nichts", warf Martina ein. „Ich finde, es reicht, wenn wir ihr mal richtig die Meinung sagen, wie sie uns nervt und so."

„Erst muss sie mal hier sein", stellte Nina fest. „Und dann locken wir sie hinter die Turnhalle, wo uns niemand sehen kann."

„Das ist doch cool", meinte Johanna. „Da können wir ihr zeigen, was wir mit solchen Angeberinnen machen."

Lili lachte und Nina nickte zustimmend mit dem Kopf. Nina gab den Ton an in der Klasse 9a und in ihrer Clique. Sie bestimmte, wer mal wieder ‚dran war'. Und heute war Isabell ‚dran'. Denn Isabell hatte Geburtstag und den wollten die vier auf ihre Weise mitfeiern. Häufig genug hatten sie sich über diese hochnäsige Mitschülerin geärgert, die immer so cool tat und sich mit ihren superteuren Klamotten für unwiderstehlich hielt.

„Guten Morgen, Herr Schüttler", sagte Nina, als ihr Klassenlehrer auf seinem Fahrrad am Fahrradständer vor dem Haupteingang der Schule ankam. Die drei anderen schlossen sich an: „Guten Morgen, Herr Schüttler."

„Guten Morgen", antwortete Herr Schüttler, während er seine Aktentasche vom Gepäckträger nahm. Er warf den Mädchen einen skeptischen Blick zu. Bei so viel Freundlichkeit am frühen Morgen wurde er misstrauisch.

„Was macht ihr hier vor dem Eingang?", fragte er und blieb stehen. „Warum seid ihr nicht in der Pausenhalle?"

„Isabell hat Geburtstag", sagte Lili mit einem zuckersüßen Lächeln.

„Wir wollen sie überraschen", fügte Nina hinzu und bemühte sich, dabei ganz unschuldig auszusehen. Diesen Gesichtsausdruck hatte sie lange vor dem Spiegel geübt. Hinterher, wenn sie mal wieder ein anderes Mädchen ‚drangehabt' hatten, war Nina immer diejenige, die mit überzeugender Unschuldsmiene beteuern konnte: „Das war doch nur Spaß!"

Aber Herr Schüttler zog die Augenbrauen zusammen und blickte die vier noch einmal scharf und zweifelnd an, bevor er die Schule betrat. „Alter Spinner", murmelte Lili, nachdem die Glastür hinter ihm zugefallen war.

„Sei still“, sagte Nina. „Isabells Bus ist angekommen.“
Isabell war an diesem Morgen in Geburtstagsstimmung. Schließlich wird man nicht alle Tage fünfzehn Jahre alt. Beim Frühstück hatte ein Kranz von fünfzehn kleinen Kerzen mit einer größeren als Lebenslicht in der Mitte vor ihrem Platz am Küchentisch gestanden. Die ersten Geschenke waren schon ausgepackt. Eins davon, ein Paar schwarze Sportschuhe, trug sie bereits jetzt zu weißen Jeans. Sie fühlte sich toll mit ihrem rosa Erdbeerlippenstift und ihren schwarzgrünen Lidschatten.
Als sie die vier Mädchen aus ihrer Klasse vor dem Eingang der Schule stehen sah, wurde sie unsicher und fing an langsamer zu gehen. Aber Nina und die anderen hatten sie schon gesehen und kamen auf sie zu.
„Hallo, Isi!“, schrie Nina und ergriff Isabells freie Hand, um sie so heftig zu schütteln, dass es wehtat.
„Herzlichen Glückwunsch!“, rief Lili und umarmte sie, dass ihr beinahe die Luft weg blieb.
„Wirklich, herzlichen Glückwunsch zum Geburtstag!“, sagte auch Johanna und boxte sie mit solcher Wucht vor die linke Schulter, dass sie zurücktaumelte. Der blaue Fleck würde sie noch lange an diesen Tag erinnern.
Martina sagte nur „Hi“ und hielt sich etwas im Hintergrund.
„Ist die Kleine dreizehn geworden?“, fragte Nina und versuchte echt interessiert auszusehen. „Oder schon vierzehn?“, äffte Lili Ninas Tonfall nach.
„Fünfzehn, wenn ihr nichts dagegen habt“, sagte Isabell, wobei sie all ihren Mut zusammennahm. Jetzt bloß nicht zeigen, dass ihr der Arm und die Schulter wehtaten und dass sie Angst hatte. Sie wollte weitergehen.
Aber Nina packte wieder ihre Hand und hielt sie zurück.
„Fünfzehn, das sieht man dir wirklich nicht an“, meinte sie mit erstauntem Augenaufschlag.
„Nun lass sie doch gehen. Sonst kriegen wir wieder Ärger“, mischte Martina sich ein.
Aber jetzt kam auch Lili langsam in Fahrt. „Gib uns mal deinen Rucksack!“, rief sie gnadenlos und riss ihn ihr von der Schulter. „Den werden wir heute für dich tragen. Als Geburtstagsüberraschung.“
Isabell griff mit der linken Hand nach ihrem Rucksack, um ihn zurückzubekommen, aber Johanna fasste ihren Arm und drehte ihn auf den Rücken. „Lasst mich los, ihr Dreckziegen!“, rief Isabell und versuchte sich zu befreien. Nina und Johanna drehten ihr nur umso fester die Arme um.

„Auch noch frech werden, die Kleine. Und das an ihrem Geburtstag." Nina tat entrüstet.
Dabei blickte sie zu Janette und Susan hin, zwei anderen Mädchen aus der 9a, die bei der Gruppe stehen geblieben waren.
„Ihr habt's gehört. Isi beschimpft uns", stellte sie fest. Die beiden gingen weiter.
„Beweg dich!", befahl Nina. Johanna und sie schubsten Isabell über den Plattenweg am Schulgebäude entlang in Richtung Turnhalle. Lili trug den Schulrucksack wie einen geraubten Schatz und lachte dabei laut und drohend. Martina sagte nichts mehr, trottete aber langsam hinterher.
Hinter der Turnhalle standen trotz der frühen Morgenstunde schon zwei Jungen und rauchten die erste Schulzigarette. Ein dritter spähte um die Ecke, um sie rechtzeitig vor der Frühaufsicht zu warnen. Aber meist kam keiner hier vorbei. Gelangweilt schauten sie zu, was passierte.
Nina und Johanna drückten Isabell gegen die Hallenwand. Lili warf den Rucksack auf die Erde.
„Du hast noch eine Chance, die Beleidigung wieder gutzumachen", sagte Nina. „Erzähl uns, was du alles zum Geburtstag gekriegt hast! Vielleicht ist was für uns dabei."
Isabell kniff die Lippen zusammen. Die Arme schmerzten, die weiße Jeans und ihre Jacke hatten Flecken von der schmutzigen Wand. Jetzt nur nicht heulen, dachte sie.
„Dann muss ich wohl mal im Rucksack nachsehen", hörte sie Lili sagen und sah, wie sie sich hinkniete und den Verschluss langsam öffnete.
„Lass meine Sachen in Ruhe, du blöde Kuh! Da ist nichts drin", rief sie, während sie merkte, wie ihr die Tränen kamen.
„Halt die Klappe, du Modepuppe!", rief Lili zurück und kramte dabei im Rucksack herum.
„Wirklich nichts Besonderes drin - bis auf ihr Portmonee", verkündete sie dann, nachdem sie ein paar Hefte und Bücher auf dem Boden verteilt hatte. Sie kniete neben dem Rucksack und guckte zu Isabell rüber, die immer noch von Nina und Johanna festgehalten wurde.
„Ist ja ehrlich interessant, was ich von hier unten so sehe", fügte sie hinzu. Höhnisch verzog sich ihr Mund zu einem Grinsen und die beiden anderen blickten sie neugierig an.
„Guckt doch mal an der Süßen runter!" forderte Lili sie auf und da begriffen sie, was Lili meinte.
„Na, Kleine, dann müssen wir dir wohl mal zeigen, was wir mit Leuten machen, die nicht nett zu uns sind", zischte Nina Isabell ins Ohr.

1 Beschreibt das Verhalten der Personen in dieser Geschichte: Wen würdet ihr als Täter, wen als Opfer und wen als Zuschauer einordnen? Ihr könnt die Beziehungen zwischen den Personen auch in einer Skizze darstellen. Vergleicht eure Ergebnisse.

2 Sucht Textstellen heraus, in denen etwas über das Verhalten der einzelnen Personen gesagt wird. Tragt eure Notizen in eine Tabelle ein. Denkt auch über mögliche Gründe bzw. Motive für das Verhalten nach.

Name	Verhalten	Gründe/Motive für das Verhalten
Johanna		
Lili		
Martina		
Nina		
Janette und Susan		
drei Jungen		

3 Schreibt „innere Monologe" (Ich-Form, Präsens), in denen die Gedanken und Gefühle einzelner Personen zum Ausdruck kommen. Bezieht dabei Informationen aus dem Text mit ein. Wählt aus den folgenden Möglichkeiten aus:

→ *Einen inneren Monolog schreiben, S. 86–88*

a) Versetzt euch in Isabell und versucht nachzuempfinden, was sie bei dem Geschehen vor dem Schuleingang und hinter der Turnhalle denkt und fühlt.

Endlich 15! Echt super meine neuen Sportschuhe. Passen auch gut zur weißen Jeans. Oh, da sind die vier ja wieder! …

b) Einige Schülerinnen und Schüler sehen, was passiert ist, greifen aber nicht in das Geschehen ein. Versetzt euch in die Situation dieser „Zuschauer" und bringt zum Ausdruck, warum sie wohl so gehandelt haben.

Was ist da denn wieder los? Zickenalarm? Mal sehn, …

4 Stellt euch vor, die Zuschauer hätten für Isabell Partei ergriffen. Wie könnten sie dieses Verhalten begründen?

5 Wie hättest du reagiert, wenn du die Situation auf dem Schulhof beobachtet hättest? Begründe deine Entscheidung.

6 Die Geschichte ist noch nicht zu Ende. Schreibe sie weiter.

Handeln oder weggucken?

Immer wieder gibt es Situationen, in denen man etwas beobachtet und sofort spürt, dass das, was dort geschieht, nicht in Ordnung ist. Eigentlich müsste man eingreifen – oder nicht?

1 Denkt über die folgenden Situationen nach und ergänzt weitere ähnliche Situationen, die ihr vielleicht selbst erlebt habt oder von denen ihr gehört oder gelesen habt.

a) Auf dem Schulhof wird eine Schülerin zusammengeschlagen.
b) Im Park beobachtest du zufällig ein jüngeres Kind beim Zündeln.
c) Im Unterricht benachteiligt eine Lehrkraft regelmäßig einen deiner Mitschüler.
d) Jemand klaut einer älteren Dame die Handtasche.
e) Ein älterer Herr mit Handstock steigt in einen überfüllten Bus ein.
f) Ein Obdachloser bittet in der Innenstadt um Geld.
g) An der Supermarktkasse drängelt sich jemand vor.

2 Wählt aus, wie ihr weiterarbeiten wollt:

a Findet zu jeder Situation zwei gegensätzliche Handlungsmöglichkeiten für die „Zuschauer" und sammelt mögliche Begründungen. Welche Verhaltensweise ist jeweils leichter zu vertreten? Warum?

→ *Standbilder, S. 275*
→ *Rollenspiel, S. 279*

b Stellt einzelne Situationen in Standbildern dar oder spielt die möglichen Verhaltensweisen der „Zuschauer" im Rollenspiel nach. Sprecht darüber, wie sich die unterschiedlichen Darsteller oder Spieler gefühlt haben.

→ *In der Werkstatt Schreiben (S. 44/45) könnt ihr die Stellungnahme Schritt für Schritt üben.*

3 Wähle eine Situation aus und nimm dazu begründet Stellung.
- Wie würdest du in dieser Situation handeln? Mit welchen Argumenten würdest du dein Verhalten begründen?
- Beziehe mindestens ein Argument für eine andere Verhaltensweise ein und versuche es zu entkräften.

Warum ist Eingreifen oft so schwer?

Sich gegen Ungerechtigkeit einzusetzen bedeutet, sich ohne konkreten Auftrag in der Öffentlichkeit in Gefahrensituationen gegen das Unrecht stark zu machen. In unserer Gesellschaft sind allerdings häufiger Gleichgültigkeit, Bequemlichkeit und Desinteresse am Schicksal des Nächsten anzutreffen. Diese Phänomene begünstigen wiederum ein Klima, in dem es Straftätern leichtfällt, ungehindert zu agieren. Denn oftmals werden sie bei ihren Aktivitäten nicht gebremst.

Auch wenn sich viele Menschen betroffen fühlen und eigentlich helfen wollen, wenn andere bedroht, belästigt oder beraubt werden, bleibt die Hilfe oft aus. Einerseits fehlt das Wissen, ob und wie geholfen werden kann, andererseits fürchten viele das Risiko, ihr eigenes Engagement könnte für sie selbst zum Nachteil werden.

Es gibt immer „gute Gründe“, nicht einzugreifen:

- *Es sind noch genügend andere da ...*
- *Was geht das mich an ...*
- *Das Opfer ist doch selbst schuld ...*
- *Ich habe keine Zeit ...*
- *Es könnte gefährlich werden ...*

4 Denkt über die erwähnten Gründe, nicht einzugreifen, nach:
- Welche Gründe könnt ihr nachvollziehen, welche nicht?
- Was meint ihr zu der Formulierung „gute Gründe“?
- Versucht, nicht überzeugende Gründe zu entkräften.

→ *Interessante Beiträge zu diesem Thema findet ihr unter: www.friedenspaedagogik.de*

5 Nennt weitere Gründe, warum Menschen in offensichtlichen Gefahrensituationen nicht eingreifen.

6 Lest nun den folgenden Beitrag. Welche Ursachen für die Passivität vieler Bürger werden hier genannt?

Wie kann es sein, dass niemand eingreift?

Amerikanische Untersuchungen beschäftigen sich mit dem Problem der „cold society“, einer Gesellschaft, in der sich niemand um den Nächsten kümmert, und kommen bei der Suche nach den Ursachen zu überraschenden Ergebnissen: Wenn in einer Gefahrensituation viele Helfer da sind, verringert sich das Verantwortungsbewusstsein bei jedem einzelnen. Ein weiterer Grund für die Passivität von Zeugen ist die Unklarheit über die Tat. Hat der Mann, der auf der Erde liegt, einen Herzanfall oder ist es nur ein Betrunkener, der auf der Straße seinen Rausch ausschläft? Je unklarer die Situation, desto unwahrscheinlicher ist das Eingreifen von Beobachtern. Auch Ort und Zeitpunkt eines Verbrechens beeinflussen die Bereitschaft zu Hilfeleistung: Bei Dunkelheit und in unbekannter Umgebung wird weniger geholfen. Nicht zuletzt zögert jeder, der besorgt ist, sich beim Eingreifen selber in Gefahr zu bringen. Es ist sicherer, sich wie die Mehrheit der Menschen zu verhalten und sich in der anonymen Menge zu verstecken. Das ist leider ein alltägliches Problem.

Was kann man tun?

Die Polizei gibt im Rahmen der Aktion „Tu was“ eine Infokarte mit sechs praktischen Regeln für mehr Zivilcourage heraus, um Solidarität und Hilfsbereitschaft zu stärken. Die Regeln sollen mehr Sicherheit im Alltag geben und zeigen, was man in Situationen tun kann, in denen Mitmenschen in Gefahr geraten:

1. Ich helfe, ohne mich selbst in Gefahr zu bringen.
2. Ich fordere andere aktiv und direkt zur Mithilfe auf.
3. Ich beobachte genau, präge mir Tätermerkmale ein.
4. Ich organisiere Hilfe unter Notruf 110.
5. Ich kümmere mich um Opfer.
6. Ich stelle mich als Zeuge zur Verfügung.

1 Beschäftigt euch mit diesen Regeln einmal genauer:
- Klärt die Beziehung zwischen den Regeln und der abgebildeten Infokarte.
- Schildert Situationen, in denen die Befolgung der einzelnen Regeln sinnvoll ist.
- Erläutert, wenn es nötig ist, was mit der jeweiligen Regel in der Situation konkret gemeint ist.

2 Lest den Text auf S. 39.
Die Zuschauer geben unterschiedliche Begründungen dafür an, dass sie nicht eingreifen. Was meint ihr dazu?

3 Betrachtet den Aufbau und die Sprache des Textes genauer:
- Welche Besonderheiten entdeckt ihr?
- Welche Wirkung wird dadurch erzeugt?

4 Ihr habt bereits einige Tipps und Regeln kennengelernt, wie man sich in solchen Situationen verhalten kann.
Wie hättet ihr wahrscheinlich reagiert? Begründet.

Anne Abelein, 16 Jahre

Eines Tages

Eines Tages wurde in der Stadt ein Mann zusammengeschlagen.

Die Leute standen drum herum und guckten erschrocken.

Es waren Christina, Michael, Frau Lang und Herr Klein.

Christina dachte: Soll ich eingreifen? Ich bin doch ein Mädchen und habe auch noch eine Brille. Auf mich hört ja sowieso keiner. Was soll ich sagen, wenn ich eingreife? Ich werde mich wieder mal blamieren.

Michael dachte: Wenn die so untätig herumstehen, ist das sicher alles nur Spaß. Die kennen den bestimmt. Ich werde mich bestenfalls lächerlich machen, wenn ich etwas sage.

Frau Lang dachte: Ich wollte doch noch Erdbeersetzlinge kaufen. Wenn ich jetzt eingreife und in die Sache verwickelt werde, verpasse ich den Bus. Und dann kann ich das Mittagessen nicht rechtzeitig kochen. Es gibt heute Linsen mit Spätzle.

Herr Klein dachte: Bestimmt sind die drogenabhängig, illegal eingewandert oder mit der Mafia unter einer Decke. Wie die schon angezogen sind – wahrscheinlich gehört das Opfer auch dazu.

Das Opfer dachte nichts. Es war schon tot.

5 Lest den Text des Plakates.
- Was ist die zentrale Aussage des Plakats?
- Wie wird diese Aussage auf dem Plakat umgesetzt? Haben tatsächlich alle sieben Leute zugeschlagen?

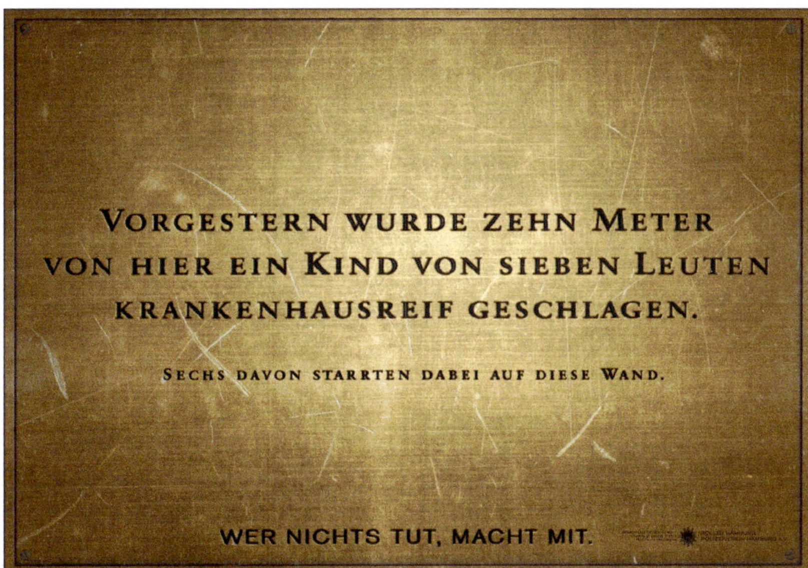

6 Wie könnte ein entsprechendes Plakat zu dem Text von Anne Abelein aussehen?

7 Entwerft Plakate, die zu ähnlichen Situationen aus eurem Alltag passen: *Gestern wurde auf dem Schulhof ein Mädchen von vier Mitschülerinnen erpresst. Drei davon ...*

Sich auf Situationen vorbereiten

Es ist nicht selbstverständlich, in Alltagssituationen Zivilcourage zu zeigen. Vielleicht seid ihr in solchen Situationen selbst innerlich hin- und hergerissen, weil ihr nicht genau wisst, was ihr tun könnt, wenn es einmal ernst werden sollte. Ihr könnt euch spielerisch mit solchen Situationen auseinandersetzen und so euer Selbstbewusstsein trainieren.

1 Bereitet euch auf bedrohliche Situationen mit der Statuenübung vor:
- Bildet Paare und stellt euch mit geschlossenen Augen voreinander. Eine Person ist der Täter, die andere ein ängstliches Opfer. Versetzt euch beide gedanklich in eure Rolle.
- Dann öffnet ihr die Augen und drückt mit Körperhaltung und Gesichtsausdruck eure Gedanken und Empfindungen aus. Verharrt einige Sekunden in dieser Position, löst euch dann aus der Rolle.
- Tauscht die Rollen.
- Sprecht über eure Empfindungen und Wahrnehmungen. Wie habt ihr euch gefühlt? Warum?

2 Der folgende Text von Franz Mon enthält keine Satzzeichen. Lest den Text erst leise und dann laut vor und probiert dabei verschiedene Sprachhandlungen aus: Aussagen, Fragen, Vorwürfe.

man muss was tun
muss man was tun
was muss man tun
tun muss man was

man hätte was getan
hätte man was getan
was hätte man getan
hätte man was getan

tun was man muss
was man tun muss
tun muss man was
was muss man tun

Franz Mon

3 Denkt über den Text nach:
- In jeder Zeile steht „man". Wie wirkt das auf euch?
- Ersetzt das „man" durch Personalpronomen (ich, du, wir, sie ...). Was verändert sich dadurch?
- Wie unterscheidet sich die zweite Strophe von den anderen?

4 Verteilt die Zeilen des Textes unter euch, jeder erhält einen Satz.
Je nach Gruppengröße können Sätze auch doppelt vergeben werden.

- Geht frei durch den Raum und begegnet einander, indem ihr euren Satz sprecht. So entstehen Dialoge als Textvariationen, z. B.:
  was hätte man getan – tun muss man was
  was muss man tun – was man tun muss ...
- Erprobt unterschiedliche Sprechhaltungen: forsch, vorsichtig, ironisch, unterkühlt, aufgeregt. Verstärkt die Sprechhaltung durch Mimik und Gestik: Augenbrauen hochziehen, Schulterzucken, Körperhaltung ...

5 Stellt euch einen Platz vor, auf dem sich ein besonderes Ereignis abspielt. Ihr könnt das Ereignis auch nachstellen, z. B.: eine Schlägerei (Schattenboxen), jemand wird angepöbelt (Standbild) ...

- Kommt in Kleingruppen nacheinander auf den Platz. Ihr gehört zu der Menschenmenge, die das Ereignis beobachtet. Bringt euch in das Geschehen ein, indem ihr euren Satz aus dem Text von Franz Mon sprecht:
  - tuschelnd, laut und wieder leiser werdend ...
  - unsicher, ratlos, teilnahmslos, wütend ...
  - flüsternd, einzelne Wörter wiederholend wie ein Echo ...
  - euch gegenseitig verstärkend oder widersprechend ...
- Erprobt verschiedene Möglichkeiten des Eingreifens: Schreien, Hilfe holen, sich zwischen die Personen stellen ...

6 Tauscht euch nach jedem Spielversuch aus:
- Wie habt ihr euch als Spieler gefühlt? Wie erging es euch in den einzelnen Situationen?
- Wie habt ihr als Zuschauer die Darstellung empfunden?
- Inwieweit können solche Übungen auf echte Situationen vorbereiten?

7 Variiert die Spielidee aus Aufgabe 5 mit Papiertüten als Requisiten:
Tragt die Tüten zunächst wie Einkaufstaschen, zieht euch dann die Tüten über den Kopf, dreht euch weg, entfernt euch langsam ...

Schriftlich argumentieren

Stellt euch folgende Situation vor: In einer Schule sind immer wieder Situationen aufgetreten, in denen Schülerinnen und Schüler gemobbt oder sogar misshandelt wurden.
In der Schülerversammlung wurde das Thema besprochen und beschlossen, eine Projektwoche zum Thema „Eingreifen statt zuschauen!“ zu beantragen, um möglichst viele für einen respektvollen Umgang miteinander zu sensibilisieren.
Die Schulleiterin hat den Antrag abgelehnt und einen Antwortbrief an die Schülerschaft am Schwarzen Brett veröffentlicht (S. 43).

1 Untersucht den Inhalt des Briefes.
- Welche Argumente, die *gegen* die Projektwoche sprechen, nennt die Schulleiterin?
- Welche Argumente *für* eine Projektwoche greift sie auf?
- Was will sie mit dem Brief erreichen?
- Welchen Kompromissvorschlag macht sie?

2 Untersucht auch, wie der Brief verfasst ist:
- Womit beginnt er?
- Mit welchen Überschriften kann man die einzelnen Absätze kennzeichnen?
- Welche Formulierungen sind eurer Meinung nach geeignet, um bei den Schülerinnen und Schülern Verständnis zu bewirken?

→ *In der Werkstatt Schreiben (S. 44/45) erhaltet ihr Tipps zum Schreiben eurer Argumentation.*

3 Stell dir vor, du bist Schülerin oder Schüler an dieser Schule und willst dich für eine Projektwoche noch in diesem Schuljahr einsetzen. Schreibe der Schulleiterin einen Brief, in dem du deinen Standpunkt darlegst und ausführlich begründest.
- Gehe auf die Argumente der Schulleiterin ein und versuche sie zu entkräften.
- Erwähne das Argument, das die Schulleiterin *für* eine Projektwoche aufgreift, und konkretisiere es.
- Nimm Stellung zum Kompromissvorschlag der Schulleiterin.

Liebe Schülerinnen und Schüler,

in letzter Zeit haben sich Konflikte sowohl zwischen einzelnen Schülerinnen und Schülern als auch zwischen Schülergruppen gehäuft. In Einzelgesprächen konnte ich erfahren, dass Mitschüler verspottet und sogar gemobbt werden. Sie leiden massiv unter diesen oft tückischen Angriffen. Die Gründe für die Spannungen sind vielfältig: Ausländerfeindlichkeit, grundlose Gewaltbereitschaft, Aussehen, Kleidung, andersartiges Verhalten usw.
Den meisten von euch gefällt die augenblickliche Stimmung nicht. Deshalb habt ihr eine Projektwoche zum Thema „Eingreifen statt zuschauen" beantragt.

Ich finde es vorbildlich, dass ihr über die Situation an unserer Schule nachdenkt und einen konkreten Vorschlag macht. Daraus entnehme ich, dass euch ein friedliches Zusammenleben sehr wichtig ist. Auch wir – und damit meine ich das gesamte Kollegium – halten das für eine Grundvoraussetzung des schulischen Lebens. Aus mehreren Gründen müssen wir aber in diesem Schuljahr euren Wunsch nach einer Projektwoche ablehnen.
Das aktuelle Halbjahr ist sehr kurz. Dadurch haben wir ohnehin weniger Unterrichtzeit zur Verfügung als sonst. Außerdem haben wir im letzten Halbjahr das gemeinsame Zirkusprojekt durchgeführt. Auch wenn diese Aktion ein voller Erfolg war, so fiel der Fachunterricht für eine Woche komplett aus. Aus Krankheitsgründen sind zu Beginn des Schuljahres viele Kollegen nicht anwesend gewesen, sodass in einigen Klassen zahlreiche Stunden entfallen sind. Die alljährlichen Projekte (z. B. Vorführung eines englischen Theaterstücks, Kinoausflüge, Klassenfahrten, Präventionsveranstaltungen, Praktika) werden aber trotzdem durchgeführt.
Außerdem ist unsere Sozialpädagogin, Frau Kramer, die ähnliche Projekte in den letzten Jahren organisiert hat, zurzeit in Mutterschutz. Eine Vertretung können wir leider erst zu Beginn des neuen Schuljahres erwarten. Versteht also bitte, dass wir ohne die Erfahrungswerte von Frau Kramer eine so kurzfristige Veränderung im Jahresplan nicht mehr berücksichtigen können.
Ihr seht, dass wichtige Argumente gegen eine Projektwoche zum gegenwärtigen Zeitpunkt sprechen. Ich weiß aber, dass ein gutes soziales Miteinander sehr wichtig ist, auch für erfolgreiches Lernen. Deshalb werde ich mich dafür einsetzen, ein ähnliches Projekt für das nächste Schuljahr zu planen. Konkrete Wünsche zu möglichen Inhalten könnt ihr bei mir einreichen.

Schöne Grüße
Vera Heller
(Schulleiterin)

4 Die Schulleiterin hat als Reaktion auf ihren Brief mehrere Stellungnahmen aus der Schülerschaft erhalten. Sie lädt eine kleine Schülergruppe zu einem persönlichen Gespräch ein.
- Bereitet euch vor und spielt dieses Diskussionsgespräch nach.
- Bewertet anschließend den Verlauf der Diskussion.

→ *Sich an einer Diskussion beteiligen, S. 274*

Werkstatt

Schreiben

Eine schriftliche Argumentation ausarbeiten

Mit einer schriftlichen Argumentation willst du andere von deiner Meinung überzeugen. Du entfaltest überzeugende Argumente, entkräftest Gegenargumente und ziehst eine begründete Schlussfolgerung. Manchmal bietet es sich auch an, konstruktive Lösungsvorschläge für ein Problem zu machen.

→ *Lies hierzu noch einmal den Brief der Schulleiterin auf Seite 43.*

In einer Schule hat die Schülervertretung eine Projektwoche zum Thema „Eingreifen statt zuschauen!“ beantragt. Der Antrag wurde abgelehnt, weil in diesem Schuljahr nicht genug Zeit zur Verfügung stehe. Als Schülerin bzw. Schüler dieser Schule möchtest du in einer schriftlichen Stellungnahme begründen, warum dieses Projekt doch sinnvoll wäre.

1. Schritt: Argumente sammeln

Die Schülerinnen und Schüler der Klasse 9d haben vorgearbeitet und notiert, welche Argumente man in einer Stellungnahme berücksichtigen könnte:

1. Projektwoche fördert die Zusammengehörigkeit
2. schult die soziale Kompetenz aller Schülerinnen und Schüler
3. stärkt die Identifizierung mit der eigenen Schule
4. Konflikte verhindern erfolgreiches Lernen
5. Zeitaufwand lohnt sich
6. Fachunterricht kann auch mal ausfallen
7. Zivilcourage lernt man im Schulalltag
8. Vorbereitung auf das Verhalten im zukünftigen Leben
9. Wichtiger Beitrag zu einem aktiven und erlebnisorientierten Schulleben
10. Projektwochen müssen ernst genommen werden
11. Ungerechtigkeiten darf man nicht dulden
12. Vorbereitung und Übung für ernste Gefahrensituationen

1 Prüfe, inwieweit die Argumente deinen Standpunkt unterstützen und ob sie überzeugen. Ergänze, wenn nötig, wichtige weitere Argumente.

2 Wähle drei Argumente aus, die du für deine Argumentation am überzeugendsten findest. Trage die Nummern der Argumente in eine Tabelle ein und begründe deine Auswahl.

Meine Auswahl	Begründung
Nr.	
Nr.	
Nr.	

2. Schritt: Gegenargumente entkräften

Bei strittigen Fragen und Problemen gibt es meistens auch schlagkräftige Gegenargumente, die man berücksichtigen muss.

3 In deiner Stellungnahme sollst du wichtige Argumente der Schulleitung aufgreifen und entkräften. Erinnere dich an die Argumente aus dem Brief der Schulleiterin (Aufgabe 1, S. 42) und nimm dazu stichwortartig Stellung.

3. Schritt: Konstruktive Lösungsvorschläge machen

Wenn es nicht möglich ist, seine eigene Meinung umfassend durchzusetzen, kann man Vorschläge machen, die für beide Seiten nachvollziehbar sind.

4 Schlage einen nachvollziehbaren Kompromiss vor, z. B.:
- Reduzierung des Projekts auf zwei Tage,
- Kooperationspartner einbinden (Jugendzentrum, Organisationen etc.).

4. Schritt: In einem Brief die Argumente entfalten

In deiner schriftlichen Stellungnahme entfaltest du nun die herausgearbeiteten Argumente, beziehst Gegenargumente mit ein und unterbreitest evtl. einen Lösungsvorschlag.

5 Verfasse auf der Grundlage deiner Vorarbeiten einen Brief an die Schulleitung. Dein vorrangiges Ziel ist, die Schulleitung von deiner Meinung zu überzeugen, dass es sinnvoll und notwendig ist, die Projektwoche möglichst bald durchzuführen und dies zu unterstützen.

Ein Preis für junge Menschen mit Zivilcourage

→ *www.bertini-preis.de*

Jedes Jahr wird in Hamburg der **Bertini-Preis** an junge Menschen verliehen, die sich für solidarisches Zusammenleben engagiert haben und ungeachtet der persönlichen Folgen couragiert eingegriffen haben, um Unrecht, Ausgrenzung und Gewalt von Menschen gegen Menschen zu verhindern. Christa Goetsch hat bei der Preisverleihung im Januar 2010 als Hamburger Bildungssenatorin das folgende Grußwort vorgetragen:

Christa Goetsch

Sehr geehrter Herr Giordano, sehr geehrter Herr Fleckenstein, sehr geehrte Mitglieder des Bertini-Preis e.V., sehr geehrte Hausherrin, liebe Isabella, liebe Gäste, liebe Preisträgerinnen und Preisträger!

Als ich mir überlegte, was ich zur 12. Verleihung des Bertini-Preises sagen möchte, blätterte ich durch die aktuelle Broschüre und verweilte bei den Gruppenbildern der früheren Preisträger. Dabei fiel mir etwas Interessantes auf. Es ist für mich als Betrachterin unmöglich, ein Gruppenbild einfach nur als Gruppenbild anzusehen. Intuitiv schaue ich nach einzelnen Gesichtern. Ich deute ihren Ausdruck. Ich überlege, was diejenige oder derjenige im Moment der Aufnahme wohl dachte und empfand.

Ich kann mir also ein Gruppenbild nur über die Betrachtung der Einzelnen erschließen. Und das scheint mir kein Zufall zu sein. Denn die Gemeinschaft löst den einzelnen Menschen niemals auf.

Von Astrid Lindgren stammt der Satz: „Es sind immer auch einzelne Menschen, die die Geschichte der Welt bestimmen." Und dies scheint mir auch die wichtige Erkenntnis zu sein, die mit dem Bertini-Preis verbunden ist. Denn der Preis spricht uns als Individuen an. Er ist eine Anerkennung für besondere Projekte und gleichzeitig auch die stete Aufforderung: Du hast Verantwortung!

Der Bertini-Preis wird am 27. Januar verliehen, dem Tag des Gedenkens an die Opfer des Nationalsozialismus, dem Tag der Befreiung von Auschwitz.

Wenn wir an Widerstand im Dritten Reich denken, dann denken wir zunächst an die großen und kleinen Gruppen der Mutigen – oft der verzweifelt Mutigen. An die Weiße Rose, an den Aufstand im Warschauer Ghetto, an die Gruppe des 20. Juli.

Widerstandsgruppen machen keine Gruppenfotos. Doch wenn wir welche von ihnen hätten, würden wir auch auf ihnen die einzelnen Gesichter erforschen. Jeder Einzelne von ihnen, der seinen ganz eigenen Weg in den Widerstand beschritt.

Jeder Einzelne von ihnen, der für sich alleine die Entscheidung treffen musste, sein Leben einzusetzen, um sein Gewissen zu bewahren.
„Du hast Verantwortung" – das gilt aber genauso für die Täter. Der Holocaust war nur denkbar und durchführbar, weil der einzelne Täter sich bereitwillig in einer Gemeinschaft auflösen ließ. [...]
Nichts wiesen die Täter später so empört zurück wie die Aussage: „Du hast Verantwortung!" Denn sie wollten zwischen ihrem Handeln und den Auswirkungen ihres Handelns keine Verbindung zulassen.
Viele Aufgaben können wir als Menschen nur gemeinsam lösen. „Kein Mensch ist eine Insel", wie der englische Dichter John Donne vor 400 Jahren schrieb.
Das ist wahr. Aber genauso wahr ist: Der Mensch ist immer auch ein Einzelner und muss es sein dürfen. Ich behaupte aus eben diesem Grund, dass der Bertini-Preis nur in einer Demokratie denkbar ist. Denn sie ist die einzige Staatsform, die vom Individuum mit seinen unveräußerlichen Rechten und seiner Würde ausgeht. Vom Einzelnen also. [...]
Liebe Preisträgerinnen und Preisträger, wenn der Bertini-Preis also Zivilcourage auszeichnet, dann würdigt er nicht nur eure Bereitschaft, unbequem zu sein. Er prämiert auch die Bereitschaft, es sich selbst unbequem zu machen.
Ein ganz schön unbequemer Preis, könnte man sagen. Aber gerade das macht ihn so besonders und herausragend. Ich gratuliere euch allen als Gruppen und als Einzelnen zu dieser Auszeichnung. [...]

1 Was habt ihr nach dem ersten Lesen dieser Rede auf Anhieb verstanden bzw. behalten? Tauscht euch untereinander aus.

2 Seht euch den Redetext genauer an:
- Woran erkennt ihr, dass dieser Text eine Rede ist?
- Wie schafft die Rednerin es, dass die Zuhörer sich angesprochen fühlen?
- Lies den Sprachkasten auf S. 48. Welche der genannten sprachlichen Mittel entdeckst du in der Rede?
- Worin sieht die Rednerin die wirklichen Herausforderungen im Zusammenhang mit Zivilcourage?
- „Es sind immer auch einzelne Menschen, die die Geschichte der Welt bestimmen." Versucht diese Aussage Astrid Lindgrens mit eigenen Worten zu erklären und zu veranschaulichen.

Sprache

In einer **Rede** wendet sich ein Redner oder eine Rednerin an ein Publikum – meist zu einem besonderen Anlass, z.B. zur Verleihung eines Preises oder zu einer Feier. Reden weisen oft folgende Merkmale auf:

- Anrede des Publikums: Liebe Zuhörerinnen und Zuhörer ...
- Betonung der persönlichen Redner-Perspektive: Als ich mir überlegte ...
- Nennung des Redeanlasses: Der ...-Preis wird am ... verliehen ...
- Einbeziehung des Publikums durch Wir-Formulierungen: Viele Aufgaben können wir nur gemeinsam lösen ...
- Zitate zur Illustration und Veranschaulichung: Von ... stammt der Satz „...“

3 Die Rednerin ruft Heranwachsende dazu auf, Verantwortung zu übernehmen, unbequem zu sein und Widerstand zu leisten, wenn es notwendig ist.

a) Diskutiert diese Aufforderung in der Klasse.

b) Schreibt dazu Nachdenktexte oder schriftliche Stellungnahmen.

Ideen und Anregungen

→ **Bücher** zum Thema „Zivilcourage“ lesen und vorstellen

→ Ein **Schulprojekt** (Schule ohne Rassismus, Schule mit Courage) organisieren und durchführen (www.schule-ohne-rassismus.org, www.eingreifen.de)

→ Ein **Theaterstück** zum Thema planen und vorführen

→ Eine **Checkliste** für das Verhalten in Konfliktsituationen entwickeln

Überprüfe dein Wissen und Können

Stell dir die folgende Situation vor: In letzter Zeit kommt es in eurem Schulgebäude immer wieder zu Schmierereien an den Wänden und zur Zerstörung von sanitären Anlagen. Du gehörst einer Arbeitsgruppe an, die aktiv mitwirken möchte, solche Vorfälle in Zukunft zu verhindern. In der Arbeitsgruppe habt ihr beschlossen, einen Brief zu verfassen, der am Schwarzen Brett ausgehängt werden soll.

1 Erledige folgende Vorarbeiten, bevor du den Brief verfasst:
a) Welche Argumente der folgenden Liste unterstützen den Standpunkt der Arbeitsgruppe? Sind sie überzeugend?
b) Kennzeichne Argumente, die nichts mit der Sache zu tun haben oder der „Gegenseite" zuzuordnen sind.
c) Ergänze die Liste mit weiteren Argumenten, die deiner Meinung nach für das Ziel der Arbeitsgruppe wichtig sind.

1. Alle Schülerinnen und Schüler sind für die Pflege des Schulgebäudes und des Mobiliars verantwortlich.
2. Defekte sanitäre Anlagen sind unhygienisch.
3. Ein sauberes und intaktes Gebäude wirkt einladender, motivierender und freundlicher.
4. Schon wenn eine Wandverschmutzung geduldet wird, fehlt der Respekt vor dem fremden Eigentum.
5. Selbstgestaltete Graffitis sind „in" und zeugen von der Kreativität der Schülerinnen und Schüler.
6. Alle Schülerinnen und Schüler müssen die uneingeschränkte Möglichkeit haben, das WC zu nutzen.
7. Die Schülerinnen und Schüler haben kein Geld, sich etwas in der Schulcafeteria kaufen zu können.

2 Wähle drei Argumente aus, die du als Grundlage für deine Argumentation für besonders bedeutsam hältst.

3 Entkräfte das wichtigste Argument der Gegenseite.

4 Verfasse nun für das Schwarze Brett einen Brief, um möglichst viele Schülerinnen und Schüler von deiner Meinung zu überzeugen.

Schriftlich argumentieren

Momentaufnahmen – Kurzgeschichten interpretieren

Edward Hopper: Nighthawks (Nachtschwärmer), 1942

In diesem Kapitel geht es um „Momentaufnahmen“, die in Kurzgeschichten erzählt werden. Menschen erleben in Kurzgeschichten eine Situation, die ihr Leben entscheidend beeinflusst oder verändert. Dies wird vom Erzähler nicht erklärt und kommentiert, der Leser muss „zwischen den Zeilen“ lesen und die Geschichte durch Interpretation erschließen. In diesem Kapitel lernt ihr berühmte Kurzgeschichten und neuere kurze Geschichten kennen – und ihr bekommt viele Anregungen und Hilfen zur ihrer Interpretation.

Ihr lernt,
- Kurzgeschichten zu untersuchen und typische Merkmale zu erkennen,
- Kurzgeschichten zu interpretieren und die eigene Interpretation schriftlich zu formulieren,
- kreativ mit kurzen Geschichten umzugehen,
- euch mit anderen in einem Forum über diese Geschichten auszutauschen.

Edward Hopper

(1882–1967),
einer der bekanntesten amerikanischen Maler, hat in Momentaufnahmen Menschen in Alltagssituationen dargestellt. „Nighthawks“ (links) ist eines der populärsten Bilder des 20. Jahrhunderts.
Hopper schafft durch Farben, Licht und Raumbilder eine eigenartige Atmosphäre. Es bleibt der Interpretation des Betrachters überlassen, sich auszudenken, was in den Personen vorgehen könnte ...

Edward Hopper: Chair Car (Sitzabteil), 1965

1 Viele Filmregisseure und Autoren sind von den Bildern Edward Hoppers angeregt worden. Probiert es selbst aus: Wählt ein Bild aus und schreibt alles auf, was euch dazu einfällt: Wörter, Gedanken, Liedzeilen usw.

2 Schreibe eine „Momentaufnahme“ zu einem der Bilder:
- Beschreibe die Situation. Achte auf Gegenstände, Farben und Licht.
- Was könnte eine der Personen im nächsten Augenblick machen, sodass sich etwas verändert?

3 Erzähle, was der Person/den Personen durch den Kopf geht. Schreibe einen inneren Monolog.

→ *Wie du einen inneren Monolog schreibst, kannst du auf Seite 86–88 nachlesen.*

→ Recherchiert im Internet Bilder, die Momentaufnahmen zeigen und zum Schreiben anregen.

Eine Kurzgeschichte Schritt für Schritt interpretieren

„Nachts schlafen die Ratten doch" von Wolfgang Borchert zählt zu den bekanntesten und meistgelesenen deutschen Kurzgeschichten. Es macht Spaß, Schritt für Schritt herauszufinden, was sich hinter solch einer Kurzgeschichte verbirgt.

1 Lies den Titel der Geschichte und die ersten zehn Zeilen. Notiere, was dir durch den Kopf geht.

Wolfgang Borchert

Nachts schlafen die Ratten doch

Das hohle Fenster in der vereinsamten Mauer gähnte blaurot voll früher Abendsonne. Staubgewölke flimmerten zwischen den steilgereckten Schornsteinresten. Die Schuttwüste döste.
Er hatte die Augen zu. Mit einmal wurde es noch dunkler. Er merkte, dass jemand gekommen war und nun vor ihm stand, dunkel, leise. „Jetzt haben sie mich!", dachte er. Aber als er ein bisschen blinzelte, sah er nur zwei etwas ärmlich behoste Beine. Die standen ziemlich krumm vor ihm, dass er zwischen ihnen hindurchsehen konnte. Er riskierte ein kleines Geblinzel an den Hosenbeinen hoch und erkannte einen älteren Mann. Der hatte ein Messer und einen Korb in der Hand. Und etwas Erde an den Fingerspitzen.

Spurensuche 1: Vermutungen anstellen

Der Anfang einer Kurzgeschichte ist besonders wichtig. Oft ist der Anfang „offen" und du musst Vermutungen anstellen:
- *Wer sind die Personen?*
- *Wo und wann spielt die Geschichte?*
- *In welcher Beziehung stehen die Personen zueinander?*

2 Stelle Vermutungen an. Schreibe die Antworten auf einen Zettel:
- Wer ist „er"?
- Wo befindet sich die Person? Wie stellst du dir den Ort vor?
- Wie fühlt sich die Person? Was bedeutet der Satz „Jetzt haben sie mich!" ?
- Was erfährst du über den älteren Mann? Warum hat er wohl ein Messer und einen Korb dabei?

3 Lies die Geschichte zu Ende. Notiere, was dir auffällt und worüber du anschließend sprechen möchtest.

„Du schläfst hier wohl, was?“, fragte der Mann und sah von oben auf das Haargestrüpp herunter. Jürgen blinzelte zwischen den Beinen des Mannes hindurch in die Sonne und sagte: „Nein, ich schlafe nicht. Ich muss hier aufpassen.“ Der Mann nickte: „So, dafür hast du wohl den großen Stock da?“

„Ja“, antwortete Jürgen mutig und hielt den Stock fest.

„Worauf passt du denn auf?“

„Das kann ich nicht sagen.“ Er hielt die Hände fest um den Stock.

„Wohl auf Geld, was?“ Der Mann setzte den Korb ab und wischte das Messer an seinen Hosenbeinen hin und her.

„Nein, auf Geld überhaupt nicht“, sagte Jürgen verächtlich. „Auf ganz etwas anderes.“

„Na, was denn?“

„Ich kann es nicht sagen. Was anderes eben.“

„Na, denn nicht. Dann sage ich dir natürlich auch nicht, was ich hier im Korb habe.“ Der Mann stieß mit dem Fuß an den Korb und klappte das Messer zu.

„Pah, kann mir denken, was in dem Korb ist“, meinte Jürgen geringschätzig, „Kaninchenfutter.“

„Donnerwetter, ja!“, sagte der Mann verwundert, „bist ja ein fixer Kerl. Wie alt bist du denn?“

„Neun.“ „Oha, denk mal an, neun also. Dann weißt du ja auch, wie viel drei mal neun sind, wie?“

„Klar“, sagte Jürgen, und um Zeit zu gewinnen, sagte er noch: „Das ist ja ganz leicht.“ Und er sah durch die Beine des Mannes hindurch. „Drei mal neun, nicht?“, fragte er noch einmal, „siebenundzwanzig. Das wusste ich gleich.“

„Stimmt“, sagte der Mann, „und genau so viel Kaninchen habe ich.“ Jürgen machte einen runden Mund: „Siebenundzwanzig?“

„Du kannst sie sehen. Viele sind noch ganz jung. Willst du?“

„Ich kann doch nicht. Ich muss doch aufpassen“, sagte Jürgen unsicher.

„Immerzu?“, fragte der Mann, „nachts auch?“

„Nachts auch. Immerzu. Immer.“ Jürgen sah an den krummen Beinen hoch. „Seit Sonnabend schon“, flüsterte er.

„Aber gehst du denn gar nicht nach Hause? Du musst doch essen.“

Jürgen hob einen Stein hoch. Da lagen ein halbes Brot und eine Blechschachtel. „Du rauchst?“, fragte der Mann, „hast du denn eine Pfeife?“

Jürgen fasste seinen Stock fest an und sagte zaghaft: „Ich drehe. Pfeife mag ich nicht.“

„Schade“, der Mann bückte sich zu seinem Korb, „die Kaninchen hättest du ruhig mal ansehen können. Vor allem die Jungen. Vielleicht hättest du dir eines ausgesucht. Aber du kannst hier ja nicht weg.“

„Nein“, sagte Jürgen traurig, „nein, nein.“

Der Mann nahm den Korb hoch und richtete sich auf. „Na ja, wenn du hierbleiben musst – schade.“ Und er drehte sich um.

„Wenn du mich nicht verrätst“, sagte Jürgen da schnell, „es ist wegen den Ratten.“ Die krummen Beine kamen einen Schritt zurück: „Wegen den Ratten?“

„Ja, die essen doch von Toten. Von Menschen. Da leben sie doch von.“

„Wer sagt das?“

„Unser Lehrer.“

„Und du passt nun auf die Ratten auf?“, fragte der Mann.

„Auf die doch nicht!“ Und dann sagte er ganz leise: „Mein Bruder, der liegt nämlich da unten. Da.“ Jürgen zeigte mit dem Stock auf die zusammengesackten Mauern. „Unser Haus kriegte eine Bombe. Mit einmal war das Licht weg im Keller. Und er auch. Wir haben noch gerufen. Er war viel kleiner als ich. Erst vier. Er muss hier ja noch sein. Er ist doch viel kleiner als ich.“

Der Mann sah von oben auf das Haargestrüpp. Aber dann sagte er plötzlich: „Ja, hat euer Lehrer euch denn nicht gesagt, dass die Ratten nachts schlafen?“

„Nein“, flüsterte Jürgen und sah mit einmal ganz müde aus, „das hat er nicht gesagt.“ „Na“, sagte der Mann, „das ist aber ein Lehrer, wenn er das nicht mal weiß. Nachts schlafen die Ratten doch. Nachts kannst du ruhig nach Hause gehen. Nachts schlafen sie immer. Wenn es dunkel wird, schon.“

Jürgen machte mit seinem Stock kleine Kuhlen in den Schutt. „Lauter kleine Betten sind das“, dachte er, „alles kleine Betten.“

Da sagte der Mann (und seine krummen Beine waren ganz unruhig dabei): „Weißt du was? Jetzt füttere ich schnell meine Kaninchen und wenn es dunkel wird, hole ich dich ab. Vielleicht kann ich eins mitbringen. Ein kleines oder, was meinst du?“ Jürgen machte kleine Kuhlen in den Schutt. „Lauter kleine Kaninchen. Weiße, graue, weißgraue.“ „Ich weiß nicht“, sagte er leise und sah auf die krummen Beine, „wenn sie wirklich nachts schlafen.“

Der Mann stieg über die Mauerreste weg auf die Straße. „Natürlich“, sagte er von da, „euer Lehrer soll einpacken, wenn er das nicht mal weiß.“

Da stand Jürgen auf und fragte: „Wenn ich eins kriegen kann? Ein weißes vielleicht?“

„Ich will mal versuchen“, rief der Mann schon im Weggehen, „aber du musst hier so lange warten. Ich gehe dann mit dir nach Hause, weißt du? Ich muss deinem Vater doch sagen, wie so ein Kaninchenstall gebaut wird. Denn das müsst ihr ja wissen.“ „Ja“, rief Jürgen, „ich warte. Ich muss ja noch aufpassen, bis es dunkel wird. Ich warte bestimmt.“ Und er rief: „Wir haben auch noch Bretter zu Hause. Kistenbretter“, rief er.

Aber das hörte der Mann schon nicht mehr. Er lief mit seinen krummen Beinen auf die Sonne zu. Die war schon rot vom Abend, und Jürgen konnte sehen, wie sie durch die Beine hindurchschien, so krumm waren sie. Und der Korb schwenkte aufgeregt hin und her. Kaninchenfutter war da drin. Grünes Kaninchenfutter, das war etwas grau vom Schutt.

4 Sprecht gemeinsam über den Inhalt:
- Was erfährst du über den Jungen und den älteren Mann?
- Was für einen Eindruck hast du von den beiden?
- Warum denkt Jürgen, dass er wach bleiben muss?
- Warum redet der Mann so lange mit Jürgen?
- Erkläre den Titel der Geschichte.

Spurensuche 2:
Worum geht es eigentlich?

- *Beschreibe die Personen, z. B. Alter, Name und Aussehen.*
- *In welcher Situation befinden sie sich?*
- *Was passiert?*

Spurensuche 3:
Personen und ihre Beziehung charakterisieren

In Geschichten ist nicht immer alles direkt ausgedrückt. Oft musst du „zwischen den Zeilen" lesen und das Mitgemeinte erschließen:
- *Was denken, fühlen, wünschen die Personen?*
- *In welcher Beziehung stehen sie zueinander?*
- *Mit welchem Problem müssen sie fertig werden?*
- *Wie beurteilst du die Situation und das Verhalten der Personen?*

5 Denke nun weiter über die Geschichte nach und sammle Ideen für eine eigene Interpretation:

▸▸ Zeichne ein Bild zum Anfang der Geschichte:
Aus welchem Blickwinkel wird erzählt? Suche weitere Textstellen, an denen du das belegen kannst.
Vergleicht eure Zeichnungen.

▸▸ Was passiert im Gespräch?

Der ältere Mann will
a) Jürgen zum Reden bringen.
b) Jürgen neugierig machen.
c) Jürgen auf andere Gedanken bringen.
d) Jürgens Vertrauen gewinnen.
e) herausfinden, was mit Jürgen los ist.

Suche Stellen im Gespräch, mit denen du das belegen kannst.

▸▸ Wie verhält sich Jürgen im Gespräch?

Jürgen
a) ist ängstlich.
b) ist verschlossen.
c) fühlt sich verantwortlich.
d) freut sich.
e) ist traurig.
f) verhält sich wie ein Erwachsener.
g) ist zugänglich geworden.
h) ...

Suche Stellen im Gespräch, mit denen du das belegen kannst.

▸▸ Ratten sind normalerweise nachtaktive Tiere.
Warum erzählt der ältere Mann das Gegenteil?

6 Wie beurteilst du die Geschichte?
- Wie findest du das Verhalten des älteren Mannes?
- Findest du die Geschichte eher traurig oder eher hoffnungsvoll?
- Was denkst du, wie es mit Jürgen weitergeht?

Begründe deine Meinungen mit Belegen aus dem Text.
Besprecht eure Interpretationen in der Klasse.

Spurensuche 4: Sprache untersuchen

Wenn du Texte genau analysieren und interpretieren möchtest, solltest du auf sprachliche Besonderheiten achten:
- ***Metaphern (Sprachbilder) veranschaulichen etwas,***
- ***Wiederholungen von Wörtern oder Sätzen verstärken etwas,***
- ***Farben, Tiere oder einzelne Gegenstände können eine besondere Bedeutung haben.***

7 Untersucht die sprachlichen Besonderheiten in der Geschichte.
Sucht nach Personifizierungen, Sprachbildern, Wiederholungen, Gegensätzen, Farben und Tieren, die eine besondere Bedeutung haben.

Bildet dazu Arbeitsgruppen und führt ein Interpretationsgespräch:

8 Welche der folgenden Aussagen treffen auf die Geschichte zu?

a) Die Geschichte erzählt einen Moment im Leben eines Menschen, in dem etwas Wichtiges passiert.
b) Es gibt einen Erzähler, der alles genau kommentiert.
c) Der Leser muss viele Vermutungen anstellen.
d) In der Geschichte kommen nur wenige Personen vor.
e) Der Ausgang der Geschichte bleibt offen.
f) Die Geschichte endet mit einer Pointe oder einer Lehre.

9 Der Autor hat die Kurzgeschichte „Nachts schlafen die Ratten doch" im Jahre 1946 verfasst. Lies die Kurzbiografie von Wolfgang Borchert. An welchen Stellen der Geschichte findest du Hinweise auf die historische Situation?

Wolfgang Borchert, *am 20. Mai 1921 in Hamburg geboren, gilt als einer der wichtigsten Kurzgeschichtenschreiber der Nachkriegszeit. Wegen unerwünschter Gedichte wurde er 1940 – zur Zeit des Nationalsozialismus – ein erstes Mal verhaftet und 1941 zum Militär eingezogen. Verwundet und krank, stellte man ihn wegen Verdachts auf Selbstverstümmelung und wegen staatsfeindlicher Äußerungen mehrfach unter Anklage. Er wurde zum Tode verurteilt, dann aber „zwecks Bewährung" 1941 an die Ostfront geschickt. 1945 kehrte Borchert in die Trümmer Hamburgs zurück, chronisch krank und gebrochen.*
Im Januar 1946 verfasste er seine erste Kurzgeschichte. Wie besessen schrieb er weitere Geschichten und sein berühmtes Stück „Draußen vor der Tür".
Am 20. November 1947 starb Borchert, gerade sechsundzwanzigjährig, in einem Krankenhaus in Basel.

10 Was findest du an der Geschichte bemerkenswert? Worüber kommst du ins Nachdenken? Schreibe deine Gedanken als „Nachdenktext" für dich oder für andere auf.

Texte historisch einordnen

Was ist eine Kurzgeschichte?

1 Lies den Text des Literaturwissenschaftlers Kaspar H. Spinner über die Kurzgeschichte. Markiere die wichtigsten Merkmale dieser Textsorte (Folientechnik). Mache dir anschließend Notizen.

Der Begriff der **Kurzgeschichte**, so wie er heute verwendet wird, ist stark geprägt von den Kurzprosatexten, die in der Zeit nach dem Zweiten Weltkrieg, wesentlich beeinflusst von der amerikanischen *short story,* in Deutschland geschrieben wurden. Als Merkmale gelten Alltagsnähe in Inhalt und Sprache, Gegenwartsbezug, Konzentration auf ein einziges Geschehen, das einen wesentlichen Einschnitt im Leben der Hauptfigur bedeutet, ein unvermittelter Anfang und ein offener Schluss, der dem Leser keine eindeutige Lösung geschweige denn eine Lehre bietet. Entsprechend gibt es in der Kurzgeschichte auch keinen Erzähler, der das Erzählte kommentiert, wie das zum Beispiel oft in Kalendergeschichten der Fall ist; vielmehr ist die Erzählperspektive eng an der Hauptfigur ausgerichtet. Autoren wie Wolfgang Borchert, Wolfdietrich Schnurre oder Heinrich Böll gelten als Hauptvertreter der Kurzgeschichte. Der Begriff der Kurzgeschichte wird allerdings auch in weiterem Sinne für kurze Geschichten seit dem 19. Jahrhundert gebraucht.

Kaspar H. Spinner

2 Lies, was die Kurzgeschichtenautoren Wolfdietrich Schnurre und Ingo Schulze schreiben. Was erfährst du Weiteres über die Kurzgeschichte? Ergänze deine Notizen.

Also, was ist eine Kurzgeschichte? [...]

Sie ist, grob gesprochen, ein Stück herausgerissenes Leben. Anfang und Ende sind ihr gleichgültig; was sie zu sagen hat, sagt sie mit jeder Zeile. Sie bevorzugt die Einheit der Zeit; ihre Sprache ist einfach, aber niemals banal. [...]

Ihre Stärke liegt im Weglassen, ihr Kunstgriff ist die Untertreibung.

Wolfdietrich Schnurre

Ingo Schulze beschreibt die Geschichten von Raymond Carver als typische Kurzgeschichten:

Die erste Lektüre stimmte mich nicht gerade euphorisch. Obwohl ich die Atmosphäre der Beunruhigung, ja des Unheimlichen im Alltäglichen empfand, die diese Erzählungen erzeugen, legte ich das Buch bald wieder aus der Hand. Etwas willkürlich erschienen mir diese Momentaufnahmen. Der Stil war denkbar einfach, meist kurze Hauptsätze, das Vokabular alltäglich. Damit waren keine atemberaubenden Beschreibungen möglich. Die Dialoge wirkten banal, ebenso die Handlung, wenn man versuchte, sie nachzuerzählen. Außerdem schien den Autor nichts anderes zu beschäftigen als verlassene Männer und einsame Frauen. [...] Die Schauplätze beschränken sich meistens auf Küchen, Schlafzimmer, Restaurants, Motels – selten wagten sich die Figuren aus dem Haus oder dem Vorgarten hinaus. [...]
Der wichtigste Satz ist der jeweils letzte. [...] An ihm entscheidet sich, ob die Geschichte gelungen ist oder nicht. Der gesamte Text erzeugt eine Atmosphäre, in der ein vollkommen gewöhnlicher Satz (oder wenige gewöhnliche Sätze) wie ein Funken die Explosion im Kopf des Lesers erzeugt.

3 Suche Belege für die Merkmale der Kurzgeschichte in Wolfgang Borcherts „Nachts schlafen die Ratten doch".

4 Schreibe einen eigenen Lexikonartikel zur Kurzgeschichte. Verwende die Informationen aus den drei Texten auf Seite 58 und die folgenden Textbausteine:

Kurzgeschichte
Die deutsche Kurzgeschichte entwickelte sich nach dem Zweiten Weltkrieg zwischen 1945 und 1955. Ihr Vorbild hat sie vor allem in ...
Kurzgeschichten werden auch heute noch viel gelesen.
Wichtige Autoren sind ...
Kurzgeschichten erzählen meist von ...
Charakteristisch für die Kurzgeschichte ist ihre Form und ihre Sprache: ...
Kurzgeschichten fordern zum Nachdenken heraus. Der Leser spielt daher eine wichtige Rolle: ...

→ Kurzgeschichten und kurze Geschichten lesen

- *Heinrich Böll:* Der Lacher
- *Wolfgang Borchert:* Die Kirschen, Das Brot, An diesem Dienstag
- *Peter Bichsel:* Die Tochter
- *Elisabeth Langgässer:* Saisonbeginn
- *Georg Britting:* Brudermord im Altwasser
- *Günter Kunert:* Zentralbahnhof
- *Herbert Malecha:* Die Probe
- *Wolfdietrich Schnurre:* Reusenheben
- *Malin Schwerdtfeger:* Mein erster Achttausender

Kurzgeschichten-Forum

▸▸ Besprecht, wie ihr die folgende Kurzgeschichte bearbeiten wollt:
- Ihr könnt euch selbstständig auf Spurensuche (vgl. S. 52–57) begeben und eure Ergebnisse für ein Interpretationsgespräch nutzen. Dabei könnt ihr auch die Methode „Gedankenblitze“ anwenden.
- Oder ihr deutet den Text mithilfe der Aufgaben 1 bis 7.

Methoden und Arbeitstechniken

Gedankenblitze

Bildet Zweiergruppen und kommt mit dem Text ins Gespräch:
Einer liest den Text seinem Partner vor und macht dabei mehrere Pausen. Dazu muss er vorher den Text still lesen und überlegen, wo er stoppen möchte. Nach jeder Pause äußert der Partner spontan, was ihm zu dem vorgelesenen Textabschnitt einfällt.

1 Lies die Kurzgeschichte bis Zeile 32 („hatte sie schon die Polizei verständigt“). Notiere deine Eindrücke und Vermutungen.

Ilse Aichinger *(geb. 01. 11. 1921 in Wien) ist eine österreichische Schriftstellerin. Sie gilt als bedeutende Autorin von Kurzgeschichten und Erzählungen und hat viele Literaturpreise erhalten.*

Ilse Aichinger

Das Fenster-Theater

Die Frau lehnte am Fenster und sah hinüber. Der Wind trieb in leichten Stößen vom Fluss herauf und brachte nichts Neues. Die Frau hatte den starren Blick neugieriger Leute, die unersättlich sind. Es hatte ihr noch niemand den Gefallen getan vor ihrem Haus niedergefahren zu werden.
Außerdem wohnte sie im vorletzten Stock, die Straße lag zu tief unten. Der Lärm rauschte nur mehr leicht herauf. Alles lag zu tief unten. Als sie sich eben vom Fenster abwenden wollte, bemerkte sie, dass der Alte gegenüber Licht angedreht hatte. Da es noch ganz hell war, blieb dieses Licht für sich und machte den merkwürdigen Eindruck, den aufflammende Straßenlaternen unter der Sonne machen. Als hätte einer an seinen Fenstern die Kerzen angesteckt, noch ehe die Prozession die Kirche verlassen hat. Die Frau blieb am Fenster.
Der Alte öffnete und nickte herüber. Meint er mich?, dachte die Frau. Die Wohnung über ihr stand leer und unterhalb lag eine Werkstatt, die um diese

Zeit schon geschlossen war. Sie bewegte leicht den Kopf. Der Alte nickte wieder. Er griff sich an die Stirne, entdeckte, dass er keinen Hut aufhatte, und verschwand im Innern des Zimmers.
Gleich darauf kam er in Hut und Mantel wieder. Er zog den Hut und lächelte. Dann nahm er ein weißes Tuch aus der Tasche und begann zu winken. Erst leicht und dann immer eifriger. Er hing über die Brüstung, dass man Angst bekam, er würde 20 vornüberfallen. Die Frau trat einen Schritt zurück, aber das schien ihn nur zu bestärken. Er ließ das Tuch fallen, löste seinen Schal vom Hals – einen großen bunten Schal – und ließ ihn aus dem Fenster wehen. Dazu lächelte er. Und als sie noch einen weiteren Schritt zurücktrat, warf er den Hut mit einer heftigen Bewegung ab und wand den Schal wie einen Turban um seinen Kopf. Dann kreuzte er die Arme über der Brust und verneigte sich. Sooft er aufsah, kniff er das linke Auge zu, als herrsche zwischen ihnen ein geheimes Einverständnis. Das bereitete ihr so lange Vergnügen, bis sie plötzlich nur mehr seine Beine in dünnen, geflickten Samthosen in die Luft ragen sah. Er stand auf dem Kopf. Als sein Gesicht gerötet, erhitzt und freundlich wieder auftauchte, hatte sie schon die Polizei verständigt.

2 Lies die Geschichte zu Ende und mache dir Notizen:
- Welche Personen kommen vor? Wo befinden sie sich?
- Was passiert?
- Aus welcher Perspektive wird erzählt? Zeichnet dazu auch ein Bild.

→ *Ihr könnt auch gemeinsam arbeiten: „Nachdenken, Austauschen, Vorstellen“, S. 295*

Und während er, in ein Leintuch gehüllt, abwechselnd an beiden Fenstern erschien, unterschied sie schon drei Gassen weiter über dem Geklingel der Straßenbahnen und dem gedämpften Lärm der Stadt das Hupen des Überfallautos. Denn ihre Erklärung hatte nicht sehr klar und ihre Stimme erregt geklungen. Der alte Mann lachte jetzt, sodass sich sein Gesicht in tiefe Falten legte, streifte dann mit einer vagen Gebärde darüber, wurde ernst, schien das Lachen eine Sekunde lang in der hohlen Hand zu halten und warf es dann hinüber. Erst als der Wagen schon um die Ecke bog, gelang es der Frau, sich von seinem Anblick loszureißen.
Sie kam atemlos unten an. Eine Menschenmenge hatte sich um den Polizeiwagen gesammelt. Die Polizisten waren abgesprungen und die Menge kam hinter ihnen und der Frau her. Sobald man die Leute zu verscheuchen suchte, erklärten sie einstimmig, in diesem Hause zu wohnen. Einige davon kamen bis zum letzten Stock mit. Von den Stufen beobachteten sie, wie die Männer, nachdem ihr Klopfen vergeblich blieb und die Glocke allem Anschein nach

nicht funktionierte, die Tür aufbrachen. Sie arbeiteten schnell und mit einer Sicherheit, von der jeder Einbrecher lernen konnte. Auch in dem Vorraum, dessen Fenster auf den Hof sahen, zögerten sie nicht eine Sekunde. Zwei von ihnen zogen die Stiefel aus und schlichen um die Ecke. Es war inzwischen finster geworden. Sie stießen an einen Kleiderständer, gewahrten den Lichtschein am Ende des schmalen Ganges und gingen ihm nach. Die Frau schlich hinter ihnen her.

Als die Tür aufflog, stand der alte Mann mit dem Rücken zu ihnen gewandt noch immer am Fenster. Er hielt ein großes weißes Kissen auf dem Kopf, das er immer wieder abnahm, als bedeutete er jemandem, dass er schlafen wolle. Den Teppich, den er vom Boden genommen hatte, trug er um die Schultern. Da er schwerhörig war, wandte er sich auch nicht um, als die Männer schon knapp hinter ihm standen und die Frau über ihn hinweg in ihr eigenes finsteres Fenster sah.

Die Werkstatt unterhalb war, wie sie angenommen hatte, geschlossen. Aber in die Wohnung oberhalb musste eine neue Partei eingezogen sein. An eines der erleuchteten Fenster war ein Gitterbett geschoben, in dem aufrecht ein kleiner Knabe stand. Auch er trug sein Kissen auf dem Kopf und die Bettdecke um die Schultern. Er sprang und winkte herüber und krähte vor Jubel. Er lachte, strich mit der Hand über das Gesicht, wurde ernst und schien das Lachen eine Sekunde lang in der hohlen Hand zu halten. Dann warf er es mit aller Kraft den Wachleuten ins Gesicht.

3 Charakterisiert die Frau, indem ihr die folgenden Aufgaben bearbeitet:
- Was geht der Frau alles durch den Kopf? Schreibe einen inneren Monolog.
- Was erzählt sie der Polizei am Telefon? Macht ein Rollenspiel.
- Was notieren die Polizisten? Schreibe ihr Notrufeprotokoll.

4 Um welches Problem geht es in der Kurzgeschichte?
- Belegt eure Meinung mit Stellen aus dem Text.
- Vergleicht eure Deutungen.

5 Arbeitet zu zweit. Was fällt euch an der Sprache der Kurzgeschichte auf? Begebt euch auf Spurensuche.

6 Wie verstehst du den Schluss der Kurzgeschichte? Wie deutest du das Lachen?

7 Verwende die Antworten auf die Aufgaben 1 bis 6 und schreibe einen zusammenhängenden Text. Nutze die folgenden Satzanfänge:

In Ilse Aichingers Kurzgeschichte mit dem Titel „Das Fenster-Theater" geht es um zwei Personen: ...
Erzählt wird die Geschichte aus der Perspektive ...
Das Geschehen kann man folgendermaßen zusammenfassen: ...
Was ist eigentlich mit dem Mann los? Ich glaube, dass ...
Die Frau ...
Meiner Meinung nach geht es in der Kurzgeschichte um folgendes Problem: ...
Der Schluss der Geschichte ist offen, denn ...

8 Interpretiere die folgende Geschichte von Selim Özdoğan. Gehe auf Spurensuche und markiere im Text bzw. notiere am Rand, was dir auffällt (Folientechnik).

→ *Ihr könnt auch gemeinsam arbeiten: „Nachdenken, Austauschen, Vorstellen", S. 296*

Selim Özdoğan

Sonntag

Es war Sonntagmittag, und ich fuhr mit meinem Fahrrad nach Hause. Es war kein Sonntag, wie wir ihn kennen. Ich fühlte mich gut und war voller Liebe, ich hätte alles sein können an diesem Tag. Es war mild, verglichen mit den letzten Wochen, ein Hauch von Frühling lag in der Luft. Noch einmal dieses Gefühl, es überstanden zu haben.

Wer erzählt?

??? Was bedeuten die Sätze?

Ich fuhr an einer Bushaltestelle vorbei, die völlig demoliert war. Glasscherben auf dem Bürgersteig, tausend kleine Glasscherben, und ich dachte nicht an meine Reifen. Ich dachte: Wie kann man nur so draufkommen? Ich sah rüber auf die andere Straßenseite, und die andere Bushaltestelle war genauso ein Bild der Verwüstung. Wie kann man auf so eine verschissene Idee kommen?

Wiederholung! Warum?

!!! wie gesprochen - sehr direkt!!!

In Wirklichkeit habe ich eine ziemlich genaue Ahnung, wie man auf so eine Idee kommt. Es war Samstagnacht gewesen, ein paar Jungs, immer Jungs, und niemals weniger als zwei, die sich betrinken. Eine Samstagnacht, schon wieder, und du wirst aggressiv. Dein Leben kotzt dich an, du trinkst, damit der Spaß endlich kommt, du trinkst, damit du dich amüsierst, und dieses Mal trinkst du mehr als sonst, weil die letzten Wochenenden sich so geglichen haben, dass du sie gar nicht auseinanderhalten kannst. Keine einzige Frau

Selim Özdoğan *(geb. 1971 in Adana, Türkei) ist ein deutscher Schriftsteller türkischer Herkunft. Özdoğan kam als Kind nach Deutschland und wuchs zweisprachig auf. Seit 1995 ist er als Autor tätig. Selim Özdoğan lebt in Köln.*

lächelt zurück, du bist jung, du willst Abenteuer, und du willst die Welt in ihren Grundfesten erschüttern. Es reicht nicht, wenn du einfach nur Straßenlaternen austrittst, heute Nacht soll es mal etwas Größeres sein, heute Nacht willst du fühlen, wenn schon nichts anderes, dann wenigstens Macht. Und du kommst mit deinen Freunden an dieser Bushaltestelle vorbei. So kommt man auf so eine Idee.

Und am nächsten Morgen wachst du auf, mit einer verschwommenen Erinnerung und einem Glücksgefühl, dass endlich etwas passiert ist. Scheiße, Mann, wie wir diese Bushaltestelle auseinandergenommen haben, alles nur noch Schutt und Asche, war das geil. Wie diese riesigen Scheiben zerbrochen sind, klirr, und glitzernde, kleine Dinger ergossen sich auf die Straße, ein Bild für die Götter. Und dann dieses Geräusch, meine Fresse, wann haben wir so etwas Schönes zum letzten Mal gehört?

Scherben, Verwüstung und Verzweiflung, und die Verzweiflung anderer Leute macht mich immer trauriger als meine eigene, weil ich über die wenigstens lachen kann.

Abends saß ich dann in der Bahn und sah dieses Plakat der Verkehrsbetriebe. Bis zu 1000 DM Belohnung für Hinweise, die zur Ergreifung eines Vandalen führen. Leicht verdientes Geld.

9 Handelt es sich bei dieser Geschichte um eine Kurzgeschichte? Welche Merkmale der Kurzgeschichte kannst du am Text belegen?

Sprache

Umgangssprache (oder **Alltagssprache**) ist die Sprache, die wir alltäglich mündlich benutzen. Die Umgangssprache unterscheidet sich von der Standardsprache (oder Hochsprache), wie sie vor allem in den Medien gebraucht wird. Typisch für die Umgangssprache sind z.B.:

- kurze, einfache, oft unvollständige Sätze (Leicht verdientes Geld),
- gleicher Satzbau und häufige Wiederholungen (Ich fuhr, Ich fuhr, Ich sah, ...),
- wenige Nebensätze, vor allem Hauptsätze, die mit „und“ verbunden sind (Und dann dieses Geräusch),
- Wörter, deren Gebrauch als grob oder unfein bewertet wird (verschissen, Scheiße, Fresse ...),
- Ausdrücke, die man vor allem mündlich benutzt (war das geil, das kotzt mich an ...).

Rechtschreibung – kurz nachgedacht

Die folgenden Zeitangaben stammen aus dem Text „Sonntag“.
- Schreibe sie richtig auf. Wo bist du sicher? Wo hast du Zweifel?
- Überprüfe deine Lösung mit dem Regelteil deines Wörterbuchs.
- Ergänze die Wortreihen mit ähnlichen Zeitangaben.

SONNTAG ... SAMSTAGNACHT ... ABENDS ...
AM?NÄCHSTEN?MORGEN ... HEUTE?NACHT ...

→ Die folgenden Ideen und Anregungen könnt ihr nutzen, um euch mit Kurzgeschichten auseinanderzusetzen und eure Fragen und Erfahrungen auszutauschen:

▸▸ Nachgefragt: Klärungsgespräche führen
Bildet Gruppen. Schreibt eure Fragen auf Karten und klärt sie zunächst in der Gruppe und anschließend im Klassengespräch.
- Was hast du in der Kurzgeschichte nicht verstanden?
- Was kam dir merkwürdig vor?
- Gibt es Fragen, auf die du gern noch eine Antwort hättest?

▸▸ Collagen: Leseeindrücke festhalten
Bildet Gruppen und erstellt zu eurer „Favoriten“-Kurzgeschichte eine Collage. Dazu notiert jeder auf einer Karte, was ihn an der Kurzgeschichte besonders beeindruckt oder bewegt hat.
- Welche Wörter oder Sätze haben dich besonders beeindruckt?
- Schreibe deine Gedanken und Ideen zu einer Kurzgeschichte auf.
- In welche Figur kannst du dich besonders hineinversetzen? Schreibe ihre Gedanken und Gefühle auf.
- Du kannst auch etwas zeichnen oder den Text mit Fotos oder Bildern illustrieren.

Wenn ihr Lust habt, könnt ihr eure Kurzgeschichten-Collage anderen vorstellen.

▸▸ Kurzgeschichten-Favoriten: Leseempfehlungen formulieren
Suche dir eine Kurzgeschichte aus, die du weiterempfehlen möchtest. Du hast fünf Minuten Zeit, um ein kurzes Statement zur Geschichte abzugeben. Du sollst deine Zuhörer überzeugen, dass sie die Geschichte unbedingt lesen sollen. Lies auch eine Stelle vor, die dich besonders beeindruckt hat.

▸▸ Was mich bewegt: Nachdenktexte schreiben
Wenn du eine Kurzgeschichte gelesen hast, kannst du aufschreiben, was du herausgefunden hast. Wichtig sind deine eigenen Gedanken und Beobachtungen. Du musst aber genau lesen und deine Gedanken an konkreten Stellen im Text belegen. Frage dich:
- Wie wirkt die Geschichte auf mich? Warum?
- Was fällt mir beim Lesen auf?
- Wie wirkt der Schluss der Kurzgeschichte?
- Steht etwas in der Geschichte, wozu mir eigene Gedanken gekommen sind?

▸▸ Wie ich die Geschichte verstehe: Eine Interpretation schreiben
Du kannst auch aufschreiben, wie du die Kurzgeschichte verstehst. Wie du das machen kannst, erfährst du auf Seite 66–70.

Werkstatt

Lesen – Texte und Medien

Kurzgeschichten analysieren und schriftlich interpretieren

In dieser Werkstatt lernst du Schritt für Schritt, eine Kurzgeschichte zu analysieren und eine eigene Interpretation auszuformulieren.

1 Bearbeite die folgenden Arbeitsschritte und schreibe anschließend deine Interpretation.

1. Schritt: Mit dem Text ins Gespräch kommen

Lies die Kurzgeschichte einmal ganz durch.
Notiere deine Ideen und Eindrücke auf einem Notizzettel.
Diese Fragen können dir helfen, deine Ideen zu ordnen:

- *Welche Figuren kommen vor?*
- *In welcher Situation befinden sie sich?*
- *Was erfährst du über Ort und Zeit?*
- *Worum geht es in der Kurzgeschichte?*
- *Welche Fragen hast du an die Geschichte?*

Wolfgang Borchert

Die Küchenuhr

Sie sahen ihn schon von weitem auf sich zukommen, denn er fiel auf. Er hatte ein ganz altes Gesicht, aber wie er ging, daran sah man, dass er erst zwanzig war. Er setzte sich mit seinem alten Gesicht zu ihnen auf die Bank. Und dann zeigte er ihnen, was er in der Hand trug.

Das war unsere Küchenuhr, sagte er und sah sie alle der Reihe nach an, die auf der Bank in der Sonne saßen. Ja, ich habe sie noch gefunden. Sie ist übrig geblieben.

Er hielt eine runde tellerweiße Küchenuhr vor sich hin und tupfte mit dem Finger die blaugemalten Zahlen ab. Sie hat weiter keinen Wert, meinte er entschuldigend, das weiß ich auch. Und sie ist auch nicht so besonders schön. Sie ist nur wie ein Teller, so mit weißem Lack. Aber die blauen Zahlen sehen doch ganz hübsch aus, finde ich. Die Zeiger sind natürlich nur aus Blech. Und nun gehen sie auch nicht mehr. Nein. Innerlich ist sie kaputt, das steht fest. Aber sie sieht noch aus wie immer. Auch wenn sie jetzt nicht mehr geht.
Er machte mit der Fingerspitze einen vorsichtigen Kreis auf dem Rand der Telleruhr entlang. Und er sagte leise: Und sie ist übrig geblieben.
Die auf der Bank in der Sonne saßen, sahen ihn nicht an. Einer sah auf seine Schuhe und die Frau sah in ihren Kinderwagen. Dann sagte jemand:
Sie haben wohl alles verloren?
Ja, ja, sagte er freudig, denken Sie, aber auch alles! Nur sie hier, sie ist übrig. Und er hob die Uhr wieder hoch, als ob die anderen sie noch nicht kannten.
Aber sie geht doch nicht mehr, sagte die Frau.
Nein, nein, das nicht. Kaputt ist sie, das weiß ich wohl. Aber sonst ist sie doch noch ganz wie immer: weiß und blau. Und wieder zeigte er ihnen seine Uhr. Und was das Schönste ist, fuhr er aufgeregt fort, das habe ich Ihnen ja noch überhaupt nicht erzählt. Das Schönste kommt nämlich noch: Denken Sie mal, sie ist um halb drei stehen geblieben. Ausgerechnet um halb drei, denken Sie mal.
Dann wurde Ihr Haus sicher um halb drei getroffen, sagte der Mann und schob wichtig die Unterlippe vor. Das habe ich schon oft gehört. Wenn die Bombe runtergeht, bleiben die Uhren stehen. Das kommt von dem Druck.
Er sah seine Uhr an und schüttelte überlegen den Kopf. Nein, lieber Herr, nein, da irren Sie sich. Das hat mit den Bomben nichts zu tun. Sie müssen nicht immer von den Bomben reden. Nein. Um halb drei war ganz etwas anderes, das wissen Sie nur nicht. Das ist nämlich der Witz, dass sie gerade um halb drei stehen geblieben ist. Und nicht um Viertel nach vier oder um sieben. Um halb drei kam ich nämlich immer nach Hause. Nachts, meine ich. Fast immer um halb drei. Das ist ja gerade der Witz.
Er sah die anderen an, aber die hatten ihre Augen von ihm weggenommen. Er fand sie nicht. Da nickte er seiner Uhr zu: Dann hatte ich natürlich Hunger, nicht wahr? Und ich ging immer gleich in die Küche. Da war es dann fast immer halb drei. Und dann, dann kam nämlich meine Mutter. Ich konnte noch so leise die Tür aufmachen, sie hat mich immer gehört. Und wenn ich in

der dunklen Küche etwas zu essen suchte, ging plötzlich das Licht an. Dann stand sie da in ihrer Wolljacke und mit einem roten Schal um. Und barfuß. Immer barfuß. Und dabei war unsere Küche gekachelt. Und sie machte ihre Augen ganz klein, weil ihr das Licht so hell war. Denn sie hatte ja schon geschlafen. Es war ja Nacht.

So spät wieder, sagte sie dann. Mehr sagte sie nie. Nur: So spät wieder. Und dann machte sie mir das Abendbrot warm und sah zu, wie ich aß. Dabei scheuerte sie immer die Füße aneinander, weil die Kacheln so kalt waren. Schuhe zog sie nachts nie an. Und sie saß so lange bei mir, bis ich satt war. Und dann hörte ich sie noch die Teller wegsetzen, wenn ich in meinem Zimmer schon das Licht ausgemacht hatte. Jede Nacht war es so. Und meistens immer um halb drei. Das war ganz selbstverständlich, fand ich, dass sie mir nachts um halb drei in der Küche das Essen machte. Ich fand das ganz selbstverständlich. Sie tat das ja immer. Und sie hat nie mehr gesagt als: So spät wieder. Aber das sagte sie jedes Mal. Und ich dachte, das könnte nie aufhören. Es war mir so selbstverständlich. Das alles war doch immer so gewesen.

Einen Atemzug lang war es ganz still auf der Bank. Dann sagte er leise: Und jetzt? Er sah die anderen an. Aber er fand sie nicht. Da sagte er der Uhr leise ins weißblaue runde Gesicht: Jetzt, jetzt weiß ich, dass es das Paradies war. Das richtige Paradies.

Auf der Bank war es ganz still. Dann fragte die Frau: Und Ihre Familie?

Er lächelte sie verlegen an: Ach, Sie meinen meine Eltern? Ja, die sind auch mit weg. Alles ist weg. Alles, stellen Sie sich vor. Alles weg.

Er lächelte verlegen von einem zum anderen. Aber sie sahen ihn nicht an.

Da hob er wieder die Uhr hoch und er lachte. Er lachte: Nur sie hier. Sie ist übrig. Und das Schönste ist ja, dass sie ausgerechnet um halb drei stehen geblieben ist. Ausgerechnet um halb drei. Dann sagte er nichts mehr. Aber er hatte ein ganz altes Gesicht. Und der Mann, der neben ihm saß, sah auf seine Schuhe. Aber er sah seine Schuhe nicht. Er dachte immerzu an das Wort Paradies.

2. Schritt: Die Kurzgeschichte analysieren

a) Die Kurzgeschichte zusammenfassen:
Schildere der Reihe nach, was passiert, und fasse den Inhalt der Kurzgeschichte mit eigenen Worten zusammen.

b) Figuren charakterisieren und ihre Beziehung beschreiben:
- *Finde heraus, welches Problem die Hauptfigur hat: Achte darauf, was sie sagt, denkt, fühlt. Suche Belege im Text.*

- *Beschreibe auch die Beziehungen: Wie gehen die Personen miteinander um? Warum verhalten sie sich so? Suche Belege im Text.*

c) Erzählperspektive und Sprache untersuchen:
Untersuche die Sprache der Kurzgeschichte:
- *Aus wessen Perspektive wird erzählt? Woran erkennst du das?*
- *Was fällt dir an der Sprache auf?*
- *Gibt es rätselhafte und schwer verständliche Stellen?*
- *Welche Bilder ziehen sich durch den ganzen Text?*

3. Schritt: Eine eigene Deutung der Geschichte versuchen

In Kurzgeschichten musst du herausfinden, welche Probleme und Konflikte sich hinter den Alltagsszenen verbergen.
- *Formuliere in wenigen Sätzen, wie du die Geschichte verstehst.*
- *Belege deine Deutungen aus dem Text.*
- *Achte auf den letzten Abschnitt oder Satz: Diese geben Hinweise auf die zentrale Aussage der Kurzgeschichte.*
- *Du kannst auch erwähnen, was offen geblieben ist oder wo du unsicher bist.*

4. Schritt: Eine Interpretation der Kurzgeschichte schreiben

Wenn du eine Interpretation einer Kurzgeschichte verfassen sollst, kannst du dich an folgendem Schreibplan orientieren:

Schreibplan für eine Interpretation

Einleitung:
- In der Einleitung nennst du Titel, Autor und Thema der Kurzgeschichte.

Hauptteil:
- Fasse den Inhalt der Kurzgeschichte mit eigenen Worten zusammen.
- Charakterisiere die Hauptfiguren und beschreibe ihre Beziehungen.
- Gehe auf die sprachlichen Merkmale und Besonderheiten ein und erkläre ihre Wirkung.

Schluss:
- Wie verstehst du die Geschichte? Achte auf den offenen Schluss. Nimm dazu Stellung.

5. Schritt: Die Interpretation überarbeiten

Vergleiche deine Interpretation mit deinem Nachbarn und überprüft, ob ihr alle Fragen und Vorgaben beachtet habt.

Tipp

Schreibt eure Anmerkungen an den Rand wie im Beispiel auf Seite 70.

Lena hat zu der Kurzgeschichte „Die Küchenuhr“ von Wolfgang Borchert eine Interpretation geschrieben und Überarbeitungstipps bekommen:.

Hier fehlt die Einleitung! →	*Die Kurzgeschichte kann man so zusammenfassen: Einige Personen sitzen auf einer Bank in der Sonne. Wie viele es sind, erfährt man nicht genau; zu Wort kommen eine Frau mit Kinderwagen und ein Mann. Denen, die dort sitzen, nähert sich plötzlich ein junger Mann, der „ein ganz altes Gesicht hat.“ An seinem Gang bemerkt man aber, dass er noch jung ist. In der Hand hält er eine „runde, tellerweiße Küchenuhr, die um halb drei stehen geblieben ist. Der junge Mann fängt an, mit den Leuten auf der Bank zu sprechen. Er erklärt ihnen, was es mit der Küchenuhr auf sich hat.*
Hier musst du weiter ausführen, warum er die Küchenuhr dabei hat. →	
In diesem ganzen Abschnitt fehlen die Belege aus dem Text.	*Die Hauptfigur der Kurzgeschichte ist der junge Mann. Er wirkt merkwürdig auf mich. Er macht einen verwirrten Eindruck, vielleicht ist er auch krank. Ich bin mir nicht sicher, was mit ihm los ist. Die Leute auf der Bank scheinen mir ziemlich verlegen.*
Was wird durch diese sprachlichen Mittel erreicht?	*An der Sprache fällt mir auf, dass fast die ganze Kurzgeschichte aus wörtlicher Rede besteht, es fehlen allerdings die Anführungszeichen. Der Mann sagt auch oft dasselbe, zum Beispiel wiederholt er immer „ausgerechnet um halb drei“ ist sie stehen geblieben.*
Die Deutung ist zu kurz ausgefallen. Erkläre, warum der letzte Satz so wichtig ist.	*Ich glaube, dass die Küchenuhr für den jungen Mann so wichtig ist, weil sie das Einzige ist, was ihm geblieben ist. Ich kann eigentlich nicht sagen, ob es wirklich eine traurige Geschichte ist, denn für mich ist der letzte Satz der wichtigste.*

2 Überarbeite Lenas Interpretation mit den Tipps. Du kannst natürlich auch sonst noch etwas ändern oder ergänzen.

3 Bearbeite eine andere Kurzgeschichte aus diesem Kapitel und schreibe einen Interpretationstext in dein Heft. Überarbeite deinen Entwurf.

Andere kurze Geschichten lesen

Herta Müller

Arbeitstag

Herta Müller
(geb. 17. 08. 1953 in Nitzkydorf, Rumänien) ist eine deutsche, aus dem Banat stammende Schriftstellerin. Im Jahr 2009 erhielt sie den Nobelpreis für Literatur.

Morgens um halb sechs. Der Wecker läutet. Ich stehe auf, ziehe mein Kleid aus, lege es aufs Kissen, ziehe meinen Pyjama an, gehe in die Küche, steige in die Badewanne, nehme das Handtuch, wasche damit mein Gesicht, nehme den Kamm, trockne mich damit ab, nehme die Zahnbürste, kämme mich damit, nehme den Badeschwamm, putze mir damit die Zähne. Dann gehe ich ins Badezimmer, esse eine Scheibe Tee und trinke eine Tasse Brot.

Ich lege meine Armbanduhr und die Ringe ab. Ich ziehe meine Schuhe aus.

Ich gehe ins Stiegenhaus, dann öffne ich die Wohnungstür.

Ich fahre mit dem Lift vom fünften Stock in den ersten Stock.

Dann steige ich neun Treppen hoch und bin auf der Straße.

Im Lebensmittelladen kaufe ich mir eine Zeitung, dann gehe ich bis zur Haltestelle und kaufe mir Kipfel, und, am Zeitungskiosk angelangt, steige ich in die Straßenbahn.

Drei Haltestellen vor dem Einsteigen steige ich aus.

Ich erwidere den Gruß des Pförtners, dann grüßt der Pförtner und meint, es ist wieder mal Montag, und wieder mal eine Woche zu Ende.

Ich trete ins Büro, sage auf Wiedersehen, hänge meine Jacke an den Schreibtisch, setze mich an den Kleiderständer und beginne zu arbeiten. Ich arbeite acht Stunden.

1 Gehe auf Spurensuche und erkläre, was an dieser Geschichte merkwürdig ist.

2 Was könnte der Grund dafür sein, dass alles „verkehrt“ erzählt wird?

3 Wie verstehst du den letzten Satz der Geschichte?

4 Schreibe eine „eigene“ Geschichte nach demselben Verfahren: Schultag, Wochenende …

5 Lies die kurze Geschichte von Franz Hohler und begib dich auf Spurensuche. Deute dabei besonders auch den letzten Satz.

Franz Hohler *(geb. 1943 in Biel) ist ein Schweizer Schriftsteller, Kabarettist und Liedermacher. Er ist mit zahlreichen Literaturpreisen ausgezeichnet worden.*

Franz Hohler

Die Taube

Eine Taube flog über das Kriegsgebiet und wurde vom Rotorblatt eines Kampfhelikopters zerfetzt.

Eine ihrer schönen weißen Federn schwebte in den Hof eines Hauses, wo sie von einem Kind aufgelesen wurde.

Kurz darauf mussten die Großeltern und die Mutter mit dem Kind flüchten. „Wir nehmen nur das Nötigste mit", sagte die Mutter, raffte ein paar Kleider zusammen und stopfte sie mit ihren Dokumenten und etwas Geld und Schmuck in einen Koffer, der Großvater füllte zwei Flaschen mit Wasser, die Großmutter packte das letzte Brot, einige Äpfel und eine Schokolade ein.

Das Kind nahm die Feder mit.

Ideen und Anregungen

→ **Kurze Geschichten zu Bildern schreiben**

Wähle ein Bild aus und schreibe eine Momentaufnahme, einen inneren Monolog oder eine kurze Geschichte. Sammelt eure Texte in einem Geschichtenbuch oder auf eurer Klassenhomepage.

Edward Hopper: Table for Ladies, 1930

Edward Hopper: Sea Watchers, 1952

Überprüfe dein Wissen und Können

Kurt Marti

Neapel sehen

Kurt Marti
(geb. 1921 in Bern) ist Schweizer Pfarrer und Schriftsteller. Er schreibt Kurzgeschichten, Romane, Gedichte und Tagebücher. Seine Werke wurden vielfach ausgezeichnet.

Er hatte eine Bretterwand gebaut. Die Bretterwand entfernte die Fabrik aus seinem häuslichen Blickkreis. Er hasste die Fabrik. Er hasste seine Arbeit in der Fabrik. Er hasste die Maschine, an der er arbeitete. Er hasste das Tempo der Maschine, das er selber beschleunigte. Er hasste die Hetze nach Akkordprämien, durch welche er es zu einigem Wohlstand, zu Haus und Gärtchen gebracht hatte. Er hasste seine Frau, sooft sie ihm sagte, heute Nacht hast du wieder gezuckt. Er hasste sie, bis sie es nicht mehr erwähnte. Aber die Hände zuckten weiter im Schlaf, zuckten im schnellen Stakkato der Arbeit. Er hasste den Arzt, der ihm sagte, Sie müssen sich schonen, Akkord ist nichts mehr für Sie. Er hasste den Meister, der ihm sagte, ich gebe dir eine andere Arbeit, Akkord ist nichts mehr für dich. Er hasste so viele verlogene Rücksicht, er wollte kein Greis sein, er wollte keinen kleineren Zahltag, denn immer war das die Hinterseite von so viel Rücksicht, ein kleinerer Zahltag. Dann wurde er krank, nach vierzig Jahren Arbeit und Hass zum ersten Mal krank. Er lag im Bett und blickte zum Fenster hinaus. Er sah sein Gärtchen. Er sah den Abschluss des Gärtchens, die Bretterwand. Weiter sah er nicht. Die Fabrik sah er nicht, nur den Frühling im Gärtchen und eine Wand aus gebeizten Brettern. Bald kannst du wieder hinaus, sagte die Frau, es steht alles in Blust. Er glaubte ihr nicht. Geduld, nur Geduld, sagte der Arzt, das kommt schon wieder. Er glaubte ihm nicht. Es ist ein Elend, sagte er nach drei Wochen zu seiner Frau, ich sehe immer das Gärtchen, sonst nichts, nur das Gärtchen, das ist mir zu langweilig, immer dasselbe Gärtchen, nehmt doch einmal zwei Bretter aus der verdammten Wand, damit ich was anderes sehe. Die Frau erschrak. Sie lief zum Nachbarn. Der Nachbar kam und löste zwei Bretter aus der Wand. Der Kranke sah durch die Lücke hindurch, sah einen Teil der Fabrik. Nach einer Woche beklagte er sich, ich sehe immer das gleiche Stück der Fabrik, das lenkt mich zuwenig ab. Der Nachbar kam und legte die Bretterwand zur Hälfte nieder. Zärtlich ruhte der Blick des Kranken auf seiner Fabrik, verfolgte das Spiel des Rauches über dem Schlot, das Ein und Aus der Autos im Hof, das Ein des Menschenstromes am Morgen, das Aus am Abend. Nach vierzehn Tagen befahl er, die stehen gebliebene Hälfte der Wand zu entfernen. Ich sehe unsere Büros nie und auch die Kantine nicht, beklagte er sich. Der Nachbar kam und tat, wie er wünschte. Als er die Büros sah, die Kantine und so das gesamte Fabrikareal, entspannte ein Lächeln die Züge des Kranken. Er starb nach einigen Tagen.

Blust: *Schweizerdeutsch für „Blüte“*

1 Begib dich auf Spurensuche und schreibe eine Interpretation der Geschichte.

Freundschaft, Liebe und so weiter

Jeder braucht Freunde. Man findet sie in der Schule, in der Klasse, in der Gruppe, im Team, im Verein, in der Mannschaft, in der Nachbarschaft, im Club, in der Clique. Aber es ist nicht immer leicht mit der Freundschaft. Mit der Liebe ist es oft noch schwieriger, aber auch schön.

In diesem Kapitel lernt ihr,
- über Freundschaft und Liebe nachzudenken und Texte zu schreiben,
- euch aus Anlass von Texten über Merkmale von Freundinnen und Freunden und über Zeichen einer beginnenden Liebe zu äußern,
- literarische Texte über Freundschaft und Liebe zu lesen und euch damit auseinanderzusetzen,
- innere Monologe aus der Sicht von Textfiguren zu schreiben.

Auswendig lernen möchte ich dich
wie ein Gedicht.

Immer wieder lesen
Silbe für Silbe Wort für Wort und
zwischen den Zeilen
strophenlang jahrelang lebenslang
dich buchstabieren
mit dem Gaumen des Herzens.

Ulla Hahn

1 Betrachte die Bilder und beschreibe die Situationen, die darauf zu sehen sind.

2 Wähle eines der Bilder aus und schreibe dazu eine kleine Freundschafts- oder Liebesgeschichte.

3 Lest das Gedicht von Ulla Hahn und versucht es zu deuten.
Übersetzt vor allem die Metaphern (Sprachbilder) des Gedichts, sodass deutlich wird, was die Autorin meint und zum Ausdruck bringen will.

Freunde sind wichtig

Dies haben Jungen und Mädchen über Freundschaft geschrieben:

Mein Freund hat das gleiche Hobby wie ich. Wir verbringen viel Zeit zusammen beim Skaten und haben dabei viel Spaß.
Daniel

Ich hätte gern einen Freund, der sich für Computer interessiert. Außerdem müsste er verlässlich sein.
Stavros

Freundschaft ist eine super Sache. Zu meiner Freundin habe ich absolutes Vertrauen. Sie erzählt keines meiner Geheimnisse weiter. Genauso kann sie sich auf mich verlassen. Das ist das Wichtigste.
Andrea

Mir ist am wichtigsten, dass meine Freundin hundertprozentig zu mir hält, auch wenn ich mich mal mit jemandem streite. Hoffentlich verlieben wir uns nicht mal beide in denselben Jungen.
Steffi

1 Beschreibe in einem kurzen Text, was **dir** an einem Freund bzw. einer Freundin besonders wichtig ist. Passende Begriffe aus den Wortlisten (übergeordnete Aspekte, Nomen, Adjektive) kannst du dabei verwenden.

Aussehen Ausstrahlung Auftreten Gefühle Eigenarten Kleidung Charakter Lebensgewohnheiten Hobbys Einstellungen Eigenschaften Interessen Fähigkeiten ...

Offenheit Hilfsbereitschaft Freundlichkeit Sicherheit Verlässlichkeit Zuverlässigkeit Verschwiegenheit Vertrauen Kameradschaft Ehrlichkeit Toleranz Respekt Fairness Rücksichtnahme Stärke Verantwortung Geduld Coolness Unbefangenheit Taktgefühl ...

offen hilfsbereit freundlich sicher verlässlich ...

2 Führe deinen Text weiter, indem du auch aufschreibst, **warum** du mit einem Jungen oder einem Mädchen befreundet bist.
Wenn du gerade keinen Freund bzw. keine Freundin hast, dann schreibe auf, warum du gern mit einem Jungen oder einem Mädchen befreundet sein möchtest.

Du kannst frei schreiben oder die folgenden Formen wählen:

Ich habe eine Freundin,
die …
die nicht …
…

Ich wünsche mir einen Freund,
der …
der nicht …
dem …

3 Überlege, ob **du selbst** Eigenschaften und Merkmale hast, die dir bei deinen Freunden bzw. Freundinnen wichtig sind, und frage deine Freunde oder deine Freundinnen, was sie an dir mögen und was sie nicht so gut finden.

4 Was meinst du zu den folgenden Aussagen? Diskutiert darüber auch in der Klasse.

Freundschaft beruht auf Gegenseitigkeit.

Freunde müssen einander bedingungslos vertrauen können.

In einer Freundschaft muss auch Streit möglich sein.

Freunde helfen sich immer. FREUNDSCHAFT IST ETWAS FREIWILLIGES.

FREUNDSCHAFT MUSS MAN PFLEGEN.

Freundschaften halten nicht ewig.

5 Wähle drei Aussagen aus Aufgabe 4 aus und schreibe für jede einzelne mindestens ein Beispiel auf, vielleicht etwas, was du selbst einmal erlebt hast.

6 Überlege und entscheide:
- Wem möchte ich meine Texte vorlesen?
- Wessen Texte möchte ich gern lesen oder hören?
- Was ist mir beim Schreiben über Freundschaft bewusst geworden?
- Soll ich meine Texte noch überarbeiten?

Freunde suchen und finden

Antoine de Saint-Exupéry

Der kleine Prinz und der Fuchs

In dem Buch „Der Kleine Prinz“ des französischen Schriftstellers Antoine de Saint-Exupéry wird erzählt, dass der kleine Prinz ganz allein auf einem fremden Planeten wohnt. Eines Tages begibt er sich auf die Reise zu anderen Planeten, um einen Freund zu suchen. Die letzte Station auf seiner Reise ist die Erde. Traurig darüber, dass er immer noch keinen richtigen Freund gefunden hat, trifft er kurz vor der Rückkehr auf seinen Planeten einen Fuchs.

„Guten Tag“, sagte der Fuchs.

„Guten Tag“, antwortete höflich der kleine Prinz, der sich umdrehte, aber nichts sah.

„Ich bin da“, sagte die Stimme, „unter dem Apfelbaum ...“

„Wer bist du?“, sagte der kleine Prinz. „Du bist sehr hübsch ...“

„Ich bin ein Fuchs“, sagte der Fuchs.

„Komm und spiel mit mir“, schlug ihm der kleine Prinz vor. „Ich bin so traurig ...“

„Ich kann nicht mit dir spielen“, sagte der Fuchs. „Ich bin noch nicht gezähmt!“

„Ah, Verzeihung!“, sagte der kleine Prinz. Aber nach einiger Überlegung fügte er hinzu: „Was bedeutet das: ‚zähmen’?“

„Das ist eine in Vergessenheit geratene Sache“, sagte der Fuchs. „Es bedeutet: sich ‚vertraut machen‘.“

„Vertraut machen?“

„Gewiss“, sagte der Fuchs. „Du bist für mich noch nichts als ein kleiner Knabe, der hunderttausend kleinen Knaben völlig gleicht. Ich brauche dich nicht und du brauchst mich ebenso wenig. Ich bin für dich nur ein Fuchs, der hunderttausend Füchsen gleicht. Aber wenn du mich zähmst, werden wir einander brauchen. Du wirst für mich einzig sein in der Welt. Ich werde für dich einzig sein in der Welt ...“

„Ich beginne zu verstehen“, sagte der kleine Prinz. (...)

Aber der Fuchs kam auf seinen Gedanken zurück: „Mein Leben ist eintönig. Ich jage Hühner, die Menschen jagen mich. Alle Hühner gleichen einander und alle Menschen gleichen einander. Ich langweile mich also ein wenig.

Aber wenn du mich zähmst, wird mein Leben wie durchsonnt sein. Ich werde den Klang deines Schrittes kennen, der sich von allen andern unterscheidet. Die anderen Schritte jagen mich unter die Erde. Der deine wird mich wie Musik aus dem Bau locken. Und dann schau! Du siehst da drüben die Weizenfelder? Ich esse kein Brot. Für mich ist der Weizen zwecklos. Die Weizenfelder erinnern mich an nichts. Und das ist traurig. Aber du hast weizenblondes Haar. Oh, es wird wunderbar sein, wenn du mich einmal gezähmt hast! Das Gold der Weizenfelder wird mich an dich erinnern. Und ich werde das Rauschen des Windes im Getreide lieb gewinnen."

Der Fuchs verstummte und schaute den kleinen Prinzen lange an: „Bitte ... zähme mich!", sagte er.

„Ich möchte wohl", antwortete der kleine Prinz, „aber ich habe nicht viel Zeit. Ich muss Freunde finden und viele Dinge kennenlernen."

„Man kennt nur die Dinge, die man zähmt", sagte der Fuchs. „Die Menschen haben keine Zeit mehr, irgendetwas kennenzulernen. Sie kaufen sich alles fertig in den Geschäften. Aber da es keine Kaufläden für Freunde gibt, haben die Leute keine Freunde mehr. Wenn du einen Freund willst, so zähme mich!"

„Was muss ich da tun?", sagte der kleine Prinz.

„Du musst sehr geduldig sein", antwortete der Fuchs. „Du setzt dich zuerst ein wenig abseits von mir ins Gras. Ich werde dich so verstohlen, so aus dem Augenwinkel anschauen und du wirst nichts sagen. Die Sprache ist die Quelle der Missverständnisse. Aber jeden Tag wirst du dich ein bisschen näher setzen können ..."

So macht der kleine Prinz den Fuchs mit sich vertraut und die beiden werden Freunde. Der Fuchs verspricht dem kleinen Prinzen, ihm zum Abschied ein Geheimnis zu schenken, bevor er wieder auf seinen Planeten reist.

„Hier mein Geheimnis. Es ist ganz einfach: Man sieht nur mit dem Herzen gut. Das Wesentliche ist für die Augen unsichtbar."

1 Tragt die im Text geschilderte Szene mit verteilten Rollen vor: der Fuchs, der kleine Prinz, ein Sprecher bzw. eine Sprecherin.
Versucht euren Textvortrag auch so zu gestalten, dass nur die wörtliche Rede vorgetragen wird. Überlegt, ob ihr die kursiv gedruckten Textstellen zur Verdeutlichung der Situation mit vortragen wollt.

2 Der Fuchs erklärt dem kleinen Prinzen, was „zähmen“ bedeutet. Lies die entsprechenden Textstellen noch einmal nach und erkläre mit deinen eigenen Worten (mündlich oder schriftlich), was er damit meint und warum es für den Beginn einer Freundschaft wichtig ist.

3 Als der kleine Prinz den Fuchs zu verstehen beginnt (Z. 22), denkt er noch einmal über das bisherige Gespräch und über seine Sehnsucht nach einem Freund nach. Schreibe in einem inneren Monolog auf, was der kleine Prinz an dieser Stelle denken und empfinden könnte:
Das ist schon ein komischer Typ, der Fuchs. Können wir nicht einfach zusammen spielen? Aber langsam verstehe ich, was er meint: ...

Ein **innerer Monolog** ist eine Form des Erzählens und wird oft zur Veranschaulichung von Gedankengängen gebraucht. Das heißt:
In einem inneren Monolog werden Gedanken und Gefühle einer Figur unmittelbar wiedergegeben. Der innere Monolog wird im Präsens und in der Ich-Form geschrieben, oft auch mit verkürzten Sätzen und „Gedankenfetzen“.
Wenn man einen inneren Monolog schreiben will, muss man sich also in die Figur hineinversetzen und aus ihrer Innensicht mögliche Gedanken und Gefühle aufschreiben.

→ *In der Werkstatt Schreiben (S. 86–88) könnt ihr das Verfassen eines inneren Monologs Schritt für Schritt üben.*

4 Übertrage (zusammen mit einem Partner bzw. einer Partnerin) das Geschehen auf die erste Begegnung zwischen zwei Jugendlichen. Das Gespräch könnte so beginnen:
„Willst du mein Freund/meine Freundin sein?“
„Aber wir kennen uns ja gar nicht. Wir sind uns doch völlig fremd.“ ...
Schreibt das Gespräch auf und tragt es mit verteilten Rollen vor.

5 Zum Abschied schenkt der Fuchs dem kleinen Prinzen ein Geheimnis. Denke an einen Menschen, der dir besonders wichtig ist, und schreibe auf, welche sichtbaren Merkmale du an ihm erkennen kannst und welche unsichtbaren Eigenschaften du an ihm besonders magst.

6 Stell dir vor, du bist der kleine Prinz. Erzähle (Ich-Form), warum du die weite Reise zur Erde angetreten hast, und berichte auch von dem Fuchs.

Wie die Liebe beginnt

Der folgende Text ist ein Auszug aus dem Buch „Verliebt – oder was?“. Sebastian hat sich in seine Mitschülerin Lisa verliebt, die er auf einer Klassenfahrt bei einem Bootsunfall aus dem Wasser gezogen hat. Er weiß aber nicht so genau, ob er seinen Gefühlen trauen kann und wie man sich verhält, wenn man verliebt ist. Lisa, bei der zu Hause gerade der neue Freund ihrer Mutter mit seiner Tochter Mellie eingezogen ist, geht es genauso. Aber beide spüren, dass sie sich zueinander hingezogen fühlen.

Annett Stütze / Elisabeth Zöller

Verliebt – oder was?

Sebastian

Am liebsten wäre ich unsichtbar. Würde mich verstecken, verkriechen, verwandeln.

Geht nicht. Bin da.

Und sie auch.

Sie ist nah, nur drei Bänke hinter mir. Und gleichzeitig unerreichbar fern. In einer anderen Welt.

Ich würde am liebsten die Hand ausstrecken, sie umarmen, sie in den Arm nehmen. Aber das trau ich mich nicht.

No way!

Und angucken ist auch gefährlich. Dann reißt es mich wieder weg, mir wird siedend heiß und ich kann mich nicht bewegen.

Ich hab Angst, dass mir das noch einmal passiert. Hab Angst, dass die ganze Welt sieht, dass ich auf diese Frau stehe. Dass ich scharf auf sie bin.

Ich sollte mit ihr reden. Sie zum Eis einladen. Das macht man doch so, oder?

Aber sie redet ja auch nicht mit mir. Senkt die Augen. Schaut weg.

Ich will mich nicht aufdrängen, nicht, wenn sie nicht will.

Doch eigentlich hab ich bloß keinen Mut, sie anzusprechen.

Lisa

Donnerstag. Es reicht. Die ganze Woche über hat er kein Wort mit mir gesprochen.
„Hi“, ja, das hat er gesagt, wenn wir uns in der Frühe gesehen haben.
„Bye!“, wenn wir nach Hause gegangen sind. Ist das ein Gespräch? Nein! Ich könnt ihm an die Gurgel springen.
Aber ich bin ja nicht besser. Hab auch kein Wort rausgekriegt. Bin stumm wie ein Karpfen. Mehr als Blubb und „Öhhh“ krieg ich ja auch nicht raus. Hab mich noch nicht mal für seine *Facebook-Aktion* bedankt. Und nun ist die Woche fast rum. Morgen noch, dann ist Wochenende. Zwei Tage Tristesse mit Mama und Arthur und zuckerrosa Mellie-Babe. Ich hör wieder *Drowning Pool*. Immer und immer wieder.
I'm waiting for you to say anything.
Okay! Lange genug gewartet! jetzt mache ich den Anfang. Ich hab ja schließlich einen Grund: mich bedanken.

Ich glaube, ich tu‘s. Aber wie nur, wie? Ihn direkt ansprechen? Trau ich mich nicht.
Hat ja die ganze Woche über nicht geklappt. Ist ihm ja vielleicht auch peinlich.
Also, *Facebook*. Er ist nicht online, chatten ist also nicht.
Das wäre unverfänglich gewesen ...
Hab schon dreimal geguckt, aber null Chance. Dann die Idee. Ich hinterlass ihm einfach eine Nachricht. Schreib ihm was auf die Pinnwand. Aber was nur?
„Kommst du morgen Nachmittag mit auf ein Eis? Ich lad dich ein. Hast mich schließlich aus dem Wasser gezogen!“
Gefällt mir schon mal ganz gut. Soll ich sonst noch was schreiben? Irgendetwas Kluges? Ungewöhnliches? Witziges? Irgendetwas, was ihn neugierig auf mich machen könnte? Schließlich ist es viel einfacher, auf die Pinnwand zu schreiben, als wenn er mir jetzt Auge in Auge gegenübersitzen würde. Dann käme wieder nur „Öööòh“. Aber mir fällt trotzdem gerade nichts Kluges ein, also muss die Einladung so einfach reichen.

1 Sebastian denkt: „Sie ist nah, nur drei Bänke hinter mir. Und gleichzeitig unerreichbar fern.“ Wie deutest du diese Textstelle?

2 Gehe in den beiden Texten auf Spurensuche. Was fällt dir an der Sprache auf? Und warum ist sie wohl gerade so gewählt?

Sprache

Zu allen Zeiten wurden Wörter aus anderen Sprachen ins Deutsche übernommen. Heute hat das **Englische** einen großen Einfluss.
Besonders häufig findet man englische Ausdrücke in der
- Jugendsprache, z. B.: cool, Hi!, Mellie-Babe,
- Computer-Fachsprache, z. B.: online, chatten, Facebook,
- Rock- und Popmusik, z. B. für Bands wie Drowning Pool.

Jugendliche nutzen die englischen Ausdrücke vor allem zur Abgrenzung gegenüber den Erwachsenen und zur Stärkung des eigenen Gruppenbewusstseins. Experten gebrauchen des Englische als Fachsprache.

3 Sebastian hat keinen Mut, Lisa anzusprechen; Lisa geht es genauso. Stell dir vor, du könntest mit beiden über Facebook Kontakt aufnehmen. Schreibe für jeden der beiden eine Nachricht, in der du ihre Situation kommentierst und ihnen Tipps gibst.

4 Wenn Sebastian auf Facebook online gewesen wäre, dann wäre es zum Chat zwischen Lisa und ihm gekommen. Denke dich in die Situation hinein und schreibe auf, wie die beiden miteinander chatten könnten.

5 Sebastian nimmt Lisas Einladung an. Wie könnte die Geschichte dann weitergehen? Schreibe eine Fortsetzung.

Rechtschreibung – kurz nachgedacht

Groß- und Kleinschreibung

Finde in den Sätzen von Lisa (Z. 54–59) die Adjektive, die zu Nomen geworden sind. Nenne Möglichkeiten, wie man Fehler hier vermeiden kann. Nutze dazu die Angaben in der Werkstatt Rechtschreibung (S. 236/237), in „Wissen und Können“ (S. 293) und im Wörterbuch.
Sucht gemeinsam in Texten dieser Einheit nach ähnlichen oder anderen auffälligen Rechtschreibschwierigkeiten. Besprecht anschließend in einem Rechtschreibgespräch Strategien, um Fehler zu vermeiden.

Liebesgedichte

Bertolt Brecht

Morgens und abends zu lesen

Der, den ich liebe
Hat mir gesagt
Daß er mich braucht.

Darum
Gebe ich auf mich acht
Sehe auf meinen Weg und
Fürchte von jedem Regentropfen
Daß er mich erschlagen könnte.

Erich Fried

Wintergarten

Deinen Briefumschlag
mit den zwei gelben und roten Marken
habe ich eingepflanzt
in einen Blumentopf

Ich will ihn
täglich begießen
dann wachsen mir
deine Briefe

Schöne
und traurige Briefe
und Briefe
die nach dir riechen

Ich hätte das
früher tun sollen
nicht erst
so spät im Jahr

Catarina Carsten

Du und ich

Jeder auf seiner Insel.
Aber immer abends die Lampe im Fenster,
immer den Ruf ersehnend,
die lebendige Nähe,
nach dem Weg durch die Tiefe,
hin und her.

Mascha Kaléko

Was man so braucht

Man braucht nur eine Insel
allein im weiten Meer.
Man braucht nur einen Menschen,
den aber braucht man sehr.

Ulla Hahn

Nie mehr

Das hab ich nie mehr gewollt
um das Telefon streichen am Fenster stehn
keinen Schritt aus dem Haus gehen Gespenster sehn
Das hab ich nie mehr gewollt

Das hab ich nie mehr gewollt
Briefe die triefen schreiben zerreißen
mich linksseitig quälen bis zu den Nägeln
Das hab ich nie mehr gewollt

Das hab ich nie mehr gewollt
Soll dich der Teufel holen.
Herbringen. Schnell.
Mehr hab ich das nie gewollt.

1 Lies die fünf Liebesgedichte in Ruhe durch und versuche, einige der zahlreichen Sprachbilder zu deuten und die Aussagen zu verstehen.

2 Vergleicht im Gedicht von Ulla Hahn den ersten Satz mit dem letzten. Was fällt euch auf? Wie deutet ihr die Veränderung?

3 Wähle eins der Gedichte aus und gestalte es auf einem Gedichtblatt.

4 Stellt in der Klasse eine Gedicht-Hitliste zusammen. Begründet jeweils, warum ihr den Gedichten die Plätze 1 bis 5 zuordnet. Welches der Gedichte ist euer Favorit?

5 Vielleicht regt euch eins der Gedichte dazu an, es weiterzuschreiben oder einen Paralleltext zu verfassen.

Einen inneren Monolog schreiben

Um das Textverständnis zu vertiefen und einen besseren Zugang zu den Text- oder Buchfiguren zu finden, kann man aus der Perspektive einer Figur einen inneren Monolog schreiben. Dazu versetzt man sich ganz intensiv in diese Figur und ihre Situation hinein. Was erlebt die Figur gerade? Was könnte sie dabei denken? Wie fühlt sie sich?

Der folgende Text ist ein Auszug aus dem Buch „Wer ich bin“ von Sigrid Zeevaert. Teresa und ihre Zwillingsschwester Sus sind unzertrennlich und füreinander auch beste Freundinnen – bis sich beide in denselben Jungen verlieben. Der Buchauszug, der aus Teresas Perspektive geschrieben ist, schildert die erste Begegnung zwischen Teresa und dem Jungen Finn auf der Schultreppe.

Sigrid Zeevaert

Mein Herz schlägt plötzlich schnell

Fast muss ich lachen. Da steht mir plötzlich einer im Weg, steht einfach da, weil er in der verkehrten Richtung unterwegs ist, und sagt: „Das ist ja lebensgefährlich.“ Er streicht sich die Haare aus dem Gesicht. Und ich weiche zurück. Vom Sehen kenne ich ihn, auch wenn ich nicht weiß, in welche Klasse er geht. Meistens trägt er rotschwarze Vans.

„Fragt sich nur, für wen“, sage ich.

„Was?“

„Für wen es lebensgefährlich ist“, sage ich, „was denn sonst?“

Er guckt mich an.

Ich gucke ihn an. Wo er mit seinen Gedanken ist, fragt man sich, wenn man sein Gesicht sieht. Halb hier vielleicht und schon halb woanders.

„Tja.“ Ich würde gern weitergehen. Er anscheinend auch. Blöd nur, dass wir

Einen inneren Monolog untersuchen

uns beide für dieselbe Seite entscheiden. Erst wollen wir beide rechts vorbei. Dann beide links. Dann wieder rechts.

„Ganz ruhig“, murmelt er jetzt.

„Bin ich.“

Er will etwas sagen, überlegt es sich aber anders, und weil ich einfach stehen bleibe, schiebt er sich eilig an mir vorbei.

„Geht doch“, sage ich.

„Wieso auch nicht?“, sagt er und grinst.

„Ja.“ Mein Herz schlägt plötzlich schnell. „Wieso auch nicht?“ Ich werde glatt rot, obwohl es gar keinen Grund dafür gibt.

Er hebt die Hand, grinst wieder oder lächelt, irgend so was, dann stolpern wir weiter. Ich die Treppe runter, er rauf. Wahrscheinlich hat er was vergessen. Die Hefte oder seinen Kopf. Vielleicht auch die Schuhe.

Als ich noch mal in seine Richtung gucke, guckt er auch.

Dann verschwindet er um die Ecke und ich brauche einen Moment, bis ich wieder weiß, was ich eigentlich will und wohin ich gerade gehe.

*1. **Schritt:** In dem Text auf Spurensuche gehen*

1 Finde heraus, in welche Gefühlslage Teresa durch die Begegnung mit Finn versetzt wird. Ist sie z. B. fröhlich oder ärgerlich, sicher oder verunsichert, ruhig oder aufgewühlt?

*2. **Schritt:** Sich in die Figur hineinversetzen*

2 Was würdest du an Teresas Stelle denken und empfinden? Halte einige deiner Gedanken und Gefühle stichwortartig fest.

3 Lies den inneren Monolog Teresas, den eine Schülerin geschrieben hat:

Was soll das denn? Kann der nicht aufpassen? Steht mir plötzlich im Weg. Wieso ist der in der verkehrten Richtung unterwegs? Jetzt redet er mich auch noch an. Vom Sehen kenne ich ihn. Bloß seine Klasse ... weiß ich nicht mehr. Rotschwarze Vans, starke Teile. Muss ihm jetzt wohl was antworten. Aber was? Und wie der guckt! Wo der bloß mit seinen Gedanken ist! Jetzt lass mich doch endlich mal vorbei! Nein, das kann doch nicht wahr sein! Jetzt treffen wir uns wieder auf derselben Seite. Erst rechts, dann noch mal links! Hilfe, geht das

hier noch mal weiter? Oh, jetzt hat er sich doch glatt an mir vorbeigeschoben. Na bitte, geht doch. Wieso grinst der denn jetzt? Oder ist das ein Lächeln? Und wieso schlägt mein Herz plötzlich so schnell? Jetzt winkt er mir auch noch zu. Verdammt, warum werde ich denn jetzt rot? Peinlich! Hat er was gemerkt? Nur schnell die Treppe runter! Noch mal umdrehen? Gucken, was er jetzt macht? Er guckt sich auch noch mal um. Was bedeutet denn das jetzt? Und was mache ich eigentlich hier auf dieser Treppe? Wo will ich überhaupt hin?

4 Beantworte die folgenden Fragen:
- Wie passen die hier ausgeführten Gedanken und Gefühle zu deinen Stichworten aus Aufgabe 2?
- Welche Textstellen hat die Verfasserin übernommen? Und warum wohl?
- Aus welchen Textzeilen hat sie Schlussfolgerungen gezogen?

5 Untersuche den Text jetzt genauer. In welchen Zeilen findest du Beispiele für die Merkmale eines inneren Monologs?
a) Ich-Form, b) Zeitform Präsens, c) Empfindungen/Gefühle, d) Fragen, e) unvollständige Sätze/„Gedankenfetzen“

3. Schritt: *Den inneren Monolog schreiben*

6 Versetze dich nun in den Jungen Finn hinein, der Teresa auf der Treppe zum ersten Mal begegnet: Wie empfindet er wohl die Situation? Was denkt er über Teresa – am Anfang, während und am Ende der Begegnung? In welche Gefühlslage wird er durch die Begegnung versetzt? Notiere zunächst stichwortartig, was dir dazu einfällt.

7 Schreibe jetzt einen inneren Monolog aus Finns Perspektive:
Was ist das denn jetzt? Kann die nicht aufpassen? Steht mir plötzlich hier im Weg. Sieht aus, als müsste sie darüber auch noch lachen . ...

4. Schritt: *Sich mit anderen über die Arbeitsergebnisse austauschen*

8 Lest eure Texte vor, vergleicht sie und gebt euch Überarbeitungstipps:
- Wird die Perspektive deutlich?
- Passt der Textinhalt zu der Ausgangsgeschichte?
- Sind die Merkmale eines inneren Monologs beachtet worden?

Liebespaare – Romeo und Julia

Romeo und Julia sind wohl das bekannteste Liebespaar der Welt. Ihre Geschichte endet allerdings tragisch mit dem Tod der beiden Liebenden. Der englische Dramatiker William Shakespeare hat darüber eine Tragödie in fünf Akten geschrieben.
Die Geschichte spielt am Anfang des 15. Jahrhunderts in der italienischen Stadt Verona. Romeo und Julia verlieben sich, obwohl ihre Familien verfeindet sind und Julias Eltern schon einen anderen Mann für ihre Tochter ausgesucht haben. Als Romeo in die Stadt Mantua fliehen muss, weil er den Mörder seines besten Freundes umgebracht hat, können die beiden nur eine gemeinsame Nacht heimlich miteinander verbringen.
Der folgende Textauszug spielt am Morgen nach dieser Nacht und ist bei Shakespeare die 5. Szene des 3. Aktes, hier in einer Übersetzung aus dem Englischen von Erich Fried. Zum Vergleich ist anschließend dieselbe Szene aus dem Drehbuch der modernisierten Fassung, die 1997 mit Leonardo DiCaprio und Claire Danes verfilmt wurde, abgedruckt.

1 Lest beide Textauszüge und klärt Textstellen, die ihr nicht versteht.

Romeo und Julia

Auszug aus dem Drama von William Shakespeare, übersetzt von Erich Fried

3. Akt, 5. Szene

JULIA: Willst du schon gehn? Es ist noch gar nicht Tag:
Es war die Nachtigall und nicht die Lerche;
Die drang dir in dein furchterfülltes Ohr.
Allnächtlich singt sie dort auf dem Granatbaum:
Glaub mir, mein Lieb, es war die Nachtigall.
ROMEO: Die Lerche wars, des Morgens Herold; nicht
Die Nachtigall. Sieh, Lieb, die neidischen Streifen
Dort am Gewölk, das sich im Osten teilt!
Das Nachtlicht ist verbrannt: der muntre Tag

Granatbaum
Granatapfelbaum; wächst z. B. in Mittelmeerländern wie Italien

Herold
Ausrufer, Verkünder

Reckt sich schon hoch auf dunstigen Bergesspitzen.
Mein Leben heißt jetzt Gehn, mein Bleiben Tod.
JULIA: Das Licht dort ist noch nicht der Tag, der droht.
Es ist ein Dunst, den dir die Sonne schickt,
Dein Fackelträger durch die Nacht zu sein
Und auf den Weg nach Mantua dir zu leuchten.
Drum bleibe noch, du musst jetzt noch nicht gehn.
ROMEO: Lass sie mich fangen, mich zum Tode führen,
Ich leid es gern, wenn du's so haben willst.
Ich sag, dies Grau ist nicht des Morgens Auge,
Nein, nur von Lunas Stirn der blasse Abglanz.
Und nicht die Lerche ist es, deren Schlag nun
Hoch über uns des Himmels Wölbung trifft. –
Ich bleibe gern, das Gehn macht mich nicht froh,
Komm, Tod! Willkommen! Julia will es so.
Ja, Herz? Es ist noch nicht Tag: plaudern wir.
JULIA: Es ist, es ist! Weg! Eil dich! fort von hier!
Es ist die Lerche, die mit falschem Ton
So hässlich singt in schrillen Missakkorden.
Es heißt, sie kann süß Harmonien vereinen;
Die da singt bittern Harm, denn sie entzweit uns!
Auch heißt's, sie tauscht die Augen mit der Kröte,
Der eklen; tauschte sie doch auch die Stimme!
Weil ihre Stimme Arm aus Arm uns jagt,
Wie Hifthornschall das Wild aufscheucht, wenns tagt.
Hell wirds und heller; du musst fortgehn, Lieber.
ROMEO: Hell, heller, doch für uns nur trüb und trüber!

Lunas Stirn
Mondlicht (luna lat.: der Mond)

Harm
Kummer, Kränkung, Verzweiflung

Hifthorn
Waldhorn (ein Blasinstrument)

Amme tritt auf

AMME: Madam!
JULIA: Amme?
AMME: Eure Frau Mutter kommt auf Eure Kammer;
Der Tag fängt an. Gebt Acht und späht scharf aus!
JULIA: Fenster, den Tag lass ein, das Leben lass hinaus!
ROMEO: Leb wohl, leb wohl! Ein Kuss! – ich steig hinab.

Steigt aus dem Fenster

JULIA: Schon fort? Mann, Freund, Herr, Liebster, den ich hab!
Hör ich von dir an jedem Tag der Stunde?

Denn die Minute wird viel Tage haben:
Ach, so gerechnet, werd ich hochbejahrt sein,
Bevor ich meinen Romeo wiederseh!
ROMEO: Lebwohl!
Ich schick dir meine Grüße zu,
So oft ich es nur kann, Geliebte du!
JULIA: Ach, glaubst du denn, wir sehn uns jemals wieder?
ROMEO: Doch, ohne Zweifel! All die Leiden jetzt
Versüßen einst nur unsre Zwiegespräche.
JULIA: Ach Gott! mein Herz ist bang von Unglücksahnung:
Mir ist, als sähe ich dich jetzt da unten
Wie einen Toten in des Grabes Grund. –
Wenn mich mein Aug nicht täuscht, so siehst du blass aus.
ROMEO: Und glaub mir Liebste, so siehst du mir auch aus. –
Der dürre Schmerz trinkt unser Blut. Ade!

Geht ab

JULIA: O Glück, Glück! treulos nennen dich die Menschen,
Und bist du treulos, was tust du mit ihm,
Der so voll Treue ist? Sei treulos, Glück,
Denn dann, das hoff ich, hältst du ihn nicht lange
Und schickst ihn mir zurück.

Romeo und Julia

Auszug aus dem Filmdrehbuch

Innen. Julias Schlafzimmer. Morgendämmerung.

Hellwach, aber verwirrt, blickt Romeo sich im Zimmer um – als Julia sich bewegt, erinnert er sich, wo er ist. Romeo schlüpft ruhig aus dem Bett und beginnt, sich anzuziehen. Nah: Romeo. Ein Lippenpaar kommt ins Bild und findet seinen Nacken. Es ist Julia. Sie drückt sich an ihn.

JULIA:
Du willst schon gehn? Es ist noch längst nicht Tag.
Romeo dreht sich um – er streichelt ihr sanft die Wange.

Auszüge aus Drama und Filmdrehbuch lesen und vergleichen

ROMEO:
Ich bleib zu sterben oder geh zu leben.
Julia küsst seine Fingerspitzen ...

JULIA:
Das ist kein Tageslicht,
... und dann seine Wange.

JULIA:
Ich weiß das eben.
Das ist ein Meteor. Die Sonne hat ihn
Als deinen Fackelträger abgefeuert,
Damit er dir heut Nacht nach Mantua leuchtet.
Drum bleib doch noch. Du musst jetzt noch nicht gehn.
Romeo erwidert fieberhaft die Küsse, wirft sich auf Julia.

Meteor *Sternschnuppe; Lichterscheinung beim Eintritt eines Meteoriten in die Erdatmosphäre*

ROMEO:
Solln sie mich schnappen. Solln sie mich doch töten.
Mir ist es recht, wenn du's so haben willst.
Julia ist plötzlich still. Romeo küsst sie behutsam.

ROMEO:
Was ist, mein Herz? Das ist kein Tageslicht.
Julia zieht Romeo auf die Beine.

JULIA:
O Gott, ich hab böse Vorahnungen.
Mir scheint, ich sehe dich so tief da unten
Als Toten auf dem Grunde eines Grabs.
Romeo klettert den Balkon wieder hoch.

ROMEO:
Adieu, adieu!
Während Romeo sich leise in die dunklen Wasser des Pools hinablässt, flüstert Julia ein kleines Gebet für sich.

JULIA:
O Glück! O Glück! Sei unbeständig, Glück,
Dann hältst du ihn, hoff ich, nicht lange fern
Und schickst ihn bald zurück.

2 Sprecht über folgende Fragen:
- Was fällt euch an den Textauszügen auf - inhaltlich und sprachlich?
- Findet heraus, welche Zeilen aus dem ersten Text im Filmdrehbuch aufgegriffen worden sind, und markiert sie (Folie).
- Wie erklärt und beurteilt ihr die Textveränderungen im Drehbuch? Beachtet auch die Regieanweisungen.

3 Ein bekannter Satz aus der Tragödie von William Shakespeare steht in der Übersetzung von Erich Fried in Zeile 2. Erschließt aus dem Text, was es mit der Lerche und der Nachtigall auf sich hat.

4 In Zeile 27 der Übersetzung von Erich Fried nimmt der Dialog eine überraschende Wendung. Zuerst hat Julia behauptet, es sei die Nachtigall, jetzt sagt sie plötzlich, dass es doch die Lerche gewesen sei. Wie deutet ihr diese Wende?

→ So könnt ihr weiterarbeiten:
- Sucht Textstellen, in denen die Stimmung der beiden Liebenden besonders deutlich wird.
- Teilt die Textauszüge in Abschnitte ein und tragt ausgewählte Abschnitte mehrmals mit verteilten Rollen vor.
- Versucht einzelne Textstellen als Standbilder darzustellen.
- Informiert euch über den Dramatiker William Shakespeare, über Romeo und Julia, über die Vorgeschichte dieser Szene und über den weiteren Fortgang des Dramas.
- In dem 1998 entstandenen Film „Shakespeare In Love" (mit Joseph Fiennes und Gwyneth Paltrow) wird die Entstehungsgeschichte von „Romeo und Julia" im Jahre 1595 geschildert. Seht euch diesen Film und die Verfilmung von „Romeo und Julia" an.

Tipp
10-Minuten-Recherche im Internet; Kurznotizen machen zu Informationen, die für die Klasse interessant sein könnten; Kurzvortrag halten oder Collage erstellen.

„Shakespeare In Love"

Ideen und Anregungen

→ **Bilder und Fotos sammeln**
Sammelt Bilder und Fotos, die etwas über Freundschaft und Liebe aussagen, und schreibt dazu kleine Geschichten.

→ **Lovesongs suchen**
Sucht Liebeslieder in verschiedenen Sprachen und aus verschiedenen Zeitepochen. Sammelt die Texte in einer Mappe und ergänzt sie mit Informationen zu den Autoren oder Interpreten. Stellt die Lieder auf einer CD zusammen.

→ **Lovesongs verändern**
Probiert auch aus, wie ein englischer Song auf Deutsch klingt, oder macht aus einem deutschen Schlager einen Rap.

→ **Ein Lexikon der Freundschaft und Liebe zusammenstellen**
Sammelt Begriffe, die im Zusammenhang mit Freundschaft und Liebe stehen, und legt dazu ein (evtl. mehrsprachiges) Lexikon an. Sammelt auch Freundschafts- und Liebesbräuche aus unterschiedlichen Ländern und Kulturen.

→ **Eine Fotostory entwerfen**
Denkt euch eine Geschichte aus, in der es um Freundschaft und Liebe und um Beziehungen zwischen Jugendlichen geht. Erarbeitet dazu ein „Drehbuch". Nehmt dann mit einer Digitalkamera einzelne gestellte Szenen auf und reiht sie zu einer Fotostory aneinander. Ihr könnt die Story auch mit Sprechblasen und Bildunterschriften ergänzen. Als Alternative ist eine Video-Aufzeichnung denkbar, bei der ihr auch Ton und Musik einsetzen könnt.

→ **Freundschafts- und Liebesgedichte sammeln**
In diesem Kapitel sind Liebesgedichte abgedruckt. Sammelt weitere Gedichte über Freundschaft und Liebe oder schreibt selbst solche Texte.

→ **Bücher über Freundschaft und Liebe lesen**
Sucht verschiedene Bücher über Freundschaft und Liebe und stellt daraus eine Bücherkiste zusammen. Jeder liest dann ein selbst gewähltes Buch und stellt es anschließend in der Klasse vor.

Überprüfe dein Wissen und Können

Tanja Zimmermann

Eifersucht

Diese Tussi! Denkt wohl, sie wäre die Schönste. Juhu, die Dauerwelle wächst schon raus. Und diese Stiefelchen von ihr sind auch zu albern. Außerdem hat sie sowieso keine Ahnung. Von nix und wieder nix hat die 'ne Ahnung. Immer, wenn sie ihn sieht, schmeißt sie die Haare zurück wie 'ne Filmdiva. Das sieht doch ein Blinder, was die für 'ne Show abzieht.
Ja, O. K., sie kann ganz gut tanzen. Besser als ich. Zugegeben. Hat auch 'ne ganz gute Stimme, schöne Augen, aber dieses ständige Getue. Die geht einem ja schon nach fünf Minuten auf die Nerven.
Und der redet mit der ... stundenlang. Extra nicht hingucken. Nee, jetzt legt er auch noch den Arm um die. Ich will hier weg! Aber aufstehen und gehen, das könnte der so passen. Damit die ihren Triumph hat.
Auf dem Klo sehe ich in den Spiegel, finde meine Augen widerlich, und auch sonst, ich könnte kotzen. Genau, ich müsste jetzt in Ohnmacht fallen, dann wird ihm das schon leidtun, sich stundenlang mit der zu unterhalten.
Als ich aus dem Klo komme, steht er da: „Sollen wir gehen?"
Ich versuche es betont gleichgültig mit einem Wenn-du-Willst, kann gar nicht sagen, wie froh ich bin. An der Tür frage ich, was denn mit Kirsten ist.
„O Gott, eine Nervtante, nee, vielen Dank!"...
„Och, ich find die ganz nett, eigentlich", murmel ich.

1 Überprüfe dein Textverständnis.

Merkmale eines inneren Monologs entdecken

- Welche Situation wird hier geschildert?
- Was könnte vorher passiert sein?
- Was geht in der Ich-Erzählerin vor?
- Wie erklärst du dir den überraschenden Schluss?
- An welchen Stellen findest du Merkmale eines inneren Monologs?

2 Schreibe einen inneren Monolog. Wähle eine der folgenden Aufgaben:

Einen inneren Monolog schreiben

a) Schreibe auf, wie die Gedanken des Mädchens weitergehen könnten.
b) Schreibe die Geschichte aus der Perspektive des Freundes neu.
Um passende Gedanken und Gefühle zu formulieren, musst du dir überlegen, wie der Freund die Szene erlebt und was ihm dabei durch den Kopf gehen könnte.

Ran an die Bücher – Wer liest, erfährt viel!

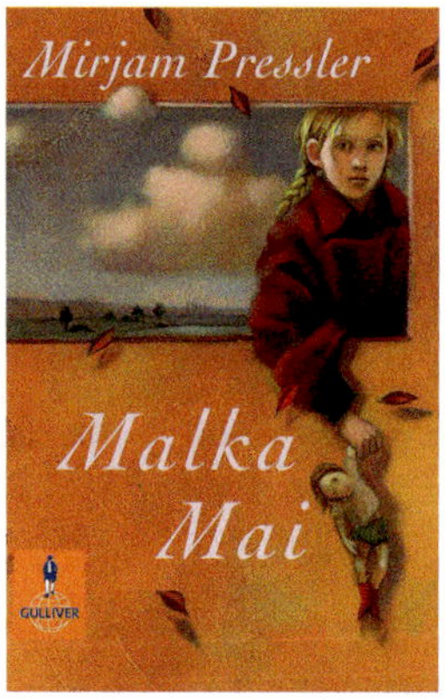

Holly-Jane Rahlens:
Mauerblümchen

Kirsten Boie:
Ringel, Rangel, Rosen

Katja Hildebrand:
Zwischen uns die Mauer

Renate Welsh:
Besuch aus der Vergangenheit

John Boyne:
Der Junge im gestreiften Pyjama

Alfred Andersch:
Sansibar oder der letzte Grund

Eugen Herman-Friede:
Abgetaucht: Als U-Boot im Widerstand

Viele Bücher erzählen Geschichten oder schildern Erlebnisse aus Zeiten, die längst vergangen sind. Wer solche Bücher liest, erfährt viel über die Vergangenheit, die man nicht selbst miterlebt hat, z. B. über das 20. Jahrhundert: über die Kriegs- und Nachkriegszeit, über Verfolgung und Massenvernichtung, über Flucht und Vertreibung, über die Teilung und Wiedervereinigung Deutschlands.

In diesem Kapitel lernt ihr,

- Bücher mit einem historischen Schwerpunkt auszuwählen, zu lesen und begleitend ein Lesetagebuch zu führen,
- nach dem Lesen ein Leseportfolio zu einem Buch zu erstellen,
- eine Ich-Charakteristik zu schreiben,
- ein Buch und seine Verfilmung miteinander zu vergleichen.

Lesen ist das Glück meines Lebens. Beim Lesen ist Ruhe. Da werde ich ganz still. Und tauche in eine Geschichte ein, die mich fesselt und ablenkt und unterhält.

Elke Heidenreich

Wenn ein Kind lesen gelernt hat und gerne liest, entdeckt es eine zweite Welt.

Erich Kästner

10 Rechte für Leser

1. Das Recht, nicht zu lesen
2. Das Recht, Seiten zu überspringen
3. Das Recht, ein Buch nicht zu Ende zu lesen
4. Das Recht, noch einmal zu lesen
5. Das Recht, irgendetwas zu lesen
6. Das Recht, den Roman als Leben zu sehen
7. Das Recht, überall zu lesen
8. Das Recht, herumzuschmökern
9. Das Recht, laut zu lesen
10. Das Recht, zu schweigen

Daniel Pennac

Das Buch kann die Welt nicht ersetzen. Das ist unmöglich. Im Leben hat alles seinen Sinn und seine Aufgabe, die von etwas anderem nicht restlos erfüllt werden kann. Man kann – zum Beispiel – sein Erleben nicht mittels eines Ersatzmannes bewältigen. So ist es auch mit der Welt und dem Buch. Man versucht das Leben in Bücher wie Singvögel in Käfige einzusperren. Doch das gelingt nicht.

Franz Kafka

Warum soll man eigentlich Bücher lesen? Ich lese lieber am Computer oder E-Books auf dem iPod.

Kevin, 16 Jahre

1 Schaut euch die Buchcover an. Wie sind sie gestaltet (Schrift und Bild)? Welches Buch würdet ihr gern in die Hand nehmen und lesen? Begründet.

2 Denkt über euer eigenes Leseverhalten nach und sprecht über die Aussagen zum Bücherlesen.

3 Plant ein **Leseprojekt,** in dem jeder mindestens ein Buch zu geschichtlichen Ereignissen aus dem 20. Jahrhundert liest, dazu ein Lesetagebuch führt und nach dem Lesen ein Leseportfolio erstellt. Recherchiert im Internet zu den hier genannten Büchern oder gebt z. B. in die Datenbank von http://www.ajum.de/ entsprechende Stichworte ein.

→ Ihr könnt auch in eurer Schüler- oder Gemeinde- bzw. Stadtbibliothek weitere Bücher – auch Sachbücher – suchen, die euch besonders interessieren.

Bücher lesen – Ein Leseprojekt planen

1 Plant euer Leseprojekt genauer. Überlegt,
- ob jeder für sich ein Buch lesen will,
- ob ihr euch in kleinen Gruppen für jeweils ein Buch zu einem Themenschwerpunkt entscheiden wollt
- oder ob ihr alle gemeinsam ein bestimmtes Buch lesen wollt.

2 Besprecht und klärt folgende Fragen:
- Welche Bücher bzw. welches Buch wollen wir lesen?
- Was wollen wir in der Schule und was zu Hause lesen?
- Wie wollen wir die verfügbare Zeit für das Lesen und die Auseinandersetzung mit dem Gelesenen nutzen und einteilen?
- Wie wollen wir unseren Leseprozess und die Ergebnisse unserer Auseinandersetzung protokollieren bzw. festhalten?

3 Sammelt Fragen und Aufgaben, die euch helfen, euch mit dem Inhalt, den Personen und dem Problemfeld eures gewählten Buches auseinanderzusetzen.

→ Ihr könnt auch eine **Lesepinnwand** einrichten, auf der ihr begleitend zu eurem Leseprojekt alles Wichtige über eure Bücher, über das Lesen und eure Ideen zur weiteren Arbeit mit dem Gelesenen den anderen mitteilt.

Hat jemand noch Bücher zum Thema „Holocaust"?

Ayse

Suche Leute, die Lust haben, zu dem Buch „Sansibar oder der letzte Grund" aus einer Szene ein Drehbuch zu machen. Videoaufnahmen möglich.

Fabian

Montag, 1. und 2. Stunde:
Arbeit am Leseportfolio.
Alles Notwendige mitbringen!!

Folgende Bücher zum Thema „DDR" habe ich noch im Internet gefunden:
- *Susanne Fritsche:* Die Mauer ist gefallen Eine kleine Geschichte der DDR
- *Anne C. Voorhoeve:* Lilly unter den Linden (Dazu gibt's auch einen guten Film.)
- *Hermann Vinke:* Die DDR
- *Barbara Bollwahn:* Der Klassenfeind und ich

Tim

Einige Schülerinnen und Schüler einer 9. Klasse haben sich für das Buch „Abgetaucht! Als U-Boot im Widerstand“ entschieden.
Begleitend zum Lesen führen sie zunächst ein **Lesetagebuch**, in dem sie alles notieren, was ihnen während des Lesens wichtig erscheint.
Dazu nutzen sie die folgenden Anregungen, an denen auch ihr euch orientieren könnt.

Anregungen für das Lesetagebuch

- Den Buchtitel in die Mitte eines Blattes schreiben und darum herum notieren, was die ersten Eindrücke von dem Buch sind und welche **Erwartungen** man in Bezug auf den Inhalt hat. Außerdem **Fragen** formulieren, die man an das Buch hat.
- Notieren, was man über das **Problem**, um das es in dem Buch geht, und über die **Zeit**, in der die Geschichte spielt, bereits weiß.
- Sich über den **Autor** bzw. die Autorin des Buches und sein bzw. ihr Leben und Werk informieren.
- Die einzelnen Seiten oder Kapitel des Buches lesen und stichwortartig den Inhalt bzw. **Handlungsverlauf** wiedergeben.
- **Eindrücke** und **Fragen** aufschreiben, die einem beim Lesen durch den Kopf gegangen sind.
- Aufschreiben, z. B. tabellarisch, was man in den gelesenen Seiten oder Kapiteln über die im Buch vorkommenden **Personen** erfahren hat.
- Die **Schauplätze der Handlung** notieren und mit eigenen Worten oder mit Zitaten aus dem Buch kommentieren.
- Sich in die Lage einer der Buchfiguren hineinversetzen und aus ihrer Sicht einen **Tagebucheintrag** oder **inneren Monolog** schreiben, in dem ihre Gefühle und Gedanken zum Ausdruck kommen.
- Zu einer Buchfigur Kontakt aufnehmen, z. B. in einem **Brief** oder einem fiktiven **Telefongespräch** oder **Interview**.
- Aufschreiben, was man **selbst** anstelle der Buchfiguren denken, fühlen, sagen oder tun würde.

→ *Einen inneren Monolog schreiben, S. 86–88*

Der folgende Text ist ein Auszug aus dem gleichnamigen Buch. Der Autor Eugen Herman-Friede schildert darin eigene Erlebnisse, mit denen er als 16-jähriger jüdischer Junge zurzeit der Nazi-Herrschaft konfrontiert war. Die Berliner Juden, die sich während dieser Zeit verstecken mussten und in den Untergrund gingen, um der drohenden Vernichtung zu entgehen, nannten sich „U-Boote". In dem Textauszug schildert der Autor, wie das „Abtauchen" für ihn begann.

Eugen Herman-Friede

Abgetaucht! Als U-Boot im Widerstand

Es war eiskalt, und der Himmel war voller Wolken, als ich mich am 27. Januar 1943 frühmorgens auf den Weg zum Friedhof machte. Ich wartete nicht weit von unserem Haus auf die Straßenbahn, als plötzlich aus der Menge der Wartenden ein großer Mann auf mich zukam und mich beiseite drängte. Ich erkannte an der Aufmachung – Ledermantel und Schlapphut –, dass es sich um einen Gestapobeamten handeln musste. Er zog seinen rechten Handschuh aus, riss kräftig an der unteren Spitze meines fest angenähten gelben Sterns, trennte ihn zur Hälfte von meiner Jacke und brüllte mich an: „Du stinkender Judenbengel hast deinen Stern nicht richtig angenäht!" Ich zitterte am ganzen Leib, als er sich hämisch grinsend meine Papiere zeigen ließ und sich Namen und Anschrift notierte.

„Los, verschwinde, näh den Stern an, wie es sich gehört, sonst gnade dir Gott, verdammte Judensau ..."

Ich rannte so schnell ich konnte zurück nach Hause. Meine Mutter nähte unter Tränen und mit zitternden Händen, ständig die Nase hochziehend, den Stern wieder an.

Papa reagierte im Gegensatz zu Mama ganz gelassen und sagte mir in aller Ruhe, dass er abends an der Haltestelle auf mich warten würde, um mich wegzubringen: „Es ist zu gefährlich, wenn du jetzt zu Hause bleibst. Und erzähl niemandem, was passiert ist!"

Als ich am Abend aus der verdunkelten Straßenbahn stieg, wartete Papa schon auf mich, gab mir ein mit Wäsche und anderen Kleidungsstücken prall gefülltes Einkaufsnetz in die Hand und schob mich vor sich her über die verkehrsreiche, abgedunkelte Kreuzung.

Nach zehn Minuten hatten wir unser Ziel erreicht: eine kleine Wohnung im dritten Stock eines heruntergekommenen, muffigen Hinterhauses in der Gneisenaustraße. Wir stiegen die knarrenden Holztreppen hoch, auf jeder Zwischenetage gab es ein Außenklo. Es war dunkel, nur winzige blaue Lam-

pen brannten auf den Stockwerken an der Decke und beleuchteten spärlich die abgeplatzte Farbe an den Wänden.
Ein älterer Mann in einem dicken, grauen Pullover und einer zerbeulten blauen Hose öffnete die Tür und führte uns in eine große Küche. Ich erkannte den Mann sofort wieder, es war der alte Tankwart, bei dem Papa früher sein Auto mit Sprit versorgt hatte.

Der Aufenthalt bei dem Tankwart und seiner Frau dauert allerdings nicht lange, weil die Angst vor einer Entdeckung immer stärker wird. Deshalb wird Eugen von seinem Vater in ein weiteres Versteck gebracht, zum Ehepaar Horn und ihrer Tochter Ruth im Stadtteil Blankenburg. Aber auch dort droht eines Tages die Entdeckung.

„Eugen muss weg, sofort, auf der Stelle", rief Frau Horn mit sich überschlagender Stimme von der Haustür aus und stürmte durch den Flur ins Wohnzimmer. Sie ließ die volle Einkaufstasche auf den Boden gleiten und fiel erschöpft auf einen Stuhl. Durch das Geschrei alarmiert, kam Horn aus dem Laden gerannt, Ruth und ich verließen fluchtartig die Küche, wo wir gerade gemeinsam den Abwasch erledigten.
„Wat is los?", fragte Ruth und band sich die Schürze ab.
Ich stand da wie ein begossener Pudel.
„Der Junge muss weg", wiederholte Frau Horn. „Los, schnell, schnell. Vielleicht sind sie schon unterwegs, sie können jeden Moment da sein. Na, wird's bald, ruf deinen Vater an, er soll sofort herkommen, sofort!", schrie sie mich an.
Ich zitterte am ganzen Körper. Zum Glück erreichte ich Papa auch: „Du musst sofort kommen, ich kann nicht mehr hier bleiben, bitte, komm schnell!" Ich ließ den Hörer auf die Gabel fallen.
„Willste nich endlich sagen, wat passiert is?", schrie jetzt auch Ruth, packte ihre Mutter an der Schulter und schüttelte sie hin und her.
„Im Milchladen, er war proppenvoll, reden sie alle davon – und ganz offen –, dass bei uns ein Jude versteckt ist. Es ist furchtbar." Frau Horn war in sich zusammengefallen und schluchzte in ihr Taschentuch.
Ich schlich mich unauffällig aus dem Zimmer, rannte nach oben und fing an, meine wenigen Sachen einzupacken.

4 Ordnet den folgenden Lesetagebucheintrag der entsprechenden Aufgabe auf dem Anregungszettel (S. 99) zu und führt ihn weiter.

Wie schafft Eugen es, zu überleben?
Wie war das damals zur Nazi-Zeit mit der Verfolgung der Juden?
Warum heißt das Buch „Abgetaucht! Als U-Boot im Widerstand"?
Eugen ist 16 Jahre alt. Kann er seine Träume verwirklichen?
Was würde ich in der Situation von Eugen tun? Wäre ich mutig genug?
...

5 Wählt eine Aufgabe des Anregungszettels aus und erprobt dazu einen Lesetagebucheintrag zu diesem Buchauszug.

6 Suche dir einzelne Personen aus dem Textabschnitt aus und arbeite heraus, was du über ihren Charakter und ihre Eigenschaften erfährst. Beachte dabei die Hinweise aus dem folgenden Sprachkasten:

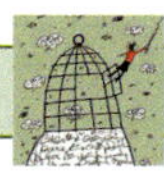

Sprache

In literarischen Texten werden Personen mit unterschiedlichen Mitteln **charakterisiert**:
- Beschreibungen: ein älterer Mann in einem dicken grauen Pullover und einer zerbeulten Hose ...
- Handlungen und Reaktionen: Papa reagierte ganz gelassen; sie schluchzte; sie schlich aus dem Zimmer ...
- Gestik und Mimik: als er sich hämisch grinsend meine Papiere zeigen ließ ...

Oft werden Personen nicht direkt beschrieben, sondern man muss aus sprachlichen Formulierungen Schlussfolgerungen ziehen:
Er brüllte mich an ... → ist autoritär und unfreundlich
Frau Horn rief mit sich überschlagender Stimme ... → hat große Angst
unter Tränen ... mit zitternden Händen ... → ist ängstlich/angespannt

7 Lest nun euer ausgewähltes Buch und führt dazu ein Lesetagebuch. Dabei könnt ihr euch zwischendurch immer wieder über das Buchgeschehen und die Lesetagebucharbeit austauschen.

Ein Leseportfolio erstellen

Nach dem Lesen eures Buches und der Lesetagebucharbeit könnt ihr einige eurer Arbeitsergebnisse auswählen, die euch wichtig sind oder die ihr für besonders gelungen haltet, und sie für die Präsentation und Leistungs beurteilung in einem **Leseportfolio** noch einmal überarbeiten.

1 Informiert euch auf den folgenden Seiten, was ein Leseportfolio ist und welche Aufgaben man dazu bearbeiten kann.

Das **Leseportfolio** ist eine Weiterführung des Lesetagebuchs. Es ist eine Sammelmappe, in der die Ergebnisse einer längeren Phase selbstständigen Arbeitens dokumentiert werden. Die Mappe wird in DIN-A4-Form als Hefter geführt – mit einem Titelblatt, einem Inhaltsverzeichnis und nummerierten Seiten.
Wenn das Leseportfolio nach dem Lesen eines Buches erstellt wird, kann das Lesetagebuch, das man während des Lesens geführt hat, als Grundlage dienen. Aus dem Lesetagebuch wählt man dann diejenigen Aufgaben und Arbeitsergebnisse aus, die man für besonders gelungen hält und deshalb für eine Leistungsbeurteilung zusammenstellen und überarbeiten will. Für eine Beurteilung können auch bestimmte Pflicht- und Wahlaufgaben vereinbart werden, die sich auf die Auseinandersetzung mit dem Buchgeschehen beziehen.

▸▸ Fragen zur Überarbeitung der ausgewählten Arbeitsergebnisse:
- Was möchte ich verändern, z. B. weglassen, hinzufügen, anders formulieren?
- Habe ich ausführlich genug geschrieben?
- Wie kann ich meine Ausführungen noch anschaulicher machen oder präzisieren?
- Habe ich auf eine Fehlerkorrektur geachtet?

Anregungen für das Leseportfolio

Pflichtaufgaben für alle:

- Eine **Titelseite** gestalten, z. B. mit dem Buchtitel, dem Namen des Autors und des Verlags, außerdem mit einer Illustration zum Buch.
- Ein mitwachsendes **Inhaltsverzeichnis** erstellen.
- Eine kurze **Inhaltszusammenfassung** (höchstens sieben Sätze) schreiben.
- Die Gründe für die **Buchauswahl** nennen.
- Eine **Ich-Charakteristik** zu einer Buchfigur entwerfen.
- Am Schluss eine **Reflexion** schreiben, d. h. ausführlich darlegen, wie man das Buch bewertet, wie man mit seinem Lesen und mit seiner Arbeit am Lesetagebuch und Leseportfolio zufrieden ist und warum und womit man Probleme hatte.

→ *Tipps für eine Ich-Charakteristik findest du in der Werkstatt Schreiben, S. 106.*

Mögliche Wahlaufgaben:

- Ein **Personenregister** von wichtigen Figuren des Buches erstellen und stichwortartig Informationen zu ihrem Äußeren, ihren Eigenschaften und ihrem Verhalten notieren.
- Aus der Sicht einer Figur einen ausführlichen **inneren Monolog** zu einem bestimmten Erlebnis oder einer besonderen Situation schreiben.
- Sich eine **Person ausdenken** (das kann man auch selbst oder eine Person aus einem anderen Buch sein), die an einer bestimmten Stelle in das Buchgeschehen hineinspringt bzw. daran teilnimmt.
- Einen **Ort**, der im Buch eine besondere Rolle spielt, in einer farbigen Zeichnung darzustellen versuchen.
- Ein **Wörterbuch** zu Begriffen erstellen, die schwierig zu verstehen sind oder von denen man meint, dass sie genauer erklärt werden müssten.

→ *Einen inneren Monolog schreiben, S. 86–88*

- Sich vorstellen, dass das Buch verfilmt werden soll, und zu einer ausgewählten Buchszene ein **Drehbuch** entwerfen.
- Eine ausgewählte Textstelle zu einer **Bildergeschichte** oder einem Comic umarbeiten.
- Eine **Fortsetzung** des Buches oder eine Vorgeschichte schreiben.
- Einen **Brief an den Autor bzw. die Autorin** schreiben.

2 Lies die folgenden Beispiele für einen Anfang eines Personenregisters und einer Reflexion. Bei deinen eigenen Texten kannst du dich daran orientieren.

Personenregister zum Buch „Abgetaucht! Als U-Boot im Widerstand"

1. Eugen ist 16 Jahre alt, lebt zur Zeit des Nationalsozialismus bei seinen Eltern in Berlin und muss sich vor den Nazis verstecken, weil er ein Jude ist. Er nennt das „Abtauchen". (Aber ich stelle mir gerade die Frage, ob das „Abtauchen" wirklich Sinn macht. Und wie kann man Widerstand leisten, wenn man abgetaucht ist?) …

Daniel

Reflexion zum Buch und zu meiner Arbeit

Zu Beginn möchte ich meinen ersten Eindruck von dem Buch wiedergeben. Am Anfang dachte ich nämlich, dass dieses Buch sehr schwer zu lesen sein würde, weil man sich in die damalige Zeit hineindenken muss und sich kaum vorstellen kann, was damals alles passiert ist. Aber langsam habe ich mich in die Geschichte eingelebt und erkannt, wie alles zusammenhängt. An vielen Stellen wurde es auch richtig spannend …

Vanessa

3 Gestalte nun dein eigenes Leseportfolio mit den von dir ausgewählten Aufgaben und überarbeiteten Arbeitsergebnissen zu dem gelesenen Buch.

Tipp

Eure Leseportfolios könnt ihr auch dazu nutzen, euren Mitschülern das von euch gewählte Buch näherzubringen. Vielleicht gebt ihr sie euch gegenseitig zu lesen.

Werkstatt

Schreiben

Eine Ich-Charakteristik schreiben

Eine gute Möglichkeit, um sich vertiefend mit einem Buch auseinanderzusetzen, ist, eine Buchfigur auszuwählen und ausführlich zu charakterisieren. Dafür eignet sich z. B. eine Ich-Charakteristik.

1 Informiere dich, was eine Ich-Charakteristik ist.
Lies den folgenden Text:

Eine **Ich-Charakteristik** (manchmal auch Rollenbiografie genannt) ist eine besondere Form der Charakteristik. Man charakterisiert dabei eine ausgewählte Figur nicht aus der Außenperspektive eines Beobachters bzw. Lesers, sondern lässt die Figur sich sozusagen selbst, also aus der Ich-Perspektive, charakterisieren. Man muss sich dazu intensiv in die Figur und ihre Lebenssituation, ihr Denken, Fühlen und Verhalten, ihre Eigenschaften, Charakterzüge und Entwicklungslinien hineinversetzen. Dann schreibt man die Charakteristik in der Ich-Form und gestaltet sie anhand des Buchgeschehens aus. Auch Formen wie innere Monologe und Gedankenreden können dabei einbezogen werden.

2 Lies den Auszug aus einer Ich-Charakteristik, die ein Schüler zu der Hauptfigur Eugen aus dem Buch „Abgetaucht! Als U-Boot im Widerstand“ geschrieben hat:
- Wie hat der Verfasser seine Einleitung gestaltet?
- Wie beginnt er die Ich-Charakteristik?
- Welche besondere Schreibform hat er für die Fortführung gewählt?

Für meine Ich-Charakteristik habe ich mich für die Buchfigur Eugen entschieden. Ich beziehe mich vor allem auf das Buchkapitel, in dem Eugen seinen Aufenthalt bei der Familie Horn schildert, weil dies für Eugen eine besonders dramatische Zeitspanne ist.

Ich heiße Eugen und bin 16 Jahre alt. Ich bin ein jüdischer Junge und lebe zur Zeit des Nationalsozialismus in Berlin. Weil die Juden von den Nazis verfolgt werden, muss ich mich verstecken, um am Leben zu bleiben …

Jetzt sitze ich hier ganz allein in meinem kleinen Zimmer bei der Familie Horn, die mich versteckt hält, damit mich die Nazis nicht finden. Die Familie ist sehr nett zu mir und es fehlt mir an nichts. Trotzdem wirkt alles irgendwie bedrohlich auf mich. Schon zwei Mal musste ich ganz plötzlich aus einem Versteck verschwinden, weil meine Entdeckung drohte oder weil die Leute zu große Angst hatten. Mir gehen quälende Fragen durch den Kopf: Wird jetzt alles gut gehen? Finde ich auch in Zukunft Menschen, die es riskieren, mich zu verstecken? Und was ist, wenn die Gestapo mich doch eines Tages findet? Was machen sie dann mit mir? Werde ich verhört und gefoltert? Werde ich abtransportiert wie so viele andere Juden? Muss ich vielleicht sogar sterben?

Ach, das Leben könnte ohne die Nazis so schön sein! …

Christian

3 Schreibe eine Ich-Charakteristik zu einer Figur aus dem Buch, das du gelesen hast.

1. Schritt: *Wähle eine Figur aus dem gelesenen Buch aus, die du in einer Ich-Charakteristik charakterisieren willst.*
Wenn du ein Personenregister angelegt hast, kannst du daraus eine Figur auswählen, die für das Buchgeschehen besonders wichtig ist, oder eine Figur, von der du beim Lesen besonders beeindruckt warst.

2. Schritt: *Entscheide dich, ob du dich auf das ganze Buch oder auf eine ausgewählte Textstelle beziehen willst.*
Wenn du dich auf eine bestimmte Textstelle beziehst, dann begründe in der Einleitung, warum du gerade diese Stelle ausgewählt hast.

3. Schritt: *Orientiere dich zur Vorbereitung deiner Ich-Charakteristik an den folgenden Anregungen und Fragestellungen.*

– Mach dir Notizen zu der ausgewählten Figur. Notiere alle Hinweise, die sich in Bezug auf die Figur finden.
– Versetze dich in die Figur hinein und versuche auch nachzuempfinden, was die Figur in ihrer Lebenssituation wohl gedacht und gefühlt hat. Schreibe mögliche Gedanken und Gefühle auf und ergänze damit deine Notizen.
– Bilde dir eine Meinung zu der Figur und ihrer Lebenssituation. Notiere, wie du die Figur, ihre Charakterzüge und ihr Verhalten beurteilst.

Fragestellungen für eine Charakteristik

Welchen Namen hat die Figur?
Wie alt ist sie?
Wie sieht sie aus?
Wie ist sie gekleidet?
Welchen Beruf hat sie?

Welche Rolle spielt sie im Buchgeschehen?
Ist sie eine Haupt- oder Nebenfigur?
Was macht sie in unterschiedlichen Situationen bzw. in dem Buchkapitel?

Welche Gewohnheiten, Einstellungen und Verhaltensweisen zeigt sie?
Welche Eigenschaften hat sie?
Wie lässt sich ihr Charakter kennzeichnen?

Wie ist ihre Beziehung zu anderen Figuren?
Wie wird die Figur von anderen Figuren eingeschätzt?
Welche Entwicklung macht die Figur im Laufe des Buchgeschehens durch?

4. Schritt: *Schreibe nun zu der ausgewählten Figur deine Ich-Charakteristik.*

– Stell dir vor, dass du selbst diese Figur bist. Schlüpfe in die Rolle hinein, die die Figur im Buchgeschehen spielt.
– Charakterisiere die Figur dann in der Ich-Form. Lass die Figur sozusagen ihre eigene Charakteristik schreiben. Beziehe dich dabei auf das Buchgeschehen, ein ausgewähltes Kapitel bzw. einen Textauszug.
– An bestimmten Stellen kannst du die Ich-Charakteristik auch durch einen inneren Monolog besonders eindringlich gestalten.

5. Schritt: *Überprüfe und überarbeite deinen Text gegebenenfalls.*

– Habe ich mich genau genug in die Figur hineinversetzt?
– Sind Äußeres, Eigenschaften und Verhalten ausführlich geschildert?
– Habe ich die Ich-Form durchgehalten?
– Was kann ich sprachlich noch verbessern?

Ein Buch mit einem Film vergleichen

Alfred Andersch

Sansibar oder der letzte Grund

Im Herbst 1937 treffen in dem Ostseehafen Rerik mehrere Menschen zusammen, die aus politischen oder privaten Gründen aus Deutschland fliehen wollen: der Kommunist Gregor, der Fischer Knudsen, die Jüdin Judith, der evangelische Pfarrer Helander und ein „Junge". Gregor, der seiner Partei skeptisch gegenüber steht, soll die Parteiarbeit in Rerik neu organisieren. Das letzte Mitglied der Partei, der Fischer Knudsen, hat aber mit der Partei bereits gebrochen, weil sie seiner Meinung nach bei der Machtergreifung der Nationalsozialisten versagt hat. Sein Schiffsjunge will unbedingt weg aus Rerik und träumt von Freiheit, Gerechtigkeit und Abenteuer in Übersee. Das jüdische Mädchen Judith sucht eine Fluchtmöglichkeit über die Ostsee nach Schweden, um dem Konzentrationslager zu entgehen. Pfarrer Helander will eine Holzplastik des Künstlers Ernst Barlach, den „Lesenden Klosterschüler", vor der Vernichtung als „entartete Kunst" retten. Knudsen soll die Holzfigur bei Nacht über die Ostsee nach Schweden bringen. Was wird aus all diesen Plänen?

Alfred Andersch
(geb. 1914 in München, gest. 1980 in Berzona bei Locarno/Schweiz) In seinen Werken behandelt der Schriftsteller vorallem das Thema „Ausbruch aus der Unfreiheit".

Der Mississippi wäre das Richtige, dachte der Junge, auf dem Mississippi konnte man einfach ein Kanu klauen und wegfahren, wenn es stimmte, was im Huckleberry Finn stand. Auf der Ostsee würde man mit einem Kanu nicht sehr weit kommen, ganz abgesehen davon, dass es an der Ostsee nicht mal schnelle wendige Kanus gab, sondern nur so olle schwere Ruderboote. Er sah vom Buch auf, unter der Treenebrücke floss das Wasser still und langsam durch; die Weide, unter der er saß, hing ins Wasser rein, und gegenüber, in der alten Gerberei, regte sich, wie immer, nichts. Der Mississippi wäre besser als die Speicher in der alten, verlassenen Gerberei und die Weide am langsamen Fluss. Auf dem Mississippi wäre man weg, während man sich auf den Speichern in der Gerberei und unter der Weide nur verstecken konnte. Unter der Weide auch nur, solange sie Blätter hatte, und die hatten schon mächtig begonnen abzufallen und trieben gelb auf dem braunen Wasser davon. Verstecken war übrigens nicht das Richtige, dachte der Junge, – man musste weg sein.

Man musste weg sein, aber man musste irgendwohin kommen. Man durfte es nicht so machen wie Vater, der weggewollt hatte, aber immer nur ziellos auf die offene See hinausgefahren war. Wenn man kein anderes Ziel hatte als die offene See, so musste man immer wieder zurückkehren. Erst dann ist man weg, dachte der Junge, wenn man hinter der offenen See Land erreicht.

[...]

Es gab drei Gründe, weshalb man aus Rerik raus musste. Der erste Grund lautete: weil in Rerik nichts los war. Es war tatsächlich überhaupt nichts los. Niemals wird hier irgendetwas mit mir geschehen, dachte der Junge, während er den herbstgelben, lanzettförmigen Weidenblättern nachsah, wie sie auf der Treene langsam abschwammen. [...]

Und auch deswegen muss ich raus, dachte der Junge, weil ich gehört habe, wie sie sagten, mein Vater sei wieder einmal stinkbesoffen gewesen, als er umkam. [...] Ich hasse sie alle, und das ist der zweite Grund, warum ich von Rerik weg muss.

1 Welche der im Vorspann erwähnten Buchfiguren wird in diesem Buchauszug vorgestellt?

2 Beschreibe die Buchfigur. Was erfährst du in dieser Textstelle über sie?

3 Die Buchfigur hat drei Gründe, aus Rerik wegzukommen; in der Textstelle werden aber nur zwei davon erwähnt. Welches mag wohl der dritte bzw. letzte Grund sein? Der Buchtitel und Zeile 16 können dir bei der Beantwortung dieser Frage helfen.

4 Wie beurteilst du die Buchfigur? Was meinst du zu ihrem Verhalten und zu dem Wunsch, aus Rerik wegzukommen?

5 Lies das Buch „Sansibar oder der letzte Grund" von Alfred Andersch, um zu erfahren, wie die Geschichten der verschiedenen Buchfiguren zusammenhängen und was sie in Rerik erleben.

→ Du kannst zu diesem Buch auch ein Lesetagebuch führen und ein Leseportfolio erstellen.

Buch und Film

Das Buch „Sansibar oder der letzte Grund" ist im Jahr 1987 verfilmt worden.

1 Recherchiere im Internet, wer bei der Verfilmung für die folgenden Aufgaben zuständig war: Regie, Drehbuch, Kamera, Musik, Produktion.

2 Liste auch auf, welche Schauspieler die Rollen der Hauptfiguren übernommen haben.

3 Informiere dich über den Künstler Ernst Barlach und den „Lesenden Klosterschüler".

Der Filmregisseur Bernhard Wicki mit dem Darsteller des Schiffsjungen

Pfarrer Helander mit der Holzplastik „Lesender Klosterschüler"

Während der Dreharbeiten

Knudsen (im Hintergrund), Gregor und Judith

4 Sprecht darüber, worauf ein Drehbuchautor beim Umschreiben des Buches achten muss, damit aus dem Buch ein guter Film wird? Lest dazu auch den Drehbuchauszug zu „Romeo und Julia“ auf Seite 91/92.

5 Wenn ihr das Buch gelesen habt und euch jetzt den Film anschaut, dann könnt ihr anschließend den Film mit dem Buch vergleichen.
- Was ist euch aufgefallen?
- Welche Aspekte des Buchgeschehens sind im Film übernommen worden und wie wurde das Buchgeschehen im Drehbuch verändert? Wie werden z. B. die Gedanken der Buchfiguren im Film sichtbar und hörbar gemacht? Wen empfindet ihr im Buch und im Film als Hauptfigur?
- Entsprachen die Darsteller der Buchfiguren euren Vorstellungen, die sich beim Lesen des Buches herausgebildet haben?
- Ist die Verfilmung des Buches eurer Meinung nach gelungen?

Ideen und Anregungen

→ Einen **Jugendbuchautor** oder eine Jugendbuchautorin in die Schule einladen.
- Wie könnt ihr den Kontakt herstellen? Wer kann euch dabei unterstützen?
- Wie könnt ihr euch vorbereiten? Welche Fragen wollt ihr stellen?

→ *Ein Buch rezensieren: Wissen und Können, S. 278*

→ Auf eurer Schul-Homepage kurze **Rezensionen** der gelesenen Bücher veröffentlichen.

→ Einer anderen Klasse oder euren Eltern auf einem Elternabend eure gelesenen Bücher in einem **Book-Slam** präsentieren:
- Jede Kurzpräsentation darf nur drei Minuten dauern.
- Ein bis drei Personen stellen ein Buch möglichst originell vor.
- Die Zuhörer bewerten die Präsentation mit Noten von 1 bis 5 oder 1 bis 10.
- Aus allen Wertungen ergibt sich ein „Siegerbuch des Tages“.

→ Ein **Werbeplakat** oder eine Werbeanzeige für ein gelesenes Buch entwerfen.

Überprüfe dein Wissen und Können

Merkmale einer Ich-Charakteristik entdecken

1 Welcher der folgenden Textanfänge deutet am ehesten auf eine Ich-Charakteristik hin? Schreibe einen kurzen Begründungstext, warum der eine Text der Anfang einer Ich-Charakteristik sein könnte, der andere eher nicht.

Meine Oma, bei der ich jetzt wohne, hat kein Radio, nicht einmal einen Volksempfänger. Sie hat gesagt: „Soll ich mir das Geschrei von diesem Hitler auch noch bis in die Küche holen?" Ich finde das nicht so gut, denn es gibt sonst keine Informationsquellen, wenn man wissen will, ob der Krieg bald auch zu uns kommen wird. Manchmal denke ich: Was werden wir wohl erleben, wenn wir von hier fliehen müssen? Werden wir zusammenbleiben oder getrennt werden? …

Ich heiße Paul und werde bald vierzehn Jahre alt. Ich lebe in Breslau und es ist Krieg. Ich bin nicht besonders mutig, aber auch nicht besonders ängstlich. Ich fürchte mich aber davor, dass der Krieg bald auch zu uns kommt und wir dann fliehen müssen. In der Schule bin ich ganz gut, aber jetzt fällt der Unterricht gerade aus, weil es Winter ist und hier zu viel Schnee liegt. Ich habe keine warmen Sachen zum Anziehen und würde mich freuen, wenn ich einen Wintermantel bekommen könnte. …

Paul *ist die Hauptfigur in dem Buch „Wir hatten trotzdem Glück" von Elisabeth Zöller.*

2 Informiere deine Mitschüler in einem Kurzvortrag über Inhalt und Intention einer Ich-Charakteristik und worauf man beim Schreiben besonders achten sollte. Bei deinem Kurzvortrag kannst du Wichtiges in einer Mindmap veranschaulichen.

Eine Ich-Charakteristik schreiben

3 Schreibe eine Ich-Charakteristik zu einer Figur aus einem gelesenen Buch und trage sie in der Klasse vor, um den Mitschülerinnen und Mitschülern die Figur vorzustellen.

Einen Kurzvortrag halten

4 Halte einen Kurzvortrag über Inhalt und Sinn eines Leseportfolios. Verdeutliche deine Informationen am besten mit Beispielen. Bei deinem Kurzvortrag kannst du Wichtiges in einer Mindmap veranschaulichen.

Etappenziel: Beruf

Ich habe gehört, ihr wollt nichts lernen
Daraus entnehme ich: ihr seid Millionäre.
Eure Zukunft ist gesichert – sie liegt
Vor euch im Licht. Eure Eltern
Haben dafür gesorgt, daß eure Füße
An keinen Stein stoßen. Da mußt du
Nichts lernen. So wie du bist
Kannst du bleiben.
(...)
Freilich, wenn es anders wäre
müßtest du lernen.

Bertolt Brecht

Deine Berufswahlentscheidung rückt immer näher – die richtige Entscheidung zu treffen, ist keine leichte Aufgabe. Auf diesem Weg ist es wichtig, dass du eigene Vorstellungen und Ziele entwickelst und nicht nur abwartest, bis sich vielleicht irgendetwas ergibt. Lass dich aber auch nicht entmutigen. Suche nach verschiedenen Lösungen, sei neugierig und kreativ. Prüfe, ob die Angebote zu deinen Zielen passen.

In diesem Kapitel lernst du,
- über ein Praktikum zu schreiben und zu reflektieren,
- Diagramme und Infografiken auszuwerten,
- deine Bewerbungsunterlagen zu erstellen,
- Vorstellungsgespräche vorzubereiten und
- auf unterschiedliche Situationen in Vorstellungsgesprächen zu reagieren.

Ich wär‘ so gerne Millionär
dann wär‘ mein Konto niemals leer.
(...)
Ich hab‘ kein Geld, hab‘ keine Ahnung
doch ich hab‘n großes Maul!
Bin weder Doktor noch Professor
aber ich bin stinkend faul!
Ich habe keine reiche Freundin
und keinen reichen Freund
von viel Kohle
hab‘ ich bisher leider nur geträumt.
Was soll ich tun, was soll ich machen?
Bin vor Kummer schon halb krank
(...)

Die Prinzen

1 Wie versteht ihr die Ausschnitte aus dem Gedicht von Bertolt Brecht und dem Lied der Popgruppe „Die Prinzen“? Und welchen Zusammenhang zur Berufswahl seht ihr? Begründet eure Meinung und belegt sie mit Beispielen.

2 Die vier Fotos zeigen Etappen auf dem Weg zur Berufswahl.
- Welche Etappen sind abgebildet?
- Womit habt ihr bereits Erfahrungen gemacht?
- Welche Vorbereitungen für die Berufswahl stehen bei euch an?
- Erkundigt euch und berichtet, welche Angebote es an eurer Schule gibt.

3 In einem Berufswahlfahrplan könnt ihr solche Etappen festhalten. Entwerft Berufswahlfahrpläne für die Klasse und für euch selbst.
- Welche Informationen sollten beide Pläne enthalten?
- Worin unterscheiden sie sich?

Berufe im Praktikum kennenlernen

▸▸ Eine wichtige Etappe bei der Berufswahlentscheidung ist das **Betriebpraktikum**. Vielleicht habt ihr schon Betriebe erkundet oder sogar schon ein Praktikum absolviert; für die meisten wird es aber in diesem Schuljahr anstehen.

1 Häufig sind an der Vorbereitung, Durchführung und Auswertung des Praktikums verschiedene Fächer beteiligt. Informiert euch darüber, wie die Aufgabenverteilung an eurer Schule geregelt ist: Was wird im Deutschunterricht erledigt, wie sind die anderen Fächer beteiligt?

▸▸ Eure Erwartungen an das Praktikum, Erfahrungen und Begegnungen, Einblicke in Berufe und Tätigkeiten dokumentiert ihr in der Regel in einer **Praktikumsmappe**. Daniela hat darüber außerdem auf der Jugendseite einer Zeitung berichtet (S. 117).

2 Wie hat Daniela ihren Text aufgebaut? Gib den Abschnitten Überschriften und schreibe einige Stichworte zum Inhalt der Abschnitte dazu.

3 „In der Schule muss man sich oft allein durchbeißen."
- In welcher Textzeile steht dieser Satz?
- Was will Daniela damit aussagen?
- Könnt ihr Beispiele dafür nennen oder ist das nur eine Einzelbeobachtung? Begründet eure Aussagen.

4 Daniela möchte gern Erzieherin werden. Formuliere in wenigen Sätzen, welche Erfahrungen sie im Praktikum gemacht hat.

5 Worauf solltet ihr bei der Wahl des Praktikums achten? Daniela nennt einige Gesichtspunkte in ihrem Text.
- Unterstreicht sie auf Folie oder schreibt sie stichwortartig heraus.
- Ergänzt sie mit eigenen Überlegungen.

6 Die Schülerin berichtet sehr positiv über ihr Praktikum. Befrage weitere Personen nach ihren Praktikumserfahrungen. Werte die Auskünfte aus und informiere deine Mitschüler.

Betriebspraktikum

Eine Menge Erfahrungen gesammelt

Viele Schüler der GHS haben in den vergangenen Wochen ihre Praktika absolviert. Praktikum, was heißt das? Man möchte in einen selbst ausgesuchten Beruf drei Wochen lang hineinschnuppern, um festzustellen, ob man vielleicht für diesen Beruf geeignet ist. So bekommt man ein Bild des Berufes, sammelt Informationen, kann sich dort umschauen und die Berufswahl genau erkunden.

Unsere Praktika begannen am Rosenmontag, 11. Februar, und endeten am 1. März. Ich selbst war im katholischen Kindergarten St. Peter in Hofgeismar. Meine Aufgabe war es dort, die Kinder im Alter von drei bis sechs Jahren mitzubetreuen. Das hat mir eine Menge Spaß gemacht. Ich hätte mir gewünscht, dass das Praktikum nie zu Ende gegangen wäre, und frage mich manchmal, woran das liegen könnte.

Wahrscheinlich liegt es daran, dass die Art des Arbeitens sich wesentlich vom Schulunterricht unterscheidet. Während man in der Schule oft nur stillsitzen und zuhören muss, kann man im Praktikum selbstständig tätig werden und beim Arbeiten direkt lernen. Diese Selbstständigkeit ist meiner Meinung nach der große Unterschied. Außerdem herrscht ein ganz anderes Arbeitsklima. In der Schule muss man sich oft allein durchbeißen, aber im Praktikum haben wir ein Team gebildet und zusammengearbeitet.

Ein anderer Aspekt ist der, dass man sich den Praktikumsplatz selbst aussuchen kann und so nach seinen Neigungen arbeiten kann, was in der Schule leider nur selten möglich ist.

Drei Wochen Zeit für das Praktikum sind aber viel zu kurz, denn wenn man sich so richtig eingearbeitet hat und weiß, wie alles abläuft, ist die Zeit auch schon wieder vorbei. In den drei Wochen konnte ich über den Beruf der Erzieherin sehr viel erfahren und denke, dass mir das Praktikum bei der Berufswahl eine große Hilfe war.

Daniela Vey

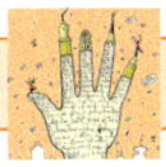

Rechtschreibung – kurz nachgedacht

Nutzt diesen Bericht für ein **Rechtschreibgespräch** zu zweit oder dritt, um euer Rechtschreibwissen und -können anzuwenden und zu überprüfen:

- Legt fest, was ihr überprüfen wollt: schwierige Wortschreibungen (ä oder äu, ss oder ß ...), die Groß- und Kleinschreibung, die Zusammen- und Getrenntschreibung oder alle Bereiche gleichzeitig.
- Wählt Wortbeispiele, Ausdrücke oder Sätze aus, die sich für das Gespräch eignen und erklärt ihre Schreibweise.

Über das Praktikum schreiben

» Martin hat ein Praktikum bei einer Zeitung absolviert. Danach hat er in vielfältiger Form seine Eindrücke festgehalten. Das **Inhaltsverzeichnis** zu seiner Praktikumsmappe gibt einen Überblick, zu welchen Themen er kürzere und längere Texte verfasst hat:

Inhaltsverzeichnis .... Seite

1 Untersucht das Inhaltsverzeichnis:
- Welche Texte/Gliederungspunkte sind auch für Praktikumsmappen zu anderen Berufen denkbar? Was müsste man austauschen oder abändern?

2 Überlegt, wozu ihr Praktikumsmappen nutzen könnt: um euch gegenseitig zu informieren, für die Berufsberatung, für eine Bewerbung ...

3 Welche anderen Möglichkeiten gibt es, um Praktikumserfahrungen wiederzugeben und auszutauschen? Berücksichtigt auch die Vorgaben eurer Schule.

▸▸ Damit Martin beim Schreiben der **Tagesberichte** möglichst viel einfällt, hat er jeden Tag seine Tätigkeiten und Beobachtungen stichwortartig notiert (in Arbeitspausen oder nach Feierabend):

Mo, 01.09.

9.30 - 10.00 Uhr:	*Besprechung der Aufgabenverteilung*
10.00 – 11.00 Uhr:	*Texte redigieren*
11.00 – 11.45 Uhr:	*Fototermin am Waldlehrpfad, Fotograf rutscht im Schlamm aus*
11.45 – 12.30 Uhr:	*Rückfahrt, Fotograf zieht sich zu Hause um*
12.30 – 14.00 Uhr:	*Mittagspause …*

Do, 05.09.: 9.30 - 13.00 Uhr u. 14.00 - 17.00 Uhr

vormittags:

- *Texte redigiert*
- *Layout für Jugendseite vorbereitet*

nachmittags:

- *Termin im Rathaus - Chefredakteur begleitet*
- *lange Wartezeit im Rathaus*
- *Interview mit Bürgermeister zu Haushaltsproblemen (wenig verstanden)*

7. Praktikumstag: Beginn: 9.00 Uhr, Ende: 17.00 Uhr

Uhrzeit	*Tätigkeiten*	*Anmerkungen*
9.00 - 11.00 Uhr	*Texte für Jugendseite ausgewählt*	*Platzmangel*
11.00 – 12.30 Uhr	*Auswahl und Bearbeitung von Fotos*	
14.00 – 15.00 Uhr	*Vorstellen und Besprechung der Jugendseite beim Redakteur*	*Aufgeregt! Ob es ihm gefällt?*
15.00 – 17.00 Uhr	*Überarbeitung*	*Sorgfalt notwendig*

Besonderes

Hektik und Stress bei den Redakteuren bis zum Redaktionsschluss

4 Probiere eine Form der drei Stichwortzettel aus und notiere darauf, was du tagsüber im Einzelnen machst.

5 Vergleiche die unterschiedlichen Stichwortzettel, die Martin ausprobiert hat. Begründe, welchen Stichwortzettel du besonders geeignet findest.
Aus Martins Notizen zu Montag, dem 01.09, entstand dieser Bericht:

Ein außergewöhnlicher Arbeitstag

Mein Arbeitstag begann um 9.30 Uhr. Zunächst wurden die Aufgaben des Tages unter den Redakteuren verteilt. Bis zum Fototermin am Waldlehrpfad habe ich Texte redigiert. Um 11.10 Uhr trafen der Redakteur und ich die Lehrerin am Treffpunkt. Nachdem einige Fotos gemacht waren, rutschte der Redakteur im Schlamm aus. Auf dem Rückweg mussten wir deshalb beim Redakteur vorbeifahren, damit er sich umziehen konnte.
Um 14.00 Uhr nach der Mittagspause …

6 Überprüfe Martins Bericht (S. 119):
- Sind die Informationen ausreichend, um sich einen Eindruck über wichtige Tätigkeiten oder Ereignisse machen zu können?
- Werden die Angaben in einer sinnvollen Reihenfolge gemacht?
- Wird sachlich berichtet?
- Wird als Zeitform das Präteritum durchgehalten?

7 Schreibe Martins Bericht mit den folgenden Stichworten zu Ende.

14.00 Uhr	*Texte redigiert, sollen am nächsten Tag in der Zeitung erscheinen oder später als „Füllstoff" verwendet werden.*
16.00 Uhr	*Aufgaben erledigt, unterhalte mich mit Redakteuren*
16.15 Uhr	*stellvertretender Chefredakteur informiert über Banküberfall. Auftrag: zwei Redakteure zum Tatort begleiten, Fotos machen helfe den beiden, Kameras und Stenoblöcke zusammenzupacken*
16.22 Uhr	*Wir erreichen die Sparkasse hinter der Stadtkirche, machen Fotos vor Eingangstür, falls Polizei Fotoverbot erteilt*
16.24 Uhr	*betreten Bankgebäude durch Hintereingang, Haupteingang verschlossen*
16.25 Uhr	*Vor-Ort-Interview mit dem Leiter der Sparkasse nur versuchter Banküberfall, Täter plötzlich geflohen*
16.30 Uhr	*Polizei trifft am Tatort ein*
17.00 Uhr	*zurück in der Redaktion, Redakteure holen weitere Informationen durch Anruf bei der Polizei zum Tathergang und zur Fahndung ein Titelseite der Zeitung für den folgenden Tag wird noch einmal umgekrempelt, um Platz für Bericht über Banküberfall zu gewinnen*
18.00 Uhr	*Feierabend*

Am Ende eines Praktikums blickt man in einer **Abschlussreflexion** noch einmal auf seine Erwartungen und Erfahrungen zurück. Martin hat sich dazu während des Praktikums, aber auch davor und unmittelbar danach, Notizen gemacht. Wie in der Inhaltsübersicht hat er sie nach Überschriften geordnet:

Erwartungen/Befürchtungen
- *etwas Angst, ob es mit dem Schreiben klappt*
- *vielleicht kann bei Arbeit am Computer was passieren*
- *neugierig auf Neues (Woher kommen Informationen, wie macht man ein Interview?)*

Erfahrungen/besondere Ereignisse
- *viel Zeit am Computer verbracht, über Layout viel gelernt*
- *viel Hektik in der Redaktion, oft hatte keiner Zeit für mich*
- *anfangs Hemmungen zu fragen, nachher nicht mehr, weil alle freundlich waren (wenn sie Zeit hatten)*

– *interessantester Tag: Überfall auf die Sparkasse*
– *abends immer ziemlich müde, wenig Zeit für Freunde und Sport*
– *total stolz: eigene Artikel auf der Jugendseite (mit Foto) und im Lokalteil*
– *mehr über Fotografieren gelernt*

Zusammenfassung/Kritik
– *Berufswunsch noch nicht ganz klar, anderes Praktikum in den Osterferien (Druckerei)*
– *Praktikum trotzdem gelohnt: jetzt noch mehr anstrengen für guten Schulabschluss*
– *Alltag in der Redaktion ziemlich stressig/hektisch*
– *Weiß noch zu wenig über Berufschancen; nachfragen*
– *Praktikum könnte kürzer sein, dafür zweites Praktikum in einem anderen Beruf*

8 Vergleiche den folgenden Text mit dem Stichwortzettel: Was hat Martin übernommen, was hat er weggelassen?

Rückblick auf das Praktikum

Einen kurzen Einblick in die Arbeit der Lokalredaktion bekamen wir schon im letzten Schuljahr bei einer Betriebsbesichtigung. Aber trotzdem hatte ich vor dem Praktikum ein bisschen Angst davor, als Schüler mit all den Redakteuren zusammenzuarbeiten. Ich war unsicher, ob ich wohl ganz selbstständig Artikel verfassen müsste. Das hatte ich zwar bei der Schülerzeitung schon etwas geübt, aber bei einer „richtigen" Zeitung ist das doch was ganz anderes. Allerdings hat mich das ja auch besonders gereizt.
So ganz schlimm war es dann nicht mit dem selbstständigen Schreiben. Ich bekam viele Hilfen. Besonders am Computer ...

9 Schreibe mithilfe der Angaben auf Martins Stichwortzettel die Abschlussreflexion zu Ende. Darüber kannst du schreiben:

Inhalt einer Abschlussreflexion

– Erwartungen, Hoffnungen, Befürchtungen vor dem Praktikum
  Vorerfahrungen, Informationen zum Beruf
– Positive und negative Erfahrungen
  Besondere Schwierigkeiten, besondere Erlebnisse
– Zusammenfassung, Kritik
  Bewertung des Praktikumserfolgs: Hilfe für Berufsentscheidung?

10 Vergleiche deinen Text mit denen von Mitschülerinnen und Mitschülern. Was ist gleich, was ist unterschiedlich?

11 Sollte sich ein weiteres Praktikum im kommenden Schuljahr anschließen? Äußere dazu deine Meinung und begründe sie .

Den Berufs- und Ausbildungsmarkt beobachten

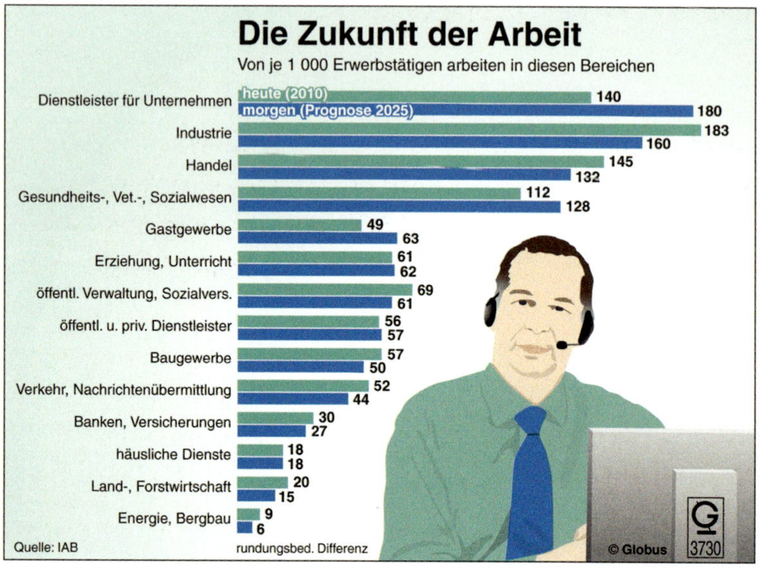

Der erfolgreiche Einstieg in den Beruf hängt nicht nur von deinen persönlichen Eigenschaften und Fähigkeiten ab, sondern z. B. auch von Angebot und Nachfrage auf dem Arbeitsmarkt und den Zukunftsperspektiven der Berufe. Bei der Orientierung hilft dir die Berufsberatung, aber es lohnt sich auch, selbstständig Statistiken, Diagramme und Infografiken zu beachten, die du z. B. in Zeitungen oder Materialien der Bundesagentur für Arbeit findest.

Stellenüberhang und Bewerberüberhang in Ausbildungsberufen (2009)

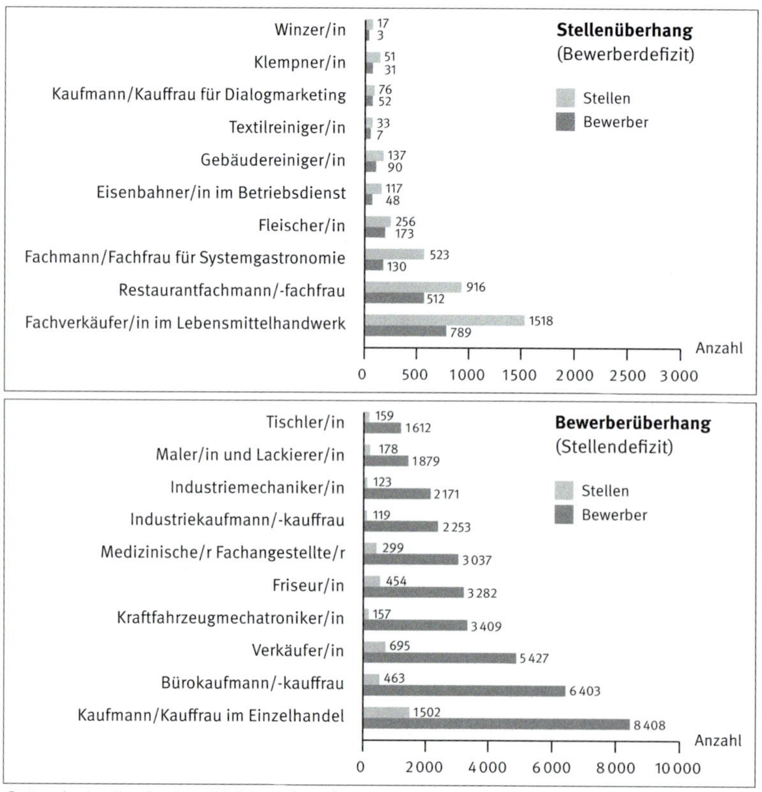

© Bundesinstitut für Berufsbildung (2010)

1 Verschafft euch einen Überblick über die beiden Diagramme: Thema, Quelle, Form …

2 Welche Berufe verbergen sich hinter den Berufsgruppen, die in dem Diagramm „Die Zukunft der Arbeit“ genannt werden? Recherchiert dazu z. B. in „Beruf aktuell“.

3 Untersucht die Diagramme genauer. Orientiert euch dabei an den Hinweisen in „Wissen und Können“, S. 285.

4 Verfasse einen zusammenhängenden Text über die Auskünfte, die die Diagramme für die Berufswahlentscheidung geben.

5 Welchen Ratschlag würdest du aufgrund der Informationen aus den Diagrammen geben?

a) Deine Freundin möchte Fachverkäuferin im Lebensmittelhandel werden.

b) Dein Bruder will sich als Friseur bewerben.

c) Ein Klassenkamerad sucht seit einigen Wochen eine Ausbildungsstelle als Bürokaufmann. Er erhält ständig Absagen.

d) Ein Freund möchte sich bei einer Fast-Food-Kette als Fachmann für Systemgastronomie bewerben.

e) Eine Klassenkameradin ist sich noch ganz unsicher: Soll sie eine Ausbildung in der Industrie beginnen – oder doch lieber im Gesundheitsbereich?

6 Beurteile deine eigenen Berufswünsche auf Grundlage der Diagramme:
- Sagen die Diagramme etwas Wichtiges zu deinen Berufswünschen aus oder musst du nach geeigneten Informationen suchen?
- Wie beurteilst du die Zukunftsaussichten und die Chancen auf einen Ausbildungsplatz?
- Gibt es vielleicht Alternativen, an die du noch gar nicht gedacht hast?

Tipp

Besprecht die Ergebnisse eurer Recherche unbedingt mit Fachleuten: mit euren Lehrern, der Berufsberatung ...

7 Diskutiert darüber, welche Hilfen solche Statistiken für die Berufswahlentscheidung geben können. Sollte man sich vor allem an ihnen orientieren oder auch andere Überlegungen einbeziehen?

→ Manchmal weichen die regionalen Ausbildungschancen von der allgemeinen Statistik ab. Informiert euch bei eurem Berufsberater:
- Wie viele Ausbildungsplätze hat es in den letzten drei Jahren in den genannten Berufen (S. 122) in eurer Region gegeben?
- Wie viele Ausbildungsplätze werden dieses Jahr angeboten?

Stellt die Informationen in einer eigenen Statistik dar.

→ Befragt Ausbildungsfirmen in den genannten Bereichen, wie viele Auszubildende sie in den nächsten zwei Jahren einstellen wollen. Stellt diese Informationen in einer Tabelle dar.

Die schriftliche Bewerbung – Werbung in eigener Sache

▸▸ Die Bewerbungsunterlagen bestehen aus dem Anschreiben, dem Lebenslauf und den Anlagen (Zeugnisse, Bescheinigungen, Nachweise). Mit dem **Anschreiben** (Bewerbungsschreiben) machst du auf dich aufmerksam und zeigst dem Arbeitgeber, ob du in seinen Betrieb passt und wie wichtig dir die Ausbildungsstelle ist. Verdeutliche also deine persönlichen Beweggründe, Interessen, Stärken und Ziele.

1 Sarahs Anschreiben auf der folgenden Seite enthält alle wichtigen Textbausteine ❶ – ❾. Benennt sie.

2 Sarahs Anschreiben ist formal richtig aufgebaut, doch einige Angaben fehlen. Wähle die fehlenden Angaben aus den folgenden Vorschlägen ❶ – ❹ sinnvoll aus und ergänze das Anschreiben.

❶ a) weil mir der Beruf seit meinem Besuch im BIZ und bei der Berufsberatung sehr gefällt.
b) weil ich zum Zeitpunkt meines Schulabschlusses einen Ausbildungsplatz haben möchte.
c) weil ich Ihre Werkstatt ohne große Umstände erreichen kann.

❷ a) am Auto zu tüfteln
b) in Ihrer Werkstatt vorbeizuschauen. Das mache ich fast jeden Tag.
c) etwas zu reparieren. Ich bin besonders geschickt, kleinere Fehler an technischen Geräten zu reparieren.

❸ a) gemerkt, dass ich Probleme schnell erkenne und selbstständig arbeiten kann.
b) beobachtet, dass ich meine Interessen gut durchsetzen kann.
c) erfahren, dass man sich schmutzig macht. Deshalb habe ich mir Gummihandschuhe zugelegt.

❹ a) Sorgfalt, b) Konfliktfähigkeit, c) Teamfähigkeit

Tipp

Diese Fehler in Anschreiben solltest du vermeiden:
- *austauschbare „Serienbriefe" (nicht auf Adressaten abgestimmt),*
- *Schlamperei (viele Fehler, mangelhafte äußere Form),*
- *Verstoß gegen die Etikette (z.B. Anrede „Hallo!"),*
- *Überlänge (möglichst nur eine DIN-A4-Seite),*
- *lahmer Einstieg („Hiermit bewerbe ich mich ..."),*
- *immer „ich" – besonders am Satzanfang.*

3 Suche dir ein Ausbildungsplatzangebot im Anzeigenteil der Tageszeitung oder einen möglichen Ausbildungsbetrieb in den Gelben Seiten aus und verfasse ein Anschreiben, das zu dir passt. Manche Textbausteine aus Sarahs Anschreiben kannst du dafür verwenden, andere musst du ändern oder ergänzen.

4 Überprüfe mit einem Partner, ob deine Bewerbung alle wichtigen Informationen enthält und die äußere Form geglückt ist. Beachte dazu auch den Tipp.

Die Punkte geben an, wie viele Zeilen man frei lassen sollte, damit der Brief übersichtlich gegliedert ist und die ganze Seite ausfüllt.

.
.
.
.

Sarah Bloom ❶
Königsweg 3
35333 Wiesenheim
Tel.: 1234 56789
E-Mail: SarahBloom@E_mail.de

Wiesenheim, 23. November ... ❷

.
.
.
.
.
.

Autohaus Müller ❸
Herrn Peter Müller
Bergweg 3
35333 Wiesenheim

.
.
.
.

Bewerbung um eine Ausbildung als Kraftfahrzeugmechatronikerin ❹

.
.

Sehr geehrter Herr Müller, ❺

.

vielen Dank für das freundliche Telefongespräch in der letzten Woche. Sie haben mir Mut gemacht, mich auf den Ausbildungsplatz als Kraftfahrzeugmechatronikerin zu bewerben. Wie besprochen erhalten Sie hiermit meine Bewerbungsunterlagen.
Ich möchte diesen Beruf erlernen, ▒▒▒ ❶ ❻
Mir macht es Freude und ich habe Interesse daran, ▒▒▒ ❷
In meinem Schulpraktikum in diesem Arbeitsfeld habe ich ▒▒▒ ❸
Schon in der Fahrrad-AG konnte ich ▒▒▒ ❹ beweisen.
Zurzeit besuche ich die Brüder-Grimm-Gesamtschule und werde im Juli nächsten Jahres die Fachoberschulreife erreichen. ❼
Ich freue mich auf eine Einladung zum persönlichen Gespräch.

.

Mit freundlichem Gruß ❽

.

Sarah Bloom

Anlagen ❾
– Lebenslauf
– Lichtbild
– Zeugnisse
– Praktikumsbescheinigun

Tipp

*Manche Betriebe stellen ihre Ausbildungsangebote auch ins Internet und nehmen sogar **Online-Bewerbungen** an. Oftmals fordern sie zusätzlich herkömmliche Bewerbungen an. Der Blick auf die Homepage einer Firma lohnt sich also. Hier erhält man wichtige Informationen über die Firma und erfährt, wie die Bewerbungs-unterlagen aussehen und an wen sie geschickt werden müssen. Im Zweifelsfall anrufen und nachfragen ...*

▸▸ Dein **Lebenslauf** informiert den Arbeitgeber darüber, wer du bist und was du kannst. Er enthält deshalb Angaben zur Person, zum schulischen Werdegang, zu Interessen, Hobbys und beruflichen Erfahrungen (Praktika, Erkundungstage ...) Meistens erwarten die Betriebe einen mit dem PC geschriebenen tabellarischen Lebenslauf.

Lebenslauf

Kishore Mehta
Zum Spreewald 7
13333 Berlin
Tel.: 0123 456789
E-Mail: kishoremehta@bit.com

Geburtsort und -jahr:	5. Juli 1996 in Grünberg
Schulbesuch:	01.08.2002–15.06.2006 Grundschule zur Friedenseiche Grünberg
	ab 01.08.2006 – vor. August 2012 Käthe-Kollwitz-Gesamtschule Spreewald jetzt 9. Klasse
Fremdsprachen:	Englisch und Französisch
Praktikum:	Labor im Krankenhaus Grünberg
Hobbys:	Schachspiel im Club SC Grünberg

Berlin, 15. November 2011

Kishore Mehta

1 Kishores Lebenslauf enthält alle wichtigen Textbausteine. Benennt sie.

2 Lest die Informationen zum Allgemeinen Gleichbehandlungsgesetz. Welche Informationen kann man demnach in einen Lebenslauf aufnehmen, muss es aber nicht unbedingt tun?

> In Deutschland gilt seit 2006 das **Allgemeine Gleichbehandlungsgesetz**.
> Kein Bewerber (z. B. um einen Ausbildungsplatz) darf auf Grund seines Alters oder Aussehens, seiner Nationalität, Religion usw. benachteiligt werden. Betriebe dürfen von Bewerbern deshalb dazu keine Angaben verlangen, da sonst eine Benachteiligung nicht auszuschließen ist. Somit sind weder Lichtbild noch Angaben zu Eltern und Geschwistern Pflicht. Auch Geburtsdatum und -ort, Nationalität und Religion müssen nicht unbedingt genannt werden.
> In der Realität freuen sich Personalchefs in Firmen aber doch, wenn einige der Angaben gemacht werden, die nach dem Allgemeinen Gleichbehandlungsgesetz weggelassen werden können. Hier musst du abwägen: Kann mir ein Nachteil entstehen oder wäre es sogar positiv für mich, Informationen wegzulassen oder zu ergänzen?

3 Welchen Rat würdet ihr Kishore geben:
- Soll er weitere Angaben in seinen Lebenslauf aufnehmen? Was spricht dafür, was dagegen?
- Warum kann z. B. bei den Sprachkenntnissen die Herkunftssprache für den Arbeitgeber wichtig sein?

4 Was ist mit Hobbys? Sollte man die angeben? Alle oder nur bestimmte?

5 Schreibe deinen eigenen Lebenslauf. Erkundige dich vorher z. B. bei deinen Eltern nach deinen genauen persönlichen Daten.

6 Kontrolliert die Lebensläufe in Partnerarbeit. Versetzt euch dabei in die Rolle von Personalchefs und überlegt, woran sie sich stören könnten oder was sie besonders gut finden könnten. Überprüft die Lebensläufe auf Vollständigkeit (notwendige und freigestellte Angaben), Anordnung auf dem Briefbogen und Rechtschreibfehler.

7 In manchen Ländern wie in den USA ist die anonyme Bewerbung längst normal. Diese Bewerbungen enthalten keine Fotos oder Angaben zum Geburtsdatum und Ort. Manchmal fehlen sogar die Namen. Diskutiert darüber, ob ihr diese Form der Bewerbung für sinnvoll haltet.

Das Vorstellungsgespräch – Sich selbst präsentieren

▸▸ Erhältst du eine Einladung zum **Vorstellungsgespräch,** hast du die wichtigste Hürde genommen und kannst sicher sein, dass deine schriftliche Bewerbung gut angekommen ist. Jetzt musst du den guten Eindruck verstärken.

Das **Vorstellungsgespräch** hat das Ziel, herauszubekommen, ob du mit deinen Fähigkeiten zu der Firma und dem Ausbildungsplatz passt. Jedes Vorstellungsgespräch verläuft anders, doch oft sind sie ähnlich aufgebaut:

Gesprächsbeginn, „Aufwärmphase“ → *Prüfen der fachlichen und persönlichen Eignung* → *Gesprächsabschluss*

Überlege, was du im Gespräch sagen willst und wie du dich präsentierst. Du solltest aber nichts Falsches vorspiegeln, sondern dich so geben, wie du bist. Bereite dich vor, indem du

- Informationen über die Firma einholst,
- Standardfragen vorausdenkst und Antworten überlegst,
- eigene Fragen überlegst,
- pünktliches Erscheinen sicherstellst,
- dein Auftreten und Aussehen übst und planst.

Die Gesprächsführung liegt bei der Personalleitung: Sie eröffnet das Gespräch, stellt Fragen und schließt das Gespräch. Höre gut zu und frage nach, wenn du etwas nicht verstanden hast.
Zu Beginn wirst du häufig aufgefordert, etwas aus deinem Lebenslauf zu erzählen; überlege und probiere aus, was du dann sagen willst. Später kannst du selbst Fragen stellen. Diesen Teil kannst du ebenfalls gut vorbereiten und bist dann nicht überrascht.

Manche Vorstellungsgespräche laufen nicht nach Wunsch. Um beim nächsten Mal nicht die gleichen Fehler zu begehen, ist es wichtig, eine Gesprächsauswertung vorzunehmen.

Tipp 1

Versetze dich bei der Vorbereitung auf das Gespräch in den Arbeitgeber und überlege,
a) was ihn interessieren könnte und
b) was er mit seinen Fragen wissen möchte.

Das hilft dir, deine Antworten und Fragen gezielt und sicher anzubringen. Viele Fragen orientieren sich an deinen Bewerbungsunterlagen.

Tipp 2

Auf das richtige Maß kommt es an:
- *Sei selbstbewusst – aber nicht arrogant!*
- *Antworte ausführlich – aber fang nicht an zu plappern!*
- *Höre gut zu – sei aber nicht zu passiv!*
- *Sei gut gekleidet – aber nicht verkleidet!*
- *Sei pünktlich – aber nicht zu früh!*
- *Sei neugierig – aber nur auf das, was die Ausbildung betrifft!*

1 Bereitet euch mit **Rollenspielen** auf das Vorstellungsgespräch vor. Dadurch erreicht ihr zusätzliche Sicherheit.
- Legt fest, um welchen Ausbildungsberuf es geht, wer die Rolle des Bewerbers und des Personalchefs übernimmt und wer das Gespräch beobachtet.
- Bereitet euch auf eure Rollen vor, nutzt dazu die Musterkarten: Ergänzt und verändert sie so, dass sie zu euren Rollen passen.
- Führt das Rollenspiel durch und wertet es anschließend aus: Teilt mit, wie ihr euch in der Rolle des Bewerbers oder des Personalchefs gefühlt habt.

Besprecht mithilfe der Aufzeichnungen des Beobachters: Was war gelungen, was muss geändert werden. Entscheidet nach jedem Spiel, ob es eine Wiederholung geben soll, in der die Tipps und Anregungen ausprobiert werden.

→ *Lest auch die Angaben zum Rollenspiel allgemein auf Seite 297.*

Musterkarte 1

Du bist der **Personalchef** der Firma und hast … zu einem Bewerbungsgespräch eingeladen. Du begrüßt den Bewerber/die Bewerberin, bietest an, Platz zu nehmen, und eröffnest das Gespräch, für das du dir einige Fragen notiert hast:
- Was möchten Sie zunächst über sich erzählen?
- Warum bewerben Sie sich um diesen Ausbildungsplatz?
- In welchen Schulfächern haben Sie gute und in welchen schlechte Noten?
- Was machen Sie in Ihrer Freizeit?
- Warum sind Sie für diesen Ausbildungsberuf geeignet?
- …

Musterkarte 2

Du bist die **Bewerberin**/der **Bewerber** und hast dich in der Firma … um einen Ausbildungsplatz als … beworben und erscheinst zu einem Bewerbungsgespräch. Der Personalchef begrüßt dich, bietet dir einen Platz an und eröffnet das Gespräch. Auf das Gespräch hast du dich vorbereitet: Du kannst Angaben zu deinem Lebenslauf machen. Du weißt, welche Anforderungen an den Beruf gestellt werden. Und hast auch Fragen, die du während des Gesprächs stellen möchtest:
- Wie ist die Ausbildung geplant und organisiert?
- Wie viele Azubis werden nach erfolgreicher Ausbildung übernommen?
- Wo und wann findet der Berufsschulunterricht statt?
- Welche internen Weiterbildungsmöglichkeiten gibt es für Azubis?
- …

Musterkarte 3:

Du bist **Beobachter** während des Bewerbungsgesprächs, gibst nach dem Gespräch Rückmeldungen und Tipps, was man verändern könnte.
Du achtest vor allem auf den Bewerber oder die Bewerberin und hast dir dazu eine Checkliste erstellt:
Kleidung:
( ) angemessen ( ) unangemessen;
Mimik/Gestik/Auftreten:
( ) wirkt interessiert ( ) eher uninteressiert,
( ) eher ängstlich ( ) selbstbewusst,
( ) hält Augenkontakt ( ) keinen Augenkontakt …
Sprache:
( ) zeigt sich informiert ( ) eher unwissend,
( ) antwortet umfassend ( ) eher knapp,
( ) formuliert verständlich ( ) unverständlich,
( ) stellt Nachfragen,
( ) bleibt beim Thema ( ) weicht ab
( ) formuliert angemessen ( ) eher umgangssprachlich …

Tipp 3

Wenn ihr eure Rollenspiele mit einer Videokamera aufzeichnet, könnt ihr in der Auswertungsphase eure Beobachtungen gezielter und anschaulicher besprechen und auswerten.

Tipp 4

Ladet Experten (Personalchefs, Berufsberater …) ein. Besprecht mit ihnen eure Rollenkarten und probt gemeinsam das Vorstellungsgespräch.

Werkstatt

Sprechen und Zuhören

Vorstellungsgespräche untersuchen

In dieser Werkstatt kannst du an diesem Dialog erarbeiten, was man in einem Vorstellungsgespräch unbedingt beachten muss.

1 Tim ist zum Vorstellungsgespräch eingeladen. Lest das Gespräch (den Dialog) mit verteilten Rollen oder spielt es szenisch.

HERR KRAFT: Guten Tag Herr Wiemers, wir haben schon auf Sie gewartet und geglaubt, dass Sie es sich anders überlegt haben.

TIM: Nö! Nö! Ich hab nur den Bus verpasst und komme deshalb später.

HERR KRAFT: Dann wollen wir jetzt schnell beginnen. Erzählen Sie uns doch kurz wichtige Informationen aus Ihrem Lebenslauf.

TIM: Wenn wir uns beeilen müssen, dann lesen Sie doch einfach nach. Ich habe alles notiert. Das verkürzt die Zeit!

HERR KRAFT: Was hat Sie denn bewogen, diesen Ausbildungsplatz zu wählen?

TIM: Mein Kumpel arbeitet auch in diesem Job. Manchmal helfe ich ihm mit, wenn er mal zu Hause etwas macht. Wir sind ein gutes Team. Durch diese Ausbildung werde ich noch besser.

HERR KRAFT: Welche Tätigkeitsfelder enthält denn dieser Beruf?

TIM: Na ja, ich seh immer, wie er am Motor rumschraubt, die Reifen wechselt, Öl ablässt und auffüllt. Was man so macht!

HERR KRAFT: Wie stellen Sie sich denn Ihre zukünftige Berufstätigkeit vor?

TIM: Wissen Sie, darüber habe ich auch mit meinem Vater gesprochen. Der sagt immer: „Du musst mit den Augen stehlen!" Ich werde also beim Meister genau aufpassen. Dann probier ich es selber aus, und in der Berufsschule höre ich dann die nötige Theorie.

HERR KRAFT: Unsere Bewerberzahl ist sehr hoch, warum sollten wir gerade Sie nehmen?

TIM: Die Frage habe ich mir gedacht! Ich habe Ihnen ja erzählt, dass ich und mein Kumpel ein Team sind. Ich kenn mich schon gut aus und kann deshalb gleich loslegen.

HERR KRAFT: Haben Sie denn noch Fragen an mich?

TIM: Nicht so richtig! Aber interessant ist natürlich, was man so verdient.

HERR KRAFT: Im ersten Ausbildungsjahr erhalten Sie etwa 650€.

TIM: Nicht gerade viel, aber es steigt ja sicher auch schnell.

HERR KRAFT: Herr Wiemers, ich danke Ihnen für das Gespräch. Sie werden bald von uns hören.

TIM: Prima!

2 Wie schätzt du Tims Chancen ein, eine Ausbildungsstelle zu bekommen? Begründe deine Meinung.

3 Lies die Fragen: Woran ist Herr Kraft interessiert? Was will er genauer wissen? Informiere in Stichworten.

4 Untersuche Tims Auftreten und seine Sprache genauer? Mache dir Notizen:
- Wie versucht er für sich zu „werben" und Pluspunkte zu sammeln?
- Welche Vorkenntnisse vermutest du bei Tim? Begründe.
- Wie beurteilst du Tims Zuverlässigkeit und Interesse an dem Beruf? Wo bekommst du Hinweise für deine Einschätzung?
- An welchen Stellen ist Tims Sprachverhalten eher unpassend? Begründe, woran das liegt. Formuliere, was er ändern muss.

5 Vergleiche und besprich dein Ergebnis mit anderen in der Klasse.

6 Wähle eine Aufgabe aus:

a) Der Personalchef informiert seinen Vorgesetzten über das Gespräch und schlägt vor, den Bewerber abzulehnen. Schreibe seine Bewertung auf.

b) Stell dir vor, Tim erhält eine weitere Chance und bekommt die gleichen Fragen. Formuliere die Antworten in dem Dialog so um, dass sich seine Chancen, einen Ausbildungsplatz zu bekommen, erhöhen.

Schule, und dann? – Alternativen zur Berufsausbildung

Viele von euch werden nach Klasse 10 eine Berufsausbildung beginnen, andere weiter zur Schule gehen. Andere nutzen die Möglichkeit, ein freiwilliges soziales Jahr zu absolvieren.

Das Freiwillige Soziale Jahr (FSJ)

Viele Freiwillige möchten zunächst nach der Schule etwas Praktisches tun. Sie wollen im sozialen Bereich ihre Arbeitskraft einsetzen und dabei Einblicke in die Tätigkeitsfelder erhalten. Das FSJ hilft bei der beruflichen Orientierung und ermöglicht eine schulische Distanz. Durch diese Tätigkeit fördern, entwickeln und stärken sie ihre soziale Kompetenz, machen neue persönliche Erfahrungen und lernen eigene Fähigkeiten und Grenzen kennen. Die Freiwilligen werden selbstständiger und lernen, Verantwortung zu übernehmen.

Das FSJ dauert in der Regel 12 Monate. Dabei erhalten die Freiwilligen Unterstützung durch Taschengeld und beitragsfreie Mitgliedschaft in den gesetzlichen Versicherungen, teilweise auch Unterkunft und Verpflegung.

Während des FSJ finden mehrtägige Seminare statt, in denen die Erfahrungen aus der praktischen Tätigkeit besprochen werden.

Die Qualifizierung durch das FSJ erhöht die Bewerbungschancen bei vielen Bildungseinrichtungen und Firmen.

Die Idee des FSJ entstand 1954, als großer Personalmangel in den sozialen Bereichen herrschte. 1964 wurde es gesetzlich verankert und ist mittlerweile ein soziales Bildungsjahr.

Neben dem FSJ gibt es auch das Freiwillige Ökologische Jahr (FÖJ). Es ist ähnlich konzipiert. Hier steht nur der ökologische Aspekt im Vordergrund.

Einsatzbereiche sind:
- in Krankenhäusern
- im Sozialdienst
- in Alten- und Pflegeheimen
- in Einrichtungen für behinderte Menschen
- in Kinderheimen
- in Kindertagesstätten
- in Pfarreien
- in der Jugendarbeit
- in Schulen
- in kulturellen Einrichtungen
- in Sportvereinen

Infos unter: www.pro-fsj.de

Tipp

Ladet Experten ein und befragt sie zum FSJ. Vielleicht kennt ihr auch Aktive im FSJ, die euch Auskunft geben können.

1 Der Infotext sagt, dass das FSJ die Bewerbungschancen erhöht. Begründe diese Aussage.
Überlege dir weitere Situationen, in denen ein FSJ sinnvoll ist.

2 Wie beurteilst du ein solches Jahr grundsätzlich? Diskutiere es mit anderen in der Klasse.

Überprüfe dein Wissen und Können

In der Jobbörse der Bundesagentur für Arbeit werden zwei Ausbildungsstellen angeboten, für die Tim sich interessiert. Er möchte beide Chancen nutzen und sich bewerben. Als Flugmodellbauer hält er sich als Werkzeugmacher für besonders geeignet. Da er aber auch eine Vorliebe für die Bahn hat, im Verein der Jugendsprecher ist und bei der Organisation von Veranstaltungen fest eingeplant ist, will er sich auch bei der Bahn bewerben. Seine Zeugnisnoten sind gut (Physik sogar sehr gut) und er erfüllt auch alle anderen Bedingungen.

Stellenangebot:

Werkzeugmacher/in

Referenznummer: 10000–456789
Arbeitgeber: Adler-Feinbau Lüdenscheid
Kontaktdaten: Adler-Feinbau GmbH,
Frau Dr. Kathleen Müller,
Industriestr. 8, 58511 Lüdenscheid
Voraussetzung: mindestens Hauptschulabschluss oder Mittlere Reife

Stellenangebot:

Kaufmann/-frau – Verkehrsservice

Referenznummer: 10000–98765
Arbeitgeber: Deutsche Bahn AG Ausbildungsservice
Kontaktdaten: DB AG Ausbildungsservice,
Herr Rüdiger Schnell, Kiesweg 3,
DB Station & Service, 90443 Nürnberg
Voraussetzung: sehr guter Hauptschulabschluss mit Qualifikation oder Mittlere Reife

1 Nutze die Informationen über Tim, erfinde fehlende Angaben und bereite das Anschreiben und die Bewerbungsunterlagen vor.

Bewerbungsunterlagen zusammenstellen

2 Tim hat in seinem Portfolio-Ordner unterschiedliche Bescheinigungen. Wähle aus, welche er als Anlage der Bewerbung hinzufügen sollte:
Ehrenurkunde der Bundesjugendspiele; Urkunde als Sieger im Jugendmodellflugbau, Zeitungsbericht, Siegerfoto; Bescheinigung über Ausbildung als Busbegleiter; Zeugnisse ab der Grundschule; Praktikumsbescheinigung bei der Firma Friedrich Metallbau; Schulsprecherbescheinigung; Teilnahmebescheinigung der AG Fahrradwerkstatt; Berufsinformationstagbescheinigung; Sieger im Vorlesewettbewerb Jahrgang 6; AG Solarmobile.

3 Bereitet ein Rollenspiel vor: Tim im Vorstellungsgespräch.
a) Antworte als Bewerber angemessen auf die gestellten Fragen.
b) Beurteile in der Rolle des Beobachters das Verhalten des Bewerbers.

Vorstellungsgespräch proben

Im Blickpunkt: Medien

Elektronische Medien beeinflussen unseren Alltag. Sie verschaffen uns weltweit Zugang zu Informationen und Kommunikationspartnern. Außerdem ermöglichen sie vielfältige Formen der Unterhaltung. Aber die neue Technik birgt auch Risiken und Gefahren.

In diesem Kapitel lernt ihr,
- euch mit dem Einfluss von Medien auf euer Leben auseinanderzusetzen,
- unterschiedliche Ansichten zu vergleichen und zu bewerten,
- über unterschiedliche Ansichten zu diskutieren,
- Standpunkte einzunehmen und begründet vorzutragen,
- Sachtexte zu analysieren und die Ergebnisse in einem zusammenhängenden Text aufzuschreiben.

1 Betrachtet die Karikatur (S. 134). Worin besteht der Witz?

2 „Als ich einmal ohne Internet auskommen musste …“ –
Sprecht über die verschiedenen Aussagen. Was kommt zum Ausdruck?

3 Wähle eine der beiden Aufgaben:

a) Welches ist dein Lieblingsmedium? Schildere, was passiert, wenn es nicht so funktioniert, wie du es gewohnt bist.

b) Schreibe eine Geschichte zu der Überschrift „Netz-Zusammenbruch“. Stell dir vor, was alles an einem Tag passieren könnte, an dem weder Internet noch Handy funktionieren.

Medien im Alltag

1 Markiere im Text, worüber du anschließend sprechen möchtest und wozu du Fragen hast (Folientechnik).

Das Web ist im Alltag angekommen

Hamburg/Lüneburg – Das Internet ist aus dem Alltag nicht mehr wegzudenken: Sieben von zehn Deutschen sind im Netz (72 Prozent) – unter den Schülern ist es praktisch jeder (98 Prozent). Ob spielen oder chatten, Videos gucken oder Podcasts hören, Urlaub buchen oder Geld überweisen: Immer mehr Aktivitäten spielen sich online ab. Die wachsende Nutzungsdauer wird erst zum Problem, wenn andere Dinge völlig in den Hintergrund rücken.

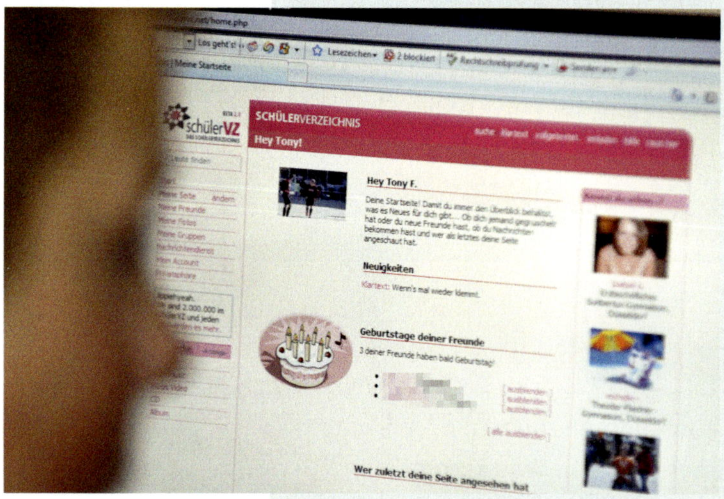

Ein Grund für den Internet-Boom: „Die technischen Barrieren haben sich verringert", erklärt Jan-Hinrik Schmidt vom Hans-Bredow-Institut für Medienforschung der Universität Hamburg. Es sei leichter geworden, Informationen aller Art zu publizieren, gemeinsam mit anderen zu bearbeiten, zu filtern und weiterzuverbreiten. Das gelte auch für Tätigkeiten wie Mails schreiben oder Chatten, Urlaubsplanung, Fotobearbeitung oder Spiele.

„Je mehr Möglichkeiten das Netz bietet, desto mehr Zeit verbringen die Nutzer darin", lautet die Formel. So erledigen nach Umfragen des IT-Branchenverbands Bitkom 26 Millionen Deutsche Bankgeschäfte online. Ihren Sommerurlaub buchen 13 Millionen im Internet, sechs von zehn Käufern shoppen online. Zudem vereint das Internet viele Medien: Fernsehen, Radio und Video, Podcast und Chat sind via PC oder Mobiltelefon verfügbar. Längst hat das Netz unter jüngeren Nutzern dem Fernsehen den Rang abgelaufen. „Das Internet ist ein wichtiges Instrument geworden, um den Alltag zu organisieren", erklärt Schmidt. Habitualisierung nennen Fachleute diese Entwicklung (...)

Gerade unter den „digital natives" – jungen Menschen, die mit dem Internet groß geworden sind – sei die ausdauernde Nutzung des Mediums eine Selbstverständlichkeit. „Das Ziel ist, immer kommunikativ erreichbar zu sein und ständigen Kontakt zu seinen Freunden zu halten", so der Forscher. Großen Anteil nehme der Austausch über Erlebtes und Gesehenes ein – meist über Soziale Netzwerke wie Facebook, StudiVZ, Wer-kennt-wen oder MySpace.

Welche Nutzung vernünftig ist und wo problematisches Verhalten beginnt, lässt sich nicht eindeutig bestimmen.

Andreas Thieme, dpa

2 Medienforscher Schmidt nennt in dem Text „Das Web ist im Alltag angekommen“ Gründe dafür, dass die Internetnutzung so stark zugenommen hat. Markiere sie (Folientechnik).

3 Erklärt die Begriffe „digital natives“ (Z. 43) und „Habitualisierung“ (Z. 41) aus dem Textzusammenhang. Ihr könnt die Begriffe auch zusätzlich nachschlagen und das Ergebnis mit eurer Erklärung vergleichen.

4 Diskutiert, ob das, was der Autor schreibt, auch für euch zutrifft.

Eine Umfrage durchführen

5 Führt in eurer Schule selbst eine Umfrage zum Medienverhalten durch.
Die Ergebnisse könnt ihr anschließend mit den Aussagen des Zeitungsartikels vergleichen.

So könnt ihr vorgehen:

1. Klärt zunächst die folgenden Fragen:
- Wozu wollen wir Fragen stellen?
- Wer soll befragt werden (eigene Klasse, Parallelklasse, verschiedene Altersstufen)?
- Wie viele Personen sollen jeweils befragt werden? Wie viele Jungen und wie viele Mädchen?

> Tipp
> *Eine gute Hilfe für die Planung und Durchführung von Umfragen ist das Computerprogramm **GrafStat**. Es wurde im Auftrag der Bundeszentrale für politische Bildung entwickelt und kann von Schulen kostenlos genutzt werden. Mit GrafStat könnt ihr ein Fragebogenformular mit bis zu 99 Fragen erstellen, einen Fragebogen gestalten, die Daten erfassen, die Befragung auswerten und für eine Dokumentation vorbereiten. Unter der Adresse www.grafstat.de findet ihr weitere Informationen.*

2. Bereitet den Fragebogen vor:
Durch das Formular auf Seite 138 bekommt ihr nützliche Tipps für die Anlage eines eigenen Fragebogens. Natürlich müsst ihr den Fragebogen nach euren eigenen Vorstellungen abändern, ergänzen oder neu entwickeln.

Hallo, ich heiße ... und bin in der Klasse ...
Wir führen im Unterricht eine Umfrage zum Thema „Medienverhalten von Jugendlichen“ durch. Ich möchte dich bitten, an dieser Umfrage teilzunehmen. Selbstverständlich bleiben deine Angaben anonym.

Alter: _______ weiblich ( ) männlich ( )

1. Worauf kannst du am wenigsten verzichten?

( ) Computer
( ) Internet
( ) MP3-Player
( ) Fernseher
( ) Bücher
( ) Radio
( ) Handy
( ) Zeitungen, Zeitschriften

2. Wozu nutzt du das Internet?

( ) für die Schule
( ) chatten
( ) Videos gucken
( ) Podcasts hören
( ) spielen
( ) shoppen
( ) ____________________

Worauf kannst du am wenigsten verzichten?

Computer	95 %
Internet	91 %
MP3-Player	83 %
Fernsehen	...
...	...

Wozu nutzt du das Internet?

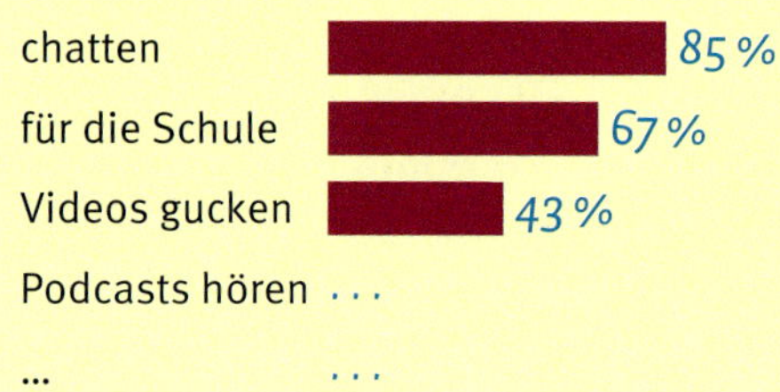

3. Wertet die Befragung aus. Die folgenden Tipps helfen euch dabei:

- Ihr könnt die einzelnen Antworten zählen und in eine **Tabelle** eintragen. Ein Beispiel dafür seht ihr oben neben Frage 1.
- Ihr könnt die Ergebnisse auch in **Torten-, Säulen- oder Balkendiagrammen** darstellen. Welche Form von Diagrammen ihr auswählt, hängt davon ab, was ihr in der Darstellung besonders hervorheben wollt. Das Beispiel oben neben Frage 2 zeigt ein Balkendiagramm.

6 Vergleicht eure eigenen Umfrageergebnisse mit den Aussagen des Zeitungsartikels auf Seite 136 und mit Ergebnissen der neusten JIM-Studie, die ihr im Internet findet (http://www.mpfs.de/): Wo erkennt ihr Gemeinsamkeiten, wo Unterschiede in dem Verhalten der befragten Jugendlichen? Sucht nach Gründen.

Chancen und Risiken – Experten antworten

Die Klasse 9a hat für ihr Medienprojekt zwei Experten befragt: Herr Friedrich (im Bild links) ist beim Jugendamt für Sucht- und Gewaltprävention zuständig und Herrn Kolks (Mitte) ist Experte der Polizei für Internetaufklärung.

1 Lies zunächst nur die Fragen des Interviews. Worüber wollte die Klasse etwas erfahren?

2 Lies jetzt das gesamte Interview. Welche Informationen sind für dich neu oder besonders interessant? Markiere sie (Folientechnik).

***Herr Kolks,** wir wissen, dass Sie sich aus Ihrer Arbeit in Schulen besonders mit den Mediengewohnheiten von uns Jugendlichen auskennen. Gibt es da etwas, wo Sie Chancen und Vorteile sehen?*

Es ist unbestritten, dass die Medien längst zu einer eigenen Lebenswelt geworden sind, mit faszinierenden Eindrücken und Chancen. Gerade ihr jungen Menschen nutzt natürlich gern die Vielfalt der Angebote im Netz. Soziale Netzwerke verzeichnen zurzeit ständig wachsende Userzahlen. Trotz großer Begeisterung über die Möglichkeiten, die Facebook, SchülerVZ und Co. bieten, muss ich auch auf mögliche böse Überraschungen hinweisen. Nur wer sich auch mit den Gefahren (Cybermobbing, Fake-Accounts, Recht am eigenen Bild, Gewaltdarstellung auf Schülerhandys, Profiloffenheit etc.) auseinandersetzt, wird mit entsprechender Vorsicht auch viel Freude bei seinen Netzaktivitäten haben können.

***Herr Friedrich,** welche Bedürfnisse Jugendlicher können durch das Internet befriedigt werden?*

Durch die Vielfältigkeit des Angebotes findet nahezu jeder Typ Mensch ein Feld, in dem er Bedürfnisse befriedigen kann: Kontakt zu Gleichgesinnten in den sozialen Netzwerken; mit einfachen Suchfunktionen finde ich Menschen, die meine Interessen teilen und bestimmte Gedankengänge besser nachvollziehen können. Voyeurismus, befriedigt durch alle Arten von Filmen bei youtube oder auf diversen Sexportalen. Das World-Wide-Web hält eine unglaublich facettenreiche Spielwelt vor, die mich einfach gut unterhalten kann. In Online-Rollenspielen kann ich ein Held sein, werde unverzichtbar für andere Mitspieler. Im Bereich der Aufbaustrategiespiele kann ich ganze Völker lenken und Welten erschaffen. Für jeden Spielertyp gibt es ein Genre. Außerdem muss ich nicht alleine spielen, im Netz finde ich immer Menschen, die ein Spiel mit mir teilen.

Ferner spielt die Befriedigung von Machtmotiven im Internet eine Rolle. Ich kann jederzeit Kontakte per Mausklick beenden. Ich kann mich mit anderen gegen Dritte verbünden. Im Internet kann man ein komplettes zweites Leben führen und es ist an vielen Stellen nicht so mühsam wie im realen Leben. Ich weiß allerdings nicht, ob das erstrebenswert ist.

***Herr Kolks,** welche Tipps können Sie uns für den Umgang mit sozialen Netzwerken wie SchülerVZ geben?*

Nun, eins kann ich jedenfalls aus meiner Erfahrung sagen: Ihr solltet niemals zu freizügig persönliche Daten von euch preisgeben. Vielen jungen Menschen ist dabei nicht bewusst, dass ihre Daten und Fotos öffentlich und wie an einem schwarzen Brett für alle sichtbar und weiterverwendbar sind. Nutzt also die Möglichkeit der *social networks,* euer Profil in den Einstellungen so zu schützen, dass nicht jeder alles sehen kann. Was heute noch cool ist, könnte euch in einiger Zeit peinlich sein. Leider kann aber niemand mit Bestimmtheit sagen, dass Daten, die einmal im Netz sind, einfach und dauerhaft wieder zu löschen sind. Und noch ein persönliches Anliegen habe ich: Nutzt bitte eine Sprache im Internet, die andere Menschen nicht beleidigt oder gar bloßstellt.

***Herr Friedrich,** was ist alles Thema im Netz? Was sehen Sie als Chance, wo sollte man aufpassen?*

Nun, es gibt nichts, was nicht Thema im Netz ist. Das Internet ist ein weltumfassendes Medium. Mittlerweile kann niemand mehr sagen, wie viele Seiten es im Internet gibt. Dies eröffnet natürlich unglaubliche Möglichkeiten. Ich kann jede Information, die ich brauche, im Internet finden. Ich recherchiere für Hausarbeiten, finde Informationen über meinen Lieblings-star oder verfolge die Fußball-WM über Live Stream. Ein Programmierer aus Amerika stellt eine kleine Anwendungssoftware zur Musikproduktion online, welche die User der ganzen Welt kostenlos nutzen können. Wikipedia halte ich in diesem Zusammenhang auch für ein schönes Beispiel. In diesem Punkt sehe ich aber auch eine Gefahr. Kinder und Jugendliche kommen, teils ungewollt, an Informationen jedweder Art und Form. Selbst ich habe im Rahmen meiner Recherche für Vorträge schon Inhalte vor Augen gehabt, mit denen ich psychisch nicht gut fertig geworden bin. Wenn man als Gesellschaft Kindheit und Jugend ernst nimmt, bedeutet dies auch Schutzräume vor bestimmten Informationen. Das Internet öffnet aber das Portal in die ganze Welt. Das Recht auf Nichtwissen wird verletzt. Hier wäre für mich spannend von euch zu erfahren, ob ihr überhaupt dieses Recht haben wollt.

***Herr Friedrich,** spielen Computerspiele in diesem Zusammenhang eine besondere Rolle?*

Wie bereits gesagt, bietet das Internet, gekoppelt mit der Option, Onlinespielwelten zu gestalten und zu erleben, die Möglichkeit mannigfacher Bedürfnisbefriedigung. Ich bin selber begeisterter Gamer und habe in meinen Spitzenzeiten bis zu 16 Stunden täglich am PC verbracht. Daher kenne ich aber auch die damit verbundenen Probleme. Kinder und Jugendliche, denen der Erfolg in unserer Gesellschaft verwehrt bleibt, finden im Internet eine relativ leicht zugängliche Alternative, Erfolg zu erleben. Finde ich meine Bestätigung und soziale Anerkennung nur noch durch das Spiel, stellen sich oft suchtähnliche Verhaltensweisen ein.

Das gilt besonders für Onlinerollenspiele. Diese Spiele halten wirklich viele Erfolgsmöglichkeiten vor. Wenn es mir im realen Leben schlecht geht, weil ich Probleme habe, fliehe ich in eine andere Rolle. Ich kann besser werden durch investierte Zeit im Spiel, dafür bekomme ich soziale Anerkennung meiner Mitspieler. Neuerdings kann man sogar durch den Einsatz von realem Geld seine Spielerfolge verbessern, in dem man bessere Ausrüstungsgegenstände oder Fähigkeiten im Spiel kauft. Die Probleme im realen Leben lösen sich aber meist nicht von alleine, oft verstärkt das Spiel noch meine Probleme. Ist die Antwort darauf dann noch mehr spielen, geht es in Richtung Suchtgefährdung. Bei mir landen immer mehr Jugendliche, die nicht mehr vom Rechner loskommen. Spannend in diesem Zusammenhang ist noch die Tatsache, dass mittlerweile andere Onlinespielgenres Elemente aus Rollenspielen aufgenommen haben, um ihre Spieler besser zu binden.

***Herr Kolks**, was hat sich aus Ihrer Sicht in letzter Zeit gebessert, wo sehen Sie in Zukunft noch Probleme?*

Ich bin froh, dass sich bereits einiges getan hat: Hilfeangebote wie www.jugendschutz.net, www.watchyourweb.de, www.klicksafe.de und einige mehr werden tatsächlich immer häufiger genutzt. Im Gespräch mit anderen ermutigt man sich, bei Straftaten auch Anzeige zu erstatten. Seriöse Anbieter platzieren ihre Hilfe-Buttons inzwischen deutlich sichtbar. Immer mehr Lehrkräfte nehmen die Sorgen und Nöte der Schülerinnen und Schüler, die im Internet Schlimmes erlebt haben, sehr ernst und können kompetente Hilfe geben bzw. organisieren. Netzwerke in ganz Europa arbeiten gemeinsam für ein sinnvoll genutztes Internet.

Aber nur, wenn es uns gelingt, Medienkompetenz schon frühzeitig zu einem festen Bestandteil der Bildungsangebote zu machen, sind wir auf einem guten Weg.

3 In ihren Antworten erwähnen die Experten Vorteile und Chancen bei der Mediennutzung, sie weisen aber auch auf Probleme und Gefahren hin. Findet solche Textstellen und stellt sie stichpunktartig in einer Tabelle dar:

→ Nutzt zur Bearbeitung dieser Aufgabe die Methode: Nachdenken – Austauschen – Vorstellen, S. 295.

Vorteile/Chancen	Probleme /Gefahren
– *soziale Netzwerke*	– *Cybermobbing*
– ...	– ...

4 Die Experten stellen nicht nur ihre Erfahrungen und wissenschaftliche Erkenntnisse dar. An manchen Reaktionen auf die Fragen und an einleitenden Formulierungen merkt man, was ihnen persönlich wichtig ist. Markiert solche Textstellen (Folie) und vergleicht untereinander.

Sprache

In Gesprächen signalisieren die Teilnehmer oft direkt ihren **Standpunkt** zum Thema. Dies erkennt man an typischen **Gesprächsformeln**.
Mit solchen Formeln versucht der Sprecher, bestimmte Punkte hervorzuheben und herauszustellen, z. B.:
Es ist unbestritten, dass ... – Ich muss auf etwas hinweisen: ... – Ich bin froh, dass ... – Ferner spielt ... eine wichtige Rolle: ... – Eins kann ich jedenfalls aus meiner Erfahrung sagen: ... – Und noch ein persönliches Anliegen habe ich: ... – Das halte ich für ein schönes Beispiel – In diesem Punkt sehe ich eine Chance/eine Gefahr – Ich kenne die damit verbundenen Probleme – Ich weiß allerdings nicht, ob ... – Leider kann niemand mit Bestimmtheit sagen, ...
Achte besonders auf Anfang und Ende der Gesprächsbeiträge..

→ *Wie ihr einen Experten befragt, könnt ihr auf Seite 275 nachlesen.*

5 Beurteilt, was die Expertenaussagen für euch bedeuten:
- Wo habt ihr ähnliche Erfahrungen gemacht?
- Welche Tipps der Experten könnten dann helfen?

Entscheidet, ob ihr ebenfalls einen Experten befragen wollt.

6 Herr Friedrich sagt an einer Stelle:
„Das Recht auf Nichtwissen wird verletzt. Hier wäre für mich spannend von euch zu erfahren, ob ihr überhaupt dieses Recht haben wollt.“
- Kläre im Gespräch, was hier mit „Recht auf Nichtwissen“ gemeint ist.
- Formuliere einen Brief an Herrn Friedrich mit deiner Antwort.

Rechtschreibung – kurz nachgedacht

Fazit, Psychologen, rehabilitieren, Rhetorik, Strategie, virtuell ...

- Schreibe die Wortliste ab und ergänze möglichst viele **Fremdwörter** aus diesem Kapitel.
- Markiere in den Wörtern die Rechtschreibschwierigkeit(en).
- Suche mithilfe der Angaben im Regelkasten auf S. 230 nach Lösungshilfen.
- Nutze die Übungsanregungen auf Seite 231.

Im Blickpunkt: Computerspiele

Immer mal wieder liest man in Zeitungen Schlagzeilen wie diese:

50 Stunden und länger vor dem Bildschirm

Rückzug in die virtuelle Welt

Computerspiel wichtiger als Freundschaft

In einem Internetforum äußern sich Teilnehmer zu solchen Schlagzeilen und zur Berichterstattung über „Ballerspiele“ (Ego-Shooter):

An der Sache stört mich immer wieder, dass die Leute aber mal gar keine Ahnung von Ego-Shootern haben.

Ja, aber mir vorschreiben, was ich spielen soll und was nicht.

Mal ehrlich, es geht doch viel mehr um Taktik und Teamplay als ums „Töten“, aber das sieht ja keiner von diesen ...

Ich weiß ja nicht, wie ihr das seht, aber mit echten Freunden hat man mehr Probleme als mit seinen Spielfiguren.

Dann solltest du aber schnell das Spielen einstellen!

1 Lest die Schlagzeilen und die Äußerungen aus dem Internetforum und sprecht über eure Eindrücke.

2 Unterhaltet euch über eure Spielgewohnheiten und eure Einstellungen zu Computerspielen.

3 Zur weiteren Meinungsbildung zu diesem Thema hat die Klasse 9 a im Internet recherchiert und den folgenden Text ausgewählt. Überfliege den Text: Worum geht es? Woher stammt der Text wohl? Um welche Art von Text handelt es sich?

Keine Einsamkeit vor dem PC

Hamburger Untersuchung rehabilitiert Computerspiele

Häufiges Computerspielen macht einer Studie zufolge nicht einsam. Die Ergebnisse würden so manches Pauschalurteil über die Isolation eines Spielers relativieren, erklärte der Psychologe Leonard Reinecke von der Universität Hamburg.

Wer sich zu dem berüchtigten „Counterstrike" („Gegenschlag") und anderen Gewalt- und Strategiespielen vor den Bildschirm setze, organisiere sich nicht selten wie in einem Sportverein in Mannschaften (im Spieler-Jargon „Clans") und treffe auf viele Gleichgesinnte. So würden auch zahlreiche persönliche Kontakte entstehen.

Die Hamburger Forschergruppe hat die Ergebnisse auf dem 47. Kongress der Deutschen Gesellschaft für Psychologie in Bremen vorgestellt. 2500 Psychologen verschiedenster Fachrichtungen haben dort in dieser Woche unter anderem über die Auswirkungen von Computerspielen diskutiert. Die Hamburger Wissenschaftler hatten für ihre Studie 1129 Besucher von Online-Portalen der Electronic Sports League befragt, um die soziale Seite von Computerspielen zu untersuchen. Es nahmen fast ausschließlich Männer teil. Drei Viertel der Befragten gaben an, sich täglich mit Kampf- und Strategiespielen zu beschäftigen und sich dabei am liebsten aus der Perspektive eines Kämpfers durch virtuelle Häuserruinen, dichtes Buschwerk oder feindliche Hinterhalte zu klicken.

Doch auch die härtesten „Ego Shooter" erlebten Gemeinsamkeit und soziale Unterstützung in ihrem Clan, lautete das Fazit der Wissenschaftler. Der Kampf in virtuellen Welten könne auch Gemeinsamkeiten stiften. „Es ist nicht anders, als es früher mit den Zinnsoldaten war", sagte Reinecke. „Nur werden Strategien und die taktischen Manöver heute online umgesetzt."

Stephanie Lettgen (dpa)

4 Lies den Text noch einmal durch: Welche Informationen sind für dich neu und überraschen dich?

5 Untersuche den Text genauer:
- Welche Ansicht (These) wird in dem Text wiedergegeben?
- Wo und wie wird sie im Einzelnen begründet und verdeutlicht?

Notiere entsprechende Textstellen.

COMPUTERSPIELE:
Abschied aus der Realität oder **geselliges Freizeitvergnügen?**

6 Tauscht zu diesen beiden Ansichten schlagkräftige Argumente aus. Dazu könnt ihr die Form einer Debatte wählen:

Methoden und Arbeitstechniken

Gemeinsam lernen: Eine Debatte führen – Argumente erproben

1. Wählt einen Debattenleiter. Er gibt eine kurze Einführung in das Thema, erteilt den Gesprächsteilnehmern das Wort, achtet auf die Einhaltung der vereinbarten Redezeiten und ruft gegebenenfalls zur Ordnung auf.
2. Bildet zwei Gruppen, die die gegensätzlichen Positionen vertreten. Beide Gruppen bereiteten sich inhaltlich auf die Debatte vor:
   - Klärung der Gruppenposition,
   - Sammlung von Argumenten und Beispielen,
   - Entkräftigung möglicher Gegenargumente,
   - Festlegung einer Reihenfolge beim Vortragen der Argumente,
   - Auswahl von Rednern und Verteilung der Argumente auf die Redner.
3. Die Gruppen setzen sich in zwei Reihen gegenüber und die Redner tragen in der ersten Runde zunächst abwechselnd ihre Argumente vor.
4. Nach einer Besprechungspause geht jeder Redner in der zweiten Runde gezielt auf die Argumentation des Gegenübers ein und nimmt dazu Stellung.
5. Zum Schluss folgt eine Auswertung der Debatte: Teilnehmer und Beobachter äußern sich über den Gesprächsverlauf, das Gesprächsverhalten und die Stichhaltigkeit der Argumente.

7 Wähle eine Aufgabe aus:

a Welche Ansicht hast du zu der oben gestellten Frage? Nimm schriftlich Stellung und nutze die in der Debatte geäußerten Argumente.

b Wähle einen Aspekt aus dem Zeitungstext „Keine Einsamkeit vor dem PC“ und nimm dazu in Form eines Leserbriefs Stellung.

→ *Eine schriftliche Argumentation ausarbeiten, S. 44/45*

Werkstatt

Lesen – Texte und Medien

Einen Sachtext analysieren und die Ergebnisse schriftlich festhalten

In dieser Werkstatt lernst du, wie du eine Aufgabe zum Lesen und Erschließen eines Sachtextes lösen und die Ergebnisse schriftlich festhalten kannst. Dabei kommst du mit drei Arbeitsschritten zum Ziel.

So könnte die Aufgabenstellung lauten:

1. Analysiere den Text „Und sie schreiben doch“ (S. 147/148).
Gehe dabei so vor:
- *a) Formuliere eine Einleitung, in der du Textsorte, Titel, Autor und Thema benennst.*
- *b) Gib die Meinung, die Ben Schwan hier vertritt, in einigen Sätzen wieder.*
- *c) Stelle dar, wie der Autor seine Meinung begründet.*
- *d) Erläutere an zwei Textbeispielen, wie er versucht, seine Auffassung besonders überzeugend darzustellen.*
- *e) Ein Schüler sagt: „Es spielt keine Rolle, wie ich im Internet formuliere. Hauptsache, man versteht mich.“ Nimm Stellung dazu.*

***Arbeitsschritt 1:** Den Arbeitsauftrag verstehen – Wissen, was man tun muss*

1 Markiere in der Aufgabenstellung alle Anweisungen (Folientechnik) und mach dir klar, was von dir verlangt wird.

***Arbeitsschritt 2:** Die Textvorlage lesen und verstehen – Sich klarmachen, worum es in dem Text geht und dazu Lesemethoden nutzen*

2 Überfliege den Text und finde dabei heraus, worum es geht.

Internet belebt die Sprachkompetenz

Von Ben Schwan

Hannover. PC und Handy sollen angeblich die Sprachkompetenz der Jugend verdorben haben – von LOL bis zum Smiley. Dabei wurde schon lange nicht mehr so viel freiwillig schriftlich gearbeitet wie in den letzten Jahren. Und das allein Dank Internet.

Das Internet und mobile Geräte sind der Untergang des Abendlandes für unsere Sprachkultur. So oder so ähnlich lautet zumindest die Klage zahlreicher Vertreter der Offliner-Generation.
Doch das Gegenteil ist der Fall: Vor dem Netz und mobilen Geräten schrieben Jugendliche nur gezwungenermaßen – für den Unterricht, wenn es hoch kam noch ins Tagebuch. Das hat sich komplett gewandelt – es wird gebloggt, gesimst, getwittert, gefacebookt und vieles andere mehr. Gemeinsam ist all dem, dass es stets schriftlich erfolgt.

Es schreiben mehr junge Leute denn je

Die Tatsache, dass das Netz der Sprachkompetenz hilft anstatt ihr zu schaden, lässt sich sogar in Zahlen fassen. Andrea Lunsford, Professorin für Englisch und Rhetorik an der Stanford University, organisierte bereits von 2001 bis 2006 die „Stanford Study on Writing", bei der Textproben von fast 15.000 Studenten, allesamt Vertreter der angeblichen „Die schreiben nicht mehr"-Generation, untersucht wurden. Der Input reichte dabei von Hausarbeiten und anderem universitären Material über Persönliches wie Tagebucheinträge bis hin zur mutmaßlichen Chaoskommunikation aus den Bereichen Chat, Blog-Posting und Mail.
Für Lunsford ergibt sich aus den dabei gewonnenen Daten und der Entwicklung der darauf folgenden Jahre nur ein Schluss: „Ich denke, dass wir uns mitten in einer Revolution der Lese- und Schreibfähigkeit befinden, wie wir sie nicht mehr seit der griechischen Zivilisation gesehen haben", sagte sie dem Magazin „Wired". Technologie zerstöre die Fähigkeit zu schreiben nicht, ganz im Gegenteil, sie belebe sie und gebe ihr eine ganz neue Richtung. Heute schrieben mehr junge Leute als alle erforschten Generationen vor ihnen, so die Professorin.
Unlogisch ist diese Entwicklung nicht. Das Internet ist trotz aller aufkeimenden Multimedialität von iTunes bis YouTube noch immer ein in der Hauptsache schriftliches Medium, sowohl im Bereich der Information als auch der Kommunikation. Tatsächlich ist das ein erstaunlicher Fortschritt, wenn man bedenkt, wie stark das Fernsehzeitalter den Konsumenten zuvor zum Berieselten gemacht hatte. Online zählen Worte nun wieder etwas. Tatsächlich macht es vielen Nutzern beispielsweise gar keinen Spaß, eine halbe Stunde lang eine Tonaufzeichnung durchzuhören, wenn sie auch eine Transkription durchsuchen können.
Wenn man von der Digitalisierung von Audio- und Videomaterial spricht, heißt das inzwischen längst, dass spezielle Algorithmen es schriftlich durchsuchbar machen. Text ist nicht unmodern, er ist die im Online-Zeitalter schlicht am einfachsten zu nutzende Mediengattung. Und das wird auch so bleiben.

Deppen-Leerzeichen und Blöden-Apostroph feiern fröhliche Urständ

Natürlich verändert sich Sprache in einem neuen Umfeld, wie es das neue digitale Reich darstellt, auch – und das keineswegs nur zum Positiven. So viel im Netz heute geschrieben wird, Fehlentwicklungen gibt es an allen Ecken

SMS-Dialog Na :) Heey :) Alles fit? ;D jo bei dir? joa wie war Schule? OMG gail! why? K.A.! Lustig :D bei dir? sch...! auch K. A.Hatten wir HA auf? jo in DE! ON! Vergessen, wat denn? Gespräch schreiben OMG! LW! ;) sias ;D jop ;D ok. Bd Hdgddddl. *; Idassss. *; xD jo Tschau! ciao.

und Enden. Ein paar Beispiele: Im Deutschen wird lustig neue und alte Rechtschreibung kombiniert, „das(s)“-Fehler gab es gefühlt kaum häufiger als heute, Kommasetzung, Deppen-Leerzeichen und Blöden-Apostroph feiern nicht nur auf Kurznachrichtendiensten wie Twitter oder in Blogs fröhliche Urständ, wo sie niemand mehr zu korrigieren trachtet.

Aber auch der Journalismus darf sich getrost verschämt in die Ecke drehen. In Online-Redaktionen werden haufenweise Schlussredakteure und Korrektoren durch schlecht funktionierende Rechtschreibprüfsysteme ersetzt, wenn es sie überhaupt jemals gab. Immerhin werden einem die dicksten Brummer durch Leserkommentare um die Ohren gehauen, doch eigentlich sollte die Endkontrolle ja vor dem Publizieren stattgefunden haben, eine „Ich kann es ja später schnell verbessern“-Haltung hat unter Sprachprofis eigentlich rein gar nichts verloren.

Was man nicht versteht, schlägt man eben nach

Und was ist mit dem Generationskonflikt, der sich im Netz widerspiegelt? Der lässt sich mit etwas Übung zumindest auf sprachlicher Ebene aufheben. Es gibt ja durchaus Menschen, die fürchten, dass sie angesichts des dank Internet und SMS eingeführten Abkürzungswirrwarrs nicht mehr mithalten könnten. ROFL und LOL, Smiley und ASCII-Code, all das erscheint ihnen als fremde Welt.

Dazu gibt es eigentlich nur zu sagen, dass es dank Google, Wikipedia und Co. keinerlei Grund mehr gibt, zu den Online-Sprachcode-Analphabeten zu gehören. Was man nicht versteht, schlägt man eben nach, es ist für jeden verständlich im Netz verzeichnet. Wobei man sich vor dem eigenen Gebrauch besser beim Nachwuchs versichert, ob die Verwendung im jeweiligen Fall auch angemessen ist. Wer will schon die eigene Mutter in E-Mails Abkürzungen wie „WTF“ oder „OMFG“ nutzen sehen? Das geht dann doch ein bisschen zu weit.

3 In diesem Text gibt es schwierige Wörter und Formulierungen. Welche Erklärungen hast du z. B. für die folgenden Ausdrücke?
Offliner-Generation – Multimedialität – Transkription – Algorithmus – Deppen-Leerzeichen und Blöden-Apostroph – Online-Sprachcode-Analphabeten

4 Lies den Text noch einmal und finde heraus,
- wo der Autor seine Meinung äußert,
- wo er ein Argument nennt und es verdeutlicht,
- wo er eine Folgerung formuliert,
- wie er seine Auffassung besonders verdeutlicht.

Markiere entsprechende Textstellen unterschiedlich (Folie).

Arbeitsschritt 3: *Die gestellte Aufgabe lösen: Einen Schreibplan machen, den eigenen Text danach schreiben und überarbeiten*

5 Lies die Aufgabenstellung noch einmal. Mache dir einen Schreibplan und lege fest, was in Einleitung, Hauptteil und Schluss gehört.

6 Schreibe nacheinander Einleitung, Hauptteil und Schluss und nutze dazu deine Vorarbeiten und Notizen. Für deinen Text kannst du die folgenden Tipps und Formulierungen nutzen:

In der **Einleitung** (Punkt a) nennst du Titel, Verfasser und benennst das Thema.	*In dem Text „Und sie schreiben doch" von Ben Schwan geht es um die Frage, ob …*
Im **Hauptteil** gehst du auf die Punkte b), c) und d) der Aufgabenstellung ein, beschreibst die Argumentationsweise und belegst wichtige Aussagen.	*Schwan nennt gleich am Anfang seinen Standpunkt und behauptet, dass … ist davon überzeugt, dass … fordert, dass … kritisiert … hat die Idee, dass …* *… begründet seine Meinung … führt folgendes Beispiel an … weist darauf hin, dass …* *Der Autor verfolgt offensichtlich die Absicht … Dies wird deutlich durch die Textstellen … sowie … Um von seiner Meinung zu überzeugen, nutzt er Formulierungen wie …*
Im **Schlussteil** gehst du auf den Punkt e) zur Aufgabenstellung ein und formulierst eine eigene Stellungnahme zur Meinung des Schülers.	Mache deine Meinung deutlich: *Ich kann dem Standpunkt des Schülers aus meiner Erfahrung (nicht) zustimmen … Meiner Meinung nach … Zu … habe ich eine klare Meinung: …* Begründe deine Meinung: – Führe Argumente an: *Dass … ist wichtig/nicht so wichtig, weil …* – Nenne Beispiele und Zahlen als Belege: *Zahlen belegen, dass …* – Weise auf Folgen und Nutzen/Gefahren hin: *Wenn …, dann …*

8 Überarbeite deinen Text mit einer Checkliste.

→ *Nutze die Hinweise aus Wissen und Können, S. 278.*

Ein Weg zurück ist nicht möglich ...

1 Ihr begegnet immer wieder einmal schwierigen Texten von Experten, die man nicht sofort ganz versteht. Der folgende Artikel ist ein solcher Expertentext. Sprich als Vorbereitung und Einstimmung mit jemandem darüber, wie man die Überschriften verstehen könnte.

Vom Umgang mit dem Überfluss

Die Aneignung neuer Medien als schöpferischer Balanceakt

Barbara von Meibom

Nur wenn es zu viel wird, haben wir Probleme, zum Beispiel Gewichtsprobleme, das Standardproblem sehr vieler Menschen.

Doch Nahrung ist nicht nur das, was der Mensch isst, Nahrung ist alles, was wir mit den Sinnen zu uns nehmen. Es ist Sinnesnahrung. Und von dieser liefern die neuen Informations-, Kommunikations- und Multimedialtechniken (IKM-Techniken) mehr als genug.

Mit dem Internet ist der Globus zum Informations- und Kommunikationseldorado geworden. Mit dem Handy sind wir überall erreichbar, wo und wohin wir uns auch bewegen. Mit dem digitalen Fernsehen sollen 500 Kanäle Zugang zu unseren Wohnungen erhalten.

Und schaut man auf die Inhalte solcher Medienwelten, so gibt es auch hier von allem mehr als genug: Junk Food am frühen Nachmittag, deftige, im Magen liegende Kost zur späten Stunde, Aufputschmittel, wer es gerne heiß möchte, und süße Trösterchen für die Heimatidylle, Massenware im Plastikpack am laufenden Filmmeter und Feinkost sowie Spezialitäten aus der nationalen und internationalen Film-, Fernseh-, Informations- und Multimedialküche.

Wie sollen wir damit umgehen? Wie zurechtkommen mit der Überfülle, die wir uns größtenteils zu minimalen Kosten aneignen können? Gelingt es, Maß zu halten, oder erliegen wir dem Sog in einem Wechsel von Verführt-Werden und Askese?

Bei einem Blick auf die Essgewohnheiten der Deutschen (und nicht nur der Deutschen) signalisiert das Schwanken zwischen kollektiver Diäthysterie und Völlerei, dass wir nicht sehr erfolgreich bei dem Versuch sind, eine stabile Balance zwischen Nahrungsangebot und unserem Bedürfnis nach Nahrung zu halten.

Nicht viel anders ist es bei der medialen Sinnennahrung. Das Fernsehen ist bislang nicht bewältigt. Die steigende Nutzungsdauer, der hohe Anteil der Vielseher, Fernsehsucht und die sich weit öffnende Bildungsschere sind nur einige der Folgen des überquellenden Medienangebotes. Zu diesen inzwischen schon „alten" Medien treten nun die neuen hinzu und verschärfen das Problem der Überfülle.

Wenn wir also feststellen müssen, dass wir heute dringender denn je eine Kultur zu entwickeln haben, wie mit medialer Sinnesnahrung umzugehen ist, so hat das qualitative und quantitative Aspekte. Dabei können wir uns durchaus von Erfahrungen anregen lassen, die jede und jeder tagtäglich beim Umgang mit dem Essen, der „Essnahrung", macht.

Zunächst einmal: Es gibt so etwas wie einen bekömmlichen Umgang mit Sinnennahrung, egal ob es sich um materielle Essnahrung oder immaterielle Mediennahrung handelt. Zuträglich ist sie dann, wenn die Menge, der Zeitpunkt, die Qualität der Nahrung bei uns ein Gefühl des Wohlbehagens hervorrufen.
Auf die Mediengewohnheit angewandt heißt das: Es geht für jeden einzelnen darum, ein Gespür dafür zu entwickeln, welche Art von medialer Sinnennahrung zuträglich ist: Wie ist sie zubereitet, welche Zutaten hat sie, wann und in welcher Menge nehme ich sie zu mir, macht sie mich müde oder hyperaktiv, ist sie gut verdaulich oder stößt sie mir später auf, esse ich allein oder in Gesellschaft, habe ich zu viel gegessen, weil ich der schieren Überfülle erlegen bin?
„Der Mensch ist, was er isst“ lautet eine alte Weisheit. Inzwischen müssen wir dies mehr denn je ergänzen: Der Mensch ist, was er sieht und hört und wie er kommuniziert und sich informiert.
Die Kürzel der neuen Medienwelt sind verräterisch. Als „IRL“ bezeichnen die Chatter im Internet die Aktivitäten und Begegnungen, die „in real life“ stattfinden. Ansonsten „treffen“ wir uns am Telefon, wir „begegnen“ uns im Internet, wir „surfen“ durch die Informationswellen, wir „verabreden“ uns am Handy, wir spielen anonym „Verstecken“ im Internet Relay Chat, wir suchen Trost in der Telefonseelsorge. Der neueste Gag ist „facetime“, die Zeit, in der ich meinem Gegenüber von Angesicht zu Angesicht begegne.
Auch hier gerät etwas aus der Balance. Wo Menschen kommunizieren wollten, mussten sie sich seit Anbeginn Auge in Auge begegnen. Sie mussten dem anderen so nahe kommen, dass ein Austausch mit allen Sinnen möglich war. Die Bewegung hin zum gemeinsamen Ort, das gemeinsame Erleben vor Ort, die erneute Entfernung voneinander, die gemeinsam verbrachte Zeit – all dies gehörte zur Kommunikation dazu.
Ein Menschheitstraum scheint wirklich geworden zu sein: Wir können kommunizieren und uns informieren, unabhängig von Raum und Zeit. Wir können dies zeitversetzt oder gleichzeitig tun, zu zweit oder in einer großen Gruppe, mit Menschen oder mit Maschinen, vor Ort oder rund um den Globus.
Ein Weg zurück ist nicht möglich. Wohl aber ist es möglich, darauf zu achten, dass das Gleichgewicht zwischen medialer und realer Kommunikation sich nicht zu sehr zum Nachteil der realen Kommunikation verschiebt.

2 Suche Textstellen heraus, die für dich eine besondere Bedeutung haben, denen du zustimmen kannst oder widersprechen willst.
Finde anschließend aus deiner Erfahrung Beispiele zu den Textstellen, mit denen du deine Einstellungen verdeutlichen kannst.
Diskutiere deine Ergebnisse mit anderen in der Klasse.

3 „‚Der Mensch ist, was er isst‘, so lautet eine alte Weisheit. Inzwischen müssen wir dies mehr denn je ergänzen: Der Mensch ist, was er sieht und hört und wie er kommuniziert und sich informiert.“ (Z. 87–91)
- Formuliere mit eigenen Worten, was mit dieser Aussage gemeint sein kann.
- Suche mit einem Partner nach ähnlichen Textstellen, die schwierig zu verstehen sind, und erklärt sie gemeinsam.

4 Untersuche den Text genauer:
- Welche Ansicht vertritt Barbara von Meibom?
- Markiere die Stellen, an denen ihre Meinung deutlich wird, und fasse ihre Meinung in einigen Sätzen zusammen.
- Wie begründet die Autorin ihre Meinung? Notiere in Stichworten.
- Welche Schlussfolgerung zieht sie (Z. 125–130)? Verfasse eine schriftliche Stellungnahme.

Ideen und Anregungen

→ **Buchempfehlungen aus dem Internet:** Jugendromane, die das Thema „Computer, Computerspiel, Computerzubehör“ mit viel Spannung thematisieren:

Gefahren bietet das Internet, wenn man sich ihm zu sehr überlässt.
Helene Vreeswijk: Chatroom-Falle. Von der Jugendjury nominiert für den Deutschen Jugendliteraturpreis 2010. Taschenbuch. 303 Seiten. Ab 14 Jahre

Eine Kombination der Begriffe Spielsucht und Science Fiction.
Christian Waluszek: All Games. Hardcover. 467 Seiten. Ab 14 Jahre

Computer-Spielewelt und Borderliner.
Martina Wildner. Grenzland. Ganzleinen im Schuber mit Lesebändchen. 319 Seiten. Ab 12 Jahre

Die grenzenlose Öffnung des Internets birgt völlig neue Chancen – aber auch Gefahren.
Caroline B. Cooney: Code Orange. Taschenbuch. 220 Seiten. Ab 14 Jahre

Mobbing per Internet, Slapping-Videos: beklemmend.
Christian Linker: Blitzlichtgewitter. Taschenbuch. 224 Seiten. Ab 14 Jahre

Mobbing im Internet.
Susanne Clay: CyberMob. Mobbing im Internet. Taschenbuch. 246 Seiten. Ab 12 Jahre

Die Grenzen zwischen TV und Computer verwischen, das öffnet manipulativen Eingriffen Tür und Tor.
Andreas Schlüter: Reality Game. Ein Computerkrimi aus der Level 4-Serie. Taschenbuch. 232 Seiten. 12–15 Jahre

Überprüfe dein Wissen und Können

1 Lies den Kommentar und finde eine Antwort auf die beiden Fragen:
- Wie wird gegen die deutsche Sprache verstoßen?
- Wo wird besonders deutlich, dass die Autorin den Gebrauch der Sprache kritisiert?

Der Niedergang der deutschen Sprache

„Die Nichtsrallerin hat sich mit ihrem Achselkaffee mal wieder total zum Horst gemacht“, brabbelte eine Mituserin vor Kurzem im Chat. Alles klar, oder? Mich jedenfalls brachte das zunächst mal zum Staunen. Und ich gehöre noch nicht mal zum „Krampfadergeschwader“ der Überdreißigjährigen, die sowieso im Sprachgewirr von SMS und Chat nicht mithalten können. Die deutsche Sprache muss zurzeit einiges aushalten – und der anspruchsvolle Hörer und Leser auch. Da schlägt zum Beispiel der Abkürzungswahn zu: Wenn mir im Chat ein netter Mensch mit „Knudäl“ zu verstehen gibt, dass er mich lieb umarmen will, ist mir das zwar immer noch lieber, als ein knappstes „N8“ beim späten Abschied. Aber ich ärgere mich einfach, wenn jemand seine elektrischen Haushaltshelfer nur noch als „Spüma“ und „Wama“ bezeichnet oder sich im Krankheitsfall ins „Khs“ begibt. Ganz schlimm wird es, wenn auch noch die weit fortgeschrittene „Denglisch“-Unterwanderung ins Spiel kommt. „I w8 4 U“ ist zwar auch mit geringen Englischkenntnissen zu rekonstruieren, aber wenn jemand wirklich auf mich wartet, hat er doch wohl genügend Zeit mir das auch in einem vernünftigen deutschen Satz zu erklären. Eines ist klar: Die deutsche Sprache befindet sich in einem Schrumpfungsprozess. Vielleicht kann man zum Sprachschutz beitragen, wenn man der Bevölkerung – ähnlich wie beim „Vogel des Jahres“ – regelmäßig den „Satz des Monats“ präsentiert. In diesem Sinne: cu!

Claudia Maibohm

2 Schreibe eine Textanalyse. Gehe so vor:

Einen Kommentar analysieren und die Ergebnisse schriftlich festhalten

a) Formuliere eine Einleitung, in der du Titel, Autorin und Thema benennst.
b) Fasse den Inhalt des Kommentars in wenigen Sätzen mit eigenen Worten zusammen.
c) Stelle dar, wie gegen die deutsche Sprache verstoßen wird.
d) Erläutere anhand von zwei Textstellen, wo der Leser deutlich merkt, dass die Autorin den Gebrauch der deutschen Sprache kritisiert.
e) Wie verstehst du den letzten Satz des Kommentars (Z. 33–37)? Nimm Stellung und begründe deine Meinung.

Dichter dran!
Der junge Goethe

Goethe zählt zu den bekanntesten deutschen Dichtern. Seine Werke werden in der ganzen Welt gelesen. Goethe lebte von 1749 bis 1832 – seither hat nicht nur die Sprache sich verändert, sondern auch die Gesellschaft. Trotzdem kann man Goethes Werke heute noch gut verstehen.
Goethes Gedichte sind eng mit seinem Leben verbunden. Und weil er oft verliebt war, hat er sehr viele Liebesgedichte geschrieben. Mit seinem Briefroman „Die Leiden des jungen Werther" ist Goethe auf einen Schlag weltberühmt geworden. Auch darin geht es um eine Liebesgeschichte, die mit Goethes Leben vieles gemeinsam hat.

In diesem Kapitel lernt ihr,
- Gedichte in ihre Entstehungszeit einzuordnen,
- typische Merkmale von Gedichten zu beschreiben,
- schwierige Textstellen zu entschlüsseln,
- Gedichte schriftlich zu interpretieren.

Die Leiden des jungen Werther
The Sorrows of Young Werther
Les Souffrances du jeune Werther
Las cuitas del joven Werther
Страдания юного Вертера
Genç Werther'in Acıları ...

1 Was erfahrt ihr aus den Abbildungen auf dieser Doppelseite über Goethe?

2 Tauscht euch darüber aus, was ihr schon über Goethe wisst oder gehört habt.

3 Informiert euch (im Internet, in einem Lexikon ...) über den weltberühmten Dichter, besonders über das Leben und die Werke des jungen Goethe.

4 Der Film „Goethe!“ (2010) befasst sich mit dem jungen Goethe und seinem ersten „Bestseller“: „Die Leiden des jungen Werther“. Informiert euch über dieses Buch und seine Wirkung zur damaligen Zeit. Ihr könnt dazu auch auf den Seiten 170–172 nachlesen.

Auf Goethes Spuren

Eine Schülerin hat im Internet recherchiert und Folgendes über den Dichter Goethe herausgefunden:

Johann Wolfgang von Goethe (1749–1832)

Goethes Geburtshaus in Frankfurt

Geboren wurde Johann Wolfgang von Goethe am 28. August 1749 in Frankfurt am Main, im heutigen Goethe-Haus am Frankfurter Großen Hirschgraben. Sein Vater Johann Caspar Goethe war ein wohlhabender Mann, der auf Bildung großen Wert legte. Für ein Jahr ging der junge Goethe zur normalen Schule. Danach übernahm sein Vater die Unterrichtung seines Sohnes und seiner Tochter Cornelia. Natürlich konnte er nicht alle Fächer unterrichten. Deshalb wurden die beiden Kinder zu Hause hauptsächlich von Privatlehrern unterrichtet. Außer Lesen, Schreiben und Rechnen standen Sprachen (Griechisch, Hebräisch, Latein, Englisch, Französisch) und Naturwissenschaften auf dem Stundenplan. Dazu kam eine Ausbildung im Fechten und Reiten.

Goethe und Friederike Brion

Von 1765 bis 1771 studierte Goethe Rechtswissenschaften in Leipzig und Straßburg. Dort lernte er das junge Mädchen Friederike Brion kennen und verliebte sich in sie. Über diese Zeit hat er diesem Mädchen viele Liebesgedichte gewidmet. Man hat sie später Sesenheimer Lieder genannt, da Friederike in Sesenheim (bei Straßburg) gelebt hat.

Nach seinem Examen machte Goethe ein Praktikum in Wetzlar. Dort lernte er auf einem Ball eine Frau kennen, in die er sich Hals über Kopf verliebte: Charlotte Buff. Doch er bemühte sich vergeblich um diese Frau. Das machte ihn so traurig, dass er Wetzlar möglichst schnell wieder verließ. Und diese Geschichte hatte noch eine andere Folge: seinen

Charlotte Buff

Briefroman „Die Leiden des jungen Werther", in dem er seine unglückliche Liebesgeschichte verarbeitete. Das Buch wurde ein Riesenerfolg. Die Entstehung dieses Goethe-Bestsellers wurde 2010 unter dem Titel „Goethe!" verfilmt.

Im Jahr 1775 verliebte sich der 26-jährige Goethe erneut: In Elisabeth (Lili) Schönemann, ein 16-jähriges Mädchen aus vornehmen Frankfurter Kreisen. Es kam sogar zu einer Verlobung, die aber nur wenige Monate halten sollte.

Lili Schönemann

Im selben Jahr 1775 begann Goethes wirkliche Karriere. Er lernte den Herzog von Weimar kennen, der ihm eine Lebensanstellung an seinem Hof bot. Dort schrieb Goethe seine bekannten Werke wie zum Beispiel den „Faust".

Christiane Vulpius

Im Jahr 1788 begegnete der fast 40-jährige Goethe der jungen 23-jährigen Christiane Vulpius, die den einflussreichen Dichter um einen Gefallen für ihren Bruder bat. Goethe verliebte sich sofort in Christiane und bereits ein Jahr später wurde ihr Sohn August geboren. Doch erst viele Jahre später (1806) heiratete Goethe Christiane.
...

1 Welchen Eindruck bekommt ihr aus dem Text von dem jungen Goethe?

→ Mit welchen Abschnitten und Themen aus Goethes Leben möchtet ihr euch genauer befassen? Recherchiert dazu in Lexika oder im Internet und bereitet Kurzreferate vor.

→ *Referieren und Präsentieren, S. 244–263*

Hier ein paar Themenvorschläge:
- Goethe und Friederike Brion: Die erste Liebe
- Die Entstehung des Briefromans „Die Leiden des jungen Werther"
- „Die Leiden des jungen Werther", ein Bestseller
- Wie es mit Goethes Leben weiterging

Gedichte des jungen Goethe lesen und verstehen

Johann Wolfgang von Goethe

Mädchenwünsche

O fände für mich
Ein Bräutigam sich!
Wie schön ist's nicht da!
Man nennt uns Mama;
Da braucht man zum Nähen,
Zur Schul' nicht zu gehen;
Da kann man befehlen,
Hat Mägde, darf schmälen;
Man wählt sich die Kleider;
Nach Gusto den Schneider;
Da läßt man spazieren,
Auf Bälle sich führen,
Und fragt nicht erst lange
Papa und Mama.

Spurensuche
- *Wie ist die Situation des Mädchens in diesem Gedicht? Was wünscht sie sich?*
- *Was erfährt man aus dem Bild und aus dem Gedicht über das Leben der Frauen in einer bürgerlichen Familie zur damaligen Zeit?*
- *Was verstehst du nicht?*

Karl Julius Milde: Professor Johannes Claasen mit seiner Familie (1840)

1 Lest das Gedicht des jungen Goethe und geht auf Spurensuche. Nutzt dazu die Fragen und Aufgaben neben dem Text. Beachtet auch den folgenden Kasten zur Sprachgeschichte.

Sprache

Wörter haben eine **Geschichte**: Ihre Aussprache, Schreibung und Bedeutung haben sich im Laufe der Zeit gewandelt. Manche Wörter sind ausgestorben und wir kennen ihre Bedeutung nicht mehr: Magd, schmälen, nach Gusto. Manchmal lässt sich die Bedeutung dieser Wörter aus dem Textzusammenhang „erraten", manchmal muss man aber auch nachschlagen. Die beste Hilfe bietet ein etymologisches Wörterbuch (Herkunftswörterbuch), in dem die Herkunft und Bedeutung der Wörter erklärt werden.

Magd kommt vom Mittelhochdeutschen maget und bedeutete zur Goethezeit „Dienerin" oder „Mädchen". (Das Mittelhochdeutsche ist die deutsche Sprache im Hochmittelalter, also zwischen 1050 und 1350.) Schmälen kommt vom Mittelhochdeutschen smal (klein, gering, schmal) und bedeutete in der Goethezeit so viel wie „schimpfen", „klein machen". Nach Gusto kommt aus dem Lateinischen und bedeutet „nach eigenem Geschmack", „nach eigenem Wunsch". Welche der Bedeutungen passt, musst du aus dem Textzusammenhang erschließen.

2 Wie wirkt das Gemälde aus der damaligen Zeit auf euch? Passt es zu dem Gedicht?

3 Bereitet das Gedicht zum Vorlesen vor. Probiert beim Vortragen unterschiedliche Möglichkeiten aus.

4 Lest den Auszug aus einer Biographie über Goethes Schwester Cornelia. Welchen Zusammenhang seht ihr zum Gedicht ihres Bruders?

> Aber während J. Wolfgang Goethe 1765 sein Studium in Leipzig beginnen kann, bleibt Cornelia allein in der häuslichen Enge zurück und ganz der didaktischen Leidenschaft des Vaters ausgeliefert. Auch Wolfgangs Briefe sind kein Trost. Sie sind schulmeisterlich und verweisen die Schwester auf ihre weiblichen Pflichten, nämlich: „die Haushaltung, wie nicht weniger die Kochkunst zu studiren".

Friederike Brion

Spurensuche
- *Wer spricht in diesem Gedicht? Worüber?*
- *Welches Gefühl/ welche Stimmung wird ausgedrückt?*
- *Was fällt dir an der Sprache auf?*
- *Was verstehst du nicht?*

Johann Wolfgang von Goethe

Mailied

(1) Wie herrlich leuchtet
Mir die Natur!
Wie glänzt die Sonne!
Wie lacht die Flur!

(2) Es dringen Blüten
Aus jedem Zweig
Und tausend Stimmen
Aus dem Gesträuch

(3) Und Freud‘ und Wonne
Aus jeder Brust.
O Erd‘, o Sonne!
O Glück, o Lust!

(4) O Lieb‘, o Liebe!
So golden schön,
Wie Morgenwolken
Auf jenen Höhn!

(5) Du segnest herrlich
Das frische Feld,
Im Blütendampfe
Die volle Welt.

(6) O Mädchen, Mädchen,
Wie lieb' ich dich!
Wie blickt dein Auge!
Wie liebst du mich!

(7) So liebt die Lerche
Gesang und Luft,
Und Morgenblumen
Den Himmelsduft,

(8) Wie ich dich liebe
Mit warmem Blut,
Die du mir Jugend
Und Freud' und Mut

(9) Zu neuen Liedern
Und Tänzen gibst.
Sei ewig glücklich,
Wie du mich liebst!

1 Goethe hat dieses Gedicht vermutlich im Mai 1771 für Friederike Brion geschrieben. Woran erkennst du, dass es ein Liebesgedicht ist?

In einem Gedicht nimmt der Autor oder die Autorin eine Rolle ein. In diesem Gedicht schlüpft Goethe in die Rolle eines verliebten jungen Mannes.
Viele Gedichte stehen in der Ichform: Das **lyrische Ich** (in diesem Fall der junge Mann) schildert seine Gedanken, Erfahrungen und Gefühle.

2 Was steht in den einzelnen Strophen? Ordne zu:
Ein junger Mann
- spricht das Mädchen direkt an und sagt ihr, dass er sie liebt. *→ Strophe 6*
- spricht die „Liebe“ an, als ob es eine Person wäre. *→ Strophe …*
- beschreibt, wie Natur und Menschen im Mai zum Leben erwachen.
- erklärt, dass die Liebe ihm Kraft gibt, Gedichte und Lieder zu schreiben.

3 Was fällt dir an der Sprache auf?
- *Herrlich, leuchten, glänzen, lachen* – alle diese Wörter sollen die Schönheit der Natur ausdrücken. Sammle weitere Beispiele/Belege.
- Warum stehen in dem Gedicht so viele Ausrufezeichen?
- Was bedeuten die vielen „wie“?

4 Was haben Liebe und Natur in diesem Gedicht miteinander zu tun?

5 Tragt das Gedicht so vor, dass die Stimmung darin deutlich wird.

6 Hier hat ein Schüler seine Gedanken zu dem Gedicht aufgeschrieben.
- Kannst du seiner Deutung zustimmen? Wo bist du anderer Ansicht?
- Ergänze an den markierten Stellen, wie du diese Textstellen deutest.

In dem Gedicht „Mailied“ beschreibt ein junger Mann, wie gut er sich in der Natur fühlt. In den ersten drei Strophen wird die Schönheit und Fröhlichkeit der Natur ausgedrückt: Pflanzen, Tiere, Menschen – alle sind glücklich, voller Lebensfreude. Die Wörter haben alle eine positive Bedeutung, die Ausrufezeichen und die vielen „wie“ zeigen, dass der junge Mann kaum ausdrücken kann, wie schön alles ist.
In der 4. und 5. Strophe erfahren wir den Grund: …
In der 6. Strophe spricht der junge Mann das Mädchen nun direkt an und gibt eine Liebeserklärung ab: „O Mädchen, Mädchen, wie lieb ich dich!“ Wieder zeigt das „wie“, dass er eigentlich nicht sagen kann, wie sehr er sie liebt. Er merkt aber auch, dass er wiedergeliebt wird, wenn er ihr in die Augen schaut. Diese Liebe vergleicht er dann mit dem Gefühl der Lerche, die am Himmel fliegt. Der Vergleich macht deutlich …
In den letzten beiden Strophen erklärt der junge Mann, dass seine Liebe ihm die Kraft zum Dichten gibt und dass er sich wünscht, sie würde nie zu Ende gehen.
Am Anfang denkt man: Es ist ein Naturgedicht. Aber dann …

Johann Wolfgang von Goethe

Willkommen und Abschied

Es schlug mein Herz, geschwind zu Pferde!
Es war getan fast eh gedacht.
Der Abend wiegte schon die Erde,
Und an den Bergen hing die Nacht;
Schon stand im Nebelkleid die Eiche,
Ein aufgetürmter Riese, da,
Wo Finsternis aus dem Gesträuche
Mit hundert schwarzen Augen sah.

Der Mond von einem Wolkenhügel
Sah kläglich aus dem Duft hervor,
Die Winde schwangen leise Flügel,
Umsausten schauerlich mein Ohr;
Die Nacht schuf tausend Ungeheuer,
Doch frisch und fröhlich war mein Mut:
In meinen Adern welches Feuer!
In meinem Herzen welche Glut!

Dich sah ich, und die milde Freude
Floss von dem süßen Blick auf mich;
Ganz war mein Herz an deiner Seite
Und jeder Atemzug für dich.
Ein rosenfarbnes Frühlingswetter
Umgab das liebliche Gesicht,
Und Zärtlichkeit für mich – ihr Götter!
Ich hofft' es, ich verdient' es nicht!

Doch ach, schon mit der Morgensonne
Verengt der Abschied mir das Herz:
In deinen Küssen welche Wonne!
In deinem Auge welcher Schmerz!
Ich ging, du standst und sahst zur Erden
Und sahst mir nach mit nassem Blick:
Und doch, welch Glück, geliebt zu werden!
Und lieben, Götter, welch ein Glück!

1 Das nicht ganz einfache Gedicht „Willkommen und Abschied“ werdet ihr besser verstehen, wenn es ein guter Leser oder eine gute Leserin (oder euer Lehrer/eure Lehrerin) zum Vorlesen vorbereitet und vorträgt.

2 Eine große Hilfe zum Verständnis ist es auch, wenn ihr Goethes Gedicht von Liebe und Liebesleid strophenweise in eure Sprache übersetzt. Hier seht ihr, wie eine Schülerin es für die 1. Strophe versucht hat. So könnt ihr es auch machen.

Mein Herz schlug rasend.
Hab nicht lange nachgedacht,
schwang mich auf mein Pferd.
Es wurde schon ganz dunkel,
im Nebel sah alles unheimlich aus,
aus dem Gebüsch funkelte es.

3 Das Gedicht erzählt eine kleine Geschichte. Erzähle sie.

→ Eine 9. Klasse hat Goethes Gedicht auf die Situation heutiger Schülerinnen und Schüler übertragen und dazu eine Fotostory entwickelt. Vielleicht habt ihr Lust, so etwas auch einmal auszuprobieren ...

4 Wie versteht ihr den Titel des Gedichts?

5 Goethe gebraucht eindrucksvolle sprachliche Bilder (Metaphern), um die Gefühle des nächtlichen Reiters zum Ausdruck zu bringen:
der Abend wiegte schon die Erde ...
in meinen Adern welches Feuer ...
Sucht solche Metaphern im Text und sprecht darüber, wie sie „übersetzt“ werden können.

6 Geht auf Spurensuche. Nutzt dazu die Fragen im Kasten. Du kannst deine Untersuchungsergebnisse in einem Nachdenktext aufschreiben.

7 In Strophe 3 heißt es „Dich sah ich“ statt „Ich sah dich“. Welche Absicht könnte der Dichter mit dieser ungewöhnlichen Wortstellung gehabt haben?

Spurensuche
- *Wie ist das Gedicht gebaut? Strophen, Reime ...*
- *Was fällt am Satzbau auf? Achtet auch auf die Satzzeichen.*
- *Welche Sprachbilder findet ihr? Wie kann man sie „übersetzen“?*

Ein Gedicht interpretieren

1 Lies das Gedicht und notiere deine Gedanken und Fragen zum Text.

Johann Wolfgang von Goethe

Neue Liebe, neues Leben

Herz, mein Herz, was soll das geben?
Was bedränget dich so sehr?
Welch ein fremdes, neues Leben!
Ich erkenne dich nicht mehr.
Weg ist alles, was du liebtest,
Weg, warum du dich betrübtest,
Weg, dein Fleiß und deine Ruh –
Ach, wie kamst du nur dazu!

Fesselt dich die Jugendblüte,
diese liebliche Gestalt,
Dieser Blick voll Treu und Güte
Mit unendlicher Gewalt?
Will ich rasch mich ihr entziehen,
Mich ermannen, ihr entfliehen,
Führet mich im Augenblick,
Ach, mein Weg zu ihr zurück.

Und an diesem Zauberfädchen,
Das sich nicht zerreißen lässt,
Hält das liebe lose Mädchen,
Mich so wider Willen fest;
Muss in ihrem Zauberkreise
Leben nun auf ihre Weise.
Die Verändrung, ach, wie groß!
Liebe! Liebe! Lass mich los!

Interpretieren – was heißt das?

Ein Gedicht interpretieren, das heißt vor allem: anderen mitteilen, was du aus dem Gedicht herausliest, wie du es verstehst. Dabei sind **deine eigenen Gedanken und Gefühle** wichtig, die der Text bei dir entstehen lässt. Genauso wichtig ist aber, dass du an konkreten Stellen **im Text belegst,** was dir in den Sinn gekommen ist. Es geht nämlich immer um beides: um dich – und um den Text.
Du musst dich also stets fragen:
- Was denke und fühle ich, wenn ich das Gedicht lese?
- An welchen Textstellen kann ich meine Gedanken belegen?

▸▸ Weil in einem Gedicht vieles in Bildern ausgedrückt wird, musst du diese Bilder einerseits auf dich wirken lassen – und dich andererseits immer auch fragen, was mit ihnen gemeint sein könnte. Dabei ist es hilfreich, wenn du dich mit anderen unterhältst: ob sie genauso denken und fühlen wie du oder ob sie die Bilder ganz anders verstehen.

Ein Interpretationsgespräch führen

2 Führt miteinander ein Interpretationsgespräch über die erste Strophe. Dabei sollt ihr euch mitteilen, wie ihr sie versteht (deutet).
Ihr könnt z. B. über folgende Fragen sprechen:
- Wer wird in der ersten Strophe mit „du“ angesprochen?
- Was könnte mit dem „fremden, neuen Leben“ gemeint sein?
- Und was soll nun alles „weg sein“?
- Weshalb steht im letzten Vers ein Ausrufezeichen, obwohl es eine Frage ist?

Ein Schreibgespräch führen

▸▸ Ihr könnt auch ein „Schreibgespräch“ über eine Textstelle führen. Dabei wird nicht gesprochen. Der eine schreibt eine Behauptung oder eine Frage zu der Textstelle auf, der andere reagiert darauf oder beantwortet die Frage. Es geht nicht darum, wer von beiden recht hat, sondern wie ihr denkt und eure Fragen und Antworten am Text belegt. Hier ein Beispiel zur 3. Strophe:

A: Ich glaube, der Sprecher fühlt sich irgendwie eingeengt. Er sagt ja: „Muss in ihrem Zauberkreise leben“. Also fühlt er sich nicht so richtig wohl trotz Verliebtheit.

B: Ich glaube, dass die Person total verzaubert ist von dem Mädchen und deshalb mit ihr leben möchte.

A: Aber er sagt doch anschließend: „Leben nun auf ihre Weise“! Das würde ja bedeuten, dass er sich total anpassen müsste. Deshalb sagt er doch wohl auch: „Liebe! Liebe! Lass mich los!“

3 Stellt euch weitere ähnliche Fragen und reagiert darauf. Manchmal findet man so mit einem Partner oder einer Partnerin Antworten, auf die man allein nicht gekommen wäre.

Lili Schönemann

4 Zur Entstehungszeit des Gedichtes hatte Goethe eine Beziehung zu der 16-jährigen Bankierstochter Lilli Schönemann. Die Verlobung wurde wenig später aufgelöst. Goethe fühlte sich, obwohl er sehr verliebt war, stark eingeengt. Lest das Gedicht unter diesem Gesichtspunkt noch einmal.

Eine schriftliche Interpretation verfassen

Wenn du ein Gedicht schriftlich interpretierst, stellst du deine Gedanken und Untersuchungsergebnisse im Zusammenhang dar. Du kannst dich dabei an den Fragestellungen auf Seite 167 orientieren.

5 Untersuche das Gedicht „Neue Liebe, neues Leben“ noch einmal genau. Nutze dazu die Fragen auf Seite 167. Stelle deine Untersuchungsergebnisse anschließend im Zusammenhang dar.

Schreibplan für eine Interpretation

Einleitung:
- In der Einleitung nennst du Titel, Autor und Thema des Gedichts. Gib auch deinen ersten Eindruck von dem Gedicht wieder.

Das Gedicht mit dem Titel ... ist von ... verfasst worden.
Es geht darin um ...
Mein erster Eindruck von dem Gedicht ist ...

Hauptteil:
- Fasse den Inhalt des Gedichts mit eigenen Worten zusammen.
- Charakterisiere das lyrische Ich und seine Einstellung.
- Gehe auf die sprachlichen Merkmale und Besonderheiten ein und erkläre ihre Wirkung.

In der ersten Strophe ... Danach ... In der letzten Strophe ...
Auffällig ist ... Zum Beispiel ...
Das bedeutet meiner Meinung nach, dass ...
Dadurch ...

Schluss:
- Wie verstehst du das Gedicht? Was hast du nicht verstanden?

Ich verstehe das Gedicht so ... Nicht verständlich ist mir ...

Fragen an ein Gedicht stellen

Den ersten Eindruck wiedergeben:
- Was denke und empfinde ich, wenn ich das Gedicht lese?
- Wie wirkt es auf mich?

Genauer hinsehen:
- Worum geht es in dem Gedicht? Was ist das Thema?
- An welchem Ort spielt das Gedicht? Zu welcher (Jahres)Zeit?
- Gibt es eine Handlung?
- Welche Bedeutung hat der Titel?

Das lyrische Ich befragen:
- Wer spricht in dem Gedicht?
- Wie stellt er/sie etwas dar?
- Wie steht er/sie zu dem Gesagten?
- Wird jemand angesprochen? Auf welche Weise?

Sprach- und Formmerkmale untersuchen:
- Welche auffälligen sprachlichen Merkmale gibt es? Wortwahl und Wortwiederholungen, Satzbau und Satzgestaltung, häufig vorkommende Laute und Klänge ...
- Gibt es Bilder, Vergleiche oder Metaphern, mit denen das Gesagte ausgedrückt wird?
- Wie ist der Strophenaufbau?
- Ist das Gedicht gereimt oder ungereimt? Wie ist es gereimt?

Das Gedicht verstehen:
- Gibt es Stellen, die du nicht verstehst? Dann solltest du es auch offen zugeben!
- Lässt sich das, was du denkst und fühlst, an bestimmten Textstellen zeigen? Dann zitiere sie!
- Gibt es Stellen, die für dich zweideutig sind? Dann sage es auch!
- Hat sich dein erster Eindruck bestätigt? Oder verstehst du den Text jetzt besser oder sogar anders?

Eine Gedichtinterpretation überarbeiten

Wenn man ein Gedicht schriftlich interpretiert, sollte man bestimmte Gesichtspunkte beachten. Das kannst du in dieser Werkstatt noch einmal üben. Dazu musst du das Gedicht „Neue Liebe, neues Leben“ kennen, das auf Seite 164 abgedruckt ist.

1 Lies die folgende Gedichtinterpretation und überarbeite sie:
- Ergänze an den blau markierten Stellen fehlende Informationen, Beispiele und Deutungen.
- Entscheide dich an den unterstrichenen Textstellen für die Aussage, der du zustimmen kannst.
- Schreibe die überarbeitete Interpretation in dein Heft.

Das Gedicht mit dem Titel ___ wurde von ___ verfasst. Es geht darin um einen vermutlich jungen Mann, der ___
Mein erster Eindruck ist, dass der junge Mann (das lyrische Ich) total unsicher ist und nicht mehr weiß, was er tun soll.

In der ersten Strophe fragt er sein Herz, was denn mit ihm los ist. Nichts gelingt ihm mehr.
a) Zum Beispiel stellt er fest, dass er ein fremdes, neues Leben lebt.
b) Er sagt zum Beispiel: „Ich erkenne dich nicht mehr.“
c) Denn er stellt fest, dass alles weg ist, was vorher da war, Fleiß und Ruhe, alles, was er vorher liebte und was ihn traurig machte.

In der zweiten Strophe fragt er sich, woran es denn liegen könnte, dass er so durcheinander ist. An den Fragen merkt man aber schon, dass das lyrische Ich weiß, wer das Durcheinander verursacht:

a) Es ist eine liebliche Gestalt.
b) Es ist ein hübsches junges Mädchen mit einem Blick voller Treue, dem er sich nicht entziehen kann.
c) Es fesselt ihn die Jugendblüte.

Im zweiten Teil der Strophe beschreibt er, wie er sich gegen dieses Durcheinander wehren will, es aber einfach nicht schafft.
Denn ...

In der letzten Strophe sieht sich das lyrische Ich noch einmal bestätigt.
a) Das Mädchen will den jungen Mann einfach nicht loslassen, was er sogar genießt.
b) Wie an unzerreißbaren Zauberfäden hängt er an dem Mädchen fest.
c) Am liebsten würde er sich aus den Zauberfäden befreien, denn er fleht ja beinahe: „Liebe! Liebe! Lass mich los!“
d) Denn er teilt ja mit, dass sie den jungen Mann gegen seinen Willen festhält.

Mir fallen besonders die Wiederholungen von Wörtern auf, mit denen der Dichter die verzweifelte Situation des lyrischen Ichs darstellt.
In Strophe eins zum Beispiel ...
In den ersten beidenStrophen spricht der junge Mann sein eigenes Herz an. D. h. er personifiziert sein Herz.
a) Damit macht er ihm Vorwürfe.
b) Dadurch wird seine Verwirrung noch deutlicher.
c) Damit zeigt er, dass er sich selbst nicht mehr versteht.

Eine merkwürdige Metapher in Strophe 2, Vers 1 fällt besonders auf: Dort spricht der junge Mann von der „Jugendblüte“, die ihn fesselt.
Damit könnte gemeint sein ...
Die letzten beiden Verse zeigen mir am deutlichsten, wie es um den jungen Mann steht ...

Ich glaube, Goethe möchte mit diesem Gedicht zeigen ...

Die Leiden des jungen Werther

1 Lest den Informationstext über Goethes Roman „Die Leiden des jungen Werther" und arbeitet heraus,

- was der Anlass für dieses Buch war,
- was man über den Inhalt des Buchs erfährt und
- welche Folgen der Roman hatte.

Ein Briefroman über Liebe und Leidenschaft

1772, also mit 23 Jahren, trat Goethe im Rahmen seiner Berufsausbildung ein Praktikum am Reichskammergericht in Wetzlar an. Dort sollte er eines Abends eine junge Dame mit Namen Charlotte Buff zu einem Ball begleiten. Dabei verliebte er sich leidenschaftlich in diese Frau. Es wurde für Goethe eine Liebe mit Leiden; die vielen gemeinsamen Unternehmungen, Gespräche und auch gegenseitigen Sympathiekundgebungen verschlimmerten diesen Zustand, sodass Goethe vier Monate später Wetzlar fluchtartig ohne Abschied verließ.

Zur selben Zeit erfuhr er vom Selbstmord eines jungen Kollegen und dessen Motiven: eine vergebliche Liebe, fehlende Anerkennung in der „hohen Gesellschaft" (ein einfacher Beamter galt dort nicht viel und das ließ man den Betreffenden deutlich spüren) und die ständigen Nörgeleien eines Vorgesetzten (heute würde man „Mobbing am Arbeitsplatz" dazu sagen).

Diese Erfahrungen verarbeitete Goethe in seinem Briefroman „Die Leiden des jungen Werther". In nur vier Wochen niedergeschrieben, wurde dieser Roman zu einem riesigen Erfolg. Beinahe jeder las ihn, er wurde in viele Sprachen übersetzt. In Briefen an seinen Freund Wilhelm schildert Werther seinen Seelenzustand; seine wechselnden Stimmungen wie Hoffnung, Kampf, Enttäuschung, bis hin zu seinem Selbstmord durch die Pistole.

Vorlesung zu Goethes Werther, Gemälde von Wilhelm Amberg (1870)

Und der Roman zeigte Folgen: Er wurde ein Modebuch für damalige Jugendliche. Er löste eine Werther-Mode (blauer Frack, ledergelbe Weste und Unterkleider, Stiefel mit braunen Stulpen) und sogar eine Selbstmordwelle bei jungen Menschen mit Liebeskummer aus – und er machte Goethe berühmt.

2 Goethes Liebe zu Charlotte Buff blieb unerfüllt, weil es ein entscheidendes Hindernis gab, das auch für seinen Romanhelden Werther bestand. Wenn ihr die folgenden Auszüge aus Werthers Briefen lest, erfahrt ihr den Grund …

Die Leiden des jungen Werther

Auszüge aus Goethes erstem „Romanhit“

Werthermode

16. Juni

... kurz und gut; ich habe eine Bekanntschaft gemacht; die mein Herz näher angeht. ... Einen Engel ... Und doch bin ich nicht im Stande, dir zu sagen, wie sie vollkommen ist; warum sie vollkommen ist; genug, sie hat allen meinen Sinn gefangen genommen ...
„Sie werden ein schönes Frauenzimmer kennenlernen“, sagte meine Gesellschafterin. ... Nehmen sie sich in Acht, ... dass Sie sich nicht verlieben!“ „Wieso?“, sagte ich. „Sie ist schon vergeben an einen sehr braven Mann.“ Die Nachricht war mir ziemlich gleichgültig. ... Mit welchem Reiz ... bewegte sie sich ... Nie ist mir's so leicht vom Flecke gegangen. Ich war kein Mensch mehr. Das liebenswürdigste Geschöpf in den Armen zu haben und mit ihr ... herumzufliegen, dass alles ringsumher verging ...

13. Juli

Nein, ich betrüge mich nicht. Ich lese in ihren schwarzen Augen wahre Teilnehmung an mir. ... Ja ich fühle, ... dass sie ... mich liebt.

16. Juli

Ach, wie mir all das durch die Adern läuft, wenn mein Finger unversehens den ihrigen berührt, wenn unsere Füße sich unter dem Tisch begegnen! Ich ziehe mich zurück wie vom Feuer, und eine geheime Kraft zieht mich wieder vorwärts – mir wird's so schwindlig von allen Sinnen ... Wenn sie gar im Gespräch ihre Hand auf die meinige legt und ... näher zu mir rückt, dass der himmlische Atem ihres Mundes meine Lippen erreichen kann – ich glaube zu versinken ...

30. Juli

Genug, Wilhelm, der Bräutigam ist da! Ein braver, lieber Mann. Glücklicherweise war ich nicht beim Empfange! Das hätte mir das Herz zerrissen.

21. August

Umsonst strecke ich meine Arme nach ihr aus, morgens, wenn ich von schweren Träumen aufdämmere, vergebens suche ich sie nachts in meinem Bette ... ich weine trostlos einer finsteren Zukunft entgegen.

3 Beschreibt, was mit dem jungen Mann „los ist“, was er fühlt und denkt, in welcher Stimmung er ist. Achtet dabei auch auf die Sprache seiner Briefe: Wortwahl, Satzbau ...

Ideen und Anregungen

→ Den **Film „Goethe!“** (2010) ansehen
Er handelt von dem verliebten jungen Goethe und der Entstehung seines Bestsellers „Die Leiden des jungen Werther“

→ Das Buch **„Der geheime Bericht über den Dichter Goethe“** lesen
Eine spannende Story über den Jungen Thomas und seine Mutter, die eine Katastrophe auf See überleben und auf der Insel Hulm landen. Dort freundet sich Thomas mit Hakim an, und sie beschließen, dass die Jugend der Insel den besten Dichter der Welt kennenlernen soll. Thomas wählt Goethe aus und erzählt neun Nächte lang von den Leiden des jungen Werther, vom Zauberlehrling ...

→ Einen Werther aus unserem Jahrhundert kennenlernen: **„Die neuen Leiden des jungen W.“**, ein Film von Ulrich Plenzdorf (1974)
Der junge DDR-Bürger Edgar Wibeau stellt fest, dass ihm fast dasselbe passierte wie Goethes Werther.

→ **Zum Sehen geboren/Zum Schauen bestellt**
Die **Comic-Biografie** ansehen und lesen: Witzige Darstellung von Goethes Leben bis zum Kennenlernen seiner späteren Ehefrau Christiane Vulpius.

Überprüfe dein Wissen und Können

Lies zunächst das Gedicht, bevor du die Aufgaben bearbeitest.

Johann Wolfgang von Goethe

An die Entfernte

So hab ich wirklich dich verloren?
Bist du, o Schöne, mir entfloh'n?
Noch klingt in den gewohnten Ohren
Ein jedes Wort, ein jeder Ton.

So wie des Wandrers Blick am Morgen
Vergebens in die Lüfte dringt,
Wenn, in dem blauen Raum verborgen,
Hoch über ihm die Lerche singt:

So dringet ängstlich hin und wider
Durch Feld und Busch und Wald mein Blick.
Dich rufen alle meine Lieder;
O komm', Geliebte, mir zurück!

Spurensuche
- *Wie stellst du dir das lyrische Ich vor? In welcher Situation befindet es sich?*
- *Wen spricht das lyrische Ich an?*
- *Welche sprachlichen Besonderheiten fallen dir auf? Achte z. B. auf Vergleiche und Metaphern, Wiederholungen und Reihungen, besondere Wortstellung im Satz.*

1 Analysiere das Gedicht „An die Entfernte" von Johann Wolfgang von Goethe. Gehe auf Spurensuche.

2 Nimm Stellung zum Titel des Gedichtes. Begründe, ob er zu dem Gedicht passt.

3 Schreibe nach dem Bearbeiten der Aufgaben 1 und 2 einen zusammenhängenden Text. Gehe dabei so vor:
- Schreibe eine Einleitung, in der du Titel, Thema, Textart und Verfasser nennst.
- Fasse in eigenen Worten zusammen, welche Situation der Dichter darstellt. Gehe dabei strophenweise vor.
- Beschreibe die sprachlichen Mittel, mit denen der Dichter die Situation des lyrischen Ichs verdeutlicht.

Ein Gedicht schriftlich interpretieren

Theater:
Mach dir (k)ein Bild!

Räume betreten

Räume kann man auf ganz unterschiedliche Weise betreten: neugierig, ängstlich, aufgeregt, glücklich, schlecht gelaunt, misstrauisch ...
Ein Spielleiter bereitet Zettel vor, auf denen steht, welchen Raum du mit welcher Stimmung oder Absicht betreten sollst, z. B.:
- einen Dachboden voller Gerümpel, um etwas zu suchen,
- einen Raum, in dem ein festlicher Sektempfang stattfindet,
- eine Wohnung, die du besichtigst, um sie evtl. zu mieten,
- einen Raum, in dem du eine aufregende Verabredung hast,
- einen niedrigen, muffig riechenden, feuchten und glitschigen Kellerraum, um eine Flasche Wein zu holen,
- ...

Jeder Spieler zieht einen Zettel. Einer nach dem andern stellt pantomimisch dar, was auf dem Zettel steht. Alle anderen raten, was dargestellt wurde.

Von jedem Menschen, dem wir begegnen, machen wir uns ein Bild – oft ganz unbewusst und spontan. Aber trifft dieses Bild auch zu? Oder wird der Betreffende dadurch in eine Rolle gedrängt, die auf ihn gar nicht passt und die ihm vielleicht gar nicht gefällt? Warum verhalten wir uns so? Umgekehrt zeigen wir selbst nur wenigen Menschen, was wir wirklich denken und fühlen. Oft stellen wir uns so dar, wie wir es für nützlich halten, oder verstecken uns hinter einer Maske, geben nichts von uns preis. Um dieses Thema kreisen die Texte, mit denen ihr euch in diesem Kapitel auseinandersetzt. Im Zentrum steht eine Szene aus dem Theaterstück „Andorra“ von Max Frisch.

Ihr lernt,
- Texte im szenischen Spiel zu erschließen,
- Texte durch Umschreiben in ein Theaterstück neu zu gestalten,
- Gestaltungselemente zur Verstärkung von Textaussagen einzusetzen,
- Charakterskizzen aus einem dramatischen Text zu entwickeln,
- einen Rollentext gestaltend zu sprechen und textgetreu zu inszenieren.

Hans Manz

Ich

Ich: Träumerisch, träge,
schlafmützig, faul.
Und ich: Ruhelos, neugierig,
hellwach, betriebsam.
Und ich: Kleingläubig, feige,
zweiflerisch, hasenherzig.
Und ich: Unverblümt, frech,
tapfer, gar mutig.
Und ich: Mitfühlend, zärtlich,
hilfsbereit, beschützend.
Und ich: Launisch, gleichgültig,
einsilbig, eigenbrötlerisch.
Erst wir alle zusammen sind ich.

Leitimprovisation

Bewegt euch als Gruppe im Raum. Einer gibt einen Impuls: Klatschen, rhythmisches Gehen, Töne, Geräusche ...
Die Gruppe nimmt den Impuls auf und führt ihn aus, bis ein neuer Impuls gegeben wird. Das wird eine Weile fortgesetzt.
Sprecht anschließend darüber, was die Wirkung ausmacht, wenn eine Gruppe einen Impuls aufnimmt.

1 Ehe ihr Texte szenisch darstellt, könnt ihr euch einspielen:

- Die Übung **Räume betreten** soll euch deutlich machen, dass der Raum beim Theaterspielen von zentraler Bedeutung ist. Der jeweilige Schauspieler kann, ohne dass Kulissen da sind, in der Vorstellung der Zuschauer eine Raumvorstellung schaffen. Körperhaltung, Mimik und Gestik setzt er unterstützend ein. Zugleich drückt er auf diese Weise aus, welche Stimmung er in diesem Raum entwickelt. Er vermittelt also auch ein Bild von sich.

- In dem Text **Ich** wird angesprochen, wie unterschiedliche Gefühle und Charakterzüge in einer Person angelegt sein können.
  - Schließt für 2–3 Minuten die Augen und geht den Gefühlen nach, die ihr jetzt empfindet oder an die ihr euch gut erinnert.
  - Der Spielleiter spricht eine Strophe. Dann lässt er euch Zeit, euch in dieser Stimmung im Raum zu bewegen.
  - Sprecht anschließend darüber, bei welchen Gefühlen ihr euch am stärksten wiedererkannt habt.

Texte szenisch ausgestalten

Karl Arnold: Berliner Skandal – Season (1929)

Günther Guben

So

Da sitzt man so. Und da redet man. Und da betrachtet man sich. Und da lächelt man. Und da denkt man sich was. Und da redet man wieder was. Und das glaubt man vielleicht gar nicht. Und da sitzt man halt.
Da sitzt man also. Betrachtet sich gegenseitig. Lächelt. Nickt sich zu. Sagt etwas. Etwas, das stimmt. Etwas, das man vielleicht glaubt. Etwas, das man vielleicht nicht glaubt. So sitzt man da.
So sitzt man. Sitzt herum und redet. Betrachtet das Gegenüber. Man lächelt. Man nickt, ist freundlich, zeigt die Zähnchen. So sie geputzt sind oder sonst irgendwie anschaulich. Dann redet man. Was man so annimmt. Oder glaubt. Vielleicht nicht glaubt. Davon, worauf man steht. Worauf man sitzt. Worauf man eben so sitzt. Und eben so sitzt man da. Sitzt so oder so. Na halt so. Da. Einfach so da.

Fragen an den Text stellen

1 Worum geht es in diesem Text eigentlich? Was ist das Thema? Tausche dich dazu mit einem Partner aus.

2 Seht euch den Text genauer an:
- Welche sprachlichen Besonderheiten fallen euch auf: Wortwahl, Satzbau, Wiederholungen ...?
- Was hat diese sprachliche Gestaltung mit dem Thema des Textes zu tun?
- Wie passt die Überschrift zum Text?

3 Es wird geredet, man lächelt, macht Smalltalk, plaudert über Nichtssagendes, tauscht Floskeln aus. Welche Situationen fallen euch dazu ein? Warum wird wohl so viel gelächelt?

4 Sprecht darüber, was dieser Text mit dem Thema „Mach dir (k)ein Bild!“ zu tun hat.

Anregungen zur szenischen Interpretation

5 Bereitet in Kleingruppen eine szenische Interpretation des Textes vor.

Spielvorschlag 1:

- Stellt euch zum Text eine konkrete Spielsituation vor. Legt fest,
  - wo Menschen „so“ zusammentreffen,
  - worüber sie dabei sprechen,
  - wie sie sich verhalten: sich bewegen, lächeln, sprechen ...
- Was im Text wiederholt wird, solltet ihr bei der Inszenierung hervorheben. Probiert auch Übertreibungen aus.
- Gestaltet die Dialoge aus. Deutlich werden soll ihre Belanglosigkeit, die Austauschbarkeit ihrer Inhalte – und dazu das maskenhafte Lächeln der Sprecher.

Spielvorschlag 2: Erzähltheater mit Doppelbesetzung

- Bildet Fünfergruppen.
- Einer aus der Gruppe ist der Erzähler. Er steht im Hintergrund und spricht den Text, während gleichzeitig auf der Bühne gespielt wird. Zwei Spieler stehen sich in der Mitte der Bühne gegenüber. Hinter jedem, mit etwas Abstand, steht ein weiterer Spieler.
- Der Erzähler spricht den Text langsam mit Sprechpausen. Sobald er eine Pause macht, nehmen die Spieler auf, was er gesagt hat, und gestalten es im Dialog aus. Die hinter ihnen stehenden Spieler verstärken den Dialog mimisch und körpersprachlich.

Beispiel:

Erzähler: „Und da redet man was.“
Dialog der Spieler: „Schön, Sie zu sehen.“ – „Gut sehen Sie aus!“ – „Sie haben sich gar nicht verändert.“ – „...“
Die beiden anderen Spieler machen mit den Händen das Zeichen für Plappern.
Erzähler: „Und da lächelt man.“
...

- Sprecht anschließend über eure szenischen Interpretationen.

Richard Wagner

Falsch

Es war einmal ein Mann, der vertrat in den Augen seiner Umwelt lauter falsche Ansichten. Er ist immer dagegen, sagten die Leute, egal, worum es geht. Er liebt es, dagegen zu sein, sagten sie. Sie nahmen den Mann schon lange nicht mehr ernst. Sie nahmen ihn gar nicht mehr wahr. Wie die Graffiti, die seit Jahren an den Häuserwänden verkümmerten.
Da ereignete sich etwas, womit die Leute nicht im Geringsten gerechnet hatten. Nicht im Traum hätten wir daran gedacht, pflegten sie zu sagen. Zufällig war es so, dass das eingetretene Ereignis mit den Ansichten des Mannes, den niemand ernst genommen und den alle ignoriert hatten, genau übereinstimmte. Natürlich fiel das den Leuten auf, aber sie sagten kein Wort, wenn sie dem Mann begegneten. Sie sagten nur, er solle endlich verschwinden.

Fragen an den Text stellen

1 Offensichtlich scheut sich hier jemand nicht, offen Stellung zu beziehen. Wie reagieren seine Mitmenschen auf ihn?

2 Sprecht darüber, warum sie wohl so reagieren.
- Warum nehmen sie ihn nicht mehr wahr?
- Warum soll er verschwinden, obwohl er recht gehabt hat?

Anregungen zur szenischen Interpretation

3 Arbeitet in Kleingruppen:

- Überlegt euch Themen, zu denen der Mann seine Ansicht äußert.
  - Die Leute halten für richtig, was alle darüber denken, sind angepasst.
  - Der Mann aber macht sich eigene Gedanken, hat eine andere Meinung.
  - Welches Ereignis, das dem Mann recht gibt, tritt dann ein?
- Markiert im Text die Redeanteile der Figuren (der Mann, die Leute). Manchmal müsst ihr selbst überlegen, was sie genau sagen.
- Unterteilt den Text in Szenen. Überlegt und erprobt, wie ihr die Redeanteile der Figuren einfügen wollt (als Wiederholungen, ausgestaltet ...).
- Probiert die von euch entwickelten Sprechtexte mit unterschiedlichem Gefühlsausdruck und in unterschiedlicher Lautstärke aus.

Spielvorschlag 1: Sprechtheater

⏩ Szene 1

Einige Menschen sitzen zusammen, z. B. in einer Kneipe, in einer Mitarbeiterbesprechung einer Firma ...
Sie unterhalten sich über ...
Ein Mann äußert kritisch seine Ansicht ...
Die andern ...

⏩ Szene 2

Ein Ereignis, mit dem keiner außer dem Mann gerechnet hat, tritt ein.

⏩ Szene 3

Begegnung mit dem Mann: Die Leute gehen mehrfach an ihm vorbei mit den Worten: „Verschwinde" – flüsternd, lauter werdend, bedrohlich ...

Spielvorschlag 2: Sprechtheater mit Masken

Es ist auch denkbar, nicht mit einer konkreten Situation zu beginnen, sondern z. B. so:

⏩ Szene 1

Im Mittelpunkt des Raums steht eine Person. Andere Personen gehen immer wieder an ihr vorbei, immer wieder denselben Satz sprechend:
„Er ist immer dagegen", „Er liebt es, dagegen zu sein" ...
Der Abstand der Vorübergehenden zu dem im Mittelpunkt stehenden Mann verändert sich, er wird bedrohlich eng, dann wieder weiter ...
Auf ein vereinbartes Zeichen setzen sie weiße Masken (Neutralmasken) auf, die am Boden liegen, und gehen gleichgültig und im Gleichschritt an ihm vorbei ...

⏩ Szene 2

...

⏩ Szene 3

...

Eine Theaterszene erarbeiten

*Der Schweizer Schriftsteller **Max Frisch** (1911–1991) zählt zu den bekanntesten deutschsprachigen Autoren. Er schrieb vor allem Theaterstücke, Erzählungen und Romane. Für sein Werk erhielt er zahlreiche Literaturpreise in Deutschland, der Schweiz und Israel. „Andorra" gehört zu seinen bekannten Theaterstücken. Es zeigt Frischs Auseinandersetzung mit Vorurteilen, Diskriminierung, Ausgrenzung und Rassismus. Übrigens: Alle Texte von Max Frisch müssen in alter Rechtschreibung abgedruckt werden.*

Am Beispiel einer Szene sollt ihr euch mit dem Theaterstück **„Andorra"** von Max Frisch auseinandersetzen. Vielleicht habt ihr sogar die Möglichkeit, eine Aufführung im Theater zu sehen. Dann seid ihr durch die Bearbeitung der folgenden Seiten gut vorbereitet.
Hier findet ihr einige Informationen zum Autor, Aussagen von ihm zu seinem Theaterstück und Angaben zum Inhalt. Recherchiert im Internet, um euch genauer mit Autor und Stück vertraut zu machen.

Der Autor über sein Theaterstück

Die Handlung des Stücks, schreibt Max Frisch, „ist erfunden" und sie hat auch nichts mit dem wirklichen Kleinstaat Andorra zu tun: „Andorra ist der Name für ein Modell."
„Das Stück handelt (...) nicht von den Eichmanns", also den besonders schweren Kriegsverbrechern des Naziregimes, sondern von den vielen ganz gewöhnlichen Menschen, die durch ihr Verhalten dazu beigetragen haben, dass Hitler an die Macht kommen konnte.
„Wenn das in Schulen gelesen wird, (...) glaube ich doch, daß einigen Schülern etwas aufgeht, nicht nur im Zusammenhang mit der düsteren Seite der deutschen Geschichte in diesem Jahrhundert; die Schüler verstehen das auch an anderen Modellen: In der Klasse ist einer der outcast, der Jude, der Sündenbock ..." – der Muslim, der Türke, der Kroate, der Farbige, das Kind von Arbeitslosen, von Alkoholikern ... so könnten die Beispiele fortgesetzt werden, wenn es um klischeehafte Bewertungen von Menschen, wenn es um Ausgrenzung geht. Frisch hat beispielhaft die Fragwürdigkeit eines solchen Denkens auf die Bühne gestellt.

Zum Inhalt des Theaterstücks

Andri ist der uneheliche Sohn der Senora, einer Frau aus dem faschistischen Nachbarstaat der „Schwarzen", und des Lehrers Can. Er ist von seinem Vater als jüdisches Kind ausgegeben worden, das er im feindlichen Land vor dem sicheren Tod gerettet habe. Die Andorraner nehmen dem Lehrer diese Lüge ab. Sie übertragen auf Andri alle Vorurteile, die sie gegenüber Juden haben. Andri selbst weiß auch nichts von seiner eigentlichen Herkunft. Anfangs versucht er, sich gegen das klischeehafte und negative Bild, das seine feindliche Umwelt sich von ihm macht, zu wehren und die Andorraner davon zu überzeugen, er sei einer von ihnen. Es gelingt ihm nicht.

Das dritte Bild zeigt Andri in der Lehre bei einem Tischler. Es wird deutlich, wie Andri angeblich untrüglich jüdische Wesenszüge zugeschrieben werden.

Max Frisch

Andorra

Drittes Bild

Man hört eine Fräse, Tischlerei, Andri und ein Geselle je mit einem fertigen Stuhl.

ANDRI Ich hab auch schon Linksaußen gespielt, wenn kein andrer wollte. Natürlich will ich, wenn eure Mannschaft mich nimmt.

GESELLE Hast du Fußballschuh?

ANDRI Nein.

GESELLE Brauchst du aber.

ANDRI Was kosten die?

GESELLE Ich hab ein altes Paar, ich verkaufe sie dir. Ferner brauchst du natürlich schwarze Shorts und ein gelbes Tschersi, das ist klar, und gelbe Strümpfe natürlich.

ANDRI Rechts bin ich stärker, aber wenn ihr einen Linksaußen braucht, also einen Eckball bring ich schon herein.
Andri reibt die Hände.
Das ist toll, Fedri, wenn das klappt.

GESELLE Warum soll's nicht?

ANDRI Das ist toll.

GESELLE Ich bin Käpten, und du bist mein Freund.

ANDRI Ich werde trainieren.

GESELLE Aber reib nicht immer die Hände, sonst lacht die ganze Tribüne.
Andri steckt die Hände in die Hosentaschen.
Hast du Zigaretten? So gib schon. Mich bellt er nicht an! Sonst erschrickt er nämlich über sein Echo. Oder hast du je gehört, daß der mich anbellt?
Der Geselle steckt sich eine Zigarette an.

ANDRI Das ist toll, Fedri, daß du mein Freund bist.

GESELLE Dein erster Stuhl?

ANDRI Wie findest du ihn?
Der Geselle nimmt den Stuhl von Andri und versucht ein Stuhlbein herauszureißen, Andri lacht.
Die sind nicht zum Ausreißen!

GESELLE So macht er's nämlich.

ANDRI Versuch's nur!
Der Geselle versucht es vergeblich.
Er kommt.

GESELLE Du hast Glück.

ANDRI Jeder rechte Stuhl ist verzapft. Wieso Glück? Nur was geleimt ist, geht aus dem Leim.
Auftritt der Tischler.

TISCHLER ... schreiben Sie diesen Herrschaften, ich heiße Prader. Ein Stuhl von Prader bricht nicht zusammen, das weiß jedes Kind, so ein Stuhl von Prader ist ein Stuhl von Prader. Und überhaupt: bezahlt ist bezahlt. Mit einem Wort: Ich feilsche nicht.
Zu den beiden:
Habt ihr Ferien?

Hände reiben
wenn man einen guten Handel gemacht hat; diese Bewegung hält man (zu Unrecht) für typisch jüdisch

feilschen:
um einen Preis handeln; galt (zu Unrecht) als typisch jüdisch

Der Geselle verzieht sich flink.

Wer hat hier wieder geraucht?

Andri schweigt.

Ich riech es ja.

Andri schweigt.

Wenn du wenigstens den Schneid hättest –

ANDRI Heut ist Sonnabend.

TISCHLER Was hat das damit zu tun?

ANDRI Wegen meiner Lehrlingsprobe. Sie haben gesagt: Am letzten Sonnabend in diesem Monat. Hier ist mein erster Stuhl.

Der Tischler nimmt einen Stuhl.

Nicht dieser, Meister, der andere!

TISCHLER Tischler werden ist nicht einfach, wenn's einer nicht im Blut hat. Nicht einfach. Woher sollst du's im Blut haben? Das hab ich deinem Vater aber gleich gesagt. Warum gehst du nicht in den Verkauf? Wenn einer nicht aufgewachsen ist mit dem Holz, siehst du, mit unserem Holz – lobpreiset eure Zedern vom Libanon, aber hierzuland wird in andorranischer Eiche gearbeitet, mein Junge.

ANDRI Das ist Buche.

TISCHLER Meinst du, du mußt mich belehren?

ANDRI Sie wollen mich prüfen, meinte ich.

Tischler versucht ein Stuhlbein auszureißen.

Meister, das ist aber nicht meiner!

TISCHLER Da –

Der Tischler reißt ein erstes Stuhlbein aus.

Was hab ich gesagt?

Der Tischler reißt die andern drei Stuhlbeine aus.

– wie die Froschbeine, wie die Froschbeine. Und so ein Humbug soll in den Verkauf. Ein Stuhl von Prader, weißt du, was das heißt? – da.

Der Tischler wirft ihm die Trümmer vor die Füße.

Schau's dir an!

ANDRI Sie irren sich.

TISCHLER Hier – das ist ein Stuhl!

Der Tischler setzt sich auf den andern Stuhl.

Hundert Kilo, Gott sei's geklagt, hundert Kilo hab ich am Leib, aber was ein rechter Stuhl ist, das ächzt nicht, wenn ein rechter Mann sich draufsetzt, und das wackelt nicht. Ächzt das?

ANDRI Nein.

TISCHLER Wackelt das?

ANDRI Nein.

TISCHLER Also!

ANDRI Das ist meiner.

TISCHLER – und wer soll diesen Humbug gemacht haben?

ANDRI Ich hab es Ihnen aber gleich gesagt.

TISCHLER Fedri! Fedri!

Die Fräse verstummt.

Nichts als Ärger hat man mit dir, das ist der Dank, wenn man deinesgleichen in die Bude nimmt, ich hab's ja geahnt.

Auftritt der Geselle.

Fedri, bist du ein Gesell oder was bist du?

GESELLE Ich –

TISCHLER Wie lang arbeitest du bei Prader & Sohn?

GESELLE Fünf Jahre.

TISCHLER Welchen Stuhl hast du gemacht? Schau sie dir an. Diesen oder diesen? Und antworte.

Der Geselle mustert die Trümmer.

Antworte frank und blank.

GESELLE – ich ...

TISCHLER Hast du verzapft oder nicht?

GESELLE – jeder rechte Stuhl ist verzapft ...

TISCHLER Hörst du's?

GESELLE – nur was geleimt ist, geht aus dem Leim ...

TISCHLER Du kannst gehn.

Geselle erschrickt.

In die Werkstatt, meine ich.

---

nicht im Blut haben:
der Meister glaubt, dass Juden nicht handwerklich arbeiten können, sondern nur mit Geld umgehen können

Zedern vom Libanon:
Anspielung auf die Herkunft der Juden aus den Bergen des Libanon

Der Geselle geht rasch.

Das laß dir eine Lehre sein. Aber ich hab's ja gewußt, du gehörst nicht in eine Werkstatt.

Der Tischler sitzt und stopft sich eine Pfeife.

Schad ums Holz.

Andri schweigt.

Nimm das zum Heizen.

ANDRI Nein.

Tischler zündet sich die Pfeife an.

Das ist eine Gemeinheit!

Tischler zündet sich die Pfeife an.

... ich nehm's nicht zurück, was ich gesagt habe. Sie sitzen auf meinem Stuhl, ich sag es Ihnen. Sie lügen, wie's Ihnen grad paßt, und zünden sich die Pfeife an. Sie, ja, Sie! Ich hab Angst vor euch, ja, ich zittere. Wieso hab ich kein Recht vor euch? Ich bin jung, ich hab gedacht: Ich muß bescheiden sein. Es hat keinen Zweck. Sie machen sich nichts aus Beweisen. Sie sitzen auf meinem Stuhl. Das kümmert Sie aber nicht? Ich kann tun, was ich will, ihr dreht es immer gegen mich, und der Hohn nimmt kein Ende. Ich kann nicht länger schweigen, es zerfrißt mich. Hören Sie denn überhaupt zu? Sie saugen an Ihrer Pfeife herum, und ich sag Ihnen ins Gesicht: Sie lügen. Sie wissen ganz genau, wie gemein Sie sind. Sie sind hundsgemein. Sie sitzen auf dem Stuhl, den ich gemacht habe, und zünden sich Ihre Pfeife an. Was hab ich Ihnen zuleid getan? Sie wollen nicht, daß ich tauge. Warum schmähen Sie mich? Sie sitzen auf meinem Stuhl. Alle schmähen mich und frohlocken und hören nicht auf. Wieso seid ihr stärker als die Wahrheit? Sie wissen genau, was wahr ist. Sie sitzen drauf –

Der Tischler hat endlich die Pfeife angezündet.

Sie haben keine Scham –

TISCHLER Schnorr nicht soviel.

ANDRI Sie sehen aus wie eine Kröte!

TISCHLER Erstens ist hier keine Klagemauer.

Der Geselle und zwei andere verraten sich durch Kichern.

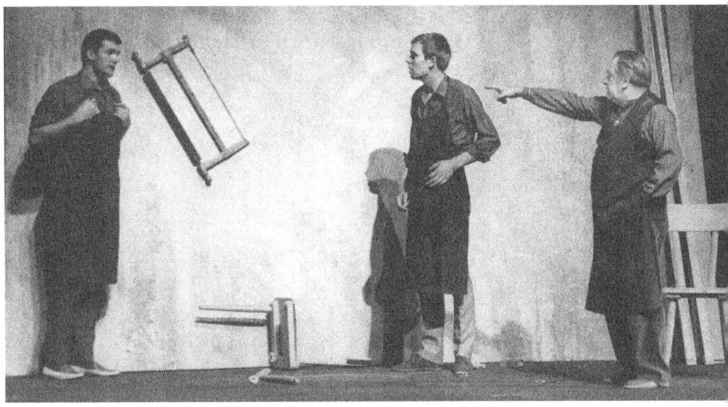

Soll ich eure ganze Fußballmannschaft entlassen?

Der Geselle und die andern verschwinden.

Erstens ist hier keine Klagemauer, zweitens habe ich kein Wort davon gesagt, daß ich dich deswegen entlasse. Kein Wort. Ich habe eine andere Arbeit für dich. Zieh deine Schürze aus! Ich zeige dir, wie man Bestellungen schreibt. Hörst du zu, wenn dein Meister spricht? Für jede Bestellung, die du hereinbringst mit deiner Schnorrerei, verdienst du ein halbes Pfund. Sagen wir: ein ganzes Pfund für drei Bestellungen. Ein ganzes Pfund! Das ist's was deinesgleichen im Blut hat, glaub mir, und jedermann soll tun, was er im Blut hat. Du kannst Geld verdienen, Andri, Geld, viel Geld ...

Andri reglos.

Abgemacht?

Der Tischler erhebt sich und klopft Andri auf die Schulter.

Ich mein's gut mit dir.

Der Tischler geht, man hört die Fräse wieder.

ANDRI Ich wollte aber Tischler werden ...

schnorren:
betteln; die Juden galten (zu Unrecht) als Schnorrer und Geldverleiher

Klagemauer:
an der Klagemauer in Jerusalem verrichten die Juden ihre Gebete

Fragen an den Text stellen

- **Zu den Requisiten**
  - Welche Requisiten (Gegenstände, mit denen die Personen umgehen) spielen in dieser Szene eine Rolle? Welche Rolle spielen sie?
- **Zu den Personen**
  - Welche Personen treten in welcher Reihenfolge in der Szene auf?
  - Auch hinter der Bühne spielen noch Personen mit. Wer könnte das sein?
- **Zum Charakter der Personen**
  - Was sagen die Redebeiträge über die Denkweise der Personen aus?
  - Wie äußert sich ihr Charakter in ihren Handlungen?
  - Wie unterscheiden sich die drei Figuren?
- **Zum Verhalten der Personen**
  - Wie verhält sich der Geselle im Verlauf der Szene? Wie reagiert Andri?
  - Wie begegnet der Tischler Andri? Wie reagiert er auf seine Argumente?
  - Warum will der Tischler Andri in den Verkauf bringen?
  - Wie verändern sich Andris Reaktionen im Verlauf der Handlung?
- **Zu Stimmen und Gebärden**
  - Wie würdet ihr die drei Personen stimmlich darstellen?
  - Mit welchen Gebärden würdet ihr ihre Äußerungen unterstützen?

Anregungen zur szenischen Interpretation

Spielvorschlag 1: Die Szene textgetreu nachspielen

- Probt die Szene in Kleingruppen unabhängig voneinander. Jede Gruppe bestimmt einen **Spielleiter**. Er ist verantwortlich für die Organisation und entscheidet, welche Spielvorschläge aufgenommen werden.
- Die Charaktere entwickeln sich über die Art des Sprechens (Tonfall, Lautstärke, Sprechtempo), über Mimik und Körpersprache.
- Ihr habt sicher herausgefunden, dass der Stuhl eine ganz entscheidende Rolle spielt. Er ist Symbol für die Macht des Tischlers. In der szenischen Darstellung muss anhand dieses Objekts die Rolle des Tischlers und die Rolle Andris deutlich werden.
- Lernt die Rollen und spielt die Szene textgetreu nach.

→ *Vorschläge zum Einstudieren der Rollentexte findet ihr in der Werkstatt Sprechen und Zuhören, S. 186/187.*

Spielvorschlag 2: Mit dem Text freier umgehen

Geht frei mit der Szene um und hebt das, was ihr in der Szene für besonders wichtig haltet, hervor, z. B. so:

ANDRI *(zeigt auf den Stuhl, auf dem der Tischler sitzt)* Sie sitzen auf meinem Stuhl.

TISCHLER *(greift einen anderen Stuhl, reißt ihm nacheinander die Beine aus, wirft Trümmer hin)* Tischler werden ist nicht einfach, wenn's einer nicht im Blut hat.

ANDRI Das ist nicht mein Stuhl.

TISCHLER Tischler werden ist nicht einfach, wenn's einer nicht im Blut hat.

ANDRI Sie sitzen auf meinem Stuhl. Das ist nicht mein Stuhl.

- Führt den Dialog mit diesen drei Sätzen weiter. Die Sätze werden endlos wiederholt. Auch mit Satzfragmenten könnt ihr arbeiten. Verändert dabei Tonfall und Sprechtempo. Während des Dialogs zertrümmert der Tischler weitere Stühle, sodass zwischen ihm und Andri schließlich ein Trümmerberg liegt.
- Der Geselle tritt auf. Er umkreist den Tischler und Andri in gebückter, unterwürfiger Haltung. Dabei wiederholt er folgende Sätze:
  Jeder rechte Stuhl ist verzapft. Nur was geleimt ist, geht aus dem Leim.

So geht das Stück weiter

Andri passt sich mehr und mehr dem Bild an, das sich die Andorraner von einem Juden machen. Verzweifelt klammert er sich an seine Liebe zu Barblin, ohne zu wissen, dass sie seine Halbschwester ist. Sein Vater verweigert die Heirat, gibt jedoch nicht den wahren Grund dafür an. So bezieht Andri auch dies auf sein Anderssein. Selbst als nach dem Erscheinen der Senora, seiner leiblichen Mutter, die Wahrheit über seine Herkunft ans Licht kommt, weigert er sich, diese anzunehmen und seine „jüdische Identität" abzulegen.

Die Senora wird durch einen Steinwurf getötet und Andri als Täter verleumdet. Als die „Schwarzen" in Andorra einmarschieren, wird er als Jude festgenommen und schließlich ermordet. Die Schuld am Tod seines Sohnes lässt den Lehrer zerbrechen, er begeht Selbstmord. Auch Barblin verkraftet seinen Tod nicht. Sie wird wahnsinnig. Für die übrigen Andorraner bleibt das Geschehen jedoch ohne spürbare Folgen.

Werkstatt

Sprechen und Zuhören

Rollentexte einstudieren

In dieser Werkstatt lernt ihr, einen Rollentext für das Vortragen vorzubereiten, ihn frei zu sprechen und die Rolle in einer Theaterszene zu spielen.

Auf den Seiten 181–183 ist das dritte Bild aus dem Theaterstück „Andorra" abgedruckt. An diesem Textauszug übt ihr das Einstudieren von Rollentexten.

1 Bildet Kleingruppen von sechs Schülern.
Besetzt jede Rolle (Andri, Geselle, Meister) doppelt.

2 Fertigt für jeden Spieler eine Textkopie an.
- Schneidet die Textspalten am besten aus und klebt sie untereinander auf. Dann habt ihr genug Platz, um neben dem Text Notizen zu machen.
- Hebt euren Rollentext farbig hervor.

3 Jeder liest zunächst leise, aufmerksam und im eigenen Lesetempo seine Rolle. Dabei macht ihr euch klar, **was** hier gesprochen wird.

4 Jeder liest seinen Rollentext ein zweites Mal und bereitet ihn für den Vortrag vor. Es soll deutlich werden, **wie** der Text gesprochen werden soll:
- Unterstreicht Wörter, die ihr hervorheben wollt.
- Setzt Pausenzeichen: | kurze Atempause, || etwas längere Sprechpause.
- Macht euch Notizen am Rand für die Stimmführung: laut, leise, flüsternd, wütend, verzweifelt, gleichgültig, überlegen ...
- Hebt die Regieanweisungen, die zu eurem Rollentext gehören, farbig hervor.

Rollentext: Andri

ANDRI Ich hab auch schon Linksaußen gespielt, | wenn kein andrer wollte. Natürlich will ich, | wenn eure Mannschaft mich nimmt. — *bekräftigend*
GESELLE Hast du Fußballschuh?
ANDRI Nein. — *unsicher*
GESELLE Brauchst du aber.
ANDRI Was kosten die?
GESELLE Ich hab ein altes Paar, ich verkaufe sie dir. Ferner brauchst du natürlich schwarze Shorts und ein gelbes Tschersi, das ist klar, und gelbe Strümpfe natürlich.
ANDRI Rechts bin ich stärker, | aber wenn ihr einen Linksaußen braucht, | also einen Eckball bring ich schon herein.
Andri reibt die Hände.
Das ist toll, | Fedri, | wenn das klappt. — *begeistert*

5 Prägt euch eure Rollen sprechend ein:
- Geht durch den Raum. Lest euren Rollentext dabei halblaut. Wiederholt das einige Male. Unterstützt euer Sprechen durch Mimik und Gestik.
- Flüstert demjenigen aus der Gruppe, der denselben Rollentext vorbereitet hat, diesen Text ins Ohr. Der Zuhörende hat die Augen geschlossen.
  Wiederholt das einmal oder mehrmals.

6 Konzentriert euch noch einmal auf die längeren Passagen in eurem Rollentext. Tragt sie euch selber halblaut vor. Versucht, beim Lesen immer wieder hochzuschauen. Sprecht im Gehen oder Stehen. Setzt Mimik und Gestik ein.

7 Sprecht die Texte in Dreiergruppen. Versucht, euren Rollentext immer freier zu sprechen. Arbeitet auch die Regieanweisungen in eure Darstellung ein.

8 Spielt euch in den Sechsergruppen gegenseitig die Szene vor.
- Verfolgt aufmerksam die szenische Darstellung der anderen Gruppe.
- Sprecht über Unterschiede im Sprechausdruck und in der Darstellung.
- Angeregt durch die Darstellung der anderen Gruppe und das Gespräch könnt ihr weitere Darstellungsversuche starten und anschließend besprechen.

Einen Text als Sprechtheater inszenieren

Ernst Jandl

my own song

(mein eigenes lied)

ich will nicht sein
so wie ihr mich wollt
ich will nicht ihr sein
so wie ihr mich wollt
ich will nicht sein wie ihr
so wie ihr mich wollt
ich will nicht sein wie ihr seid
so wie ihr mich wollt
ich will nicht sein wie ihr sein wollt
so wie ihr mich wollt

nicht wie ihr mich wollt
wie ich sein will will ich sein
nicht wie ihr mich wollt
wie ich bin will ich sein
nicht wie ihr mich wollt
wie ich will ich sein
nicht wie ihr mich wollt
ich will ich sein
nicht wie ihr mich wollt will ich sein
ich will sein

Fragen an den Text stellen

1 Notiere auf einer Kopie des Gedichtes oder auf Folie, was dir beim Lesen des Textes einfällt. Schreibe deine Gedanken in die Denkblasen.

2 Tauscht eure Gedanken zu diesem sicher etwas ungewohnten Text aus:
- Wer könnte hier sprechen?
- Zu wem könnte diese Person sprechen? Oder spricht sie zu sich selbst?

Anregungen zur szenischen Interpretation

- Erarbeitet in Partnerarbeit einen Textvortrag:
  - Stellt euch eine konkrete Situation vor: Sohn/Tochter macht den Eltern Vorwürfe, jemand spricht allein in seinem Zimmer ...
  - Sprecht den Text mehrmals und betont dabei jeweils unterschiedliche Wörter.
  - Sprecht lauter oder leiser, langsamer oder schneller, macht Sprechpausen ...
  - Notiert am Rand die Stimmung, die Redehaltung, die beim Sprechen deutlich werden soll: unsicher, immer selbstbewusster, wütend, unterkühlt, traurig ...

- Probiert unterschiedliche Gestaltungsmöglichkeiten aus, z. B:
  - Zwei Sprecher sprechen zeilenweise abwechselnd. Der Sprecher, der in der ersten Strophe die zweite Zeile gesprochen hat, beginnt in der zweiten Strophe.
  - Lest ganz schnell und aufgeregt, baut dann wieder gelangweilte Phasen ein.
  - Beginnt fast gleichgültig, werdet energischer oder sogar wütend ...
  - Verstärkt den Vortrag mit entsprechendem Gesichtsausdruck, entsprechender Körperhaltung und entsprechenden Gesten: vorsichtig, aufrechte Körperhaltung, lächelnd, Kopf nach hinten geworfen, mit der Faust auf den Tisch schlagend ...

- Entwickelt Inszenierungsideen, z. B.:
  - Die Spieler einer Gruppe sind im Raum verteilt. Von diesen verschiedenen Plätzen aus sprechen sie und nähern sich dem Einzelnen provozierend, in bedrohlicher Körperhaltung und mit entsprechender Sprechweise:

    sei, wie wir dich wollen
    wie wir dich wollen
    so, wie wir dich wollen ...

  - Die Bedränger kommen immer dichter, schließlich kreisen sie den Einzelnen sprechend ein, flüsternd, immer lauter werdend ...

Traum und Wirklichkeit darstellen

Thomas Bernhard

Der Vorzugsschüler

Der Vorzugsschüler, dessen Leben mehr Methode hat als das Leben der Erwachsenen, träumt, dass er eine Rechenaufgabe nicht lösen kann und die Lösung auch dann noch nicht gefunden hat, als der Lehrer die Schulaufgaben einverlangt. Der Lehrer stellt den Vorzugsschüler in der Klasse zur Rede und droht ihm, seine Eltern von dem Vorfall zu benachrichtigen. Die Mitschüler sind voll Schadenfreude und stoßen den Vorzugsschüler, der körperlich ein Schwächling ist, in einen Kanal, aus dem er sich nur mit äußerster Anstrengung befreien kann. Am nächsten Tag getraut er sich gar nicht in die Schule hineinzugehen und bleibt zehn Minuten nach Schulbeginn unter dem Schultor stehen. Er macht kehrt und schwänzt. Er irrt in einem Park umher und wird dort plötzlich vom Schuldiener entdeckt, der den Vorfall in der Direktion meldet. Jetzt erwacht der Vorzugsschüler aus seinem Traum. Er stürzt schwitzend und halbnackt in das Schlafzimmer seiner Eltern. Aber so tief und mit welchen Mitteln sie auch in ihn eindringen, er sagt ihnen nicht den Inhalt seines Traums. Er weigert sich immer wieder, ihn zu erzählen.

Fragen an den Text stellen

1 Sprecht zunächst über die ungewöhnlichen Begriffe „Vorzugsschüler“ und „Schuldiener“. Aus dem Textzusammenhang könnt ihr herausfinden, was diese Begriffe bedeuten.

2 Durch seine Sprache wirkt der Text möglicherweise etwas veraltet. Findet das Thema heraus und überlegt, ob es noch aktuell ist.

3 Wie sind in diesem Text Traum und Wirklichkeit verknüpft? Wann erwacht der „Vorzugsschüler“?

Anregungen zur szenischen Interpretation

- Unterteilt den Text zunächst in Handlungsschritte.
  Der Traum kann in verschiedene kleine Szenen unterteilt sein.

- Entscheidet, ob ihr das Traumgeschehen mit oder ohne Sprache gestalten wollt. Alles lässt sich auch pantomimisch darstellen. Dann konzentriert ihr euch auf Mimik und körpersprachlichen Ausdruck: Wie lässt sich Schadenfreude darstellen? Wie lässt sich das In-den-Kanal-Stoßen auch ohne Körperberührung darstellen?

- Die Szene nach dem Erwachen aus dem Traum solltet ihr auf jeden Fall mit Sprache spielen: Das Gespräch mit den Eltern müsst ihr ausgestalten. Schreibt es auf, bevor ihr spielt, oder macht euch zumindest Notizen: Die Eltern spüren seine Befindlichkeit, äußern Sorgen, Anteilnahme ... stellen Fragen ... Er aber bleibt stumm. Die Verweigerung des Sprechens lässt sich wiederum überzeugend mimisch und körpersprachlich darstellen.

- Theatertechnisch ist noch zu überlegen, wie für die Zuschauer deutlich wird, dass es ein Traumgeschehen und ein reales Geschehen gibt, z. B. so:
  - Beginnt die Szene mit dem Bild eines Schlafenden. Hinter ihm hockt ein zweiter Spieler, der sich dann in die Handlung der Szene begibt.
  - Die Szene friert ein, nachdem der Vorfall der Direktion gemeldet wurde.
  - Der Schlafende richtet sich auf und bewegt sich auf eine zweite Bühne zu, das Schlafzimmer seiner Eltern ...

- Reflexion: Sprecht darüber, ob und inwiefern das Thema etwas mit dem dritten Bild von Andorra zu tun hat.

Ideen und Anregungen

→ **Weiterführende Lese- und Inszenierungsempfehlung:**
Andres Veiel. Der Kick. Ein Lehrstück über Gewalt.
In diesem Stück hat die Zeugenschranke zentrale Bedeutung. Gewalt wird nicht dargestellt. Grausames Geschehen entwickelt sich über die Gedanken, die an der Zeugenschranke geäußert werden. Sie lösen Innenbilder in den Köpfen der Zuschauer aus.

Überprüfe dein Wissen und Können

Zwischen den einzelnen Bildern des Stücks **„Andorra“** von Max Frisch findet in **Zwischenszenen** eine Gerichtsverhandlung statt. Diese Szenen spielen nach Beendigung des Krieges von Andorra mit dem Nachbarstaat der Schwarzen. Die Andorraner werden einer nach dem andern verhört. Sie treten in den Vordergrund der zweigeteilten Bühne und rechtfertigen an der Zeugenschranke ihr Verhalten.

Zwischenszene 1

Der Tischler tritt an die Zeugenschranke.

TISCHLER Ich gebe zu: Das mit den 50 Pfund für die Lehre, das war eben, weil ich ihn nicht in meiner Werkstatt wollte, und ich wusste ja, es wird nur Unannehmlichkeiten geben. Wieso wollte er nicht Verkäufer werden? Ich dachte, das würd ihm liegen. Niemand hat wissen können, daß er keiner ist. Ich kann nur sagen, daß ich es im Grund wohl meinte mit ihm. Ich bin nicht schuld, daß es so gekommen ist später.

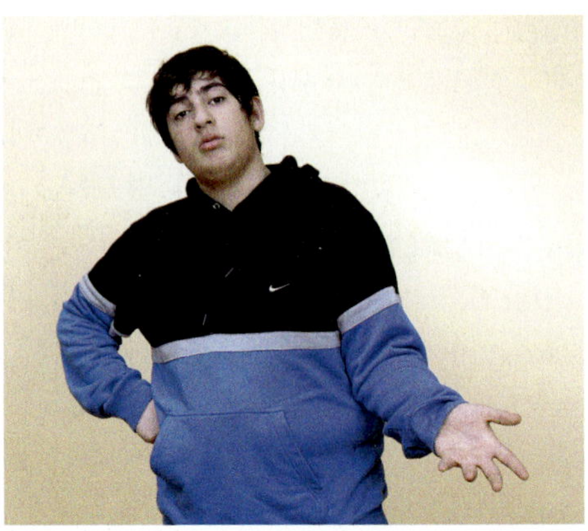

Zwischenszene 2

Der Geselle, jetzt in einer Motorradfahrerjacke, tritt an die Zeugenschranke.

GESELLE Ich geb zu: Es war mein Stuhl und nicht sein Stuhl. Damals. Ich wollte ja nachher mit ihm reden, aber da war er schon so, daß man halt nicht mehr reden konnte mit ihm. Nachher hab ich ihn auch nicht mehr leiden können, geb ich zu. Er hat einem nicht einmal mehr Guten Tag gesagt. Ich sag ja nicht, es sei ihm recht geschehen, aber es lag auch an ihm, sonst wär's nie so gekommen. Als wir ihn nochmals fragten wegen Fußball, da war er sich schon zu gut für uns. Ich bin nicht schuld, daß sie ihn geholt haben später.

Die Texte untersuchen

Einen literarischen Text lesen und untersuchen

1 Mache dir Notizen zu folgenden Fragen:
- Wie verteidigen sich die Personen?
- Worin siehst du die Mitschuld des Tischlers und des Gesellen?

2 Schreibe kleine Charakterskizzen, in denen du die Verteidigung des Tischlers und des Gesellen an der Zeugenschranke in Beziehung zu ihrem tatsächlichen Verhalten setzt.

Textfiguren charakterisieren

So könnte die Charakterisierung des Tischlers beginnen:
Der Tischler will Andri keine Lehre anbieten, weil er nicht will, dass ...
Er ist der Meinung, dass Juden ...
Deshalb hat er absichtlich viel zu viel Geld für die Lehre verlangt ...
An der Zeugenschranke ...

Sprechtheaterszenen entwickeln

Einen Text als Sprechtheater inszenieren

3 Arbeitet in Kleingruppen weiter. Bringt die Verteidigungsreden an der Zeugenschranke und das dritte Bild zusammen, indem ihr Sprechtexte entwickelt. Dabei soll deutlich werden, wie sich der Meister und der Geselle mit Floskeln herausreden.
- Schreibt zunächst die experimentellen Texte auf, die auf diese Weise entstehen.
- Probiert aus, welche Wirkung euer Sprechtext hat, wenn ihr bestimmte Textstellen mehrfach wiederholt, z. B.:

  Du kannst Geld verdienen, Andri, viel Geld ...
  Wieso wollte er nicht Verkäufer werden?
  Ich dachte, das würd ihm liegen.
  ...

4 Stellt eure Sprechtexte als Gruppentexte vor. Die kritische Textabsicht soll durch die Sprechtexte überdeutlich zum Ausdruck kommen.

5 Erläutert anschließend eure Textabsicht und den Sprechausdruck:
- Was wolltet ihr besonders zum Ausdruck bringen?
- Welche Verbesserungsvorschläge könnt ihr nach den Sprechversuchen machen?

Werkstatt

Sprache

In der Werkstatt Sprache beschäftigst du dich mit der Sprache und dem Sprachgebrauch. Du lernst,
- *über Wörter und ihre Herkunft nachzudenken,*
- *Wünsche und Vorstellungen im Konjunktiv II zu formulieren,*
- *Nominalstil und Verbalstil zu unterscheiden und zu gebrauchen,*
- *Zeiten und Zeitenwechsel in Texten zu erkennen und zu erklären,*
- *verschiedene Formen der Redewiedergabe zu verwenden,*
- *Haupt- und Nebensätze zu unterscheiden und miteinander zu verknüpfen,*
- *Sprache zu untersuchen, um Texte besser zu verstehen und zu überarbeiten,*
- *die wichtigsten Regeln der Zeichensetzung anzuwenden.*

Auch in den verschiedenen Kapiteln des Buches wirst du aufgefordert, über Sprache und Sprachgebrauch nachzudenken: S. 21, 22/23, 48, 64, 83, 102, 142, 159.

Mit mehreren Sprachen leben

„Papa ponte – Mama Brücke“

Im Italienurlaub, an der kleinen Brücke, die sie täglich überquerten, sprach Sofia ihre Eltern zum ersten Mal bewusst in unterschiedlichen Sprachen an. Für die Eineinhalbjährige war Zweisprachigkeit bereits normal.

„Mama, gibst du mir mal die melanzana?“, fragt die fünfjährige Lea und streckt ihre Hand zu der bunten Schüssel mit den Auberginen aus. Teller und Schalen voll Caprese, Parma-Schinken, Parmesan und Peccorino-Käse füllen bei den Burzacchinis den Abendbrottisch. Alles, was mit dem Thema Essen zu tun hat, ist eindeutig italienisch besetzt. „Matschhose“ oder „Sandkasten“ existieren für Lea und ihre achtjährige Schwester Sofia dagegen nur im Deutschen. Solche Wörter haben sie im Kindergarten gelernt oder von ihrer Mutter, die deutsch mit ihnen spricht.

Für Andrea Burzacchini und Evelyn Gierth stand von Anfang an fest, ihre Kinder zweisprachig aufzuziehen. „Alles, was mit Emotionen und Zuneigung zu tun hat, drückt man doch viel besser in seiner

Muttersprache aus“, erklärt Andrea und fügt schmunzelnd hinzu: „Auch mit meinen Kindern schimpfen könnte ich auf Deutsch nie so gut.“ Andrea lebt seit zwölf Jahren in Deutschland und hatte von Anfang an großes Interesse, die Sprache seiner neuen Heimat richtig zu lernen. Doch sich in gebrochenem Deutsch mit seinen Kindern zu unterhalten, wäre für ihn keine Alternative gewesen. Doch noch wichtiger als die konsequente Sprachenaufteilung ist den Eltern die wechselseitige Akzeptanz und Neugier auf beide Kulturen und Sprachen.

1 Lies den Text „Papa ponte – Mama Brücke“ und beantworte die Fragen:
- In welchen Sprachen sprechen Eltern und Kinder miteinander?
- Warum sprechen sie nicht nur Deutsch?
- Suche das Beispiel, in dem Lea zwei Sprachen in einem Satz mischt. Warum macht sie das?
- Welche Wörter kennen Lea und Sofia nur auf Deutsch? Warum?

2 Überlegt gemeinsam, welche Vorteile es hat, mehrsprachig aufzuwachsen.

Jemand, der in vielen Situationen von einer Sprache auf eine andere Sprache umschalten und sich gut und flüssig verständigen kann, ist **mehrsprachig**.
Häufig dominiert eine Sprache, aber das Verhältnis kann sich im Laufe des Lebens verschieben. Während bei Kleinkindern häufig die Muttersprache besonders wichtig ist, kann bei Schuleintritt die Umgebungssprache die Hauptrolle einnehmen. Statistisch gesehen gibt es mehr mehrsprachige als einsprachige Menschen.

3 Gökhan Özcan, 32 Jahre, ist deutsch-türkisch aufgewachsen. Welche Unterschiede zwischen dem Türkischen und Deutschen hebt er hervor?

In der türkischen Sprache wird der Respekt vor dem Alter besonders groß geschrieben. Niemals würde man einen älteren Menschen duzen. Als Kind konnte ich meine Trainerin deshalb nie mit ihrem Vornamen Helga ansprechen. Das geht mir heute noch so, wenn ich sie treffe. Auf der Arbeit habe ich damit keine Probleme, auch wenn diese Haltung natürlich irgendwo in mir verankert ist. Generell pflegen wir in der Türkei einen sehr respektvollen und persönlichen Umgang untereinander. Wenn mir in Istanbul beispielsweise ein unbekannter Jugendlicher auf der Straße begegnet, so nennt er mich „Bruder“. Dieser zwischenmenschliche Ton drückt auf besondere Weise auch die türkische Mentalität aus.

4 Sammelt weitere Unterschiede zwischen Sprachen bei Anrede und Begrüßung.

Sprachbilder – Metaphern

1 Schau dir das Bild aus einem Tagebuch an. Was bedeutet es, wenn man Schmetterlinge im Bauch hat?

2 Im Internet haben Jungen und Mädchen das Sprachbild „Schmetterlinge im Bauch" erklärt:
- Welcher Erklärung stimmst du zu? Warum?
- Schreibe eine eigene Erklärung.

Schmetterlinge sind kleine, schöne, zerbrechliche Tiere, die bei Berührung ein seltsames, zärtlich-kitzliges Gefühl hervorrufen. Genauso fühlt es sich im Bauch an, wenn man aufgeregt ist, im positiven Sinne.

(geschrieben von Wieselchen)

Weil die Magengegend sich so seltsam flatterig anfühlt und das Herz so taumelig klopfen kann wie Schmetterlinge fliegen – schwerelos!

(geschrieben von Maienblume)

Wenn du verliebt bist, dann ist es so, als wenn du ein kleiner Falter wärst. Ein Schmetterling. Du bist glücklich und zufrieden. Und weil fast alles zuerst mit dem Bauchgefühl entschieden wird und nicht mit dem Kopf, spiegelt sich dies auch, wie bei jedem, im Bauch wieder. Es kribbelt und ist wunderschön ... eben ein „Bauchgefühl".

(geschrieben von Sunpoint)

Du kennst sicher das Gefühl, etwas sagen zu wollen, aber nicht zu wissen, wie du es beschreiben sollst. Dann werden oft **Metaphern** (Sprachbilder) verwendet. Bei einer Metapher werden Vorstellungen aus einem (konkreten) Bildbereich auf einen anderen Bereich übertragen, z. B.:

konkreter Bereich		Gefühlsbereich
Schmetterlinge im Bauch	→	verliebt sein

Mit Metaphern kann man etwas veranschaulichen, verstärken, bewerten oder Gefühle ansprechen.

3 Lies das Gedicht von Mascha Kaléko und begründe, warum es sich dabei um ein Liebesgedicht handelt?

Mascha Kaléko

Ein Post Scriptum

Von meinem alten Anwalt kam ein Brief.
Er schreibt wie immer.
Sachlich, fachlich. Ihr ergebener.

Da übersah ich beinah
das Post Scriptum.

„Nun, da mein Leben sich dem Abend zuneigt
und jenes dunkeln Engels Flügelschlagen
schon manche Nacht den Herzschlag übertönt,
will ich, Verehrteste, es ein Mal sagen:
Ich habe dreißig Jahre Sie geliebt.

Nun liegt ein Weltmeer zwischen mir und
Ihnen.
Und immer warte ich, dass noch ein Brief,
kein Liebesbrief und doch ein Schmetterling,
in mein mit Akten tapeziertes Leben
flattert."

Mascha Kaléko (1907–1975)

Post Scriptum: *Wenn man einen Brief fertig geschrieben und eine Information vergessen hat, kann man ein P.S. anhängen: P.S. ist die Abkürzung für Post Scriptum. Man schreibt diese Abkürzung vor den angehängten Satz.*

4 Das Gedicht enthält Metaphern, die die Situation und die Gefühle des Anwalts beschreiben. Wie deutest du sie?

Bildbereich	Bedeutung
– *Leben neigt sich dem Abend zu*	*der Anwalt ist alt geworden*
– *dunkler Engel*	…
– *der dunkle Engel schlägt mit den Flügeln*	…
– *Leben, mit Akten tapeziert*	…
– *ein Schmetterling soll flattern*	…

5 Suche in den Liebesgedichten auf den Seiten 84/85 nach weiteren Metaphern und deute sie.

Woher die Namen kommen …

1 Welche Erklärungen für Orts- und Städtenamen enthält der Text?

Die wahren Namen unserer Welt

Wofür steht Kalifornien? Warum heißt Bremen Bremen? Die meisten Ortsnamen geben uns Rätsel auf. Doch ihre – oft sehr vielsagende – Bedeutung erschließt sich, übersetzt man sie in die Sprache, die wir heute sprechen.

Die Menschen benennen Orte nach deren Eigenarten, etwa nach ihrer Lage, ihrem Erscheinungsbild oder ihrem Zweck. Afrika bedeutet z. B. ursprünglich „trockenes Land" – und das trifft es, zumindest für einen großen Teil des Kontinents, ziemlich gut. Ein anderes Beispiel: Seoul, die Hauptstadt Südkoreas, hieße auf Deutsch schlicht „Hauptstadt". Die meisten Ortsnamen allerdings sind – jedenfalls auf den ersten Blick – weniger eindeutig. Sie sind so alt, dass wir heute schlicht die Wörter nicht mehr kennen, von denen sich die Namen herleiten. Im Sonnenstaat Kalifornien an der Westküste der USA kommt man mitunter ganz schön ins Schwitzen. Die Spanier, die hier als erste Europäer landeten, nannten die Gegend deshalb „caliente fornelle" – heißer Ofen. Leicht genuschelt, klingt das wie Kalifornien.

Auch die Endungen der heutigen Ortsnamen verraten eine ganze Menge: Ob Magdeburg, Reichenbach, Nürnberg oder Wuppertal – wo die Orte liegen, ist ziemlich offensichtlich.

Unsere **Ortsnamen** sind oft Jahrhunderte, manchmal sogar Jahrtausende alt. Im Laufe der Zeit haben sich die Namen allerdings oft verändert: Der Name Bremen hat sich aus bremo (8. Jh.) entwickelt. Das Wort bremo bedeutet „Rand". Bremen bezieht sich also auf die Lage der Stadt: Sie liegt am Ufer der Weser.
Wichtige Hinweise auf die Besonderheiten der Orte liefern oft auch die Wortendungen: z. B. -furt (seichte Stelle durch den Fluss; Erfurt), -berg (Nürnberg), -rod (roden in der Bedeutung „abholzen"; Roth) oder -bach (Schlehenbach).

2 Kennst du Orte mit folgenden Wortendungen? Was könnten diese Endungen bedeuten?

-au *-bruck* *-burg* *-born* *-dorf* *-heim* *-kirchen*

3 Recherchiere im Internet oder informiere dich in einer Ortschronik: Woher kommt der Name des Ortes, in dem du wohnst? Was bedeutet er?

Sich etwas im Konjunktiv II ausmalen

1 Lies die letzte Strophe des Liedes „Manchmal wünscht ich“ von Reinhard Mey.
- Was stellt sich der Sänger vor?
- Woran erkennst du, dass es sich um etwas Vorgestelltes handelt?

Manchmal wünschte ich, meine Liebe wär ein Haus
Mit hellen Fenstern, hohen Türen,
Und du säh‘st, Dach und Giebel ragen hoch hinaus,
Könntest sie sehen und berühren.
Dann hättest du den Schlüssel für das Tor,
Zu allen Zimmern, allen Schränken,
Und deine Freiheit einzuschränken
Legtest nur du die Riegel selber vor.
Manchmal wünschte ich, meine Liebe wär ein Haus
Mit Giebeln, die zum Himmel ragen.
Mal ich dir meine Liebe schon vergebens aus,
Will ich sie dir wenigstens sagen.

Reinhard Mey

Äußerungen, die im **Konjunktiv II** formuliert sind, drücken etwas aus, was nicht den Tatsachen entspricht. Der Konjunktiv II stellt die Aussagen als unwirklich, unsicher oder nur gedacht dar.
Der Konjunktiv II dient zum Ausdruck
- von irrealen (unerfüllbaren) Wünschen: Ich wär so gerne Millionär.
- von irrealen Bedingungen: Wenn ich Zeit hätte, käme ich.
- von Höflichkeit: Könntest du mir bitte den Stift leihen?

2 Unterstreiche alle Konjunktiv-II-Formen (Folientechnik) in dem Liedtext und schreibe sie mit dem Infinitiv auf: *ich wünschte – wünschen ...*

3 Formuliere die letzten beiden Zeilen in einen Wenn-dann-Satz um. Warum stehen diese Zeilen eigentlich im Indikativ?

4 Male dir in Gedanken etwas aus, das du dir wünschst, und schreibe es wie Reinhard Mey auf: *Manchmal wünschte ich, ...*

Sprache untersuchen, Texte deuten

→ *Vergleiche zur Spurensuche bei Kurzgeschichten Seite 52–56.*

1 Lies die Kurzgeschichte von Peter Bichsel und notiere, was dir auffällt. Gehe auf Spurensuche.

Peter Bichsel

San Salvador

Peter Bichsel
(geb. 1935 in Luzern) ist ein Schweizer Schriftsteller. Zuerst hat er als Lehrer gearbeitet. Bekannt ist Peter Bichsel insbesondere durch seine Kurzgeschichten.

Er hatte sich eine Füllfeder gekauft.

Nachdem er mehrmals seine Unterschrift, dann seine Initialen, seine Adresse, einige Wellenlinien, dann die Adresse seiner Eltern auf ein Blatt gezeichnet hatte, nahm er einen neuen Bogen, faltete ihn sorgfältig und schrieb: „Mir ist es hier zu kalt", dann, „ich gehe nach Südamerika", dann hielt er inne, schraubte die Kappe auf die Feder, betrachtete den Bogen und sah, wie die Tinte eintrocknete und dunkel wurde [in der Papeterie garantierte man, dass sie schwarz werde], dann nahm er seine Feder erneut zur Hand und setzte noch seinen Namen Paul darunter.

Dann saß er da.

Später räumte er die Zeitungen vom Tisch, überflog dabei die Kinoinserate, dachte an irgend etwas, schob den Aschenbecher beiseite, zerriss den Zettel mit den Wellenlinien, entleerte seine Feder und füllte sie wieder. Für die Kinovorstellung war es jetzt zu spät.

Die Probe des Kirchenchores dauerte bis neun Uhr, um halb zehn würde Hildegard zurück sein. Er wartete auf Hildegard. Zu all dem Musik aus dem Radio. Jetzt drehte er das Radio ab.

Auf dem Tisch, mitten auf dem Tisch, lag nun der gefaltete Bogen, darauf stand in blauschwarzer Schrift sein Name Paul.

„Mir ist es hier zu kalt", stand auch darauf.

Nun würde also Hildegard heimkommen, um halb zehn. Es war jetzt neun Uhr. Sie läse seine Mitteilung, erschräke dabei, glaubte wohl das mit Südamerika nicht, würde dennoch die Hemden im Kasten zählen, etwas müsste ja geschehen sein. Sie würde in den „Löwen" telefonieren.

Der „Löwen" ist mittwochs geschlossen.

Sie würde lächeln und verzweifeln und sich damit abfinden, vielleicht.

Sie würde sich mehrmals die Haare aus dem Gesicht streichen, mit dem Ringfinger der linken Hand beidseitig der Schläfe entlang fahren, dann langsam den Mantel aufknöpfen.

Dann saß er da, überlegte, wem er einen Brief schreiben könnte, las die Gebrauchsanweisung für den Füller noch einmal – leicht nach rechts drehen –, las auch den französischen Text, verglich den englischen mit dem deutschen, sah wieder seinen Zettel, dachte an Palmen, dachte an Hildegard.
Saß da.
Und um halb zehn kam Hildegard und fragte: „Schlafen die Kinder?"
Sie strich sich die Haare aus dem Gesicht.

2 Entscheide nach deiner Spurensuche, welche Aussagen stimmen. Entscheide dich jeweils zwischen Antwort a) und b) und belege deine Entscheidung mit Beispielen aus dem Text.

1 *a) Der Erzähler stellt die Hauptfigur mit Namen vor.*
b) Der Erzähler verwendet zunächst Personalpronomen und lässt offen, wer gemeint ist.

2 *a) Die Geschichte ist in der Ich-Form erzählt, sodass der Leser genau weiß, was die Hauptperson denkt und fühlt.*
b) Die Geschichte ist in der Er-Form erzählt und ein Erzähler schildert, was die Hauptfigur macht.

3 *a) Der Erzähler reiht Sätze der Reihe nach auf und gebraucht oft das Wörtchen „dann". Dadurch wird die Eintönigkeit im Leben des Mannes betont.*
b) Der Erzähler erklärt und begründet. Dazu gebraucht er viele Nebensätze.

4 *a) Wichtige Sätze werden wiederholt. Das ist ein Signal an den Leser.*
b) Der Erzähler gibt Erklärungen zu wichtigen Stellen.

5 *a) An einer Stelle wird der Konjunktiv verwendet, um indirekte Rede zu markieren.*
b) An einer Stelle wird der Konjunktiv verwendet, weil erzählt wird, was die Hauptfigur sich vorstellt.

6 *a) Manche Sätze stehen in der wörtlichen Rede. Über diese Sätze müssen die Leser besonders nachdenken.*
b) In der Geschichte kommt die wörtliche Rede nicht vor.

7 *a) Der Füller spielt eine besondere Rolle: Der Mann in der Geschichte drückt damit seine Träume und Gedanken aus.*
b) Der Füller spielt keine besondere Rolle, weil der Mann ohnehin nur sinnlose Tätigkeiten

8 *a) Der Erzähler verwendet viele schwierige und ungewöhnliche Wörter, um sich ganz genau auszudrücken.*
b) Der Erzähler schreibt einfach und verständlich, weil er vom Alltag der Menschen erzählt.

9 *a) Die Geschichte endet offen. Der Leser erfährt nicht, wie es mit Paul und Hildegard weitergeht.*
b) Der Leser erfährt am Ende der Geschichte, dass Paul nach San Salvador gehen wird.

3 Verfasse eine schriftliche Interpretation. Gehe dabei besonders auf die sprachlichen Merkmale der Geschichte ein.

→ *Kurzgeschichten analysieren und schriftlich interpretieren, S. 66–70*

Eigene Texte überarbeiten

→ *Hinweise zur Interpretation von Kurzgeschichten findest du auf Seite 66–70.*

1 Welche Wörterbücher können dir bei einer Textüberarbeitung helfen?
- Wenn du unsicher bist, ob du ein Wort richtig geschrieben hast.
- Wenn du ein Wort nicht wiederholen willst und nach einem anderen Ausdruck (einem Synonym) suchst.

2 Lies Adrianas Interpretation der Kurzgeschichte „San Salvador" von Peter Bichsel. Den Text der Kurzgeschichte findest du auf Seite 200.
- Was hat Adriana gut gemacht? Bist du mit ihrer Deutung einverstanden?
- An einigen Stellen sollte der Text sprachlich überarbeitet werden. Nutze dazu die Notizen am Rand.

„Durchgeknallt" ist zu umgangssprachlich. Suche eine passendere Formulierung.

In der Kurzgeschichte „San Salvador" von Peter Bichsel wird beschrieben, wie ein Mann einen neuen Füller testet: Er malt Linien und schreibt verschiedene Wörter und Sätze auf. Er macht auf mich den Eindruck, als ob er völlig durchgeknallt wäre.

Die unterstrichenen Verbformen müssen in indirekter Rede ausgedrückt werden.

Vermeide die Wiederholung von er und strukturiere deine Sätze nach dem zeitlichen Ablauf: dann, anschließend, schließlich ... Stelle dazu Satzglieder um!

Er schreibt, ihm ist es „hier zu kalt" und er geht nach Südamerika. Er denkt lange und intensiv über diese beiden Sätze, besonders über den letzten, nach. Er stellt sich vor, wie seine Frau wohl auf diesen Zettel reagieren wird, sobald sie von ihrer Gesangsprobe zurück ist. Er überlegt, einen Brief zu schreiben. Als seine Frau Hildegard dann ankommt, fragt sie ihn nur, ob die Kinder schon im Bett sind, und streicht sich die Haare aus dem Gesicht.

Vermeide die Wiederholung von vorstellen und beschreiben.

In dieser Geschichte werden zwei Personen näher vorgestellt: Der Mann, Paul, und seine Frau, Hildegard. Paul wird erst sehr spät richtig vorgestellt. Einen ganzen Absatz lang wird er nur mit „er" vorgestellt, bevor man am Ende des ersten Abschnitts seinen Namen erfährt. Genauer wird er gar nicht beschrieben. Paul wird durch seine Handlungen beschrieben, seine tatsächlichen Gefühle werden jedoch nicht beschrieben, sondern müssen vom Leser durch die Deutung seiner Handlungen erschlossen werden.

Die Überschrift ist nicht so leicht zu verstehen. San Salvador liegt in Mittelamerika, auf dem Zettel steht aber Südamerika. Ich denke, dass San Salvador einfach nur ein Symbol für sommerliches Wetter und Strand und Palmen und Meer ist. Auffällig ist, dass das Wort dann häufig zur Verknüpfung der Hauptsätze verwendet wird. Dadurch entsteht der Eindruck eines langwierigen und eintönigen Vorgangs. Im weiteren Textverlauf werden kurze, aneinandergereihte Hauptsätze gebraucht. Die Füllfeder wird oft im Text erwähnt, insgesamt fünfmal (vgl. Zeile 1, 6, 8, 13 u. 31). Für Paul scheint sie das einzige Mittel zu sein, seiner Frau etwas mitzuteilen. Seine Unsicherheit erkennt man daran, dass er die Gebrauchsanweisung des Füllers liest. Das ist so zu verstehen, dass Paul nach Ratschlägen sucht, wie er sich entscheiden soll (auswandern oder nicht?). Die Gründe für den Wunsch, sein derzeitiges Leben abzuschließen und in San Salvador ein neues zu beginnen, lassen sich anhand einiger Textstellen gut belegen. Die Textstelle Mir ist es hier zu kalt wird wiederholt. ↑ Eine weitere Wiederholung ist die Textstelle sein[en] Name[n] Paul, die wie die erste ein Teil von Pauls Brief ist. Mit der Wiederholung seines Namens wird zum Ausdruck gebracht, dass es um Paul geht.

Der Autor spricht mit dieser Geschichte ein //// Problem an, wie gefährlich Routine für eine Beziehung sein kann. Paul will aus der //// Welt, seiner Ehe, fliehen. Mit „kalt" ist somit eine //// Kälte gemeint, und zwar in Beziehung zu seiner Frau. Der //// Schluss lässt aber vermuten, dass Hildegard den Zettel nie lesen wird und die //// Routine somit wohl auch weiterlaufen wird. Da das Ende offen ist, handelt es sich eindeutig um eine Kurzgeschichte.

Wenn du diesen Abschnitt überarbeitest, denke daran, dass du alle wörtlichen Zitate aus der Kurzgeschichte wortgetreu wiedergeben und Anführungszeichen setzen musst.
Wo die Belegstellen fehlen, musst du sie ergänzen.
Wie man richtig zitiert, lernst du auf Seite 216/217.

↑ Vermute, warum die Textstelle wiederholt wird.

An den markierten Stellen //// kannst du durch Adjektive präzisieren. Überlege, welche Adjektive passen könnten:
offen, innere, ewig, eng, klein, langweilig, alltäglich, häufig, weit verbreitet, gängig, bekannt, emotional

3 Wenn du eine eigene Interpretation zu „San Salvador" geschrieben hast (S. 201, Aufgabe 3), dann überarbeite sie noch einmal. Überlege, ob du die Überarbeitungshinweise von diesen Seiten dafür nutzen kannst.

Nominalstil und Verbalstil

Die Schülerinnen und Schüler einer 9. Klasse haben eine Liste mit Wunschberufen erstellt. Sie suchen jetzt Stellenanzeigen, um Aufgaben und Anforderungen genauer kennenzulernen.

Wir bauen die Welt von morgen.

Für unseren **Standort Essen** suchen wir **eine/n Sekretär/in**

Ihre Aufgaben
- Übernahme der Sekretariatsaufgaben
- Führen der Korrespondenz in deutscher und englischer Sprache
- selbstständiges Erstellen von Präsentationen
- Recherchieren und Zusammenstellen von Informationen aus verschiedenen Quellen (Internet, Zeitung)
- Planung und Organisation von Terminen, Dienstreisen und Besprechungen
- Kommunikation mit Geschäftspartnern

Unsere Anforderungen
- erfolgreich abgeschlossene kaufmännische Ausbildung
- Sicherheit im Umgang mit modernen/digitalen Kommunikationsmitteln
- gute Englischkenntnisse in Wort und Schrift
- Organisationstalent, Kommunikationsfähigkeit und Teamfähigkeit in der Zusammenarbeit mit Geschäftsführern und AssistentInnen
- Zuverlässigkeit, Einsatzbereitschaft und Motivation

Wir freuen uns auf Ihre Bewerbung, die Sie uns über unser Online-Formular bitte zur Verfügung stellen. Bei Fragen zur Stellenausschreibung helfen wir Ihnen gern weiter.

1 Welche Aufgaben hat ein Sekretär/eine Sekretärin?
Schreibe Sätze wie im Beispiel:
Ein Sekretär/Eine Sekretärin muss sämtliche Sekretariatsaufgaben übernehmen. Er/Sie führt ...

2 Welche Anforderungen muss ein Sekretär/eine Sekretärin erfüllen?
Schreibe Sätze wie im Beispiel:
Ein Sekretär/Eine Sekretärin muss eine kaufmännische Ausbildung erfolgreich abgeschlossen haben. Er/Sie muss sicher ...

Texte, die kurz und knapp formuliert sind (z. B. Anzeigen, Formulare, Notizen) enthalten viele Nomen. Verben und Adjektive werden in Nomen umgeformt **(Nominalisierung)**:

Die Sekretärin führt die Korrespondenz → Führen der Korrespondenz
Der Mitarbeiter muss zuverlässig sein → Zuverlässigkeit
Es gibt verschiedene Möglichkeiten der Nominalisierung:

- Infinitiv (Grundform) des Verbs: führen → das Führen ...
- Nomen mit den Endungen -ung, -heit, -keit, -schaft, -nis: planen → die Planung, einsatzbereit → die Einsatzbereitschaft ...
- Fremdwörter mit der Endung -(at)ion: organisieren → die Organisation ...

Nominalisierungen sind oft auch zusammengesetzt:
Berufserfahrung, Englischkenntnisse, Organisationstalent ...

→ *Zur Schreibung von Nominalisierungen vgl. S. 236/237.*

3 Überarbeite die folgende Anzeige und bilde Nominalisierungen:
Ihre Aufgaben: – Übernahme vielfältiger Aufgaben ...

Ausbildung zum Elektroniker (m/w)
Fachrichtung Energie- und Gebäudetechnik

Elektroniker

- übernehmen vielfältige Aufgaben rund um die Elektrik
- planen und installieren elektrische Anlagen
- erarbeiten Systeme der Energieversorgung und Gebäudetechnik
- installieren Beleuchtungssysteme und Schalt-, Steuer- und Regeleinrichtungen
- installieren Kommunikationsanlagen
- montieren dezentrale Energieversorgungsanlagen und Notstromgeräte und nehmen sie in Betrieb
- installieren Gebäudeleiteinrichtungen und vernetzen Systeme, stellen sie ein und stimmen sie aufeinander ab

4 Überarbeite auch den zweiten Teil der Annonce:
Unsere Anforderungen: ...

Bewerber sollten ...

- mindestens die Hauptschule abgeschlossen haben
- sich in Mathe und Physik gut auskennen
- zuverlässig und verantwortungsbewusst arbeiten
- gern im Team arbeiten

Der Gebrauch der Zeitformen in Texten

1 Lies den Anfang eines Artikels aus dem Jugendmagazin „Dein Spiegel". Unterstreiche alle Prädikate und bestimme die Zeitformen und Infinitive:

Prädikat	***Zeitform***	***Infinitiv***
ist	*Präsens*	*sein*

Warum es so gesund ist, sich krankzulachen ...

Lachen ist gesund für Körper, Geist und Seele. Es hält fit, baut Stress-Stoffe im Körper ab und weckt Abwehrzellen, sogenannte T-Helfer-Zellen. Einige Forscher glauben, dass diese Zellen helfen, Krebs zu verhindern. Klar ist auf jeden Fall, dass Humor Ansteckungen und Herzinfarkten vorbeugen kann.

Beweise? Kein Problem. Wissenschaftler in den USA zeigten 20 Textpersonen erst eine Komödie, dann einen traurigen Kriegsfilm. Ergebnis: Bei der Komödie wurde ihre Durchblutung besser, beim Kriegsfilm schlechter – die Gefahr eines Herzinfarkts stieg.

Also hier eine kleine Stärkung der Abwehrkräfte: Im Zoo sagt die Mutter zu ihrer Tochter: „Schatz, geh sofort von den Löwen weg." Sagt das Mädchen: „Wieso, ich tue denen doch nichts."

2 Der Text enthält einige unvollständige Sätze (Ellipsen). Sie sind gelb markiert. Formuliere vollständige Sätze. Achte dabei auf die Zeitformen der Prädikate. *Beispiel: Beweise? → Möchtest du/Möchtet ihr Beweise?*

3 Erklärt, warum in den einzelnen Abschnitten die Zeitformen wechseln.

Für verschiedene **Textsorten** sind bestimmte **Zeitformen** charakteristisch: So stehen Berichte oder Märchen im Präteritum, Lexikonartikel oder Witze im Präsens.
Allerdings können in einem Text auch verschiedene **Zeitformen wechseln**. Achte darauf, an welchen Stellen die Zeitform wechselt, denn dies ist ein wichtiges Signal:

- Textabschnitte, in denen über etwas Vergangenes erzählt oder berichtet wird, stehen im Präteritum.
- Textabschnitte, in denen ausgedrückt wird, was immer so ist oder was man unmittelbar sieht oder erlebt, stehen im Präsens.

4 Lies den folgenden Text über den besten Witz der Welt:
- Gliedere den Text in Abschnitte und überlege dabei, was der Autor in den einzelnen Abschnitten macht.
- Schreibe die Abschnitte in den passenden Zeitformen auf. Verwende dabei die Verben in der Randspalte.
- Begründe die Wahl der Zeit durch die Regeln im Kasten.

Der beste Witz der Welt

Vor ein paar Jahren ///// britische Wissenschaftler ein Expe-	*machen*
riment: Internetnutzer aus der ganzen Welt ///// ihnen ihren	*sollen*
Lieblingswitz schicken. Gleichzeitig ///// man bewerten, wie	*können*
komisch man die Witze der anderen Einsender /////.	*finden*
Am Ende ///// eine Sammlung von 40000 Witzen, rund 1,5	*stehen*
Millionen Teilnehmer ///// ihre Stimme /////. Dieser Witz	*abgeben*
///// ziemlich weit vorne:	*liegen*
Zwei Jäger ///// in den Wald. Auf einmal ///// der eine von	*gehen, zusammenbrechen*
ihnen ///// und ///// leblos auf dem Boden /////. Der ande-	*liegenbleiben*
re ///// schnell sein Handy, ///// den Notruf und /////:	*holen, wählen, sagen,*
„Mein Freund ///// tot, was ///// ich nur machen?“ „/////	*sein, sollen, bleiben,*
Sie ruhig“, ///// der Mann aus der Notrufzentrale, „Sie /////	*antworten, sollen*
erst sicher sein, dass der Mann wirklich tot /////.“ Danach	*sein,*
///// Stille in der Leitung. Plötzlich ///// der Notrufmann	*sein, hören*
einen Schuss, dann wieder die Stimme des Jägers: „Erledigt.	
Und nun?“	
Darüber ///// also die ganze Welt, aber was die einzelnen	*lachen*
Länder lustig /////, ///// doch sehr unterschiedlich. Ameri-	*finden, sein*
kaner ///// vor allem Witze zu mögen, bei denen ///// je-	*scheinen, sich fühlen*
mand sehr überlegen /////, z. B. so:	
„Mit der neuen Brille ///// du total scheiße /////.“ – „Ich	*aussehen*
///// doch gar keine neue Brille.“ – „Aber ich.“	*haben*

5 Bestimme in der Zeitungsmeldung die Zeiten und erkläre die Zeitenwechsel.

98-Jähriger baut Unfall

Ausgerechnet auf dem Weg vom Augenarzt, wo er gerade einen Sehtest bestanden hatte, baute Otto R. einen Unfall. Die Polizisten guckten zweimal, als sie den Führerschein des Mannes sahen. „Jetzt bin ich 98 Jahre, und nun passiert mir mein erster Unfall“, erklärte der alte Herr den verdutzten Beamten.

Gedankenbrücken: Haupt- und Nebensätze

1 Lies die Meinungen von Alexis und Louisa.
- Markiere alle Nebensätze.
- Woran hast du sie erkannt? Vergleicht eure Lösungen.

Alexis, 12 Jahre, aus Berlin:
„Es gab heftige Diskussionen, als ich den Computer bekam. Meine Eltern waren sauer, weil ich zwei Stunden am Tag spielen wollte, meine Mutter wollte nur eine halbe erlauben. Nach drei Tagen haben wir uns auf eine Stunde geeinigt. Damit ich diese Zeit nicht überziehe, habe ich eine Einstellung an meinem Computer. Die sperrt genau nach einer Stunde meinen Internetzugang. Das finde ich nicht so toll. Wenn ich gerade mitten im Chat mit Freunden bin und plötzlich rausfliege, ist das blöd."

Karina, 15 Jahre, aus Köln:
„Wenn ich Referate vorbereiten muss, benutze ich oft das Internet. Ich recherchiere bei *Google* oder *Wikipedia*. Wir haben aber nur einen Computer für alle, das finde ich nicht so gut. Es gibt oft Diskussionen mit meinen Brüdern, weil sie oft stundenlang am Computer sitzen. Ich muss auch oft lange warten, bis ich endlich mit meinen Freundinnen chatten kann. Obwohl ich schon oft mit meinen Eltern diskutiert habe, schaffen sie keinen zweiten Computer an."

Haupt- und Nebensatz bilden zusammen ein **Satzgefüge**.
Der Nebensatz beginnt mit einer Konjunktion und das konjugierte Verb steht am Ende. Im Hauptsatz steht das konjugierte Verb an zweiter Stelle oder bildet eine Satzklammer. Zwischen Haupt- und Nebensatz steht ein Komma.
Im Satzgefüge enthält der Nebensatz wichtige Informationen zum Hauptsatz:
Wir sprechen uns ab, [Grund] weil wir nur einen PC haben.
Ich bekomme keinen PC, [Einschränkung] obwohl ich einen brauche.
Ich fühle mich wohl, [Bedingung] wenn ich chatten kann.
Kea sitzt so lange am PC, [Zeit] bis sie einschläft.

→ *Vgl. zu den dass-Sätzen „Wissen und Können", S. 291.*

2 Bestimme die Art der Nebensätze mithilfe des Konjunktionsrads auf Seite 209.

3 Lies den folgenden Text und verbinde die farbig unterlegten Sätze, die mit einem Schrägstrich (/) getrennt sind, mit passenden Konjunktionen. Achte auf die Hinweise, die hinter den Sätzen in Klammern stehen und nutze das Konjunktionenrad. Vergiss die Kommas nicht!

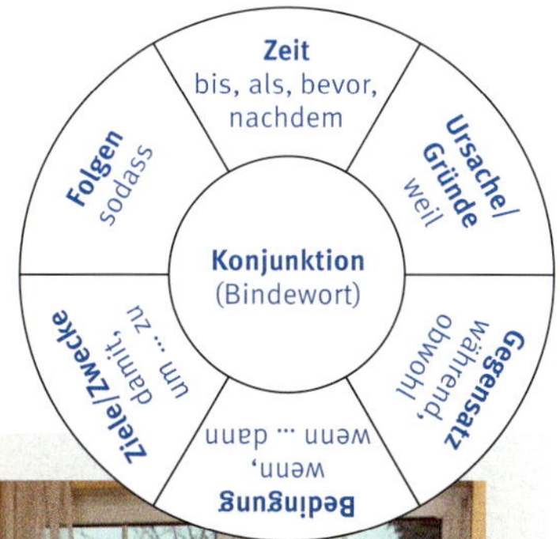

Schalt das Ding aus!

Es gibt oft Streit / Kinder wollen mit dem Computer spielen und die Eltern sind dagegen. (Ursache/Grund) Das ist in vielen Familien so. Und es ist ein neuartiger Streit, jedenfalls für die Eltern: Sie waren noch Kinder / Da gab es noch gar keinen Computer oder sie standen bei den Erwachsenen im Büro. (Zeit) Eltern brauchen den Computer / Sie arbeiten vor allem damit. (Ziele/Zwecke) Eltern kennen nicht aus eigener Erfahrung, dass ein Computer viel Spaß machen kann. „Ich bin beunruhigt / Matilda ist ständig im Internet", sagt Anke Sterneborg über ihre Tochter. (Ursache/Grund) „Sie hat einen Computer bekommen / Sie trifft sich nicht mehr so oft mit ihren Freundinnen." (Zeit) Matilda nutzt den Computer für die Schule / Ihre Mutter hat nichts dagegen. (Bedingung) „Sie macht ihre Hausaufgaben / Sie darf dann spielen." (Zeit)

Mädchen nutzen Computer häufig zum Chatten, Jungs haben Spiele am liebsten. Jeder kennt den Streit: Wie lange darf ich spielen? Darf ich schon in Facebook? / Ich bin erst zwölf. (Gegensatz)

Eltern begrenzen die Computerzeit / Das hat einen einfachen Grund. (Bedingung) Die meisten Erwachsenen wissen von sich selbst, wie schnell eine Stunde im Netz rum ist. In dieser Zeit hätten sie etwas anderes machen können. Kinder sitzen nur noch vorm Bildschirm / Sie verlieren den Kontakt zum wirklichen Leben. (Folge)

Im **Satzgefüge** kann der Nebensatz nach oder vor dem Hauptsatz stehen:
Ich mache viel am PC, obwohl ich mich nicht so gut auskenne.
Obwohl ich mich nicht so gut auskenne, mache ich viel am PC.
Wenn du die Informationen im Nebensatz betonen möchtest, dann stelle ihn an den Anfang des Satzgefüges.

4 Überlege, bei welchen Satzgefügen in dem Text oben der Nebensatz am Anfang stehen könnte.

5 Untersuche die Satzgefüge in einer aktuellen Zeitungsmeldung.

Bedingungen formulieren: wenn ..., dann ...

1 Lies die beiden Kommentare zu der Frage, ob Computer Kinder dumm machen.

Welche Antwort stimmt:

a) Die beiden Lehrer stehen dem Computer ablehnend gegenüber.
b) Sie befürworten uneingeschränkt die Benutzung des Computers.
c) Sie befürworten die Computernutzung unter bestimmten Bedingungen.

Machen Computer Kinder dumm?

Ein Schulleiter meint:

Computer sind zunächst Arbeitsinstrumente, die nicht mehr wegzudenken sind. Wenn Computer der Informationsbeschaffung dienen, dann ist dagegen nichts einzuwenden. Wenn aber eine Spielsucht entsteht, ist das anders. In diesem Fall macht der Computer allerdings weniger dumm als krank.

Ein Lehrer meint:

Es kommt auf den zeitlichen Umfang der Computer-Nutzung an. Kinder sollten dadurch nicht Zeit zum Spielen einbüßen. Denn Kinder, besonders kleine, lernen durch direkten Umgang mit den Dingen, der Computer dagegen vermittelt indirekt, aus zweiter Hand. Und es kommt auf die Inhalte an, mit denen sich Kinder am Computer beschäftigen. In beiden Fällen sind die Eltern gefragt.

2 Wann halten die beiden Lehrer die Computernutzung für gefährlich, wann für nützlich? Ergänze die Sätze in deinem Heft:

a) Wenn Computer der Informationsbeschaffung dienen, dann ...
b) Wenn die Computernutzung zur Spielsucht wird, dann ...
c) Wenn die Kinder zu lange am Computer sitzen, dann lernen sie ...
d) Wenn die Kinder nur am Computer sitzen, dann vernachlässigen sie ...
e) Wenn die Inhalte gefährlich sind, dann sollten die Eltern ...

In argumentativen Texten werden oft **Bedingungen** formuliert, um Zusammenhänge, Regeln oder Gesetzmäßigkeiten als Argumente anzugeben. Bedingungen können unterschiedlich formuliert werden:

- Nebensätze mit Konjunktionen (wenn, falls):
  Wenn eine Spielsucht entsteht, macht der Computer krank.
- Nebensätze ohne Konjunktionen:
  Entsteht eine Spielsucht, macht der Computer krank.
  Der Nebensatz ohne Konjunktion steht immer vor dem Hauptsatz.
- Ausdruck mit Präposition (bei, ohne):
  Bei Spielsucht macht der Computer krank.
  Ohne Zeitbegrenzung ist das Computerspiel gefährlich.

3 Lies den Ratgebertext an Eltern und ergänze ihn an den markierten Stellen: Wann sollten Eltern aufmerksam werden? Formuliere Bedingungen und nutze die Anzeichen für Spielsucht.

Hilfe, mein Kind daddelt zu viel!

Computerspielsucht ist zum Glück kein Massenphänomen. Über 70 Prozent aller Kinder zwischen sechs und dreizehn Jahren spielen mindestens einmal die Woche am Computer. Schätzungen gehen aber davon aus, dass nur zwischen drei und zwölf Prozent suchtgefährdet sind. Achten Sie aber auf gefährliche Anzeichen:

- Wenn Ihr Kind ////, dann nehmen Sie das ernst.
- Bei ////, sollten Sie sich fragen, ob ein Zusammenhang zum Computer besteht.
- Falls Ihr Kind ////, könnte dies mit einer Spielsucht zusammenhängen.
- Reagiert Ihr Kind ////, dann ist dies ein deutliches Zeichen einer Spielsucht.
- Falls ihr Kind wenig isst und ////, dann ist dies ein eindeutiges Alarmzeichen!

Wenn Sie der Computersucht bei Ihrem Kind vorbeugen wollen, dann sprechen Sie mit ihm. Wenn Sie nur verbieten, kommen Sie nicht weiter!

Gefährliche Anzeichen für Spielsucht
- Kind spielt meistens allein und trifft sich kaum noch oder gar nicht mehr mit Freunden
- Leistungen in der Schule werden immer schlechter
- kein Interesse mehr an anderen Hobbys
- Kind reagiert aggressiv, unruhig oder depressiv, wenn es nicht Computer spielen kann oder darf
- Kind isst wenig und geht nach dem Essen rasch wieder an den Computer

4 Formuliere die letzten beiden Sätze des Ratgebertextes ohne die Konjunktion *wenn*.

Argumentieren lernen

1 Lies die Stellungnahmen zur Computernutzung im Kinderzimmer. Notiere auf einem Notizblatt die Argumente von Christian Pfeiffer (Direktor der Kriminologischen Forschungsinstituts Niedersachsen) und Stefan Müller (Mitbegründer der Internetsuchmaschine „Blinde Kuh")

COMPUTER IM KINDERZIMMER?

DAGEGEN

Christian Pfeiffer

„Ich bin nicht nur gegen Computer im Kinderzimmer, auch Spielkonsolen und Fernseher haben dort nichts zu suchen. Denn ohne diese Geräte sind Kinder gesünder, haben bessere Schulnoten und mehr Freunde. Das haben Studien ergeben. Wir haben in den vergangenen Jahren mehr als 14000 Kinder befragt. Diejenigen, die einen eigenen Rechner haben, spielen an Schultagen im Durchschnitt eine Stunde mehr Computerspiele als Kinder, die nur den PC der Eltern nutzen können. Außerdem beschäftigen sie sich häufiger mit Spielen oder Internetseiten, die erst für Ältere geeignet sind. Oft wollen die Kinder eigentlich etwas anderes machen, etwa lesen oder Fußball spielen, aber der eigene Computer ist einfach zu verführerisch. Sie denken sich: Nur eine halbe Stunde – und ehe sie sich versehen, haben sie zwei Stunden verdaddelt. Sie bewegen sich deshalb weniger, naschen zwischendurch und werden dicker. Sie verbringen weniger Zeit mit anderen und haben deshalb weniger Freunde. Und ihre Noten werden schlechter, weil sie durch emotionale Spiele Gelerntes eher vergessen. Deshalb meine ich: Kinder müssen zwar fit am PC sein, aber dazu müssen sie keinen eigenen haben."

DAFÜR

Stefan Müller

„Kinder wachsen heutzutage mit Computern auf, genauso wie beispielsweise mit Radios oder Armbanduhren. Es sind ihre Arbeitsgeräte. Sie müssen mit ihnen umgehen können – und dann lieber ganz als gar nicht. Computer ermöglichen wunderbare Dinge: Fotos und Filme von fremden Ländern anschauen, man kann Fremdsprachen lernen und mit anderen Kindern rund um den Erdball chatten oder E-Mails austauschen. Doch dafür müssen sich Kinder mit dem Rechner auskennen. Papas Computer im Arbeitszimmer ist da vielleicht viel zu unübersichtlich: Dutzende Programme, seltsame Internetlinks und womöglich Dinge von seiner Arbeit, die man versehentlich löschen kann. Einen eigenen Computer im Kinderzimmer kann man viel passender für das Kind einrichten, Mal-Software installieren, eine eigene Startseite für das Internet aussuchen, wichtige Programme, die man für die Schule braucht, so anlegen, dass man sie sofort findet. Wichtig ist natürlich, dass man die Kinder bei ihrem Umgang mit dem Computer begleitet, sie auf mögliche Gefahren hinweist und sich dafür interessiert, was sie damit machen."

2 Fasse die unterschiedlichen Meinungen in einem Satz zusammen:
Christian Pfeiffer meint, dass ...
Stefan Müller ist dagegen der Meinung, dass ...

3 Wie versuchen die beiden Wissenschaftler, ihre Leser zu überzeugen? Was macht Christian Pfeiffer, was Stefan Müller?

a) ////// zitiert eine Studie über die Folgen der Computernutzung.
b) ////// nennt Beispiele für den sinnvollen Einsatz des Computers.
c) ////// nennt Bedingungen für eine ungefährliche Nutzung.
d) ////// beruft sich auf eine Befragung von Kindern.
e) ////// betont die Notwendigkeit, sich mit Computern auszukennen.
f) ////// nennt weitere Gründe, die gegen den Computer im Kinderzimmer sprechen.
g) ////// weist auf negative Folgen des Computergebrauchs hin.
h) ////// nimmt an, dass die Eltern-PCs für Kinder ungeeignet sind.
i) ////// nennt Beispiele für die Vorteile eines PCs im Kinderzimmer.

In einer Argumentation möchtest du jemanden überzeugen. Daher ist es notwendig, deine Meinung durch Argumente zu stützen. Es gibt verschiedene Möglichkeiten zu **argumentieren**:

- Expertenmeinungen zitieren: Studien zeigen, dass ...; Wissenschaftler sind der Ansicht, dass ...; Experten haben herausgefunden/warnen ... Umfragen belegen: ...
- Bedingungen anführen: wenn ..., dann ...; In diesem Fall ...
- Beispiele nennen: z. B., zum Beispiel, beispielsweise ...;
- Begründungen anführen: weil, deshalb ...
- Schlussfolgerungen ziehen: dann, dies hat zur Folge ...
- Einschränkungen machen: zwar ..., aber; trotzdem, obwohl ...;
- zusätzliche Argumente anführen: zudem, darüber hinaus, auch.

4 Stelle die Argumentationen der beiden Wissenschaftler dar:

- Christian Pfeiffer: *Computer sind für Kinder gefährlich, weil ... Wenn ..., dann ... Außerdem ... Dies hat zur Folge ... Deshalb ...*
- *Stefan Müller: Computer sind für Kinder nützlich, weil ... Wenn Kinder ihren eigenen Computer haben, dann ... Außerdem ... Deshalb ...*

5 Wem stimmst du eher zu? Begründe deine Meinung.

Die Meinung anderer wiedergeben

1 Lies, was eine Austauschschülerin über ihren Aufenthalt in Australien schreibt: Was ist anders als bei ihr zu Hause?

2 In der Schülerzeitung erscheint ein Bericht über Ninas Austausch (rechts): Unterstreiche im Bericht alle Redeeinleitungen (Folientechnik). Ein Beispiel ist vorgegeben.

Nina Krampe, 17 Jahre, aus Warendorf bei Münster: Ich schreibe diese Zeilen aus Noosa, einem Ort an der Ostküste Australiens. Ich wohne bei einer Gastfamilie und gehe an der „Sunshine Beach High“ zur Schule. Der Unterricht ist vielseitiger als zu Hause. In Meereskunde sind wir z. B. angeln gegangen, in den Sportstunden rudern wir auf dem Fluss. Sport wird hier überhaupt sehr viel getrieben: Jeder kann surfen. Ich lerne es auch gerade. Leider ist das Wellenreiten viel schwieriger, als es aussieht. Mein Lieblingssport aber ist und bleibt Volleyball. Hier gibt es aber nur eine Hobbymannschaft, ich möchte deshalb ein eigenes Team aufbauen.

Nina Krampe aus Münster war an einer Schule an der Ostküste Australiens. Sie findet, dass der Unterricht dort vielseitiger ist. Als Beispiel nennt sie die Fächer Meereskunde und Sport. Sie erzählt, an der Schule sei es normal, Angeln zu gehen, auf dem Fluss zu rudern oder zu surfen. „Jeder kann surfen“, hebt Nina hervor, allerdings sei das Wellenreiten viel schwieriger, als es aussieht. Nicht so gut findet sie, dass ihr Lieblingssport Volleyball an der Schule keine große Rolle spiele, deshalb habe sie vor, ein eigenes Team aufzubauen.

Oft musst du in deinen Texten die Meinungen anderer wiedergeben. Dabei spielen **Redeeinleitungen** eine wichtige Rolle.
Verben des Sagens leiten eine neutrale Wiedergabe ein:
er berichtet, sagt, weist darauf hin, dass ...
Verben des Meinens enthalten auch schon eine Deutung:
sie beklagt, kritisiert, lobt, dass ...
Die Redewiedergabe steht oft mit einem dass-Satz im Indikativ:
Sie findet, dass der Unterricht dort vielseitiger ist.
Ein weiteres Signal für eine Redewiedergabe ist der Konjunktiv:
Sie erzählt, an der Schule sei es normal, angeln zu gehen.
Wenn dir ein Satz besonders wichtig erscheint, kannst du ihn auch wörtlich zitieren: „Jeder kann surfen“, hebt Nina hervor.

→ *Vgl. zum Zitieren auch Seite 216/217.*

3 Lies, was Dylan Gerber aus Kapstadt (Südafrika) über seinen Schüleraustausch in Hamburg erzählt:

Vom Kap an die Elbe

Zum Glück habe ich meine warme Jacke eingepackt. So etwas wie das deutsche Wetter habe ich nämlich noch nie erlebt. Ich friere ständig, dabei ist das Thermometer während meiner ersten drei Wochen in Hamburg nicht einmal unter die Null-Grad-Grenze gesunken. Abgesehen davon fühle ich mich sehr wohl. Meine Schule und die Menschen hier sind denen in Kapstadt ziemlich ähnlich. Das hat mich sehr überrascht, denn ich konnte mir vor meiner Abreise überhaupt nicht vorstellen, wie es sein würde, in Deutschland zu leben. Ein Beispiel: Ich kann gar nicht glauben, wie sauber und organisiert Hamburg ist. Gestaunt habe ich auch über die hohen Preise: Alles, vom Essen über Transport bis hin zur Kleidung, ist hier viel teurer als bei uns. Ich freue mich jetzt auf den europäischen Sommer. Ich möchte sehen, wie die Bäume Blätter bekommen. Ich will Berlin kennenlernen und nach Bayern fahren. Eines weiß ich genau: Vor mir liegt ein fantastisches Jahr!

„Auf die Frage, was typisch deutsch ist, fallen mir die Sonntagsbrötchen mit Nussnougatcreme ein."

4 Schreibe den Bericht für die Schülerzeitung zu Ende:

Dylan aus Südafrika war an einer Schule in Hamburg. Er erzählt, dass ...

Verwende dabei die angegebenen Redeeinleitungen und die verschiedenen Möglichkeiten der Redewiedergabe:
erzählen, behaupten/feststellen, betonen/hervorheben, als Beispiel nennen, staunen/sich wundern, sich freuen ...

5 Lies aus dem Erfahrungsbericht einer Schülerin, in dem sie von der Bewerbung zu einem Schüleraustausch berichtet.
Fasse anschließend zusammen, was sie hervorhebt.

Hallo! Ich heiße Eva. Ich bin zurzeit in Kalifornien und möchte euch erzählen, worauf ihr beim Bewerben achten müsst. Nachdem ich mich für die USA entschieden hatte, ging es auf in den Bewerbungsdschungel. Das war echt ein hartes Stück Arbeit. Ich habe mir von sehr vielen Organisation Info-Material zuschicken lassen und mir dann alles durchgelesen. Organisationen mit Urlaubsbildern habe ich schon mal ausgeschlossen, so schön die auch aussahen. Ich habe es dann bis zum Bewerbungsgespräch geschafft.
Nach einem kurzen Vorstellen auf Englisch wurden uns viele Fragen zur deutschen und amerikanischen Geschichte gestellt. Ich finde, dass man sich schon drauf vorbereiten sollte.

Zeichensetzung: Wörtlich zitieren

1 Der Bericht über Fernando Pampillón Miguez ist sachlich und eher unpersönlich geschrieben. Überlege dir, an welchen Stellen du den Bericht durch das Einfügen der Zitate lebendiger und persönlicher machen kannst. Überarbeite den Bericht.

Fernando Pampillón Miguez war acht Jahre alt, als sein Vater nach Deutschland arbeiten ging. Seine Mutter und er blieben zurück in Spanien. Mit 13 Jahren hatte er seinen ersten Job als Aushilfe in einem Supermarkt. Zwei Jahre später hat er dann in einer Keramikfabrik angefangen. Letztlich hat er sich um eine Stelle in Deutschland beworben. Sein Vater war inzwischen bei der Adam Opel AG in Rüsselsheim, er wurde ins Opelwerk II nach Bochum vermittelt. Das größte Problem war die Sprache. und er geriet oft in schwierige Situationen. Nach einigen schlimmen Erfahrungen hat er so schnell wie möglich versucht, Deutsch zu lernen.

Einmal habe ich meine Haltestelle verpasst. An der Endstation bin ich dann raus. Ich überlegte mir, an der Telefonstelle ein Taxi zu suchen, aber wie sollte ich ohne Deutsch klarmachen, was ich wollte. Da stand ich im Nebel, fühlte mich allein in einem fremden Land, gleich würde meine Arbeit beginnen und ich wusste nicht, wie ich hinkommen sollte.

In Spanien habe ich mir ein dickes Wörterbuch gekauft. Das Buch habe ich mit einer Flasche Parfüm in den Koffer gepackt. Irgendwo beim Transport ist die Flasche zerbrochen und das Buch hat das Parfüm aufgesogen. Wenn ich heute ein Wort nachschlage, weht noch immer der Duft um meine Nase.

Eine harte Arbeit, die schweren Säcke mit Gips haben wir per Hand vom Lkw abgeladen. Viel Arbeit für wenig Geld.

Du kannst Texte mithilfe wörtlicher Zitate lebendiger, anschaulicher und persönlicher gestalten. Überlege dir genau, an welchen Textstellen die wörtlichen Zitate passen.
Wörtliche Zitate stehen immer in Anführungszeichen („…“).
Oft wird das Zitat mit einer Redeeinleitung eingeführt: betonen, herausstellen, hervorheben, zusammenfassen, kommentieren, erzählen, meinen usw. Beispiel: Cem Özdemir hebt hervor: „Eigentlich war es toll, beide Kulturen kennenzulernen.“

→ *Lies dazu auch den Merkkasten auf Seite 214.*

2 Lies den Bericht über den Politiker Cem Özdemir und überlege dir, an welchen Stellen du Zitate einfügen kannst, um den Bericht anschaulicher und persönlicher zu machen. Wähle aus, was du zitieren willst. Du kannst auch einzelne Sätze zitieren.

„Ich war ein Gastarbeiterkind!“

Cem Özdemir wuchs als Sohn einer Gastarbeiterfamilie in einer schwäbischen Kleinstadt auf und wurde später Bundestagsabgeordneter. Seine Eltern sind in den sechziger Jahren aus der Türkei nach Deutschland gekommen. Da beide Eltern berufstätig waren, hatte Cem Özdemir Tageseltern: ein deutsches Ehepaar, das über der Familie Özdemir wohnte, hat auf ihn aufgepasst. Er hat sich sehr wohl bei ihnen gefühlt und dort auch gelernt, Deutsch mit schwäbischem Dialekt zu sprechen. Özdemir ist mehrsprachig aufgewachsen. Trotz mancher Unterschiede, die Cem Özdemir feststellte, hat er sich nie ausgeschlossen gefühlt. Im Gegenteil: Er hat es als Bereicherung empfunden, in zwei Kulturen aufzuwachsen. Dass er sich so wohl in Deutschland fühlte, führt Cem selbst auch auf die Erziehung in seinem Elternhaus zurück. Auf der Realschule wurde er als Klassen- und Schülersprecher gewählt. Damals wurde ihm klar, dass man etwas bewirken kann, wenn man sich dafür einsetzt. Vielleicht waren das die ersten Schritte, die ihn zum Politiker machten.

Früher hat sich Cem Özdemir immer sehr über den Weihnachtsbaum gefreut, den seine Mutter aufgestellt hatte.

Obwohl wir Muslime sind, hat meine Mutter immer einen Weihnachtsbaum aufgestellt, damit ich nicht in Verlegenheit käme, wenn mich meine deutschen Freunde danach fragten. Karneval habe ich auch immer mitgefeiert und mich verkleidet.

Mit meinen Eltern habe ich Türkisch gesprochen, mit den Kindern anderer türkischer Gastarbeiterfamilien ein Mischmasch aus Türkisch und Deutsch und in der Schule natürlich Deutsch.

Eigentlich war es toll, beide Kulturen kennenzulernen. Ich hatte türkische und deutsche Freunde und fühlte mich immer wie alle andern.

Damals hätte ich mir natürlich nicht träumen lassen, dass ich später der erste Deutsche türkischer Herkunft sein würde, der in den Bundestag gewählt wird.

Wenn wir am Wochenende Besuch bekamen, war immer viel los bei uns. Die Kinder durften lange aufbleiben. Oft bin ich einfach in dem Trubel auf dem Sofa eingeschlafen. Das war bei meinen deutschen Freunden undenkbar. Die hatten pünktlich im Bett zu sein.

Zeichen setzen und darüber nachdenken

Wichtige Zeichensetzungsregeln im Überblick

1. Kommasetzung bei Aufzählungen
Aufgezählte sprachliche Einheiten werden durch Kommas getrennt, wenn sie nicht durch nebenordnende Konjunktionen wie *und* oder *oder* miteinander verbunden sind. Aufgezählt werden können:

1.1. Wörter: *Fünf Jahre lang grübelte, zeichnete, schraubte, verdrahtete und lötete der Bauingenieur.*

1.2. Wortgruppen: *Briefe versenden, Fotos anzeigen, Grafiken speichern.*

1.3. Hauptsätze: *Computer werden immer kleiner, sie arbeiten immer schneller.*

2. Kommasatzung bei Nebensätzen
Nebensätze werden durch Kommas vom übrigen Satz abgegrenzt.

2.1. Nebensätze mit Konjunktion:

2.1.1. vorausgestellter NS: *Wenn man früher von einem Computer sprach, meinte man keine Kisten aus Plastik oder Metall.*

2.1.2. nachgestellter NS: *Man meinte keine Kisten aus Plastik oder Metall, wenn man früher von einem Computer sprach.*

2.1.3. eingeschobener NS: *Man meinte, wenn man früher von einem Computer sprach, keine Kisten aus Plastik oder Metall.*

2.2. Nebensätze mit Relativ- oder Fragepronomen: *„Zuse Z3“ nannte der Erfinder seine Apparatur, die groß war wie ein Kleiderschrank.*

2.3. Infinitivgruppen werden immer mit Kommas abgetrennt, wenn sie erweitert sind oder mit *um zu, ohne zu, anstatt zu, als zu* ... stehen:
Es macht Spaß, am Computer zu arbeiten.
Habt ihr euren Computer eingeschaltet, um E-Mails zu lesen?

3. Sonstige Zeichen

3.1. Doppelpunkt: Der Doppelpunkt steht vor Ankündigungen aller Art. Steht nach dem Doppelpunkt ein vollständiger Satz, so wird das Wort nach dem Doppelpunkt großgeschrieben. Steht eine bloße Wortfolge, so schreibt man klein:
Computer: immer kleiner, immer schneller.

3.2. Klammern: Mit Klammern kann man (wie auch mit Gedankenstrichen) Zusätze deutlich vom übrigen Text abgrenzen: *Das Wort Computer kommt vom lateinischen computare (auf Deutsch: zusammenrechnen).*

3.3. Gedankensstrich:
Das richtige Ergebnis spuckte das Gerät als leuchtende Zahl auf einem Lampenfeld aus — ganz ähnlich, wie es heute jeder Taschenrechner macht.

1 Lies den Text „Computer: immer kleiner, immer schneller“.
- Setze im ersten Abschnitt an den markierten Stellen die passenden Satzzeichen ein. Begründe deine Entscheidung mit den Regeln.
- Begründe die Zeichensetzung im zweiten Abschnitt.

Computer:
immer kleiner, immer schneller

Habt ihr heute schon euren Computer angeschaltet um E-Mails zu lesen oder euch die Fotos aus den Osterferien anzusehen? Wie lange hat es gedauert bis der Rechner die Bilder geöffnet hat – zwei Sekunden? Oder länger? Mit unseren Computern in der Redaktion ist das so Braucht die Technik länger als fünf Sekunden um eine große Foto-Datei zu öffnen einen Fachartikel anzuzeigen oder einen Text an den Drucker zu schicken trommeln wir schon ungeduldig mit den Fingern auf der Tischplatte. Wie alle Nutzer erwarten wir nämlich dass unsere Computer jede Aufgabe augenblicklich erledigen Briefe versenden Fotos anzeigen Grafiken speichern unsere Lieblingslieder abspielen und alles blitzschnell. Dabei findet sich im Innenleben eines Computers keine offensichtliche Spur von unseren Texten Liedern oder Fotos. Alles was in einem Computer verarbeitet wird sind Zahlen. Ein Computer macht nichts anderes als rechnen. Schon sein Name deutet darauf hin Das Wort *Computer* leitet sich vom lateinischen *computare* (auf Deutsch: *zusammenrechnen*) ab – und bedeutete früher etwas ganz anderes. Sprachen zum Beispiel die Engländer vor 250 Jahren über einen Computer meinten sie damit keine Kisten aus Plastik oder Metall sondern Mathe-Genies aus Fleisch und Blut die sich mit Zettel Stift und jeder Menge Grips daran setzten um komplizierte Dinge zu berechnen etwa die Flugbahn einer Kanonenkugel.

Zettel, Stift und einen schlauen Kopf besaß auch der deutsche Erfinder Konrad Zuse (1910–1995). Er verhalf dem Wort *Computer* vor rund 70 Jahren zu seiner heutigen Bedeutung. Fünf Jahre lang grübelte, zeichnete, schraubte, verdrahtete und lötete der Bauingenieur aus Berlin zuerst im Wohnzimmer seiner Eltern, später in einer kleinen Wohnung im Stadtteil Kreuzberg an seiner „Kiste" herum. 1941 war das Monstrum fertig – es stellte alle bisher bekannten Rechenhilfen in den Schatten! „Zuse Z3" nannte er die Apparatur, die groß war wie ein Kleiderschrank. Das Besondere daran: Als erste Maschine der Welt besaß Z3 eine Rechenwerk, einen Speicher, eine Eingabe- und eine Ausgabeeinheit – alles Merkmale heutiger Computer. So ließ sich das Gerät programmieren. Konrad Zuse konnte ihm also verschiedene Rechenvorschriften machen, mit deren Hilfe es in Sekundenschnelle Zahlenfolgen elektromechanisch berechnete. Das richtige Ergebnis spuckte es als leuchtende Zahl auf einem Lampenfeld aus – ganz ähnlich, wie es heute jeder Taschenrechner macht.
Das allein war damals schon eine Sensation! Bis heute gilt die Z3 als erste Rechenmaschine, nach deren Prinzip jeder moderne Computer funktioniert.

2 An manchen Textstellen steht ein Gedankenstrich (–).
Formuliere selbst eine Regel, wann ein Gedankenstrich stehen kann.

Werkstatt

Rechtschreibung

In der Werkstatt Rechtschreibung denkst du über die Rechtschreibung nach und lernst dabei, immer erfolgreicher mit Rechtschreibstrategien umzugehen und deine Rechtschreibung zu verbessern. Du lernst,
- *Fehler in eigenen Texten zu finden und Strategien anzuwenden,*
- *den Regelteil eines Wörterbuchs zu nutzen,*
- *auf Signale für die Groß- und Kleinschreibung zu achten,*
- *Strategien für die Zusammen- und Getrenntschreibung anzuwenden.*

Auch in verschiedenen Kapiteln sollst du Rechtschreibprobleme lösen: *S. 65, 83, 117, 142.*

Rechtschreibstrategien anwenden

▸▸ Während der Arbeit in einem thematischen Kapitel könnt ihr knifflige Rechtschreibfälle in einer Liste sammeln. Zum Thema „Etappenziel Beruf" haben Schülerinnen und Schüler z. B. die folgende Liste angelegt:

Ausbildung	Berufserkundung	Aufassungsvermögen
Belastbarkeit	durchbeißen	Bürokaufman
Berufswahl	Einfühlungsvermögen	endgültig
Beständigkeit	Fähigkeiten	morgens
Betriebspraktikum	Kunststoff	persönlich
endgültig	mitteilen	Praktikumsbetreuer
es passt	Personalabteilung	Rostoffgewinnung
Kenntnisse	Tipp	sein Fehlen
logisches Denken	Verständnis	Sekundarabschluss
Ohne Fleiß kein Preis!	Voraussetzungen	selbstständiges lernen
planvolles Arbeiten	zusammenbauen	Spaß
Tätigkeit	Zusammenhänge	Vorstellungsgesprech

1 Schreibe aus der rechten Spalte alle Wörter auf, bei denen du sicher bist, dass sie richtig geschrieben sind. Aufgepasst: Vier Wörtern sind falsch geschrieben.

2 Führt ein **Rechtschreibgespräch** über die gesammelten Wörter:
- In der linken Spalte sind mögliche Fehlerquellen markiert. Welche Strategien bieten sich an, um Fehler an diesen Stellen zu vermeiden?
- Markiert in den Wörtern der mittleren Spalte selbst mögliche Fehlerquellen. Nennt anschließend wieder Lösungshilfen.
- In der rechten Spalte haben sich Fehler eingeschlichen. Findet und berichtigt sie. Formuliert, was man tun kann, um sie zu vermeiden.

3 Entwickle mit einem Rechtschreibwörterbuch ein Rechtschreibrätsel mit richtig und falsch geschriebenen Wörtern: Lege vorher fest, zu welchen Rechtschreibbereichen du Wörter nehmen willst. Mitschülerinnen und Mitschüler sollen die Fehler finden und Rechtschreibhilfen nennen, mit denen man die Fehler vermeiden kann.

→ *Nutzt für euer Gespräch die Tipps und Hilfen in „Wissen und Können“ auf Seite 292.*

▸▸ So kannst du nach einem Rechtschreibgespräch mit dieser Wörterliste und mit Listen zu anderen Themen weiterüben:
- Wähle die Wörter aus der Liste aus, die für dich eine besondere Schwierigkeit enthalten, und schreibe sie auf.
- Markiere die Stelle, auf die du besonders achten willst.
- Nenne eine Rechtschreibhilfe, mit der du einen Fehler hier vermeiden kannst.
- Mache mit den Wörtern ein Eigen- oder Partnerdiktat.
- Berichtige falsch geschriebene Wörter oder Ausdrücke.

▸▸ Wenn du deine besondere Rechtschreibschwierigkeit kennst, kannst du diese durch gezielte Übungen Schritt für Schritt überwinden: Sammle nach der Berichtigung einer schriftlichen Arbeit oder anderer Texte die Fehlerwörter und werte sie aus. Nutze dazu die Rechtschreibhilfen, wie du sie in den vorangegangenen ***wortstark***-Bänden gelernt hast.

→ *Rechtschreibhilfen nutzen, S. 292*

Übungen zum Umgang mit Rechtschreibhilfen

▸▸ Hier findest du Übungen, um die Rechtschreibhilfen (Strategien) in „Wissen und Können“ (S. 292) noch einmal zu trainieren, mit denen du im Zweifelsfall knifflige Rechtschreibprobleme lösen und Fehler vermeiden kannst. Häufig geht es darum, andere Wortformen zu finden:

Ü1 Welches der vier Wörter einer Wortreihe ist falsch geschrieben? Streiche es durch (Folie). Nenne die Ziffern der Rechtschreibhilfen in „Wissen und Können“ (S. 292), die man anwenden sollte, um einen solchen Fehler zu vermeiden:

a) du beisst	*du presst*	*du isst*	*du lässt*
b) Maß	*Gefäß*	*Gaß*	*heiß*
c) Ausweis	*Ausguss*	*Ausschluss*	*aussen*
d) mündlich	*tätlich*	*gütich*	*hässlich*
e) neblig	*heimlich*	*farblich*	*eklich*
f) schäumen	*Fäulnis*	*beugen*	*greulich*
g) nämlich	*sächlich*	*schemen*	*scherzen*

Ü2 Streiche das falsch geschriebene Wort durch (Folie). Begründe deine Entscheidung mit einer Rechtschreibhilfe.

a) Nach der gestrigen Feier ist Julian *das aufstehen / Aufstehen heute morgen / heute Morgen schwergefallen / schwer gefallen.*
b) Wenn Jens *Fahrrad fährt / fahrrad fährt*, muss sein Hund immer *nebenherlaufen / neben herlaufen / nebenher laufen*.
c) Der Ablauf des Sportfestes ist genau *fest gelegt / festgelegt*.
d) *Wisst / Wißt* ihr schon das *neuste / das Neuste*?
e) *Im Rechnen / rechnen* ist Kyra ein richtiges *As / Ass*.
f) *Beim Rad fahren / Radfahren / radfahren, schwimmen / Schwimmen* und *Laufen / laufen* tun sich Ausdauersportler durch ihre *Zäheit / Zähheit* hervor.
g) *Ein Quäntchen / Quentchen / quäntchen / quentchen* Glück braucht man auch, um einen passenden Job zu finden.
h) In der Zeitung stand, *das / dass* mein Verein schon wieder verloren hat.
i) Einmal um die Welt reisen! – *Das / Dass* wäre wunderbar!
j) *Das / Dass* die Arbeiten *schlechtausgefallen / schlecht ausgefallen / schlecht aus gefallen* sind, hat natürlich Gründe.

Ü3 Setze in die Lücke das passende Wort ein. Welche Rechtschreibhilfe hilft hier weiter? Beachte: Manchmal musst du die Wortform ändern.

a) ***Stiel / Stil / stiehlt:***

Der ____ des Baus gefällt mir. Er schreibt einen flüssigen ____.
Der ____ des Besens ist ihm durchgebrochen.
Er ____ ihr noch die Butter vom Brot. Er ____ sich heimlich davon.

b) ***wieder / wider:***

Das Urteil ist voller ____sprüche.
Er hat ____ besseres Wissen Unwahres gesagt.
Hol den Ball ____!

c) ***Mal / Mahl:***

Du bist schon ____ zu spät gekommen.
Das Denk ____ steht auf dem Markplatz.
Gestern gab es ein köstliches ____.

Ü4 Die beiden folgenden Beiträge zum Thema „Alternativen zur Berufsausbildung“ hat Claudia für die Schülerzeitung auf dem Computer geschrieben. Die Rechtschreibung hat sie mit einem Rechtschreibprogramm überprüfen lassen. Dennoch gibt es noch Fehler:

– Im Text links sind die Fehler markiert, im rechten musst du sie noch finden.
– Berichtige die Fehler im Heft.
– Nenne eine Rechtschreibhilfe, mit der sich solche Fehler vermeiden lassen.
– Erkläre, warum das Rechtschreibprogramm die Fehler nicht gefunden hat.

Ich habe ein FSJ begonnen, weil ich mich sozial engagieren wollte. Ich wurde je doch nur aus genutzt und als Laufbursche und Putzonkel gebraucht. Kontakt zu den angestellten gab es nicht. Dann habe ich mich an die Organisation gewandt und gewechselt. Jetzt geht es mir gut. Ich arbeite mit allen zusammen und erhalte Tipp und habe vielleicht mein Berufsziel gefunden.

Matthias

Ich habe mich erst sehr spät für ein FSJ entschieden, weil ich immer noch auf eine Ausbildungsstelle gewartet habe. Jetzt bin ich im Krankenhaus und kann bereits testen, wie die Arbeit hier so ist. Das aufstehen für denn Frühdienst macht mir nichts aus, den n dafür habe ich am Nachmittag schon früh Feierabend. Auch die Wochenendarbeit ist nicht schlimm, den dann habe ich frei, wen andere Arbeiten müssen. Die Patienten sind dankbar für jede Hilfe und Unterstützung. Ich fühle mich in meinen Berufswunsch bestätigt.

Tanja

Den Regelteil eines Wörterbuchs nutzen

▸▸ In Wörterbüchern findet man vor oder hinter dem Wörterverzeichnis fast immer Regelteile, in denen man vor allem Hinweise zur Rechtschreibung, Grammatik und Zeichensetzung findet. Die einzelnen Regeln findest du oft mit einer Kennnummer unter einem Suchbegriff. Die Suchbegriffe sind wie die Wörter im Wörterverzeichnis alphabetisch geordnet.

Straßennamen

Fehler in der Adresse eines Bewerbungsschreibens machen beim Empfänger einen unprofessionellen Eindruck.

1 Vergleiche die Adressen auf dem Briefumschlag (links) und Briefkopf: Was ist richtig, was falsch geschrieben? Nutze zur Begründung auch die Angaben aus dem Regelteil des Rechtschreibwörterbuchs auf Seite 225.

2 Hier siehst du jeweils drei unterschiedliche Schreibweisen desselben Straßennamens. Du sollst mithilfe der Angaben aus dem Regelteil herausfinden, welche richtig ist:

a) Jenaerstraße	*Jenaer Straße*	*Jenaer-Straße*
b) Neuer Ring	*neuer Ring*	*Neuerring*
c) Ulmenstraße	*Ulmen Straße*	*Ulmen-Straße*
d) Zum alten Rathaus	*zum Alten Rathaus*	*Zum Alten Rathaus*
e) In der Alten Stiege	*In der alten Stiege*	*in der alten Stiege*
f) Heinrich-Heine Ring	*Heinrich Heine Ring*	*Heinrich-Heine-Ring*
g) an der alten Burg	*An der Alten Burg*	*An der alten Burg*
h) Zur Rennbahn	*zur Rennbahn*	*Zur Renn-Bahn*

3 Besprich mit anderen in der Klasse, welche Bedeutung die Beispielspalte für das Finden einer Lösung haben kann.

K 161 Das erste Wort eines Straßennamens wird großgeschrieben, ebenso alle zum Namen gehörenden Adjektive und Zahlwörter.	▪ Im Trutz ▪ Am Alten Lindenbaum ▪ An den Drei Tannen

K 162 **1.** Zusammengesetzte Straßennamen schreibt man zusammen. **2.** Getrennt schreibt man jedoch, wenn eine Ableitung auf „-er" von einem Orts- oder Ländernamen vorliegt. **3.** Straßennamen, die mit mehrteiligen Namen zusammengesetzt sind, schreibt man mit Bindestrichen.	**1.** Bahnhofstraße, Rathausgasse, Bismarckring, Beethovenplatz, Schlossallee ▪ Neumarkt, Langgasse, Hochstraße *(Aber bei gebeugtem Adjektiv:* Neuer Markt, Lange Gasse, Hohe Straße) **2.** Leipziger Straße, Am Saarbrücker Tor, Thüringer Platz, Kalk-Deutzer Straße, Bad-Homburger-Weg oder Bad-Homburger Weg *(Aber, da keine Ableitungen, sondern selbst auf „-er" endende Orts-, Völker- oder Familiennamen:* Drustweilerweg, Römerplatz, Herderstraße) **3.** Georg-Büchner-Straße, Kaiser-Friedrich-Ring, Van-Dyck-Weg, E.-T.-A.-Hoffmann-Straße, Carl-Maria-von Weber-Allee, Berliner-Tor-Platz, Am St.-Georgs-Kirchhof, Bad-Kissingen-Straße, Sankt-Blasien-Weg, Von-Repkow-Platz, Bürgermeister-Dr.-Meier-Allee

4 Sucht in anderen Wörterbüchern im Regelteil die entsprechenden Regeln zur Schreibung von Straßennamen und vergleicht sie miteinander.

5 Mache für ein Neubaugebiet Vorschläge für Straßennamen mit Namen berühmter Frauen und Männer oder mit Städtenamen.
Überprüfe die Schreibweise mit den Regeln.

6 Fasse wichtige Regeln zur Straßenschreibung in Kurzform zusammen.
Du kannst sie auch als Mindmap darstellen.

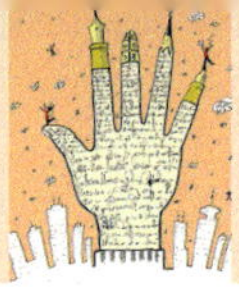

Personennamen und ähnliche Eigennamen

▸▸ **Familiennamen** werden so geschrieben, wie es in der Geburtsurkunde steht. Auch die Schreibung der **Vornamen** wird standesamtlich festgehalten; man folgt dabei weitgehend der üblichen Schreibweise. Es gibt aber auch Varianten: *Maike* und *Meike, Anika* und *Annika, Klaus* und *Claus.*

1 Finde weitere Beispiele für unterschiedliche Schreibung von Vornamen.

2 Versuche zu begründen, weshalb die Adjektive auf den Zetteln einmal groß- und einmal kleingeschrieben sind. Nutze auch die Regel K 134.

das Rote Kreuz der Atlantische Ozean die Französische Revolution zur Alten Post der Große Wagen	der rote Schal das atlantische Tief der französische Wein das alte Rathaus die große Kirche

K 134 Zu einem mehrteiligen Personennamen gehörende ▪ Adjektive, ▪ Partizipien, ▪ Pronomen (Fürwörter) ▪ und Zahladjektive werden großgeschrieben.	▪ Katharina die Große ▪ der Alte Fritz ▪ Klein Erna ▪ Albrecht der Entartete ▪ Unsere Liebe Frau (= Maria als Mutter Gottes) ▪ Heinrich der Achte

3 Bei welchen der folgenden Beispiele handelt es sich um Namen? Schreibe alle Beispiele richtig auf. Nutze die Regel mit der Beispielspalte.

a) Der STILLE Ozean – das STILLE Wasser
b) das SCHWARZE Kleid – das SCHWARZE Meer
c) das ALTE Testament – das ALTE Schloss
d) der DEUTSCHE Bundestag – die DEUTSCHE Bevölkerung
e) die SCHIEFE Mauer – der SCHIEFE Turm von Pisa
f) die ZWEITE Aufgabe – der ZWEITE Weltkrieg
g) die VEREINTEN Nationen – mit VEREINTEN Kräften

4 Ergänze die Beispielspalte der Regel K 134 durch weitere Wortbeispiele. Nutze einige in Sätzen.

Geografische (erdkundliche) Namen

1 Schreibe alle Bezeichnungen richtig auf.
- Begründe die Schreibweise, indem du die Kennnummer der passenden Regel in Klammern dahinterschreibst.
- Ergänze die Liste mit weiteren Begriffen.

der THÜRINGER Wald *die OSTFRIESISCHEN Bauern*
das OHMSCHE Gesetz *der SCHWEIZER Käse*
der WESTFÄLISCHE Frieden *der INDISCHE Ozean*
der HAMBURGER Hafen *das MEISSENER Porzellan*
der RHEINISCHE Humor *das MITTELLÄNDISCHE Meer*
die NEWTONSCHEN Erfindungen *die CHINESISCHE Seide*
das BRANDENBURGER Tor *die FRANZÖSISCHE Sprache*

K 140 Adjektive und Partizipien, die Bestandteile eines geografischen Namens sind, werden großgeschrieben. Das gilt auch für inoffizielle Namen.	▪ die Hohe Tatra ▪ der Kleine Belt ▪ das Schwarze Meer ▪ der Bayerische Wald ▪ der Ferne Osten ▪ die Neue Welt (Amerika)
K 141 Die von geografischen Namen abgeleiteten Wörter auf „-er“ schreibt man immer groß.	▪ der Hamburger Hafen ▪ ein Frankfurter Sportverein ▪ Schwarzwälder Rauchschinken ▪ die Schweizer Banken
K 142 Die von geografischen Namen abgeleiteten Wörter auf „-isch“ werden kleingeschrieben, wenn sie nicht Teil eines Eigennamens sind.	▪ indischer Tee ▪ italienischer Salat ▪ russisches Roulette *aber:* ▪ die Holsteinische Schweiz ▪ die Spanische Reitschule (in Wien)

2 Schlage die Bezeichnungen auch im Wörterverzeichnis deines Wörterbuches nach. Welche Einträge findest du?

3 Diskutiere mit anderen in der Klasse: Wann sollte man im Zweifelsfall eher den Regelteil, wann das Wörterverzeichnis, wann auch beide Teile nutzen, um Sicherheit zu bekommen, wie ein Wort geschrieben wird?

Abkürzungen mit und ohne Punkt

1 Kennst du die Bedeutung der folgenden Abkürzungen?
Besprich sie mit einer Partnerin oder einem Partner.

USA usw. Pkw bzw. vgl. CDU d.h. WC
Abk. WM Lkw max. SPD z. B. v. Chr.

Tipp
Lies die Abkürzungen laut.

2 Hinter vielen Abkürzungen steht ein Punkt, hinter anderen fehlt er.
– Überlege: Wann wird ein Abkürzungspunkt gesetzt, wann nicht?
– Ergänze dann die folgende Regel:

> Werden Abkürzungen als Abkürzungen gesprochen, steht _____.
> Abkürzungen, die im vollen Wortlaut gesprochen werden, werden meistens _____ abgekürzt.

3 Schlage die folgenden Abkürzungen nach. Kläre ihre Bedeutung und überprüfe die Regeln zur Zeichensetzung. Beachte dabei auch die Regel K2.

Sing. skr sm Sm S. M. SMS SMV
Sn So. s. o. sog.

K 2	
Bei national festgelegten Abkürzungen für Maßeinheiten in Naturwissenschaften und Technik, für Himmelsrichtungen und für bestimmte Währungseinheiten setzt man im Allgemeinen keinen Punkt.	▪ m (für: Meter) ▪ g (für: Gramm) ▪ s (für: Sekunde) ▪ W (für: Watt) ▪ NO (für: Nordost(en)) ▪ CAD (für: Kanadischer Dollar)

Ü1 Suche Abkürzungen und erstelle eine Reihe wie in Aufgabe 3.
Ein Partner soll sie nachschlagen und ihre Bedeutung erklären.

Ü2 Warum kommen Abkürzungen in Kleinanzeigen besonders häufig vor?
Welche Abkürzungen sind gut verständlich, welche nicht?
Untersucht dazu Kleinanzeigen in Zeitungen und Zeitschriften.

Ü3 Entwirf Kleinanzeigen und biete Gegenstände zum Kauf an.
Fasse dich kurz und verwende Abkürzungen, die jeder verstehen kann.

Fach- und Fremdwörter

Chemielaborant/in

Aufgaben und Tätigkeiten (Kurzform)

Sie prüfen organische und anorganische Stoffe bzw. Produkte hinsichtlich Art, Menge und Struktur (Analyse) und untersuchen chemische Prozesse. Zudem stellen Chemielaboranten und -laborantinnen Stoffgemische her und entwickeln bzw. optimieren das Syntheseverfahren von Präparaten. Wenn sie Strukturen und Eigenschaften von Stoffen untersuchen, nehmen sie z.B. fotometrische Gehaltsbestimmungen vor oder wenden chromatografische Verfahren an. Volumetrische, gravimetrische und spektroskopische Analysen führen sie ebenfalls durch. Mitunter zählen auch immunologische, diagnostische oder biotechnische Prüfungen zu ihren Aufgaben. Die Messungen und Versuchsabläufe protokollieren sie und werten diese am Rechner aus. Da Chemielaboranten und -laborantinnen oft mit gefährlichen Stoffen arbeiten, halten sie Sicherheits-, Gesundheits- und Umweltschutzvorschriften sorgfältig ein.

Tipp

Ausführliche Berufsbeschreibungen findest du im BERUFEnet unter www.arbeitsagentur.de.

1 Unterstreiche die Fach- und Fremdwörter im Text (Folie). Nutze ein Wörterbuch und auch Links auf der angegebenen Internetseite.

2 Markiere die Schreibbesonderheiten in den Fremdwörtern. Stelle Vermutungen und Überlegungen an, nach welchen Schreibauffälligkeiten man sie ordnen könnte.

3 Schlage einige Fremdwörter in einem Wörterbuch nach. Welche Informationen findest du?

4 Fremdwörter begegnen dir in vielen Lebensbereichen. Welchen Bereichen lassen sich die folgenden Wörter zuordnen? Mache einen Vorschlag und stelle ihn anderen vor. Erkläre dabei auch die Bedeutung der Wörter. Hinweis: Du musst nicht alle Wörter zuordnen. Du kannst deine Listen auch mit eigenen Wörtern ergänzen.

aggressiv
akkurat
aktiv
Alphabet
Apotheke
Athlet
Atlas
banal
Batterie
Bibliothek
City
Curry
Dekoration
Dressur
Effekt
finanziell
Globus
Gymnasium
Gymnastik
Handy
Hypothese
imposant
Indiz
informieren
Intensität
Interesse
international
Jazz
Kantine
Karriere
Kommentar
kommunikativ
Konkurrent
konstruktiv
Kontakt
kooperativ
korrekt
kursiv
Lobby
Mathematik
Mobbing
national
negativ
Party
Passivität
Perfekt
Pizza
Praktikant
Produktion
rationell
Razzia
Recycling
relevant
Shopping
System
telefonieren
Theater
Thema
Theorie
Thermometer
tolerant
typisch
Visum

5 Auch wenn viele Fremdwörter Lernwörter sind, die man sich einzeln einprägen muss, gibt es doch einige Schreibhilfen. Überprüfe die Schreibhilfen im Merkkasten anhand deiner Wörterlisten auf ihre Richtigkeit.

Schreibhilfen für Fremdwörter

1. Bei Fremdwörtern schreibt man selten ck, sondern meistens kk oder k.
2. Der i-Laut wird im Wortinnern meistens i und am Wortende ie geschreiben.
3. Fremdwörter werden häufig mit ph, rh und th geschrieben.
4. Viele Nomen enden mit y (Plural immer ys).
5. Verben auf -ieren schreibt man mit ie.
6. Die Laute f und w werden in Fremdwörtern oft v geschrieben.
7. Der ts-Laut wird in Fremdwörtern z oder zz geschrieben, nicht tz.

Ü1 Suche in Zeitschriften und Zeitungen, auch in Beschreibungen zu Berufen im Internet nach Fremdwörtern und lege mit ihnen deine persönliche Wörtersammlung an, die du ständig ergänzen kannst.
- Entscheide, ob du die Wörter nach Lebensbereichen, Schreibbesonderheiten, Herkunft oder alphabetisch ordnen möchtest.
- Markiere im Wort immer die besondere Schreibschwierigkeit und erkläre seine Bedeutung.

Ü2 Überprüfe mit den Wörtern, die du in deine Wörtersammlung aufnimmst, die Schreibhilfen im Regelkasten (S. 230).

Ü3 Bilde zu einzelnen Wörtern Wortfamilien. Achte dabei auch auf die Wortart.

Ü4 Wie heißt der Plural zu ***Atlas, Globus, Razzia***?
- Überprüfe deine Lösung im Wörterbuch.
- Finde weitere Nomen, zu denen dein Nachbar den Plural bilden soll.

Ü5 Wähle Fachwörter zur Grammatik aus dem Stichwortverzeichnis auf Seite 304 aus und verstecke sie in einem Gitterrätsel. Dein Partner soll sie dort finden und ihre Bedeutung erklären.

Ü6 Macht in Partnerarbeit einen Durchgang durch euer Wörterbuch und sucht nach Fremdwörtern: Unterhaltet euch dabei über alles, was euch auffällt. Stellt euch auch Aufgaben und Fragen wie:
- Zu welcher Vorsilbe gibt es besonders viele Fremdwörter?
- Wer findet die meisten Wörter mit der gleichen Endung?
- Welche Wörter lassen sich besonders schwer aussprechen?
- In welche Wortbausteine lassen sich lange Wörter zerlegen?

▸▸ Überprüfe zwischendurch immer einmal dein Wissen und Können:

a) Führe mit ausgewählten Wörtern ein **Partner- oder Eigendiktat** durch.

b) Führe mit anderen regelmäßig **Rechtschreibgespräche**:
- Wählt einen Fachtext aus. Markiert darin die Fremdwörter.
- Macht euch auf Rechtschreibschwierigkeiten aufmerksam. Versucht sie mit den Angaben im Regelkasten (S.230) zu erklären.
- Diktiert euch gegenseitig einzelne Wörter.
- Berichtigt gemeinsam Falschschreibungen. Besprecht immer auch, was man hätte tun können, um die Falschschreibung zu vermeiden.

Oft ein Problem: „dass" oder „das"?

Keiner soll wissen, ⟶ … dass ich noch nicht gut lesen kann.

Dies ist ein Buch, ⟵ … das ich nicht gut lesen kann.

Sätze mit **dass** als **Konjunktion** wollen einen Gedanken fortführen und einen Satz vervollständigen (⟶).
Sätze mit **das** als **Relativpronomen** beziehen sich auf ein vorhergehendes Nomen oder Pronomen (⟵).

1 Schreibe die Sätze auf dem gelben Zettel ab und entscheide mithilfe der Angaben im Regelkasten, ob du *dass* oder *das* einsetzen musst. Unterstreiche die Verben, nach denen *dass* steht, und die Nomen, auf die sich das *das* bezieht. Denke auch an die Kommas.

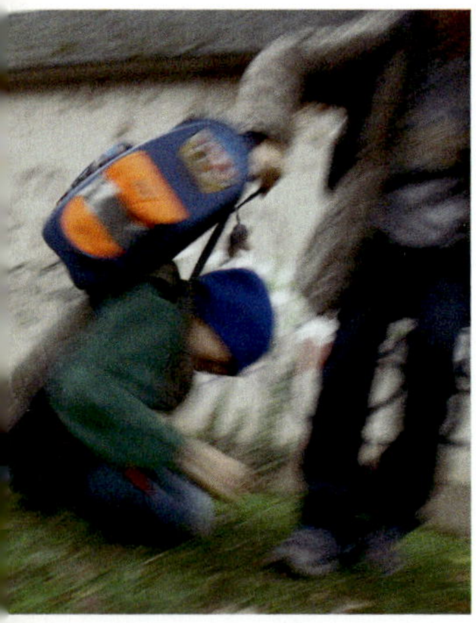

Gegen Mobbing und Gewalt

Viele fordern dass/das man sich gegen Mobbing und Gewalt in der Schule zur Wehr setzt. Wegschauen ist ein Verhalten dass/das leider noch zu häufig anzutreffen ist. Ich weiß dass/das es manchmal sehr schwer ist, sich dem Druck einer Gruppe zu widersetzen. Experten weisen darauf hin dass/das man auch im Unterricht über Gewalt an der Schule reden und gemeinsam überlegen soll, was man dagegen tun kann. Manche achten schon jetzt darauf dass/das Schmierereien, die Mitschülerinnen oder Mitschüler vor aller Augen bloßstellen, sofort entfernt werden. Mit einem Plakat dass/das sich gegen Schmiereien wendet kann man zeigen dass/das man solches Verhalten missbilligt.

Tipp
Dass ist eine Konjunktion. Du kannst nie die Pronomen dieses oder welches dafür einsetzen!

Als zusätzliche Hilfe kannst du mit der **Ersatzprobe** überprüfen, ob du dass oder das schreiben musst. Mit der Ersatzprobe probiert man aus, ob anstelle von das/dass dies(es) oder welches eingesetzt werden kann. Klappt das nicht, muss man dass schreiben.
Beispiel: Ich möchte nicht, dass/das das Praktikum gekürzt wird.
Ersatzprobe: Ich möchte nicht, ~~dieses/welches~~ das Praktikum gekürzt wird. Beides geht nicht, also: dass.

2 Schreibe die folgenden Sätze ab und entscheide mithilfe der Ersatzprobe, ob du *dass* oder *das* schreiben musst.

Ausbildungsplätze

Du weißt, dass/das du damit rechnen musst, dass/das du dich auch schriftlich um einen Ausbildungsplatz bewerben musst. Dass/das ist gar nicht so einfach. Viele sind überrascht, dass/das sie viele Absagen bekommen. Manche haben das Glück, dass/das sie nach der Schule im Praktikumsbetrieb auch ihre Ausbildung machen können. Nicht wenige freuen sich schon auf das erste Geld, dass/das sie bald abheben können.

Ü1 Bilde mit den folgenden Sätzen dass-Sätze. Leite sie mit Verben und Wendungen aus der Randspalte ein. Unterstreiche anschließend die Verben, nach denen *dass* steht.
Beispiel: *Ich weiß, dass zu einer schriftlichen Bewerbung ...*

Bewerbungen

Zu einer schriftlichen Bewerbung gehören das Anschreiben und eine Bewerbungsmappe, bestehend aus Titelblatt, Lebenslauf, Zeugnissen und Bescheinigungen (z. B. von Praktika, Weiterbildungen etc.).
In dem Bewerbungsschreiben solltest du deine Fähigkeiten und Kenntnisse, die dich für die Stelle qualifizieren, hervorheben.
Beim Schreiben musst du sorgfältig vorgehen. Ein gut formulierter Bewerbungstext kann wichtiger sein als ein Zeugnis. Auf eine schriftliche Bewerbung folgt oft die Einladung zu einem Eignungstest.
Ein solcher Test soll es dem Arbeitgeber ermöglichen, zusätzliche Aussagen über die Fähigkeiten und Fertigkeiten der Bewerber zu treffen.

behaupten, dass ...
es heißt, dass ...
darauf achten, dass ...
erwarten, dass ...
damit rechnen, dass ...
wissen, dass ...
es kommt vor, dass ...
es wird sich herausstellen, dass ...
feststellen, dass ...
es ist sicher vorauszusetzen, dass ...
sich wundern, dass ...
vermuten, dass ...

Ü2 Schreibe auf, was du über Themen wie „Berufspraktikum“ oder „Umweltschutz“ weißt. Beginne die Sätze so, dass sich dass-Sätze anschließen. Unterstreiche anschließend die Verben, nach denen *dass* steht. Das Komma nicht vergessen!

Ü3 Schreibe einige Sätze der Übungen 1 oder 2 so auf, dass der dass-Satz an erster Stelle steht. Beispiel: *Dass auf eine schriftliche Bewerbung die Einladung folgt, darauf darf man hoffen.*

Groß oder klein?

Auf Erkennungszeichen achten

Nach einer Informationsveranstaltung zum Thema „Mobbing – eingreifen statt wegsehen!“ sammeln sich Beiträge im Forum einer Schul-Homepage. Bis auf die Satzanfänge sind alle Wörter kleingeschrieben:

Online-Forum Foren-Übersicht ▸ Schulleben ▸ Mobbing

In der veranstaltung hieß es: „Hilf, ohne dich selbst in gefahr zu bringen!“ Ich kenne ein mobbingopfer, aber ich glaube, dass das helfen hier nicht so einfach ist. Wenn eine gruppe von mobbern auf mich aufmerksam geworden ist, werde ich auch nicht ungeschoren davonkommen. Vielleicht werden sie im internet stimmung gegen mich machen oder mir beim schulweg irgendwo auflauern, wo es keiner merkt. Die werden es sich doch nicht einfach so gefallen lassen, wenn ich sie bei den lehrern anschwärze.
(Name bekannt, aber möchte nicht genannt werden)

Ich denke, dass es sehr wichtig ist, dass man sich rechtzeitig an die schulleitung, die zuständige beratungsstelle beim jugendamt oder die polizei wenden soll, wenn man sich selbst nicht mehr gegen mobber wehren kann. So bekommt man verlässlichen kontakt zu profis, die auf diesem gebiet viel erfahrung haben. Es ist nämlich sehr wichtig, dass man als opfer von vorneherein vor den tätern geschützt wird und in sicherheit ist, sobald man sich jemandem anvertraut hat. Sonst kann alles nur noch schlimmer werden.
Rika Brandes, Schulleiterin

Ich glaube, wenn man in seiner klasse anerkannt ist und sich wohlfühlt, wird man gar nicht auf die idee kommen, seine mitschüler zu mobben. Man weiß, dass einen die anderen so akzeptieren, wie man ist, und muss sein selbstbewusstsein nicht künstlich aufpolieren. Es sind doch eigentlich arme würstchen, die ihre bestätigung und anerkennung nur darin suchen, dass sie andere fertigmachen. Leider finden sie dann oft auch noch mittäter, denen es ebenso geht. Und es gibt welche, die haben auch schon wieder höllische angst, wenn sie nicht als mitläufer ihren mund halten. Das nutzen die täter aus und sie können sich ziemlich sicher fühlen.
Nina Weber, 9a

Meine meinung ist, glaube ich, bekannt: Das problem ist doch, dass du leichter zum opfer wirst, wenn du dich sowieso schon nicht so gut wehren kannst. Wie sollst du dann die aufmerksamkeit anderer auf dein problem lenken? Eine aufklärungsveranstaltung mit noch so wichtigen informationen nützt doch wenig, wenn du nicht gelernt hast, dein selbstbewusstsein aufzubauen, dich wichtig zu nehmen, anderen gegenüber eine grenze zu ziehen und nicht alles mit dir machen zu lassen.
Kai Westkamp, Beratungslehrer

1 Lies die Beiträge und diskutiere sie mit anderen in der Klasse.

2 Nach der Diskussion geht es an die Korrektur der Texte:
Gehe jeden Text Wort für Wort durch. Erkläre jedes Mal, wenn ein Wort großgeschrieben werden muss, woran du das Nomen erkannt hast.

Diese Korrektur kannst du auch gut mit einem Partner durchführen. Legt dann vorher fest, wie ihr zusammenarbeiten wollt. Klärt Zweifelsfälle mit dem Wörter- und Regelverzeichnis eures Wörterbuches. Ihr könnt auch die Angaben in „Wissen und Können“ (S. 293/294) nutzen.

3 Suche in den vier Beiträgen nach Nomen mit Signalwörtern und schreibe sie geordnet auf. Übernimm dazu die Tabelle in dein Heft.

Artikel/ Pronomen + Nomen	**versteckte Artikel + Nomen**	**Adjektive mit Endung + Nomen**	**unbestimmtes Zahlwort + Nomen**
...	...	...	...

4 So kannst du weiterarbeiten:
- Suche in den Beiträgen nach Verben und Adjektiven, die als Nomen gebraucht werden, und notiere sie.
- Notiere die Nomen mit typischen Nomenendungen und schreibe dahinter das Verb oder Adjektiv, von dem sie abgeleitet sind: *die Veranstaltung (veranstalten)* ...
- Manche Nomen haben kein Signalwort. Du musst es in Gedanken ergänzen. Schreibe die Beispiele auf: *im Internet (schlechte) Stimmung gegen mich* ...
- Schreibe die Texte in richtiger Schreibweise ab. Kennzeichne die Nomen mit ihren Signalwörtern.
- Lass dir ganze Texte, Sätze oder Wortgruppen diktieren.
- Mach zur Abwechslung ein Partnerdiktat als **Klopfdiktat**: Einer liest vor, der andere klopft, wenn er ein Nomen hört, und erklärt, woran er es erkannt hat.

5 Nimm in Form eines Leserbriefs schriftlich Stellung zu einem der Beiträge im Online-Forum der Goetheschule indem du ihn bekräftigst, ergänzt oder kritisierst.

→ *Lies zu diesem Thema auch die Seiten 204/205.*

Wörter können zu Nomen werden – Nominalisierung

1 Forme die folgenden Sätze so um, dass die unterstrichenen Verben als Nomen gebraucht (nominalisiert) werden:

a) Ich brauche viel Zeit, um die Vokabeln zu lernen. – *Zum Lernen der ...*
b) Wenn er wandert, macht er gern Umwege. – *Beim ...*
c) Er hatte großen Hunger, nachdem er lange im Stadion trainiert hatte.
d) Als er lachen musste, habe ich ihn sofort erkannt.

Tipp

Ob ein Wort als Nomen gebraucht wird oder nicht, erkennt man häufig an einem vorausgehenden Begleiter (Artikel, Adjektiv, Pronomen). Manchmal muss man einen Begleiter gedanklich ergänzen.

2 Schreibe die nominalisierten Adjektive aus den folgenden Sätzen heraus:

a) Bist du schon über das Neuste informiert?
b) Einen Unglücklichen muss man trösten.
c) Der Abendhimmel verfärbte sich in ein dunkles Rot.
d) Übermorgen fahren wir ins Grüne.
e) Mit Lustigen ist jeder gern zusammen.
f) Es waren Jung und Alt versammelt.
g) Er ist unser Bester.

3 Verbinde die Wörter ***etwas, wenig, nichts, allerlei, viel, genug, alles*** mit den Adjektiven ***wichtig, komisch, erfreulich, hoffnungsvoll, vergänglich, witzig, bunt, abwechslungsreich***. Die Adjektive werden nach diesen Mengenangaben großgeschrieben. Sie erhalten als Endung ein *-es* oder *-e*.

4 Markiere in den folgenden Sätzen die nominalisierten Wörter (Folie) und schreibe die Sätze richtig ab:

a) Wir sind uns im großen und ganzen einig.
b) Im wesentlichen lag ich richtig.
c) Wir tappen im dunkeln.
d) Es ist wirklich zum lachen.
e) Ich wünsche dir alles gute.
f) Ich werde mir alles wichtige notieren.
g) Pass auf, dass du beim tragen nicht ins wanken gerätst.
h) Darauf werde ich im folgenden noch näher eingehen.

5 Nicht nur Verben und Adjektive, sondern Wörter aller Wortarten können zu Nomen werden. Begründe die Großschreibung der unterstrichenen Wörter: Schreibe sie mit ihren Signalwörtern auf.

a) Wenn zwei sich streiten, freut sich der Dritte.

b) Den Letzten beißen die Hunde.
c) Bevor wir uns festlegen, sollten wir das Für und Wider genau abwägen.
d) Entscheidend ist dann nicht nur das Ob, sondern auch das Wie.
e) Dieses Verhalten bedeutet für ihn das Aus.
f) Auf das ganze Drum und Dran und dieses Durcheinander könnte ich verzichten.

6 Finde heraus, zu welcher Wortart die Wörter gehören, die in Aufgabe 5 zu Nomen geworden sind.

7 In der folgenden Mindmap findest du wichtige Fälle der Großschreibung. Übertrage die Mindmap ins Heft. Natürlich kannst du die Übersicht um weitere Fälle erweitern oder andere weglassen.

Groß schreibt man …

a) Nomen – auch Namen und feste Begriffe

b) als Nomen gebrauchte Verben

c) als Nomen gebrauchte Adjektive

d) als Nomen gebrauchte Zeitangaben

e) die Höflichkeitsanrede „Sie“, „Ihnen“ usw.

f) als Nomen gebrauchte Pronomen und andere Wörter

8 Informiere dich zu jeder Regel im Regelteil eines Wörterbuchs und ergänze in deiner Mindmap jeweils alle Kennnummern, unter denen du Hinweise und Hilfen findest.

9 Zu welchen Regeln gehören die folgenden Wörter und Ausdrücke?

mein Lesen   jeden Morgen   unser Bestes   der Computer
das Blau   In Ihrer Firma würde ich …   heute Mittag   der Abend
die Gesundheit   das Rechnen   der Indische Ozean   die Kleine
im Sitzen   am Morgen   das Gute   etwas Schönes   eines Nachts
das Reisen   der Sonntagmorgen   Wie geht es Ihnen?
der Zweite Weltkrieg   das Glück   Sonntag   lautes Schnarchen
Haben Sie Ihre Bewerbung abgeschickt?   viel Unnötiges

Tipp

Manche Wörterbücher verwenden statt Nomen immer den Ausdruck Substantiv, auch in abgeleiteten Formen wie substantivisch (= als Nomen gebraucht)!

10 Notiere zu jeder Regel mindestens drei eigene Beispiele.

Auf Bedeutung und Betonung achten

Getrennt oder zusammen?

1 Warum macht uns die Zusammen- und Getrenntschreibung der blau gedruckten Wörter und Ausdrücke in der folgenden Meldung wenig Schwierigkeiten?
Sucht in einem Rechtschreibgespräch nach Gründen dafür.
Berücksichtigt dabei auch die Angaben in den Sprechblasen.

Wenn nur der erste Teil der Verbindung die Hauptbetonung trägt, wird zusammengeschrieben.

Getrennt geschrieben wird, wenn beide Wörter mit einer kleinen Pause gesprochen werden. Beide Wörter werden gleich stark betont.

Wissenschaftler warnen vor überhöhtem Medienkonsum

Kinder und Jugendliche, die häufig lange fernsehen sowie Videos und Computerspiele konsumieren, müssen damit rechnen, dass ihre Schulleistungen sich rasant verschlechtern. Zu diesem Ergebnis kommen Wissenschaftler, die den Zusammenhang von Medienkonsum, Lernleistungen und Jugendkriminalität untersuchen.

Verbindungen von Adjektiven mit einem Verb

2 Lest die Ausdrücke a–c. Versucht in einem Rechtschreibgespräch zu begründen, weshalb die unterstrichenen Verbindungen aus Adjektiv und Verb mal getrennt, mal zusammengeschrieben werden.

a) Wörter falsch schreiben – mit einer Meinung falschliegen
b) Geschichten flüssig lesen – Geld flüssigmachen
c) beim Referat frei sprechen – den Angeklagten freisprechen

3 Vergleicht eure Begründungen mit der folgenden Regel:
- Was ist gleich? Was müsst ihr ändern oder ergänzen?
- Wie könnte eine Kurzregel zum Einprägen lauten?

Tipp

Nehmt auch die passende Regel aus eurem Wörterbuch hinzu.

Man schreibt **Adjektiv** und **Verb** zusammen, wenn durch die Verbindung ein neuer Begriff entsteht und sich dadurch eine neue Bedeutung ergibt. Die Betonung liegt dann auf dem ersten Bestandteil des neuen Begriffs: Mit seiner Vermutung wird er falschliegen.

4 Wende die Regel oben an und entscheide dich dort, wo ein Fragezeichen steht, für Zusammen- oder Getrenntschreibung.

Tipp

Überprüfe deine Lösung mit einem Wörterbuch.

a) **fest + Verb:**

(einen Dieb) fest?nehmen sich fest?beißen sich fest?klammern
an etwas fest?glauben jemanden auf etwas fest?legen

b) **richtig + Verb:**

die Uhr müsste richtig?gehen mit der Vermutung richtig?liegen
einen Sachverhalt richtig?stellen richtig?ausschlafen

c) **still + Verb:**

(etwas) still?legen (den Kopf) still?halten still?schweigen
still?liegen still?sitzen still?halten (keinen Widerstand leisten)

d) **offen + Verb:**

offen?aussprechen (die Frage muss) offen?bleiben
(die Tür) offen?lassen (seine Pläne) offen?legen

5 Bilde mit einzelnen Ausdrücken zu a–d Sätze. Verwende dabei die Modalverben ***können, dürfen, müssen, sollen, wollen*** oder ***mögen:***
Die Polizei soll den Dieb festnehmen.

6 Ergänze die Adjektive in den Ausdrücken a–d mit anderen Verben und bilde auch mit ihnen Sätze wie in Aufgabe 5.
Achte beim Schreiben auf die Betonung und eine Bedeutungsänderung.

6 Formuliere mit den Ausdrücken ***dicht + halten, kurz + arbeiten, locker + lassen, gut + schreiben, sicher + gehen, näher + kommen (sich)*** Sätze, in denen die Ausdrücke in übertragener Bedeutung gebraucht werden und deshalb zusammengeschrieben werden müssen. Benutze als Zeitform das Perfekt: *Er hat während des Verhörs dichtgehalten.*

Verbindungen mit davon, wieder, abwärts ... und einem Verb

1 Vergleicht die Schreibweise der unterstrichenen Wörter in den Sätzen a–d überlegt, warum die Wörter im ersten Satz getrennt, im zweiten Satz zusammengeschrieben werden?

a) Ich möchte ihn wiedersehen. Er kann wieder sehen.
b) Wird er wieder davonkommen? Die Krankheit muss davon kommen.
c) Er hat zur Mannschaft dazugehört. Es hat viel Mühe dazu gehört.
d) Sie ist ihm hinterhergelaufen. Er hat sie hinterher verraten.

> Kleine Wörter wie davon, wieder, abwärts ... können mit Verben zusammengesetzt werden: davonfahren, wiederkommen ...
> Die zusammengesetzten Wörter bekommen dabei eine andere Bedeutung. Die Betonung liegt auf einer Silbe des ersten Wortbausteins: davonfahren, wiederkommen ...
>
> Kleine Wörter können im Satz aber auch als Adverb gebraucht werden. Sie sind dann ein selbstständiges Satzglied und werden grundsätzlich vom Verb getrennt geschrieben. Bei einer **Betonungsprobe** trägt das zweite Wort den Hauptton: Er kann wieder sehen.
> Die Bedeutung ändert sich nicht.

2 Begründe die Zusammen- und Getrenntschreibung der Sätze a–d mit den Angaben im Kasten.

3 Schreibe die Sätze e–i richtig auf. Greife im Zweifelsfall auf eine der Proben als Rechtschreibhilfe zurück. Nutze auch das Wörterbuch.

e) Im Praktikum konnten wir in viele Berufe hinein?schnuppern.
f) Wir haben ein Bild davon?bekommen, wie es im Betrieb zu?geht.
g) Jeder hat einen Beruf durch?forscht und viele Infos dazu?gesammelt.
h) Allen hat das Praktikum sehr zu?gesagt.
i) In der Schule muss man oft allein voran?kommen, im Praktikum haben wir meistens in einem Team zusammen?gearbeitet.

4 Verwende die Ausdrücke ***zusammen + fahren, zusammen + bauen*** in Sätzen, sodass sie einmal getrennt und das andere Mal zusammengeschrieben werden müssen.

Verbindungen (Fügungen) **mit sein** werden immer getrennt geschrieben: zusammen sein, da sein, übrig sein ...
Wenn diese Verbindungen als Nomen gebraucht werden, schreibt man sie groß und zusammen: das Dasein ...

1 Ergänze die beiden Wortreihen und bilde anschließend mit einigen Ausdrücken Sätze. Beachte dabei die Angaben im Regelkasten.
- *auf sein, da sein, übrig sein, beisammen sein, fertig sein, ...*
- *das Dasein, ruhiges Beisammensein, vom Zusammensein ...*

Diese elf Verben bilden eine Gruppe von **trennbaren Zusammensetzungen:** eislaufen, kopfstehen, leidtun, nottun, standhalten, stattfinden, stattgeben, statthaben, teilhaben, teilnehmen, wundernehmen. Sie werden nicht in allen Formen zusammengeschrieben. Wichtig: Die ersten Bestandteile haben in dieser Zusammensetzung die Eigenschaften von Nomen verloren, d. h. sie werden auch kleingeschrieben, wenn sie allein am Satzende stehen:
Er will gern eislaufen. Er läuft gern eis.

2 Überprüfe, welcher Wortteil in den Verben im Kasten betont wird, und unterstreiche ihn (Folie). Wähle einige Verben aus und schreibe sie in verschiedenen Zeitformen auf: *ich laufe eis, ich bin eisgelaufen ...*

Nomen, Verben, Adjektive oder andere Wörter können mit einem **Adjektiv** oder **Partizip als Grundwort** Zusammensetzungen bilden. Sie werden dann zusammengeschrieben. Der erste Bestandteil wird dabei verkürzt, z. B. aus mehrere Jahre lang wird jahrelang.

3 Verkürze die Wortgruppen: *weich wie Butter – butterweich.*
strahlend vor Freude *von Angst erfüllt* *freundlich zu Kindern*
stark wie ein Bär *rot wie Feuer* *so nass, dass es tropft*

4 Bilde mit einigen Wortgruppen und Verbindungen Sätze.

Rechtschreibwissen und -können überprüfen

▸▸ Einige Betriebe führen **Einstellungstests** durch. Dabei wird dann auch die Rechtschreibleistung getestet. Wenn du die Aufgabenformen kennst, die in solchen Tests vorkommen, kannst du zielsicher und schneller arbeiten.
Hier kannst damit zusätzlich dein Rechtschreibkönnen überprüfen und herausfinden, was du noch besonders wiederholen und üben solltest.

Aufgabe 1:
Welche Schreibweise ist jeweils allein richtig?
Unterstreichen Sie sie (Folie). Sie haben zwei Minuten Zeit.

Hier hilft kein bitten und flehen.
Hier hilft kein Bitten und Flehen.
Hier hilft kein Bitten und flehen.

Heute gibt es etwas Gutes zu Essen.
Heute gibt es etwas gutes zu essen.
Heute gibt es etwas Gutes zu essen.

Bis ins Kleinste wird Alles geplant.
Bis ins kleinste wird alles geplant.
Bis ins Kleinste wird alles geplant.

Du bist zwar klein, aber nicht der kleinste.
Du bist zwar Klein,aber nicht der Kleinste.
Du bist zwar klein, aber nicht der Kleinste.

Im Großen und Ganzen gibt es nichts erzählenswertes zu berichten.
Im Großen und Ganzen gibt es nichts Erzählenswertes zu berichten.
Im großen und ganzen gibt es nichts erzählenswertes zu berichten.

Aufgabe 2:
Entscheiden Sie, ob *das* bzw. *dass* eingesetzt werden muss.
Sie haben drei Minuten Zeit.

Es ist schön, wenn das ( ) dass ( ) Wasser heute mehr geschätzt wird.
Experten weisen darauf hin, das ( ) dass ( ) Kinder das ( ) dass ( ) Trinken oft vergessen.
Die Folge ist, das ( ) dass ( ) sie sich schlechter auf das Unterrichtsthema konzentrieren, das ( ) dass ( ) gerade aktuell ist.
Schlimmer aber ist, das ( ) dass ( ) die Nieren nicht richtig arbeiten können und das ( ) dass ( ) kann den Körper vergiften.
Warum sie so wenig trinken, das ( ) dass ( ) liegt daran das ( ) dass ( ) sie oft nur auf das ( ) dass ( ) Spielen konzentriert sind.
Wichtig ist jedenfalls, das ( ) dass ( ) man das ( ) dass ( ) als Erwachsener weiß, so das ( ) dass ( ) man die Kinder an das ( ) dass ( ) Trinken erinnern kann.

Aufgabe 3:
Entscheiden Sie, ob *e, ä, eu* oder *äu* eingesetzt werden muss. (Folie)
Sie haben zwei Minuten Zeit.

*Sein aufw___ndiger Alarmschutz l___ft auch nicht l___nger fehlerfrei.
H___te flog n___mlich eine ___le am Impulsg___ber vorbei und sofort l___tete die Alarmglocke in gr___sslicher Lautst___rke los.
Auch wenn draußen L___te in l___ngerem Abstand vorbeigehen, löst der Alarm aus.
Er ist mit der Anlage ganz schön geb___telt und es ist notw___ndig, nun die Einbauvorschriften genau anzuw___nden.
Er hat sie schon so oft gelesen, dass er sie fast ausw___ndig kennt.
Schließlich muss man bei solch einem Geb___de wenigstens für n___chtlichen Schutz sorgen.*

Aufgabe 4:
Welche Schreibweise ist jeweils richtig? (Folie) Sie haben zwei Minuten Zeit.

*Mit dem Urlaubswetter solltet ihr ( ) zufriedensein ( ) zufrieden sein.
Ohne es zu wissen, bin ich ( ) schwarzgefahren ( ) schwarz gefahren.
Auf diesen glatten Fliesen kann man ( ) leichtfallen ( ) leicht fallen.
Die Tür soll bitte ( ) offenbleiben ( ) offen bleiben.
Ich habe wenig Geld, deshalb muss ich ( ) kürzertreten ( ) kürzer treten.
Auch fremde Texte kann Julian ( ) flüssiglesen ( ) flüssig lesen.
Vor Lachen konnte ich kaum ( ) weitersprechen ( ) weiter sprechen.
Der Baum ist ( ) auseinandergebrochen ( ) auseinander gebrochen.*

Aufgabe 5:
Streichen Sie jeweils die falsche Schreibweise durch (Folie).
Sie haben zwei Minuten Zeit.

*Labyrint – Labyrinth – Labürinth
Krokodiel – Krockodil – Krokodil
Kriese – Krise – Krisee
Baterie – Batterie – Batteri
Akusativ – Akkusativ – Akkusatif
Maschiene – Masschine – Maschine
Kommentar – Komentar – Kohmentar
Grammatik – Gramatik – Grammatick*

1 Werte das Testergebnis aus:
- Zu welchen Rechtschreibbereichen gab es Aufgaben?
- Was konntest du ganz gut?
- Was musst du noch besonders üben?

2 Denke auch darüber nach und diskutiere es mit anderen in der Klasse: Warum wird während eines Einstellungstests die Rechtschreibleistung überprüft? Wozu dient die Zeitvorgabe?

Werkstatt

Methoden und Arbeitstechniken

*Viele Schülerinnen und Schüler erhalten im 9. Schuljahr die Gelegenheit, über einen längeren Zeitraum ein **frei gewähltes Thema** selbstständig zu bearbeiten und anschließend als **Referat** mündlich zu **präsentieren**. In diesem Kapitel lernst du, eine solche Präsentation auszuarbeiten. Alle Arbeitsschritte werden in Informationskästen erklärt. Mit Texten und Aufgaben zum Thema „Inlineskating“ kannst du die Ausarbeitung und Präsentation eines Referates üben.*

Wenn du die folgenden Seiten bearbeitet hast, kannst du
- *ein Thema, über das du referieren willst, festlegen (S. 245),*
- *das Referat planen (S. 246),*
- *Informationen finden, auswählen und gliedern (S. 247/248)*
- *das Material auswerten (S. 249–255)*
- *den Redetext verfassen(S. 256),*
- *die Präsentation vorbereiten(S. 257–261) und*
- *eine Posterpräsentation durchführen (S. 262/263).*

▸▸ In den vergangenen Schuljahren hast du bereits gelernt, kurze Referate auszuarbeiten und mündlich zu präsentieren. Bevor du mit der Arbeit an diesem Kapitel beginnst, sieh dir die Übersicht über die Arbeitsschwerpunkte an und überlege:
- Was kann ich schon ganz gut? Wo habe ich noch Schwierigkeiten?
- Welche Abschnitte will ich mir genau ansehen?
- Will ich allein, zu zweit oder in der Gruppe arbeiten?
- Wähle ich ein eigenes Thema oder das Thema „Inlineskating“?

Da bin ich stark – das möchte ich präsentieren!

Je unterschiedlicher die Interessen und Stärken in eurer Klasse sind, umso interessanter und abwechslungsreicher werden die Präsentationen der Ergebnisse.
Ihr könnt euch frei für ein Thema entscheiden. Dazu bereitet ihr allein, mit einem Partner oder als kleine Gruppe eine Präsentation vor. Sie soll nicht länger als 10 Minuten dauern.

> **Präsentieren** heißt, ein eigenes Thema für andere aufzubereiten und so anschaulich darzubieten, dass sie aufmerksam zuhören und etwas lernen.

Schülerinnen und Schüler einer 9. Klasse haben auf einer Pinnwand Themen gesammelt, die sie begeistern und über die sie die anderen informieren möchten:

Da bin ich stark!

Fußball ist mein Hobby. Und jetzt mache ich eine Schiri-Ausbildung.
Ben

Wir wissen viel über unsere Stadt und informieren euch!
Birte und Sophie

Seit ich den ersten Manga gelesen habe, bin ich total begeistert.
Sarah

Trendsport „Inlineskaten"
Luisa und Tim

Ein Haustier war schon immer mein Traum. Jetzt habe ich einen Hund.
Carlo

1 Legt eine eigene Themenwand an.
Sprecht über eure Interessen und überlegt, ob ihr allein, zu zweit oder in einer kleinen Gruppe an einem Thema arbeiten wollt.
Entscheidet euch dann für ein Thema.

Das Referat planen

- Schreibe dein Thema groß und deutlich auf ein Blatt Papier, das du während der Ausarbeitung immer vor Augen hast.
  Notiere in einem Cluster erste Ideen, Gedanken und Vorstellungen.

- Kläre Fragen, die für die Ausarbeitung deines Referates wichtig sind:

Der Zeitplan:	Wie viel Zeit habe ich zur Vorbereitung?
	Wie lange soll die Präsentation dauern?
Mein Interesse:	Was interessiert mich besonders an diesem Thema?
Mein Vorwissen:	Was weiß ich schon über das Thema?
Die Zuhörer:	Was interessiert die Zuhörer? Was wissen sie schon?
Der Schwerpunkt:	Womit will ich mich genau beschäftigen?
Die Informationen:	Wo finde ich weitere Informationen?
Die Präsentation:	Wie kann ich mein Thema interessant präsentieren?
	Was kann ich durch Bilder, Grafiken, Gegenstände ... veranschaulichen?

- Luisa und Tim haben zu ihrem Thema im Klassenraum einen **Planungsbogen** ausgehängt. Darauf kann jeder Fragen und Anregungen eintragen. Lege für dein Thema eine ähnliche Übersicht an und nutze sie für die Planung.

Thema von Luisa und Tim: Trendsport: Inlineskaten

Was wissen wir schon?	*Was interessiert euch?*
Skaten = Spaß und Sport	*Wie teuer sind Skates?*
leicht zu lernen	*Wo kann ich Skaten lernen?*
Schutzkleidung	*Wie bremst man?*
Sicherheitsregeln	*Welche Schutzkleidung brauche ich?*
– ...	*– ...*

Wo finden wir Informationen?
– Sportlehrer fragen
– Zeitschrift „skate – IN"
– Internet: www.verkehrswacht-medien-service.de
www.sportunterricht.de/inline/

Informationen finden, auswählen und gliedern

- Wichtig für die Ausarbeitung deines Referats ist die gezielte Suche (Recherche) nach geeigneten Informationen. Überlege:

Was genau will ich wissen?

Wo finde ich Informationen, die zu meinem Thema passen?
- bei Personen, die etwas von der Sache verstehen
- in Zeitungen oder Zeitschriften
- in Nachschlagewerken
- in der Bibliothek
- über Internet-Suchmaschinen wie Geolino.de, Helles-koepfchen.de, Google ...

Wie kann ich beurteilen, ob Informationen im Internet brauchbar sind?
- Passen die Informationen zu meinem Thema?
- Ist die Internetseite übersichtlich gegliedert, anschaulich und verständlich?
- Sind die Informationen zuverlässig oder handelt es sich um Materialien einer Interessengruppe? (z. B. einer politischen Partei oder einer Firma, die etwas verkaufen will ...)
- Gibt es eine klare Trennung von Inhalt und Werbung?

- Die Gliederung ist eine wichtige Hilfe bei der Ausarbeitung eines Vortrags. Sie ist ein Gerüst, das dir hilft, schon beim Lesen Informationen auszuwählen.

Die **Gliederung** zeigt den Aufbau eines Vortrags, der aus Einleitung, Hauptteil und Schluss besteht.
Jedes Kapitel wird nummeriert. Ein großes Kapitel kann in Abschnitte untergliedert werden.
Die Gliederung sollte einheitlich formuliert sein: Entweder du verwendest ganze Sätze oder Stichpunkte.
Eine gute Gliederung ist übersichtlich und auch für die Zuhörer gut verständlich.

- Erstelle eine Gliederung zu deinem Thema.

Tipp

Prüfe, ob du deine Gliederung noch einmal ändern willst, nachdem du die Texte zum Thema ausgewertet hast.

1 Am Beispiel „Inlineskaten“ kannst du üben, eine Gliederung zu erstellen.

- Sieh dir die Gliederungspunkte auf der Pinnwand an: Wie sind sie nummeriert?
- Bringe alle Gliederungspunkte in eine sinnvolle Reihenfolge und nummeriere sie entsprechend.
- Vergleiche Reihenfolge und Nummerierung mit einem Partner und korrigiere gegebenenfalls.

Inlineskating

1. Einleitung: Inlineskating – ein beliebter Trendsport

2. Die richtige Ausrüstung

2.1. Die Auswahl der richtigen Skates

Wo darf ich skaten? Regeln im Straßenverkehr

Mein Standpunkt

Fitness-Skating

Die Fahrtechnik

Richtig bremsen

2. Haupteil

3. Schluss

Aggressive-Skating

Formen des Inlineskating

Recreation-Skating

2.2. Sicher skaten mit Schutzkleidung

Speed-Skating

Skaten macht fit und schlank

Fahren und fallen

Die Geschichte des Inlineskating

Als Mannschaftssport

Fragen und Diskussion

Das Material auswerten

Exzerpieren und Zitieren

- Werte deinen Planungsbogen aus und verschaffe dir einen Überblick über das gesammelte Material. Mach dir immer wieder klar, an welchem Themenschwerpunkt du arbeiten möchtest. Schreibe dann aus den Texten die Informationen heraus, die dafür wichtig sind. Nutze die Hinweise zum **Exzerpieren** (Herausschreiben):

Beim **Exzerpieren** geht es darum, Leseergebnisse für die spätere Arbeit festzuhalten.
1. Lege fest, zu welchem Themenschwerpunkt du Informationen suchen willst.
2. Schreibe die Informationen stichpunktartig auf Karteikarten.
   – Exzerpiere so, dass du den Text auch später noch verstehst.
   – Notiere pro Karte nur einen Gesichtspunkt. So kannst du dein Material durch Verschieben leicht ordnen.
   – Vermerke am unteren Rand deiner Karten die Quelle deiner Information (mit Seitenzahl).

Schutzausrüstung:
- Handgelenkschoner
- Ellbogenschoner
- Knieschoner
- Helm (verpflichtend in Skatehallen)

www.sportunterricht.de/inline/ (19.12.2010)

- Vielleicht stößt du beim Lesen auf Textstellen, die so treffend formuliert sind, dass du sie für deine Präsentation Wort für Wort übernehmen, d. h. zitieren möchtest. Zitate solltest du sparsam verwenden. Beachte die Hinweise zum **Zitieren**:

→ *Lies dazu auch die Seiten 214/215 und 216/217.*

Wenn du Stellen aus anderen Texten wörtlich übernimmst, nennt man das **Zitieren**.
– Zitate stehen in doppelten Anführungszeichen.
– Auslassungen bei Zitaten werden mit eckigen Klammern [...] gekennzeichnet.
– Alle Zitate werden durch Seiten- und/oder Zeilenangabe belegt.

Die Fundstelle oder Quelle des Zitates musst du vollständig angeben.
Bücher: Name des Autors, Titel des Buches, Erscheinungsort, Erscheinungsjahr, Seite
Beispiel: *Peter Günther: Inline-Skating, Bielefeld, 2002, S. 27.*
Internetquellen: Autor, Titel, URL (Internetadresse), Abrufdatum in Klammern
Beispiel: *Inline-Skating in der Schule, www.sportunterricht.de/inline/ (19. 12. 2010)*

„Ein gut angepasstes Schuhwerk, eine stabile Fußmuskulatur sowie gut gedehnte und gekräftigte Beinmuskeln [...] garantieren schmerzfreies Skaten."

Magazin SKATE-IN, Oktober 2010, S. 26.

Wenn du das Thema „Inlineskaten“ gewählt hast, findest du auf den nächsten Seiten dazu Texte und Übungen.

1 Lies zunächst das folgende Rundfunkgespräch.

Raus auf Rollen

Der ungebremste Boom im Inlineskaten

Ein Rundfunkgespräch mit Gerd Michalek

Seit Jahren gehört das Inlineskaten zu den beliebtesten Freizeitaktivitäten. Kein Wunder, denn diese Trendsportart vermittelt Spaß an der Bewegung und ist für alle Altersgruppen geeignet. Nicht wenige Fahrer organisieren sich in Vereinen, die meisten treffen sich individuell oder fahren alleine. Und es gibt Spitzenkönner, die sich in Firmenteams zu Wettkämpfen mit Prämien treffen. Gemeinsam ist ihnen allen die Faszination am Rollen. Die Sportart hat viele Reize. Ich finde, es ist eine Möglichkeit, sich gelenkschonend und in der Natur zu bewegen. Ich finde es interessanter, als nur zu laufen. Fortbewegung mit relativ geringem Kräfteaufwand. Es kostet mich viel mehr Kraft, Fahrrad zu fahren. Es macht einfach Spaß. Ich finde, von der Bewegung her, vom Bewegungsrhythmus her ist es ein faszinierender Sport. Ich finde es so eine tolle Sportart wegen der Geschmeidigkeit, wegen der Leichtigkeit und des Rollgefühls, wegen der Ästhetik und des Gefühls, das sich daraus entwickelt. Man hat beides, den Spaßcharakter, man ist schnell auf Touren, man kann es aber auch als Ausdauersportart betreiben, mit sehr guten Effekten für die Kondition und auch für die Kraft.

So leicht das Rollen an sich ist, so schwer fällt vielen Anfängern das Bremsen. Das merken Inline-Skater spätestens dann, wenn sie Fußgängern oder Radfahrern begegnen. Bremsen können ist das A und O der Sportart. Und daran hapert es bei vielen.

Ich kann nur die Bremsklotzbremse, die an einem Schuh hinten dran ist, benutzen, wenn ich nicht allzu schnell bin. Ich hab nach wie vor Schwierigkeiten, die Geschwindigkeit durch den Einsatz dieses Klotzes zu reduzieren. Das muss ich noch kräftig üben. Alle anderen Bremsen kommen für mich noch nicht in Frage. Wenn ich fahren will, muss ich bremsen können, und ich hab's gelernt – im Kurs, Bremsen war die erste Übung, und ich hab das Gefühl, ich habe das ganz gut im Griff. Und wenn das dann mal nicht anders geht, dann spring ich halt ins Grüne. (Lachen) Ich bremse mit dem Klotz, dann gibt es noch 'ne andere Bremse, die heißt glaube ich T-Break. Man stellt den rechten Fuß vor, das ist noch schwierig, das übe ich jetzt beim Langsamfahren. Oder ich versuche schon mal, die Rollen hinter mir herzuziehen, quer hinterm linken Fuß. Das lerne ich dann.

Anfängerkurse sind sehr zu empfehlen. Dort lernt man auch das Fallen, das Kurvenfahren und wie es am besten den Bordstein rauf und runter geht. Adressen findet man leicht – oft auch übers Internet. Fast in jeder Stadt bieten die jeweiligen Stadtsportbünde oder Vereine Inline-Kurse an:
Dort lernt man von Klein bis Alt, wie man sich die Schuhe anschnürt, wie man beim ersten Mal auf einem Skate rollt, dann auf beiden, und wie man das Gefühl für die Rollen bekommt, und gleich am Anfang, wie bremse ich? Mittlerweile sind diese Kurse so ausgereift, dass sie sehr viel Spaß bringen.

Wer einmal skatet, bleibt meist auch lange dabei, eine Sportart mit geringer Fluktuation. Regelmäßiges Training lohnt sich. Ob man ungeübt auf die acht Rollen steigt oder nach einem kurzen Einführungskurs, macht einen großen Unterschied. Das zeigen Studien der Sporthochschule Köln. Der Bremsweg verkürzte sich bei Frauen unter Anleitung um rund zwei Meter. Sie behielten ihr frei gewähltes Tempo vorm Bremsen bei. Die Männer steigerten ihr Tempo um zwei Stundenkilometer und erhöhten den Bremsweg allerdings um 60 Zentimeter.
Doch insgesamt haben beide Geschlechter ihr Können beim Bremsen verbessert. Das ist kein unwichtiger Punkt, weil man beim Fahren oft von Fußgängern, Radfahrern und Autofahrern übersehen wird. Eine Kölner Skaterin erzählt:
Man versucht sich dann irgendwie bemerkbar zu machen, indem man in die Hände klatscht, oder manche haben auch 'ne Klingel. Aber es ist doch sehr schwierig, weil bei vielen Fußgängern kein Verständnis für die Sportart da ist.

Das wird hoffentlich im Laufe der Jahre besser werden. Andererseits wird der Verkehrsraum immer enger. Da ist die Toleranz aller Verkehrsteilnehmer gefordert, damit jeder seinem gesunden Freizeitvergnügen nachgehen kann. Die gesundheitlichen Vorteile des Skatens liegen auf der Hand: Wer skatet, muss – anders als beim Laufen – nicht sein ganzes Gewicht mitschleppen. Er fällt nicht in den Schritt wie ein abgekämpfter Läufer. Einen weiteren Pluspunkt sieht Sportmedizinerin Petra Platen von der Sporthochschule Köln:
Der zweite Aspekt ist der, dass die Belastungsintensität beim Inlineskaten besser steuerbar ist als beim Laufen. Und da haben wir schon bei niedriger Laufgeschwindigkeit eine hohe Körpergesamtbelastung. Beim Inlineskaten wird das Körpergewicht durch die Rollen teilweise mitgetragen, sodass man auch langsam rollen kann. Und die Belastungsdosierung ist sehr viel einfacher möglich als beim Laufen.

Viele Skate-Anfänger trainieren allerdings zu einseitig. Aufwärmen und Dehnen gehört auch dazu. Mancher vergisst, dass zum Skaten mehr gehört als nur zwei fitte Beine:
Eine Problematik, die bei Inline-Skatern unterschätzt wird, ist die relativ starke Belastung für den Rücken, sodass hier sicherlich gezielte kräftigende Übungen nötig sind, um Überlastungen zu vermeiden.

Leider sind Unfälle beim Skaten keine Seltenheit. Nach einer Studie der Ruhr-Universität Bochum treten die meisten Verletzungen an den Beinen auf. Meist sind es Prellungen und Schürfwunden. Bemerkenswert hoch ist der Anteil an Kopfverletzungen.

Andererseits ist für Inliner das Verletzungsrisiko deutlich geringer als für die Mannschaftssportarten Handball, Basketball, Fußball und Volleyball. Die Unfallzahlen könnten noch erheblich niedriger werden, wenn mehr Skater unter fachlicher Aufsicht ihre Sportart erlernen würden. Das machen derzeit nur ganze drei Prozent. Man sollte auf jeden Fall kritisch gegenüber seinen eigenen Fähigkeiten sein, meint Sandy Auert:
Es ist schon die Überschätzung, dass die Leute sagen, ich hab das früher schon mal gemacht, damals mit den Paar-Rollschuhen, das ist schon ein sicherer Stand. Und so ein Inliner, da ist die Möglichkeit des Fallens gegeben. Da sollte man tatsächlich den Kurs machen, man lernt es alleine nicht so gut.

Auch Fortgeschrittene finden ein reichhaltiges Kursangebot. Denn es gibt jede Menge technische Finessen, die sich verbessern lassen. Unter Skatern wird oft über die optimalen Rollen und Lager, den besten Schuh oder die effektivste Anschubtechnik debattiert. Und da zeigt sich, dass auch Fitness-Skater hartnäckige Vorurteile kultivieren. Die kann ein erfahrener Inline-Lehrer ausräumen:
Das hohe C der Technik ist beim Inlineskating eigentlich die Reibungslosigkeit. Und das macht man als Fitness-Skater oft genug falsch, dann versuchen die Leute, um auf Geschwindigkeit zu kommen, möglichst kraftvoll vom Boden abzustoßen, um dann mehr Geschwindigkeit aufzunehmen. Aber genau entgegengesetzt ist eigentlich die Philosophie. Möglichst wenig Reibung, das ist eine ganz andere Technik. Aber die lässt sich von der Pike auf lernen.

Von selbst versteht sich, dass Skater Schutzkleidung tragen sollten. Das heißt: Immer den Helm aufsetzen. Knie-, Ellenbogen- und Handgelenkschoner sind schnell vor dem Fahrtantritt angelegt. Das gilt für Anfänger wie für Fortgeschrittene.
Wer schon einige Zeit geübt hat, der merkt einen deutlichen Konditionszuwachs. Die Wege werden länger, das Tempo nimmt zu. Und mancher traut sich dann an Strecken, die er als Läufer niemals schaffen würde: 20, 30 Kilometer und mehr. Und schließlich lockt der Mythos Marathon. Der liegt inzwischen richtig im Trend. Einen Grund dafür nennt Petra Platen:
Der Marathon an sich stellt ja eine sehr große Herausforderung dar. Und für 'ne ganze Menge nur mäßig trainierter Menschen ist das ein Ziel, das vielleicht nicht erreichbar ist. Hier bietet der Inline-Marathon einfach eine Supermöglichkeit, an so einem Marathon-Event teilzunehmen und es trotzdem mit mäßiger Leistungsfähigkeit in einem überschaubaren Zeitrahmen schaffen zu können. Wir haben sehen können, dass in drei bis vier Monaten moderat trainierte und nicht ganz unfitte Menschen in der Lage sind, sich so fit zu machen, dass sie einen Marathon in der vorgegebenen Zeit von drei Stunden durchstehen.

In den letzten Jahren fasziniert die Sportart auch Menschen, die das pure Rollen mit anderen Sportarten kombinieren möchten. Etwa die Inline-Hockey-Spieler, die in mehreren Ligen ihren Spielbetrieb organisieren. Seit Kurzem gibt es in Deutschland – nach amerikanischem Vorbild – die exotisch anmutende Kombination „Inline-Basketball".
Das Schöne beim Inline-Basketball ist auch noch, dass man da so schön absausen kann, man kriegt den Ball, ist im Angriff und paced einfach nach vorne, eben diese Schnelligkeit, die man beim normalen Basketball gar nicht hat.

Die gelernte Basketballerin Kareen hat ebenso Spaß am Basketball auf acht Rollen wie der geübte Inline-Skater Marco. Der Kölner Sportlehrer hat sich das flotte Spiel vorher mal im Internet angesehen:
Das hat uns sehr gereizt, es auszuprobieren, hat einen Riesenspaß gemacht. Beides zu kombinieren war schon klasse.

Auch wenn künftig keine neuen Ableger der Sportart Inlineskating auf den Markt kommen: Eins wird auf jeden Fall anders werden müssen. Den Skatern fehlt in Deutschland eine ordentliche Infrastruktur. NRW-Skate-Sportwartin Sandy Auert:
Was ich natürlich sehr problematisch finde, dass man eigentlich als Inliner-Skater keine Infrastruktur vorfindet, um a) den Sport zu erlernen und b) ihn auszuüben. Man kann einfach nicht mehr sagen, es ist ein Trend, es ist ein Volkssport geworden. Ich denke, dass die Politik gefordert ist, sich diesem Volkssport zu widmen. Er wird vielfach außerhalb der Vereinsstrukturen ausgeübt. Darauf muss die Politik reagieren, die Lobby ist nicht organisiert, aber die Massen sprechen eine deutliche Sprache.

2 Wähle einen Schwerpunkt aus, zu dem du Informationen aus dem Text sammeln willst. Dazu kannst du auch die Gliederung auf S. 248 nutzen.

3 Lies den Text noch einmal gezielt und markiere die Textstellen, die etwas zu deinem Schwerpunkt aussagen.

4 Sieh dir die Notizen auf den grünen Karteikarten an und lies die Hinweise zum Exzerpieren und Zitieren auf S. 249.

5 Vergleiche die Notizen mit der Textvorlage und ergänze die Quellenangaben (Folie).

6 Welche Karteikarte enthält ein Zitat? Was musst du ergänzen?

7 Arbeite den Gliederungspunkt weiter aus, indem du die vorhandenen Zettel korrigiert abschreibst und durch weitere Stichpunkte ergänzt.

2.6 Skaten – ein gesunder Sport

Skaten schont die Gelenke.

Wortstark, S. 250, Z. 10–11

Fortbewegung mit geringem Kräfteaufwand

Wortstark, S. 250, Z. 12–13

Gesundes Hobby

Wer viel trainiert, merkt schnell, wie sich die Kondition verbessert.

Die Ausdauersportart Skaten ist gut für Kraft und Kondition.

Mehrere Texte zu einem Thema auswerten

▸▸ Häufig bearbeitest du mehrere Texte zu einem Thema.
Gehe dabei so vor:
a) Lies alle Texte überfliegend, um dir einen Überblick zu verschaffen.
b) Filtere die benötigten Informationen heraus:
- Markiere im ersten Text die Informationen, die für dein Thema wichtig sind.
- Markiere in den anderen Texten nur die jeweils neuen Informationen.

1 Auf den folgenden Seiten wertest du zwei Texte aus, um den Gliederungspunkt „Die Geschichte des Inlineskating“ auszuarbeiten.
a) Lies beide Texte überfliegend, um dir einen Überblick zu verschaffen.
b) Lies danach beide Texte genau:
- Markiere schwierige Wörter (Folientechnik) und kläre ihre Bedeutung.
- Markiere im ersten Text die Textstellen, die etwas zum Thema aussagen.
- Markiere im zweiten Text nur die ergänzenden Informationen.

blade:
Klinge, Schneide eines Messers

umbaute

unwichtigen

Inlinen

[zu engl. *in line* = in einer Reihe] Das Inlineskating oder Bladen, also das Rollschuhfahren auf in einer Reihe angeordneten Rollen, ist in seinen Ursprüngen bis in das Jahr 1760 zurückzuführen, als ein belgischer Instrumentenbauer einfach ein Paar Schlittschuhe umfunktionierte, an die er jeweils zwei Metallrädchen schraubte. Seitdem bastelten viele Schlittschuhfahrer in Europa an dessen Weiterentwicklung, um auch im Sommer ihrer Leidenschaft nachgehen zu können. Die meisten Konstruktionen scheiterten allerdings an einer nicht unerheblichen Funktion: der Bremse. Als schließlich 1970 das Patent für die Inlines in Deutschland angemeldet wurde, hatte die Industrie längst die Rollerskates, Rollschuhe mit je zwei Rollen pro Achse, entdeckt, die im damaligen Discofieber boomten. In den Achtzigern kam schließlich in den USA der Durchbruch, als Eishockeyspieler außerhalb der Saison auf Straßenschlittschuhen trainierten. Der Hersteller Rollerblade produzierte den ersten Inlineskate-Schuh, einen Schalenschuh aus Plastik mit vier aufgereihten Rollen und einem Stopper an der Ferse. An den Strandpromenaden Kaliforniens wurde Inlineskating zum Lifestylesport, der schließlich auch in Europa ins Rollen kam. In Deutschland schnürten bislang zehn Millionen Fans jeden Alters das rasante Schuhwerk, das als verkehrsberechtigtes Fortbewegungsmittel anerkannt werden will.

Inlineskating

Ersatzschlittschuhe mit mehreren Rollen in einer Reihe wurden zwar schon im 18. Jahrhundert in Europa erfunden, aber erst in den 1980er-Jahren erfolgte in den USA ihr Durchbruch auf dem Markt, nachdem Inlineskates zur Serienreife weiterentwickelt und zunächst von Eishockeyspielern zum Trainieren außerhalb der Spielsaison bzw. der Eisstadien verwendet worden waren. Bald entdeckten auch Fitness- und Funsportler die Vorzüge und vielfältigen Verwendungsmöglichkeiten der Linienrollschuhe, und so nahm der Boom seinen Lauf. Mitte der 1990er-Jahre schwappte die Inlineskatingwelle nach Europa über. Mittlerweile sind es in den USA mehr als 20 Millionen, in Europa mehr als 10 Millionen Sportlustige oder -süchtige, die mit den Trendsportschuhen herumfahren, -springen oder erst einmal -schlittern.

Das Gros der Inlineskater betreibt Inlineskating zum Zweck der Fitness oder „Recreation", also um ihre Fitness zu verbessern oder sich Erholung zu verschaffen. Eine kleinere, zweigeteilte Gruppe bilden die sogenannten „Agressive"-Skater, die einen akrobatischen Fahrstil bevorzugen und das Inlineskating als einen Lebensstil betrachten: Während Streetstyleskater sich mit den stadtgegebenen Hilfsmitteln und Hindernissen wie Stufen, Treppen, Bänken oder Geländern begnügen, um sie mit waghalsigen Sprüngen oder sonstigen Tricks zu überwinden, benutzen Stuntskater eigens geschaffene Trainingsplätze („Funparks") mit Sportanlagen wie einer Art Doppelsprungschanze („Halfpipe"), vergrößerten Schüsseln („Bowls") und verschiedenen Rampen („Ramps"), um mit ihrer Hilfe halsbrecherische Luftsprünge oder ungefährlichere Kunststücke zu vollführen. Speedskater schließlich versuchen ihre Kräfte bei Laufwettbewerben zu messen oder beim Bergabfahren („Downhill") ihren Geschwindigkeitsrausch zu erleben. Als Mannschaftssportart auf acht Rollen steht nach wie vor Inlinehockey an erster Stelle; es kann in der Halle („Prohockey") oder auf Plätzen im Freien („Streethockey") gespielt werden. In den USA erfreuen sich außerdem Basketball und Tanzsportarten auf Inlineskates großer Beliebtheit. Für Umsteiger oder Antriebslose bietet sich die neue Variante Windskating an; es bedarf dazu freilich außer eines Segels und eines Gestänges auch der günstigen Winde.

Den Redetext verfassen

- Eine Präsentation hat das Ziel, andere über ein Thema zu **informieren**.
  - Zu Beginn erläuterst du dein Interesse am Thema, gibst einen kurzen Überblick über deinen Vortrag und machst die Zuhörer neugierig.
  - Dann stellst du ausführlich die Informationen dar, die du zu deinem Themenschwerpunkt ausgearbeitet hast. Berücksichtige dabei die Vorkenntnisse, Interessen und Einstellungen deiner Zuhörer.
  - Zum Schluss fasst du wichtige Informationen noch einmal kurz zusammen und verdeutlichst deine eigene Position zum Thema.

- Die Zuhörer sollen deiner Präsentation interessiert folgen. Das gelingt, wenn du sachlich informierst, anschaulich beschreibst und hin und wieder von einem Erlebnis erzählst oder ein Beispiel nennst.

- Für den Vortrag musst du aus deinem Material einen Redetext machen. Ein guter **Redetext** ist daran zu erkennen, dass die Zuhörer den Inhalt nachvollziehen und dir gut folgen können. Formuliere **kurze Sätze** und vermittle nicht zu viele Informationen auf einmal.

1 Untersucht, ob der folgende Redetext gelungen ist.
- Welche Stellen sind beim mündlichen Vortrag gut verständlich?
- Wo würdet ihr etwas ändern, damit die Zuhörer besser folgen können?

Tragt euch den überarbeiteten Redetext gegenseitig vor.

2.5. Das richtige Bremsen

Jetzt geht es um einen wichtigen Punkt, und zwar das richtige Bremsen.
Manche Inline-Einsteiger behaupten: „Skaten kann ich. Nur bremsen nicht."
Das stimmt natürlich nicht.
Denn wer nicht mindestens eine Bremstechnik perfekt beherrscht, kann nicht skaten und ist deshalb eine Gefahr für sich und für andere.
Es gibt verschiedene Möglichkeiten, sicher zum Stehen zu kommen. Der Anfänger sollte darauf achten, dass bei den ersten Fahrversuchen eine Rasenfläche zu erreichen ist, auf der man die Inliner sicher zum Stehen bringen kann.
Neben dem Rasenstopp sollte man weitere Bremstechniken erlernen und üben. Da gibt es den Heel-Stop, den T-Stop und natürlich die Schneepflugbremse.

Die Präsentation vorbereiten

Den Vortrag veranschaulichen

▸▸ Je anschaulicher deine Präsentation ist, desto besser können die Zuhörer die Informationen aufnehmen und behalten. Das gilt für deine **Sprache**, aber auch für die **Medien**, die du einsetzt.

Du kannst einen Vortrag durch folgende **Medien** unterstützen:
- Tafel
- Wandzeitung/Flipchart
- OHP-Folie
- Whiteboard
- PowerPoint-Präsentation
- ...

▸▸ Diskutiert Vorzüge und Nachteile der genannten Medien. Welche weiteren Medien kennt ihr?

▸▸ Überlege, welche Medien du bei deiner Präsentation einsetzen willst.
- Welche Medien stehen dir zur Verfügung?
- Mit welchen Medien kannst du gut umgehen?
- Welche Medien eignen sich zur Veranschaulichung deines Themas?
- Welche Medien entsprechen den Erwartungen deiner Zuhörer?

▸▸ Um den Zuhörern einen **Überblick** über das Referat zu geben, kannst du dein Vortragsgerüst z. B. auf Folie ziehen, auf einem großen Papierbogen (Flipchartbogen) oder am Whiteboard präsentieren.

▸▸ **Abbildungen** oder mitgebrachte **Gegenstände** können deinen Vortrag veranschaulichen.

1 Sieh dir die Abbildungen auf S. 258 an und überlege, was die Medien für die Zuhörer leisten.

Tim hat sein Vortragsgerüst auf Folie gezogen und Luisa hat ihre Stichpunkte, an denen sie sich bei ihrem Vortrag orientieren will, auf einen großen Papierbogen geschrieben. Um ihre Ausführungen zu veranschaulichen, haben beide zusätzlich ihre Inlineskates mit in den Unterricht gebracht.

2.1. Die Auswahl des richtigen Skates

2.1.1. Softboots oder Hardboots

2.1.2. Die Rollen:
- *unterscheiden sich in Größe und Härte*
- *Freizeitskating: Durchmesser 72–80 mm*

Große Rollen: Ø 78–80 mm
- *laufen stabil geradeaus*
- *eignen sich für hohe Geschwindigkeiten*

Kleine Rollen: Ø 72–76 mm
- *für Einsteiger gut geeignet*
- *bieten Standsicherheit*
- *sind wendig, gut für den Einsatz in der Stadt*

Harte Rollen: laufen schnell
- *wenig Reibungswiderstand*
- *für Einsteiger nicht geeignet, rutschen leicht weg*

Weiche Rollen: laufen bequem, dämpfen
- *geeignet für rauen Untergrund, z. B. Asphalt*

Ein Handout vorbereiten

Bei einer Präsentation sollen die Zuhörer deinem Vortrag konzentriert folgen. Das gelingt gut, wenn du vorweg die Gliederung zeigst.

Wenn die Zuhörer die Gliederung als übersichtliches Papier ausgehändigt bekommen **(Handout)**, können sie den Vortrag aufmerksam verfolgen, und das Mitschreiben ist einfacher.

Das Handout sollte dieselbe Gliederung wie dein Vortrag haben. Achte darauf, dass auf deinem Handout nur wenige wichtige Informationen stehen und Platz für Notizen bleibt.

Den Redetext für den Vortrag vorbereiten

- Ein Redetext ist nur für dich gedacht. Daher kannst du ihn mit Notizen und Zeichen versehen, die dir beim Vortragen helfen.
  - Schreibe deinen Text in gut lesbarer Schrift handschriftlich oder mit PC – mindestens Schriftgröße 14 oder 16 – auf Papier oder Karteikarten in DIN-A5-Größe und markiere das Wichtigste farbig.
  - Karteikarten haben einen Vorteil: Sie sind stabiler als Schreibpapier und knicken in der Hand nicht ab.
  - Wenn du deine Unterlagen nummerierst, kannst du die Gliederung deines Referates problemlos einhalten.
  - Lege für jeden Gliederungspunkt eine eigene Seite oder Karte an.

1 Sieh dir den Redetext an, den Tim und Luisa für den Gliederungspunkt „Das richtige Bremsen“ vorbereitet haben (S. 260):
- Wie haben sie den Text aufbereitet? Was steht in den Spalten?
- Ergänze die fehlenden Stichpunkte in der linken Spalte (Folie).

- Wenn du dich beim Vortragen von Referaten sicher fühlst und dich nicht auf einen ausformulierten Redetext stützen möchtest, kannst du mit einem **Stichwortzettel** oder einer **Mindmap** referieren.

2 Gestalte einen Stichwortzettel oder eine Mindmap, mit dem/der du das Thema „Das richtige Bremsen“ vortragen kannst.

Stichpunkte	Ausformulierter Text	Regieanweisungen
Hauptteil		
2.5. Das richtige Bremsen	**2.5. Das richtige Bremsen**	
wichtiger Punkt: richtig bremsen	Jetzt geht es um einen wichtigen Punkt, und zwar um das richtige Bremsen.	BLICKKONTAKT
		PAUSE
„kann skaten, nicht bremsen“: stimmt nicht	Manche Inline-Einsteiger behaupten: „Skaten kann ich. Nur bremsen nicht.“ Das stimmt natürlich nicht.	
	Mindestens eine Bremstechnik muss man beherrschen. Perfekt beherrschen. Sonst kann man nicht skaten. Und das ist gefährlich. Gefährlich für sich selbst und für andere.	
	Wie kommt man sicher zum Stehen? Da gibt's verschiedene Möglichkeiten:	
	Für Anfänger gut geeignet ist der Rasenstopp. Anfänger sollten die ersten Fahrversuche neben einer Rasenfläche machen. Denn auf Gras bringt man die Inliner sicher zum Stehen.	
	Neben dem Rasenstopp gibt es weitere Bremstechniken. Die muss man lernen und immer wieder üben.	PowerPoint: Folie 2
	Es gibt den Heel-Stop, den T-Stop und natürlich die Schneepflugbremse. …	Folie 3

Den Vortrag proben

▸▸ Bevor du ein Referat vor der gesamten Klasse präsentierst, solltest du Teile des mündlichen Vortrags einüben. Achte dabei auch auf deine **Körpersprache** und den **Kontakt zu den Zuhörern**. Die Zuhörer können deinem Vortrag gut folgen, wenn du möglichst frei sprichst und das Publikum anschaust. Die folgenden Formulierungen kannst du nutzen, ergänzen und für deinen Vortrag passend verändern:

Das Thema meines / unseres Vortrags heißt ...
Ich habe dieses Thema gewählt, weil ...
Interessant ist das Thema für euch, weil ...

Hier an der Tafel seht ihr eine Mindmap, die zeigt, wie ich meinen Vortrag gegliedert habe.
Zuerst einmal werde ich ...
Im Hauptteil geht es zunächst um ...
Unter Punkt 2 erfahrt ihr etwas über ...
Danach stelle ich euch ... vor ...

Abschließend fasse ich zusammen, ...
Erstens ... Zweitens ...
Kurz zu meiner eigenen Position: Ich denke, ...
Bestimmt habt ihr noch einige Fragen, die ...
Ich danke euch für eure Aufmerksamkeit.

1 Nutze die angegebenen Formulierungshilfen, um deinen Vortrag vor einer kleinen Gruppe zu proben.
- Vereinbart, worauf die Zuhörer besonders achten sollen:
- Am Ende des Vortrags beraten die Zuhörer den Referenten und machen Verbesserungsvorschläge.

Sprachliche Gestaltung:
- spricht deutlich und betont
- macht Pausen
- spricht frei

Kontakt zu den Zuhörern:
- begrüßt die Zuhörer
- schaut das Publikum an
- fordert zu Fragen oder zur Diskussion auf

Körpersprache:
- steht frei und gerade
- sieht das Publikum freundlich an
- unterstützt den Vortrag durch passende Gesten

Eine interessante Alternative: Die Posterpräsentation

Wenn du deinen Vortrag vor einer kleinen Gruppe von 4–6 Personen halten möchtest, kannst du für deine Präsentation ein **Poster** gestalten. Ein wirkungsvolles Poster muss sorgfältig geplant werden, denn es soll auf das Thema aufmerksam machen und den Leser informieren.
Es kommt darauf an, durch **Inhalt** und **Gestaltung** dem Leser in kurzer Zeit einen Überblick über ein Thema zu vermitteln.

Inhalt des Posters

Bevor du mit der Erstellung eines Posters beginnst, musst du eine genaue Vorstellung vom Inhalt haben:

- ☐ Thema festlegen
- ☐ Material auswerten
- ☐ Themenbausteine sinnvoll gliedern
- ☐ Anschauungsmaterial suchen
- ☐ Anordnung von Text- und Bildelementen planen
- ☐ Erwartungen der Leser/Zuhörer bedenken

Gestaltung des Posters

Text und Sprache

- ☐ Einfache, klare Sprache verwenden
- ☐ Stichworte sind leichter zu erfassen als ein Fließtext
- ☐ Der Inhalt des Posters soll in wenigen Minuten verstanden werden

Schrift

- ☐ Gut lesbare Handschrift oder PC-Ausdruck
- ☐ Nicht mehr als zwei unterschiedliche Schriftarten verwenden
- ☐ Schriftgröße mindestens 24 pt.
- ☐ Überschriften deutlich hervorheben

Bilder/Grafiken

- ☐ Liefern Informationen
- ☐ Veranschaulichen das Thema

Farben

- ☐ Sparsam einsetzen
- ☐ Dunkle Schrift auf hellem Hintergrund

Aufbau

- ☐ Flipchartbogen oder Plakat in Größe DIN A3 oder DIN A2
- ☐ Format festlegen (Querformat, Hochformat)
- ☐ Material erst auflegen und später aufkleben
- ☐ Eine Stelle für die plakative Überschrift wählen
- ☐ Textblöcke und Bilder sinnvoll anordnen
- ☐ Die Leserichtung durch Pfeile vorgeben

1 Kreuze an, was du bei der Postergestaltung vor allem beachten möchtest (Folientechnik).

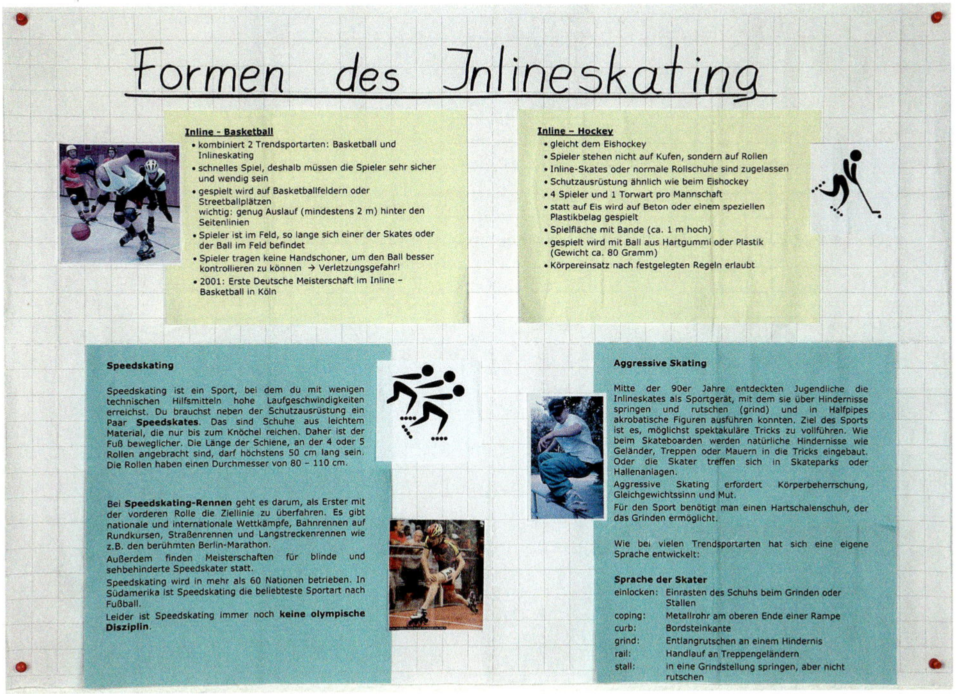

Eine Posterkonferenz durchführen

▸▸ Ähnlich wie bei einer Schreibkonferenz könnt ihr euch in kleinen Gruppen zu einer **Posterkonferenz** treffen. Die Posterkonferenz hat vier Phasen:

Methoden und Arbeitstechniken

Gemeinsam lernen: Die Posterkonferenz

1. Lesen: Das Poster wird in wenigen Minuten gelesen und betrachtet.
2. Drei-Minuten-Check: Sprecht darüber, welche Informationen nach dem Betrachten/Lesen des Posters hängengeblieben sind.
3. Vortrag: Die Gestalter der Poster präsentieren ihr Thema mündlich und beantworten anschließend die Fragen der Leser.
4. Beurteilung: Die Mitglieder der Posterkonferenz geben den Gestaltern des Posters Rückmeldungen
   – zu Inhalt und Gestaltung des Posters aus der Sicht des Lesers,
   – zur mündlichen Präsentation mithilfe des Posters.

Prüfungsvorbereitung

▸▸ Während dieses und des nächsten Schuljahres wirst du dich im Unterricht und darüber hinaus unterschiedlichen Formen von schriftlichen Tests und Prüfungen stellen müssen, in denen auch deine Leistungsfähigkeit im Fach Deutsch überprüft wird.

„Welcher Tag war vorgestern, wenn der Tag nach übermorgen zwei Tage vor Samstag liegt?“

1 Viele Betriebe laden Ausbildungsplatzbewerber zu einem **Einstellungstest** oder einer **Eignungsprüfung** ein. Vielleicht bist du auch darunter.
Informiere dich, wie solche Prüfungen ablaufen und was gefordert wird.

2 Am besten erstellst du schon zu Beginn des 9. Schuljahres eine **Übersicht über Prüfungen und Prüfungstermine**, die in diesem und dem nächsten Jahr auf dich zukommen, und die du ständig erweitern kannst. Notiere darin auch, wie solche Prüfungen ablaufen und was gefordert wird.

Art der Prüfung	Inhalt, Ablauf ...	Zeitpunkt

▸▸ Diese Übersicht kannst du nutzen, um dich längerfristig auf solche Überprüfungen vorzubereiten.
Frage dich:
- Was kann ich gut?
- Womit muss ich mich besonders beschäftigen, weil ich es noch nicht richtig verstanden oder schon wieder vergessen habe?

Lass dich dabei besonders von deinen Lehrerinnen und Lehrern beraten.

Verschiedene Aufgabenformen verstehen

▸▸ Tests verlangen von dir Antworten in ganz unterschiedlicher Form. Deshalb muss man die Arbeitsaufträge genau lesen und verstehen. Manchmal musst du nur die richtige Ziffer oder das richtige Feld ankreuzen, manchmal auch kürzere oder längere Texte schreiben. Solche unterschiedlichen Aufgabenformen sind dir aus der Arbeit mit ***wortstark*** bekannt.
Hier findest du noch einmal Beispiele zum Ausprobieren.

1 Lies den folgenden Text.

Internet verhindert Vereinsamung

Häufiges Surfen im Internet führt einer Studie zufolge nicht zur sozialen Vereinsamung, sondern fördert politisches und soziales Engagement. Das ist ein zentrales Ergebnis einer Untersuchung des Münchner ifo-Instituts.
Demnach engagieren sich Menschen mit Internetzugang stärker politisch und ehrenamtlich, haben mehr Freunde und besuchen häufiger Theater, Kinos, Konzerte, Bars und Sportveranstaltungen. Damit werde das Vorurteil widerlegt, das Internet sei ein Medium kontaktarmer Sonderlinge, die in der realen Welt vereinsamten. Die Wissenschaftler verwendeten in ihrer Studie den Angaben zufolge Daten von mehr als 18 000 Personen.

2 Bearbeite die Aufgabenbeispiele zu den Aufgabenformen a–d.

a) Auswahlaufgaben (Multiple-Choice-Aufgaben) lösen

▸▸ Bei Auswahlaufgaben musst du aus einer Anzahl von Aussagen eine richtige Aussage heraussuchen. Es kommt auch vor, dass du unter richtigen Aussagen eine falsche finden musst. Aufpassen musst du bei Auswahlaufgaben, weil manchmal auch mehrere Antworten richtig sein können.

Aufgabenbeispiel 1:

Kreuze die richtige Aussage an (Folie):
Der Text „Internet verhindert Vereinsamung“ ist ...

- ☐ *ein Lexikontext.*
- ☐ *ein Informationstext.*
- ☐ *ein Aufruf.*
- ☐ *eine Erzählung.*

Aufgabenbeispiel 2:

Beachte genau, was im Text steht und kreuze an, was zutrifft:
Im Text geht es ...
a) um kontaktarme Sonderlinge.
b) darum, dass der Internetzugang soziales Verhalten fördert.
c) darum, dass Menschen mit Internetzugang nicht vereinsamen.
d) um eine Umfrage zum Internet-Missbrauch.

b) Richtig-falsch-Aufgaben lösen

▸▸ Bei Richtig-falsch-Aufgaben musst du herausfinden, ob Aussagen zutreffen oder nicht. Du musst genau lesen, denn oft kommt es nur auf ein Wort an.

Aufgabenbeispiel 3:

Welche der folgenden Aussagen zu dem Text treffen zu, welche nicht? Kreuze an (Folie).

	trifft zu	*trifft nicht zu*
1. Für die Untersuchung wurden die Daten von 18 000 Personen verwendet.		
2. Internetnutzung führt nicht zu Vereinsamung.		
3. Menschen mit Internetzugang haben Vorurteile.		
4. Die Untersuchung wurde vom Münchner ifo-Institut durchgeführt.		

c) Lückentext-und-Zuordnungsaufgaben lösen

▸▸ Bei einer Lückentext-und-Zuordnungsaufgabe kommt es darauf an, dass du aus einem Angebot von Wörtern oder Formulierungen die richtigen auswählst und an den passenden Stellen im Text einfügst. Manchmal musst du die Lücken auch selbstständig füllen.

Aufgabenbeispiel 4:

Wähle das für den Satzanfang passende Wort aus und setze es ein.
Beachte, dass es zu dem passt, was im Text steht.
Wähle aus: als, damit, wenn, weil. (Löse die Aufgabe im Heft.)
Setze ein: ______ Menschen häufig im Internet surfen, fördert dies das soziale Verhalten.

Aufgabenbeispiel 5:

Setze in die Lücke ein passendes Wort ein. Beachte, dass es zu dem passt, was im Text steht. (Löse die Aufgabe im Heft.)
Es ist ein Vorurteil, ______ Internetnutzer in der realen Welt vereinsamen.

d) Sich festlegen und seine Meinung begründen

▸▸ Bei dieser Aufgabenform kommt es darauf an, dass du eine Aussage bestätigst oder zurückweist. Deine Meinung musst du anschließend in wenigen, aber vollständigen Sätzen begründen und dich dabei auf den Text beziehen.

Aufgabenbeispiel 6:

Leonie meint: „Wer sehr häufig im Internet surft, hat doch viel weniger Zeit, sich mit seinen Freunden zu treffen und zusammen etwas zu unternehmen."
Stimmst du dieser Behauptung zu? Du kannst mit Ja oder Nein antworten.
☐ *Ja, ich stimme der Aussage zu. (Folie)*
☐ *Nein, ich stimme der Aussage nicht zu. (Folie)*

Begründe deine Meinung und beziehe dabei Aussagen des Textes mit ein. (Schreibe die Begründung ins Heft.)

3 Vergleiche die Aufgabenbeispiele zu den Aufgabenformen a–d:
- Welches sind die entscheidenden Ausdrücke in den Aufgabenbeispielen, die man nicht überlesen darf?
- Was musst du bei allen Aufgabenbeispielen tun?
- Worin unterscheiden sich die Aufgabenbeispiele ganz wesentlich?

4 So kannst du mit den vier Aufgabenformen a–d weiterüben:
- Ändere Aufgabenbeispiel 1 so, dass unter richtigen Aussagen die falsche gefunden werden muss.
- Ändere Aufgabenbeispiel 2 so, dass nur eine richtige Aussage angekreuzt werden kann.
- Suche in *wortstark* Beispiele für unterschiedliche Aufgabenformen.
- Formuliere zu Texten aus *wortstark* ähnliche Aufgaben. Andere sollen sie anschließend lösen.

e) Eine komplexe Aufgabenstellung lösen

▸▸ Bei dieser Aufgabenform musst du mehrere Teilaufgaben bearbeiten und die Ergebnisse anschließend in einem zusammenhängenden Text aufschreiben. Es gibt ganz unterschiedliche Schreibaufträge:

Du musst z. B. zu Texten schreiben:
- einen erzählenden oder lyrischen Text analysieren,
- einen literarischen Text weiterschreiben oder einen ähnlichen Text schreiben,
- einen Sachtext analysieren und dazu Stellung nehmen,
- Sachtexte vergleichen und Stellung nehmen.

Oder du musst
- zu einem Sachverhalt oder einem strittigen Thema Stellung nehmen,
- über einen Sachverhalt oder einen Vorgang informieren und dazu Informationen aus anderen Materialien nutzen.

Vielleicht kennst du das Gedicht „Der Panther“ von Rainer Maria Rilke schon. Es steht auf Seite 269 oben.
Eine Aufgabenstellung dazu könnte so lauten wie Aufgabenbeispiel 7.

Rainer Maria Rilke

Der Panther

Rainer Maria Rilke (1875–1926)

Im Jardin des Plantes, Paris

Sein Blick ist vom Vorübergehn der Stäbe
so müd geworden, dass er nichts mehr hält.
Ihm ist, als ob es tausend Stäbe gäbe
und hinter tausend Stäben keine Welt.

Der weiche Gang geschmeidig starker Schritte,
der sich im allerkleinsten Kreise dreht,
ist wie ein Tanz von Kraft um eine Mitte,
in der betäubt ein großer Wille steht.

Nur manchmal schiebt der Vorhang der Pupille
sich lautlos auf. – Dann geht ein Bild hinein,
geht durch der Glieder angespannte Stille –
und hört im Herzen auf zu sein.

Aufgabenbeispiel 7:

Lies bitte zuerst das Gedicht. Bearbeite dann die Aufgaben.
Schreibe einen zusammenhängenden Text.

1. *Analysiere das Gedicht „Der Panther" von Rainer Maria Rilke. Gehe dabei so vor:*
   a) *Schreibe eine Einleitung, in der du Textart, Titel, Autor und Thema benennst.*
   b) *Fasse den Inhalt in eigenen Worten zusammen.*
   c) *Erkläre anhand von Textstellen, welche Eigenschaften dem Panther zugeschrieben werden und was sie bedeuten.*
   d) *Erläutere, welche Gedanken das Gedicht bei dir auslöst.*

*Ich **erkläre** etwas, indem ich darstelle, was ich aus dem Text herauslese.*

*Ich **erläutere** etwas, indem ich Textaussagen deute und durch Beispiele veranschauliche.*

2. *Jemand behauptet:*
   „Dieses Gedicht hat etwas mit Lebensumständen von Menschen zu tun, die nicht „frei" leben."
   Nimm Stellung zu dieser Aussage.

5 Untersuche den Arbeitsauftrag und mache dir klar, was von dir erwartet wird. Halte die Ergebnisse stichwortartig fest und vergleiche mit anderen.
- In der Unteraufgabe a) ist gelb markiert, was von dir bei der Analyse zunächst erwartet wird. Was sollst du noch weiter tun?
- Wo wird deutlich, dass du dich auf den Text beziehen musst?
- Woran erkennst du, dass du auch deuten musst?
- Welche Formulierung weist darauf hin, dass auch deine persönliche Einschätzung gefragt ist?
- Wo bekommst du Hinweise, was in die Einleitung gehört?
- Entscheide auch, was in den Hauptteil und in den Schlussteil gehört. Entwirf einen Schreibplan. Nutze dazu, was in den Teilaufgaben gefordert wird.
- Wo wird deutlich, dass es nicht ausreicht, dass du die einzelnen Teilaufgaben wie in einem Test nacheinander abarbeitest?
- Fasse zusammen: Worin unterscheiden sich die Teilaufgaben ganz wesentlich?

6 Bearbeite jetzt das Aufgabenbeispiel 7.

7 Zähle auf und begründe, was sich ändert, wenn der Arbeitsauftrag so lautet wie im Aufgabenbeispiel 8.
Gibt es auch Anforderungen, wie sie im Aufgabenbeispiel 7 vorkommen? Frage nach, welche Antworten andere gefunden haben.

Aufgabenbeispiel 8:

Jedes Gedicht enthält „Leerstellen", die man mit seiner Fantasie auffüllen muss, oder Fragen, die man beantworten muss. Einige findest du hier. Nimm sie dir einzeln vor und versuche sie zu beantworten:
a) Welche Art von Stäben könnte hier gemeint sein?
b) Eine Welt, die es hinter den „Stäben" nicht gibt?
c) Was könnte mit der Metapher „Tanz von Kraft um eine Mitte" gemeint sein?
d) Was heißt „in der betäubt ein großer Wille steht"?
e) Was bedeutet die Metapher „Vorhang der Pupille"?
f) „Dann geht ein Bild hinein ..." Ein Bild wovon?
g) Welche Gefühle, welche Gedanken löst dieses Gedicht bei dir aus?

8 Suche in ***wortstark*** komplexe Aufgaben zu Sachtexten oder literarischen Texten und untersuche sie mit Fragen wie in Aufgabe 5.

Geschriebenes überprüfen und korrigieren

▸▸ Wenn du einen Text geschrieben hast, nutze die verbleibende Zeit und überprüfe deinen Text. Nutze dabei die folgenden Tipps:

Tipp 1
Lies und überprüfe beim ersten Lesen: Ist der Arbeitsauftrag richtig und vollständig umgesetzt worden? Lies die Teilaufgaben noch einmal und markiere, falls etwas in deinem Text fehlt.

Tipp 2
Achte beim zweiten Lesen auf passende und geschickte Ausdrucksweisen.

Tipp 3
Achte beim dritten Lesen auf Sprachrichtigkeit (Rechtschreibung, Zeichensetzung, Grammatik) und auf eine besondere Fehlerquelle, die du von dir kennst.

Probiere beim Korrigieren verschiedene Möglichkeiten **aus:**
Lies im Zusammenhang jeweils die Textteile, die vor und nach der berichtigten Stelle liegen. Ist der Text nun besser geworden?

▸▸ Am folgenden Beispiel kannst du diese Tipps zum Überprüfen und Korrigieren eines Textes ausprobieren.

1 Lies die Interpretation, die eine Schülerin zu dem Gedicht „Der Panther" geschrieben hat. Einiges ist schon ganz gut gelungen, einiges kann aber noch verbessert werden:

In dem Gedicht „Der Panther" von Rainer Maria Rilke geht es um einen Panther. Ein Betrachter beobachtet den Panther genau und fühlt sich in ihn hinein. Der Panther nimmt mit einem müden Blick nur noch die Stäbe des Käfigs wahr. Er ist zwar stark, kann in dem kleinen Käfig aber nur im Kreis laufen und seine Kraft nicht ausleben. Ab und zu scheint er aber doch etwas außerhalb des Käfigs wahrzunehmen, aber er kann nicht darauf reagieren. Der Panther wird so dargestellt, als ob er ein Mensch wäre, denn in der dritten Strophe wird „ein großer Wille" erwähnt. Einen eigenen Willen zu haben ist ja eigentlich eine menschliche Eigenart. Außerdem deutet der weiche Gang geschmeidig starker Schritte darauf hin, dass er ein cooles Tier ist. Mit solchen Eigenschaften ist es für ihn umso schwerer, in so einem blöden Käfig gefangen zu sein. Bei mir löst das gedicht Mitleid aus. Ich denke, dass es für ein Starkes, Wildes Tier besonders bescheuert sein muss, wenn es nicht rennen und jagen kann. Wenn ich das Gedicht aufmerksam lese, fühle ich fast selbst, wie es ist, eingesperrt zu sein. Ich glaube, dass der Dichter vielleicht wirklich diesen Panther im käfig beobachtet hat, weil unter der Überschrift noch der Hinweis steht: „Im Jardin des Plantes, Paris". Aber weil alles so menschlich dargestellt ist, kann man es auch auf Eingesperrte Menschen beziehen. Der Wille eines Menschen, frei zu sein und selbst über sich zu bestimmen, wird ja auch „betäubt", wenn man ihn einsperrt.

2 Der Text hat keine Absätze. Markiere die Textteile, die sich auf Teilaufgaben beziehen und wo man einen Absatz machen könnte.

3 Im Einleitungssatz ist das Thema nicht vollständig dargestellt. Ergänze den Satz mit dem Vorschlag, den du für passend hältst, oder finde eine eigene Formulierung. Schreibe ins Heft oder auf ein zusätzliches Blatt.

a) ... geht es um einen Panther, der immer im Kreis herumläuft.

b) ... geht es um einen Panther, der in einem kleinen Käfig ausgestellt wird.

c) ... geht es um einen Panther, der in einem Käfig gefangen ist und sich nicht richtig bewegen kann.

d) ...

4 Einige Adjektive sind umgangssprachliche Ausdrücke. Sie sind bereits unterstrichen. Ersetze sie durch angemessenere.

5 Ein wörtliches Zitat ist nicht durch Anführungszeichen gekennzeichnet. Markiere es (Folie).

6 Der Text ist im zweiten Teil noch nicht vollständig auf Fehler bei der Groß- und Kleinschreibung durchgesehen worden. Markiere falsch geschriebene Wörter und Formulierungen (Folie) und schreibe sie mit Begleiter richtig auf (Heft).

Tipps und Anregungen für schriftliche Prüfungen

1 Lies die folgenden Tipps.
Welche sind für dich von Bedeutung und solltest du einer schriftlichen Prüfung besonders berücksichtigen?
Begründe.

Tipp 1
Wenn du mehrere Aufgaben lösen musst, beiße dich nicht an einer schwierigen Aufgabe fest. Du verlierst sonst wertvolle Bearbeitungszeit für andere, vielleicht viel leichtere Aufgaben.

Tipp 2
Sind verschiedene Antworten möglich, schließe zunächst offensichtlich falsche aus. Unter den verbleibenden Antworten fällt es dir dann leichter, die richtige zu finden.

Tipp 3
Bearbeite jede Aufgabe zügig. Werde aber nicht ungeduldig oder unruhig, wenn du eine Aufgabe nur teilweise oder gar nicht lösen kannst.

Tipp 4
Hebe in der Aufgabenstellung wichtige Begriffe farbig hervor, damit du sie nicht überliest!

Tipp 5
Lege fest, welche Vorarbeiten hilfreich sind.

Tipp 6
Vergiss bei Hinweisen auf wichtige Textstellen die Zeilenangabe nicht! Die wörtliche Wiedergabe einer Textstelle steht in Anführungszeichen.

Tipp 7
Überlege, ob du einen Satz, einen Kurztext oder einen längeren zusammenhängenden Text schreiben musst.

Tipp 8
Überprüfe, ob du alle Teilaufgaben einer komplexen Aufgabe auch wirklich gelöst hast.

Tipp 9
...

2 Diskutiere mit anderen, ob ihr einige Tipps streichen, dafür andere ergänzen wollt.

Wissen und Können

Sprechen und Zuhören

Über Probleme nachdenken und sie im Gespräch lösen

- Wenn du dich ärgerst und mit etwas nicht einverstanden bist, geh dem Konflikt nicht aus dem Weg. Versuche herauszufinden, worin der Konflikt liegt: Sprich über das, was dich ärgert oder stört. Stelle Warum-Fragen.
- Stelle deinen Standpunkt dar. Höre aber auch zu, was dein Gegenüber sagt:
  - Lass ihn ausreden, versuche ihn zu verstehen.
  - Stelle Nachfragen.
  - Achte darauf, dass du ihn nicht angreifst.
- Sucht gemeinsam nach einer Lösung: Überlegt, wo ihr Zugeständnisse oder besseres Verständnis erreichen könnt.
- Oft ist es hilfreich, wenn eine dritte, unparteiische Person am Gespräch teilnimmt und dafür sorgt, dass die Tipps berücksichtigt werden.

→ *Konflikte im Gespräch darstellen und lösen, S. 36–38*

Einen Kurzvortrag halten

Bei einem Kurzvortrag nennst du wichtige Informationen verständlich, vollständig, anschaulich und in sinnvoller Reihenfolge:

- Erkläre, über welches Thema du sprichst und wie du darauf gekommen bist.
- Nenne deine Informationsquellen.
- Mache die Zuhörer auf das Thema neugierig.
- Sieh die Zuhörer beim Vortrag an.
- Sprich verständlich, laut und deutlich.
- Nutze Bilder, Zeichnungen, Plakate ... zur Verdeutlichung.
- Beantworte am Ende Fragen der Zuhörer.

→ *Kurzvorträge vorbereiten und halten, S. 156/157*
→ *Ein Thema bearbeiten und als Referat präsentieren, S. 244–261*

Sich an einer Diskussion beteiligen

Mögliche Ziele einer Diskussion sind:

- die eigene Meinung verdeutlichen,
- andere Meinungen kennenlernen,
- andere von der eigenen Meinung überzeugen,
- sich mit anderen einigen.

- Damit du dich erfolgreich beteiligen kannst:
  - Überlege, welchen Standpunkt du vertrittst.
  - Sammle Argumente, die deinen Standpunkt gut begründen und den Standpunkt von anderen widerlegen können.
- Melde dich in der Diskussion zu Wort:
  - Begründe den Standpunkt mit Argumenten.
  - Höre zu und beziehe dich auf andere.
  - Lass andere ausreden.
  - Bleibe beim Thema.
  - Frage nach, wenn etwas unklar ist.
- Lasst das Gesprächsverhalten der Beteiligten beobachten und wertet es anschließend aus:
  - Wie ist der Redeanteil der Beteiligten?
  - Werden die Standpunkte deutlich?
  - Wie werden die Meinungen begründet?
  - Wie sind Umgangston und Ausdrucksweise?
  - Wie verfolgen die Teilnehmer ihr Ziel?

→ *Meinungen diskutieren, S. 77*
→ *Eine Debatte führen, S. 145*

Vorstellungsgespräche vorbereiten

Das Vorstellungsgespräch hat das Ziel, herauszubekommen, ob du mit deinen Fähigkeiten zu einer Firma und dem Ausbildungsplatz passt. Du möchtest dich so präsentieren, wie du bist. Erprobe im Rollenspiel dein Auftreten und die Art zu antworten, die angemessen und erfolgversprechend ist.

→ *Das Vorstellungsgespräch – Sich selbst präsentieren, S. 128–131*

Jugendbücher/Romane präsentieren

- Mache Angaben zum Buch und zum Autor.
- Sage, wie du auf das Buch gestoßen bist.
- Nenne die wichtigsten Buchfiguren und fasse die Handlung/den Inhalt kurz zusammen.
- Gib eine kurze Leseprobe.
- Gib zum Schluss eine persönliche Bewertung ab.

Experten befragen, Interviews führen

Z. B. zu Internetproblemen, zur Gewaltprävention oder zu Umweltfragen könnt ihr Umweltberater von Verbraucherzentralen oder Sachbearbeiter aus Behörden als Experten einladen und befragen.

- ▸▸ Vorbereitung:
  - Welcher Experte ist für eure Fragen geeignet?
  - Welche Fragen wollt ihr stellen?
  - Wer stellt die Fragen?
  - Wie soll die Befragung aufgezeichnet werden?
- ▸▸ Durchführung:
  - Fragt während des Gesprächs nach, wenn ihr etwas genauer wissen wollt.
- ▸▸ Wertet eure Befragung aus:
  - Sind eure Fragen beantwortet worden?
  - Wollt ihr eine weitere Expertenmeinung einholen?
  - Wie wollt ihr die Informationen nutzen?

→ *Eine eigene Befragung durchführen, S. 142*

Sprechgestaltende Mittel bewusst einsetzen

- ▸▸ Durch betontes Sprechen und durch Mimik, Gestik, Körperhaltung und Bewegung kannst du ausdrücken, wie du einen Text (z. B. Gedicht, Kurzgeschichte) verstehst. Bereite den Text mit Vorlesezeichen vor:
  - Ein <u>unterstrichenes Wort</u> beim Sprechen besonders hervorheben (betonen).
  - Bei einem Strich (|) eine kurze Sprechpause machen, bei zwei Strichen (||) eine längere.
  - Bei einem Bogen (‿) ohne Pause die nächste Zeile weiterlesen.

→ *Verschiedene Sprachhandlungen ausprobieren, S. 40*
→ *Unterschiedliche Möglichkeiten beim Vortragen vorbereiten, S. 159*
→ *Stimmungsvoll vortragen, S. 161, 163*
→ *Rollentexte einstudieren, S. 186/187*

Einen literarischen Text szenisch interpretieren

▸▸ Oft bietet es sich an, eine Geschichte als **Erzähltheater** zu spielen. Auf diese Weise werdet ihr euch die Handlung viel besser vorstellen und den Sinn des Textes besser verstehen können.
Notiert alle nötigen Ergänzungen zur Vorbereitung des Erzähltheaters, am besten auf Textkopien. So entsteht eine Art „Drehbuch“:

- Unterteilt den Text in Handlungsschritte **(Szenen)**, legt Handlungsorte und Rollen fest.
- Entscheidet, ob es einen Erzähler geben soll; markiert, welche Passagen er sprechen soll.
- Unterstreicht und ergänzt **Dialoge** im Text, formt gegebenenfalls indirekte Rede in direkte Rede um.
- Überlegt, was sich ausgestalten lässt. Beachtet dabei vor allem auch, wo der Text Hinweise enthält, die mimisch und körpersprachlich dargestellt werden können.

→ *Texte szenisch ausgestalten, S. 176/177, 178/179*
→ *Eine Theaterszene erarbeiten, S. 180–185*

▸▸ **Standbilder** bieten eine weitere Möglichkeit, viel über den emotionalen Gehalt eines Textes zu erfahren. Ihr arbeitet dabei nur mit Mimik und Gestik. Z. B. könnt ihr eine Schlüsselstelle eines Textes als Standbild darstellen:

- Alle Mitspieler erstarren einen Augenblick, um sich in dieser Haltung einzufühlen und den Beobachtern Zeit zum Betrachten zu geben.
- Das Bild zur Schlüsselstelle wird dann von den Beobachtern und den Spielern beschrieben.

→ *Bedrohliche Situationen nachspielen, S. 40/41*

▸▸ Zum besseren Textverstehen und zur Auseinandersetzung mit Alltagsproblemen kann oft auch das **Rollenspiel** beitragen (S. 297).

→ *Personen charakterisieren, S. 62*
→ *Vorstellungsgespräche vorbereiten, S. 129, 130/131*

Schreiben

Eine Geschichte schreiben

- Vor dem Schreiben:
  - Notiere stichwortartig, was dir alles einfällt.
  - Überlege, wie daraus eine Geschichte wird.
  - Entscheide: Erlebst du alles mit oder beobachtest du, was passiert?
- Beim Schreiben:
  - Gib den Figuren Namen.
  - Nutze „Spannungsmacher" wie Verzögerungen, Darstellung von Gedanken/Gefühlen, anschauliche Ausdrücke.
  - Achte auf das Präteritum als Erzählzeit.
  - Gib deiner Geschichte eine Überschrift, die zum Lesen verlockt.

Einen Kurztext über Sachverhalte schreiben

- Stelle das Thema, um das es geht, vor.
- Hebe Besonderheiten, Außergewöhnliches und Unterschiede hervor.
- Fasse Wichtiges am Ende zusammen und formuliere deine Meinung und eigene Gedanken.

Über Abläufe (Spiele, Rezepte ...) informieren

- Für eine Anleitung (Rezept, Spiel) musst du einen Vorgang beschreiben. Zum Aufbau eines solchen Textes gehören meistens:
  - Material/Gegenstände/Werkzeuge,
  - Vorbereitungen,
  - Ablauf/Beobachtungen.
- Manchmal wird die Beschreibung durch Abbildungen veranschaulicht.
- Beachte besonders:
  - die richtige Reihenfolge,
  - vollständige und richtige Angaben,
  - Genauigkeit und Verständlichkeit,
  - Zeitform Präsens (Angaben immer gültig),
  - die Sprachform *(Zuerst wird ... Man macht zuerst ...;* oder: *Mache ... Du musst ... Du machst ...;* oder: *... machen).*

Einen Bericht schreiben

Der Leser soll in deinem Text über das Wichtigste eines vergangenen Ereignisses informiert werden. Die Angaben sollen zuverlässig sein.

- Wähle eine Überschrift, die zum Lesen anreizt.
- Informiere die Leser über den Hergang des Geschehens: Wann? Wo? Wer? Was? Wie? Mit welchem Ausgang? Manchmal: Warum?
- Im letzten Satz kannst du noch einmal die Wichtigkeit des Ereignisses hervorheben.

Denke daran: Ein Bericht ist knapp und sachlich und soll die Leser informieren. Die Zeitform ist in der Regel Präteritum.

Der **Praktikumsbericht** ist eine besondere Form des Berichts. Er enthält in der Regel:

- ein Inhaltsverzeichnis am Anfang,
- Auflistung der Tätigkeiten und Erfahrungen anhand von Tagesberichten,
- Ausführungen zu einem Sachthema, das in Verbindung zu dem jeweiligen Berufsfeld steht,
- einen zusammenfassenden Rückblick auf das Praktikum in Form einer ausführlichen Reflexion (z. B. Gegenüberstellung von Erwartungen und tatsächlichen Erfahrungen, Bewertung des Praktikums, Anmerkungen zur Berufsentscheidung),
- einen Anhang (z. B. mit dem Bewerbungsschreiben, mit Tagesberichten in der Form von tabellarischen Protokollen usw.).

→ *Über das Praktikum schreiben, S. 118–120*

Inhalte wiedergeben

Wenn man über Texte und Bücher sprechen will, ist es oft notwendig, den anderen kurz über den Inhalt des Textes, eines Buches oder Textauszugs zu informieren. Dazu fasst du den Text mit eigenen Worten zusammen.

- Meistens beginnt die Inhaltswiedergabe mit Informationen über den Autor bzw. die Autorin, den Titel und die Art des Textes.
- Danach fasst man kurz zusammen, welche Figuren vorkommen und worum es in dem Text geht.
- Schließlich wird wiedergegeben, wo die Geschichte spielt und wie das Geschehen abläuft.

Beachte beim Schreiben:

1. Weil die Inhaltswiedergabe das Geschehen kurz und sachlich zusammenfasst und nicht ausführlich nacherzählt, verwendet man als Zeitform in der Regel das Präsens.
2. Wörtliche Rede wird in der Inhaltswiedergabe vermieden. Man benutzt entweder die indirekte Rede oder umschreibt das Gesagte mithilfe von passenden Verben.

Zu einem Sachverhalt Stellung nehmen

- Vor dem Schreiben:
  - Sammle Argumente mit passenden Beispielen.
  - Wähle passende Argumente aus, mit denen du den Adressaten überzeugen kannst.
- Beim Schreiben:
  - Verdeutliche einleitend, wozu du Stellung nimmst und welche Meinung du vertrittst.
  - Füge die Argumente an und verdeutliche sie mit Beispielen.
  - Bekräftige zum Schluss deine Meinung oder deinen Wunsch. Vielleicht hast du einen Vorschlag, wie sich das Problem lösen lässt.
- Wenn du deine Stellungnahme in einem Brief formulierst, musst du die Briefform beachten: Datum, Anrede, Grußformel.
- Damit eure Argumente gut eingeleitet und verbunden sind, könnt ihr solche Formulierungen nutzen:
  - Meinungen ausdrücken: *Meiner Meinung nach ... Ich denke/glaube/meine, dass ...*
  - Beispiele angeben: *Hierfür möchte ich ein Beispiel nennen ... zum Beispiel ... z. B. ...*
  - Begründungen geben: *weil ... denn ... deshalb ... Aus diesem Grunde ...*
  - Bedingungen und Folgen formulieren: *Wenn ..., dann ... Das führt dazu, dass ... sodass ... folglich ...*

→ *Schriftlich argumentieren, S. 42/43, 44/45*

Eine schriftliche Bewerbung verfassen

Eine schriftliche Bewerbung besteht aus dem Anschreiben, dem Lebenslauf und den Anlagen.

→ *Die schriftliche Bewerbung - Werbung in eigener Sache, S. 124–127*

- Das **Anschreiben** (→ S. 125) enthält die folgenden Textbausteine: Absender mit Adresse, Telefonnummer und E-Mail-Adresse; Ort und Datum; Anschrift des Adressaten; kurzer Hinweis auf das Anliegen („Betrifft-Zeile"); Anrede; Bewerbungstext; Grußformel; Unterschrift; tabellarische Auflistung der Anlagen.

- Der **Lebenslauf** (→ S. 126) wird in der Regel tabellarisch geschrieben und enthält die folgenden Textbausteine: Überschrift; Absenderangaben; Auflistung von Geburtsdatum und -ort, Schulbesuchen, Fremdsprachenkenntnissen, Praktikumserfahrungen und Hobbys; Ort und Datum; Unterschrift.

- Zu den notwendigen **Anlagen**, die am Ende des Anschreibens aufgelistet und dann beigefügt werden, gehören der Lebenslauf, ein Lichtbild (das auch eingescannt und in das Anschreiben integriert werden kann), Zeugnisse und Praktikumsbescheinigungen. Auch Dokumente über die Anerkennung besonderer Leistungen können dazugehören.

Eine Charakteristik schreiben

In einer Charakteristik versucht man, eine Person (z. B. eine Buchfigur) in ihrer Eigenart darzustellen. Dabei werden unterschiedliche Aspekte einbezogen:

- das Äußere (z. B. körperliche Besonderheiten, Kleidung, Aussehen),
- Eigenschaften und Charakterzüge,
- Denken, Fühlen und Verhalten,
- Vorlieben und Abneigungen,
- Lebenssituationen und Entwicklungslinien.

Oft ist es für die Charakterisierung einer Person von Bedeutung, wie der Schreiber bzw. die Schreiberin zu dieser Person steht oder welche Schreibabsicht vorliegt. So fällt eine sachliche Beschreibung (z. B. für eine Suchanzeige) anders aus als eine Charakteristik aus der Sicht eines wohlwollenden Freundes oder eines ablehnenden Kritikers. Bei der Charakteristik von Text- oder

Buchfiguren hält man sich an die Textvorlage und zieht daraus entsprechende Schlussfolgerungen; man kann aber auch eigene Wertungen einbeziehen und zum Ausdruck bringen.

Eine besondere Form der Charakteristik ist die **Ich-Charakteristik**. Dabei charakterisiert man eine Person bzw. Figur nicht aus der Außenperspektive eines Betrachters oder Lesers, sondern lässt die Figur sich sozusagen selbst, d. h. aus der Ich-Perspektive charakterisieren. Man muss sich also ganz intensiv in die jeweilige Figur hineindenken und dann die Charakteristik in der Ich-Form schreiben, als wäre man selbst die charakterisierte Figur. Manchmal ist es hilfreich, dabei auch Redeformen (z. B. einen inneren Monolog) einzubeziehen.

→ *Eine Ich-Charakteristik schreiben, S. 106–108*

Einen inneren Monolog schreiben
In einem inneren Monolog werden Gedanken und Gefühle einer Person bzw. Figur unmittelbar (Präsens, Ich-Form) wiedergegeben.

- Wenn man nicht seine eigene Gedanken und Gefühle wiedergeben will (z. B. in einem Tagebucheintrag), sondern die Gedanken und Empfindungen einer anderen Person oder Figur, dann muss man sich in diese Person oder Figur hineinversetzen und sich vorstellen, was sie, z. B. in einer bestimmten Situation, denken und empfinden könnte.
- Mögliche Gedanken und Gefühle kann man zunächst stichwortartig festhalten. Auch die situative Gefühlslage sollte man notieren (z. B. fröhlich oder traurig, ängstlich oder mutig, ruhig oder aufgewühlt ...).
- Dann überlegt man, wie die betreffende Person ihre Gedanken und ihre Gefühlslage wohl in einem „Selbstgespräch“ formulieren würde: Spricht sie in ganzen Sätzen oder äußert sie Gedankenfetzen in unvollständigen Sätzen? Stellt sie sich Fragen?
- Schließlich entwirft man den inneren Monolog der Person in der Ich-Form.

→ *Einen inneren Monolog schreiben, S. 86–88*

Ein Buch rezensieren
Eine Rezension ist eine Buchbesprechung, in der man Informationen zu Inhalt und Autor des Buches gibt, die wichtigsten Buchfiguren vorstellt und auch eine Bewertung vornimmt.
So kannst du eine Rezension aufbauen:

- Einstieg: auf den Titel Bezug nehmen, einen interessanten Aufmacher formulieren,
- Kurze Inhaltswiedergabe: erwähnen, welche Figuren vorkommen und worum es geht, vielleicht etwas aus dem Buch zitieren; dabei nicht zu viel verraten: Leser sollen gespannt auf das Buch sein, Zeitform: Präsens,
- Bewertung mit Begründung, Leseempfehlung.

Texte planen, entwerfen und überarbeiten

Wie unterschiedlich die Schreibaufträge auch sein mögen, die Vorgehensweise beim Verfassen eines Textes ist fast immer gleich:

⏩ Das Schreiben vorbereiten
Du musst den Schreibauftrag sorgfältig lesen und verstehen. Der Schreibauftrag weist hin

- auf das Thema, zu dem du schreiben sollst,
- auf die Art und Weise, wie du schreiben sollst,
- auf einen möglichen Adressaten, an den dein Text gerichtet sein soll.

Vor dem Schreiben:

- Notiere alle Ideen, die dir zum Thema einfallen, in Stichpunkten oder kurzen Sätzen. Ein Cluster kann dir helfen, eine erste Ordnung in deine Gedanken zu bringen.
- Ordne deine Informationen und Ideen: Was gehört an den Anfang, wie geht es weiter und was gehört an den Schluss?

⏩ Den Text entwerfen
Formuliere einen ersten Textentwurf. Schreibe ganze Sätze. Ein Text entsteht durch das ständige Erproben von Formulierungen und Einarbeiten von neuen Ideen. Du fragst dich:

- Trifft die gefundene Formulierung das von mir Gemeinte und das Schreibziel?

– Muss ich etwas ergänzen, weglassen, umstellen oder ganz neu schreiben?

Wichtig: Lass beim Schreiben Platz für Korrekturen und Ergänzungen.

Den Text überarbeiten

Nach dem Schreiben:

– Habe ich wirklich geschrieben, was ich meine und mitteilen will oder soll? Trifft es die Sache, gehört es zum Thema?
– Ist der Text sinnvoll aufgebaut oder sollte man Textteile oder Sätze umstellen?
– Kann der Leser mich verstehen oder muss ich Ausdrücke, Formulierungen oder Sätze umformulieren oder austauschen?
– Ist mein Text ausführlich genug oder muss ich etwas hinzufügen, damit er verständlicher wird?
– Ist der Text weitschweifig, weicht er vom Thema ab, enthält er unnötige Informationen, die ich besser streichen sollte?
– Kann ich dem Leser das Verständnis erleichtern, z. B. durch Abschnitte, Unterstreichungen, Überleitungen, Satzverknüpfungen, Satzzeichen?
– Kann ich Wiederholungen vermeiden und Satzglieder umstellen?
– Habe ich Rechtschreibfehler vermieden?

Wichtig: Nutze Korrekturzeichen.

Nach der Überarbeitung

Darauf solltest du grundsätzlich achten:

– Setze eine Überschrift deutlich vom Text ab (z. B. durch Unterstreichen, Leerzeile).
– Lass genügend Rand rechts und links.
– Achte auf eine gut lesbare Handschrift oder Computerschrift.
– Achte bei Abbildungen darauf, dass sie deutlich erkennbar sind und zum Text passen.
– Gliedere den Text durch Absätze sinnvoll.
– Überprüfe den fertigen Text immer noch einmal auf Rechtschreib- und Zeichensetzungsfehler.

Lesen – Texte und Medien

Literarische Texte lesen und verstehen

Zu den literarischen Texten zählen vor allem erzählende Texte (Prosa), Gedichte (Lyrik) und Theaterstücke (Dramen).
Sie sind aus der Vorstellung und Fantasie eines Autors oder einer Autorin entstanden.

Erzählende Texte

Märchen gibt es in allen Kulturkreisen. Sie sind meist sehr alt und wurden mündlich weitererzählt. Im 19. Jahrhundert haben die Brüder Grimm viele dieser „Volksmärchen“ aufgeschrieben.
In Märchen wird von wundersamen Begebenheiten, Verwandlungen und Zaubereien erzählt. Oft müssen Märchenfiguren schwierige Aufgaben lösen und Gefahren bestehen, werden aber am Ende belohnt.

Auch in **Sagen** geht es um unglaubliche, fantastische Ereignisse. Allerdings berichten Sagen so davon, als ob es sich um tatsächliche Begebenheiten handeln würde. Dieser Eindruck entsteht, weil Ort und Zeit der Handlung genannt werden.

In **Fabeln** treffen Tiere aufeinander, die menschliche Eigenschaften haben. Was sie erleben und sagen, wird knapp und pointiert wiedergegeben. Die Leser müssen die Fabel deuten und verstehen, welche Wahrheit, Moral oder Lebensweisheit am Beispiel der Tiere veranschaulicht werden sollte.

Romane sind Prosatexte mit größerem Umfang (Bücher), in denen von Buchfiguren in ihren jeweiligen Lebenszusammenhängen erzählt wird.

Jugendbücher sind eigens für junge Leserinnen und Leser verfasst worden. Sie behandeln oft Themen, die Jugendliche interessieren oder betreffen: Erwachsenwerden, Freundschaft, Liebe, Konflikte usw.

Auch kürzere **Geschichten** können eigens für Jugendliche geschrieben sein. Sie erzählen oft von Begebenheiten aus dem Alltag und regen zum Weiterdenken an. Oft muss der Leser „zwischen den Zeilen lesen" und „auf Spurensuche gehen", um die Geschichten zu verstehen.

Eine **Anekdote** ist eine kurze Erzählung mit einem überraschenden Ausgang, meist über eine historische Persönlichkeit.

Kalendergeschichten wurden früher auf der Rückseite von Kalendern gedruckt und sollten Leserinnen und Leser nicht nur unterhalten, sondern auch belehren.

Kurzgeschichten erzählen von einem entscheidenden Erlebnis im Leben von Menschen. Sie haben einen unvermittelten Beginn, der die Leser unmittelbar in das Geschehen hineinführt, und einen offenen Schluss, der zum Weiterdenken anregt. In ihnen kommen meistens ganz normale Menschen (also keine „Helden") vor und es wird etwas erzählt, was wirklich so hätte passiert sein können.
→ *Momentaufnahmen – Kurzgeschichten interpretieren S. 50–73*

Gedichte

Zu den literarischen Texten gehören auch **Gedichte** (lyrische Texte). Sie unterscheiden sich von den erzählenden Texten vor allem durch ihre äußere Form. Sie sind in Versen geschrieben, die oft in Strophen zusammengefasst sind.
Die Verse können sich jeweils am Ende reimen, müssen es aber nicht.
Wenn du ein Gedicht untersuchst, willst du noch besser verstehen, welche Stimmungen, Gefühle und Eindrücke der Dichter dadurch vermittelt.

Balladen sind Gedichte, in denen eine spannende Geschichte erzählt wird. Die meisten Balladen sind in Strophen und Reimen verfasst und ihre Sprache ist sehr bildhaft. Die Personen befinden sich oft in einer bedrohlichen Lebenssituation, die Handlung verläuft dramatisch, der Leser wird mitgerissen.

Theaterstücke

Bei Theaterstücken (dramatischen Texten) wird die Handlung von Schauspielern auf der Bühne gespielt. Theaterstücke oder Dramen sind in Szenen eingeteilt. Kennzeichen des Dramas sind die Dialoge. Die Personen sprechen miteinander und agieren auf der Bühne, die Zuschauer verfolgen das Geschehen. Theaterstücke liegen auch als gedruckte Texte vor. Du kannst sie also auch lesen. Die Regieanweisungen geben den Schauspielern Hinweise, wie sie ihre Rolle spielen sollen.

Literarische Texte deuten (interpretieren)

Literarische Texte sind vieldeutig, d. h., die Leser deuten (interpretieren) den Text jeweils für sich und verstehen ihn niemals alle gleich.
Im Unterricht kommt es häufig vor, dass dir zu literarischen Texten Fragen gestellt werden, die du dann beantworten musst.

Tipps zum **Interpretieren**:
- Wovon handelt die Geschichte? Welche Erlebnisse oder Probleme stehen im Mittelpunkt?
- Handelt es sich um eine Ich-Erzählung oder um eine Er/Sie-Erzählung?
- Welche Hauptfiguren kommen vor, in welcher Situation sind sie? Werden sie mit Namen benannt?
  - Wie würdest du die Figuren charakterisieren?
  - Wie fühlen sie sich?
  - Wie verhalten sie sich? Warum verhalten sie sich so?
  - Wie stehen die Figuren zueinander?
  - Welche Spannungen und Konflikte gibt es?

- An welchem Ort spielt die Geschichte?
  Wird der Ort genau beschrieben?
  Ist er für die Geschichte wichtig?
- In welcher Zeit spielt die Geschichte?
  Hat die Zeit für die Geschichte eine Bedeutung?
  Wie ist das Verhältnis von **Erzählzeit** (= die Zeit, die es braucht, um die Geschichte zu lesen) und **erzählter Zeit** (= Zeitdauer der Handlung)?
- Wie entwickelt sich die Geschichte?
  Bleiben am Ende Fragen offen?

Sprachliche Besonderheiten beachten

Literarische Texte enthalten – im Gegensatz zu Sach- und Gebrauchstexten – oft besondere sprachliche Mittel, mit denen der Autor den Leser aufmerksam machen und besondere Wirkungen erreichen will. Zu diesen sprachlichen Besonderheiten zählen z. B.

- **Wiederholungen:** Wiederholungen von Wörtern oder Sätzen illustrieren z. B. die Eintönigkeit des Geschehens *(z. B. Ein Schritt vom Wege. Zwei Schritte vom Wege. Drei Schritte vom Wege.)* oder dienen der Verstärkung *(z. B. Du gehst mit dem Strom, gegen den Strom, durch den Strom)*.
- **Sprachbilder** (Metaphern): Oft haben Wörter auch eine übertragene, bildliche Bedeutung (z. B. *in den Spiegel schauen* bedeutet: sich mit sich selbst auseinandersetzen).
- **Vergleiche** (mit wie): Vergleiche veranschaulichen und verstärken oft die Aussage *(z. B. Rund und knackig wie ein grüner Apfel)*.
- **Personifizierungen:** In Gedichten werden oft Tiere, Pflanzen, Gegenstände oder Begriffe wie Menschen dargestellt. Sie haben menschliche Eigenschaften und Gefühle (Personifizierung, Vermenschlichung). Durch Personifizierungen werden Begriffe lebendiger und anschaulicher *(z. B. Wellen zerdrücken Häuser)*.
- **Wortbildungen:** In Gedichten kommen häufig ungewöhnliche Wörter vor, die du über die Wortbildung fantasiereich entschlüsseln musst *(z. B. Hitzestaub)*.
- **Ellipsen:** Ellipsen sind Kurzsätze oder Satzabbrüche. Sie können dazu dienen, Aussagen zu verstärken oder Wichtiges hervorzuheben *(z. B. Aus dir wird nichts. Nichts. Nichts. Nichts.)*.
- **Redeformen:** Unterschiedliche Redeformen, die für einen literarischen Text verwendet werden können, sind z. B.:
  - die **direkte Rede** (wörtliche Rede der Figuren),
  - die **indirekte Rede** (Wiedergabe der Figurenrede durch den Erzähler),
  - die **erlebte Rede** (Wiedergabe der Gedanken und Gefühle der Figuren durch den Erzähler, d. h. in der 3. Person),
  - der **innere Monolog** (Wiedergabe von Gedanken und Gefühlen der Figuren in der Ich-Form).

Auf die Erzählperspektive achten

Literarische Texte können aus unterschiedlichen Erzählperspektiven geschrieben werden.

- **Ich-Erzählung:** Der Erzähler erzählt in der Ichform und sieht alles aus seiner individuellen, aber begrenzten Sicht.
- **Er/Sie-Erzählung:** Alle Figuren des Geschehens werden in der 3. Person vorgestellt. Der Erzähler tritt deshalb nicht selbst in Erscheinung.
  Er kann ein **auktorialer Erzähler** sein (d. h. er erzählt das Geschehen aus einer Außensicht und kann auch die Gedanken und Gefühle der Figuren beschreiben sowie zurückblicken oder vorausschauen) oder er ist ein **personaler Erzähler** (d. h. er erzählt und kommentiert das Geschehen aus der Perspektive einer bestimmten Figur).
  Ein **neutraler Erzähler** bleibt konsequent in der Außensicht und kommentiert das Geschehen nicht.

→ *Kurzgeschichten interpretieren, S. 52–57, 66–70, 200/201, 202/203*
→ *Ein Gedicht interpretieren, S. 164–167, 168/169*

Texte laut lesen und vortragen

Texte laut zu lesen ist gar nicht so einfach.
Je flüssiger du Texte lesen kannst, desto besser verstehst du sie auch – und das Lesen macht vor allem mehr Spaß.
Ihr könnt auch in einem **Lese-Tandem** das laute Lesen trainieren: Einer ist der Lese-Trainer, der andere der Lese-Sportler.
Lest beide einen Abschnitt oder Text zusammen leise vor: Der Trainer korrigiert, wenn der Lese-Sportler ins Stocken gerät, oder lobt, wenn alles klappt. Sobald sich der „Sportler“ sicher fühlt, kann er allein halblaut weiterlesen, der Lese-Trainer liest nur noch leise mit.

Mit Texten weiterarbeiten

Es macht Spaß, über literarische Texte weiter nachzudenken. Oft werden die Leser in eine Fantasiewelt „entführt“ und können in eine fremde Welt „eintauchen“. Oder sie sehen ihren Alltag plötzlich „mit anderen Augen“.
Wenn du dich weiter mit literarischen Texten auseinandersetzen willst, gibt es eine Reihe kreativer **Möglichkeiten**:
- ein Bild malen oder Text-Bild-Collagen erstellen,
- Steckbrief einer Figur entwerfen,
- Perspektivenwechsel (sich in die Textfiguren hineinversetzen), aufschreiben, was die Buchfiguren denken oder fühlen,
- Kontaktaufnahme zu Textfiguren, z. B. einen Brief oder eine E-Mail schreiben,
- Texte weiter- oder umschreiben,
- Figuren und Handlungen szenisch darstellen oder ein Rollenspiel machen.

Diese Verfahren kannst du auch in einem **Lesetagebuch** umsetzen (→ S. 99) und in einem **Leseportfolio** ausgestalten (→ S. 103–105).

Sachtexte lesen und verstehen

Zu den **Sachtexten** gehören folgende Textsorten:

- Texte, mit denen die Leser in erster Linie **informiert** werden sollen, z. B: Experteninterview, Biografie, Lexikonartikel, Zeitungsmeldung/-bericht.

→ *Bericht aus einer Jugendzeitschrift bearbeiten, S. 116/117*
→ *Inhaltsverzeichnis lesen, S. 118*
→ *Tagesbericht erstellen, S. 119*
→ *Lebenslauf erstellen, S. 126/127*
→ *Zeitungsbericht auswerten, S. 132, 136, 144, 146–149, 254/255, 265*
→ *Experteninterview auswerten, S. 139–142, 250–252*

- Texte, in denen die Autoren eher etwas **bewerten** und beurteilen oder eine persönliche Stellungnahme abgeben, z. B.: Brief, E-Mail, Rezension, Kommentar, Leserbrief.

→ *(Zeitungs-)Kommentar bearbeiten, S. 37, 150–152, 153*
→ *Rede analysieren, S. 46–48*

- Texte, die für etwas **werben** oder **appellieren** und **Ratschläge** enthalten, z. B.: Werbeanzeige, Klappentext, Ratgeber.

→ *Ratgebertext bearbeiten, S. 38*
→ *Bewerbung bearbeiten, S. 124/125*
→ *Stellenanzeigen auswerten, S. 133*
→ *Schlagzeilen bearbeiten, S. 143*

- Texte, in denen eher **argumentiert** wird, um zu überzeugen, z. B.: argumentativer Brief.

→ *Argumentation in Briefen erarbeiten, S. 43*

- Texte, mit denen die Leser sowohl informiert als auch **unterhalten** werden, z. B.: Artikel aus Jugendmagazin, Reportage, Autobiografie, Reisebericht.

→ *Bearbeitung einer Reisereportage, S. 14/15*
→ *Bearbeitung eines Reiseberichts, S. 16/17*
→ *Bearbeitung von Autobiografien, S. 19/21*

Sach- und Gebrauchstexte kommen vor in Sach- und Fachbüchern, in Zeitungen und Zeitschriften und natürlich im Internet. Dort findest du sie am besten, wenn du sie über eine Suchmaschine suchst.

Sachtexte enthalten häufig auch **Abbildungen**, um etwas anschaulich zu machen, oder auch Tabellen und Diagramme, um Informationen kurz und übersichtlich darzustellen.

Lesemethoden

▸▸ **1. Schritt:** Das Lesen beginnt vor dem Lesen.
- Überlege dir, was du vom Text erwartest. Achte auf Bilder, Bildunterschriften, Überschriften, Fettgedrucktes. Dann weißt du schon, worum es im Text geht. Überlege dann, was im Text stehen könnte.
- Um welche Art von Text handelt es sich: Ist es ein Lexikontext, ein Zeitungstext, eine Werbeanzeige? Wer hat den Text für wen geschrieben?
- Wenn du die Textsorte kennst, kannst du vermuten, was der Autor des Textes erreichen will: Will er dich informieren, unterhalten oder dich zu etwas überreden?

▸▸ **2. Schritt:** Wähle den richtigen Leseweg.
Es gibt verschiedene Wege, Texte zu lesen:
- Du kannst einen Text oder Abschnitt überfliegen, wenn du nur das Wichtigste verstehen willst. Mit W-Fragen kannst du leicht die wichtigsten Informationen finden: Wer? Was? Wann? Wo? Warum? Wie? Welche Folgen?
- Du brauchst nur bestimmte Stellen in einem Text zu lesen, wenn du einzelne Informationen suchst.
- Manche Texte und Abschnitte liest man genauer, Wort für Wort, weil man alles verstehen möchte.

Lies also nicht jeden Text Wort für Wort, sondern suche dir den passenden Leseweg!

▸▸ **3. Schritt:** Lies den Text mit dem Bleistift in der Hand.
- Gliedere den Text in Abschnitte. Finde Zwischenüberschriften. So verschaffst du dir einen Überblick.
- Unterstreiche wichtige Schlüsselwörter.
- Mache dir am Rand Notizen. Notiere Fragen zu den Textabschnitten.
- Markiere die Textstellen, die du besonders interessant und wichtig findest, mit einem Ausrufezeichen.
- Setze ein Fragezeichen, wenn du etwas nicht verstehst.
- Kläre wichtige Fach- oder Fremdwörter aus dem Kontext oder schlage ihre Bedeutung im Wörterbuch nach.
- Versuche, den Textinhalt in einer Mindmap oder einem Schema festzuhalten.
- Mach dir klar, welche Meinung der Autor im Text vertritt. Achte besonders auf wertende Begründungen, Beispiele oder Folgen. Achte besonders auch auf wertende Wörter.

▸▸ **4. Schritt:** Bilde dir eine eigene Meinung.
Nach dem Lesen sollst du dir Gedanken über den Text machen:
- Ist der Text interessant oder nicht interessant für dich? Warum?
- Welche Informationen zum Thema enthält der Text, welche vermisst du?
- Vergleiche den Text mit anderen Texten. Welche gefallen dir am besten? Warum?
- Wie kannst du den Text weiter nutzen?

→ *Lesemethoden am Beispiel anwenden, S. 146–149*
→ *Informationen finden, auswählen und gliedern, S. 247/248*
→ *Material auswerten, S. 249–253*

Texte in Gruppen lesen und bearbeiten
Oft ist es leichter, Texte in Gruppen zu lesen und zu bearbeiten:
- Bildet Vierergruppen. Jede Gruppe bearbeitet einen Abschnitt.

- Zwei Schüler einer Gruppe formulieren W-Fragen (Was? Wo? Wann? Wie? Warum? Welche Folgen?) auf einem Zettel.
- Die beiden anderen Schüler beantworten die Fragen schriftlich.

Texte mit einem Partner lesen

Auch mit deinem Partner kannst du Texte lesen:
- Bildet Zweiergruppen.
- Einer liest und macht dabei Pausen.
- Der Partner äußert spontan, was ihm zu dem vorgelesenen Textabschnitt einfällt.

→ *Gedankenblitze, S. 60*

Textinformationen zur Weiterarbeit nutzen

Lesen ist kein Selbstzweck. Oft kannst du die Textinformationen weiternutzen, z. B. um
- Hintergrundberichte zu schreiben (→ S. 21),
- Textvergleiche zu schreiben (→ S. 24/25, 28/29),
- argumentative Briefe/Leserbriefe zu schreiben (→ S. 42/43, 142, 145),
- Lexikonartikel zu verfassen (→ S. 59),
- Tagesberichte zu verfassen (→ S. 119–121),
- Bewerbungen zu schreiben (→ S. 125, 133),
- einen Lebenslauf zu schreiben (→ S. 126/127),
- Stellungnahmen zu verfassen (→ S. 146-149, 152, 153),
- Referate zu halten (→ S. 244–263),
- Fragebogenaktionen zu entwerfen (→ S. 137/138).

Medien nutzen und einschätzen

Viele von euch nutzen sicher den Computer und das Internet. Dadurch habt ihr die Möglichkeit, euch zu informieren (z. B. über Sachthemen oder neueste Nachrichten) oder untereinander Informationen und Meinungen auszutauschen (E-Mail, Blogs usw.). Ihr müsst dabei lernen, Informationen zielgerichtet zu recherchieren und die gefundenen Informationen einzuschätzen.

Schaubilder und Diagramme lesen

In Schaubildern, Diagrammen und Tabellen werden Informationen anschaulich zusammengefasst. Schaubilder müssen interpretiert und versprachlicht werden:
- Welches Thema behandelt das Schaubild?
- Woher stammt das Schaubild?
- Welche Form hat das Schaubild? Was bedeuten die Zahlen, Balken, Farben, Symbole usw.?
- Welche wichtigen Informationen enthält das Schaubild?
- Welche Entwicklungen sind erkennbar?
- Was ist besonders auffällig?
- Welche Gründe und Folgerungen kann man aus dem Schaubild ablesen?

→ *Schaubilder und Diagramme lesen, S. 122/123*

Texte miteinander vergleichen

Wenn du einen Text einordnen und bewerten willst, ist es nützlich, ihn mit anderen Texten und Textsorten zu vergleichen:

- Texte zu einem Thema enthalten verschiedene Informationen. Es ist wichtig, Übereinstimmungen und Unterschiede festzustellen.
- Bestimmte Texte und Textsorten enthalten eher Sachinformationen, andere hingegen eher Eindrücke, Bewertungen und Meinungen. Achte also darauf, ob der Text sachlich oder aus einer persönlichen Perspektive verfasst ist: Enthält der Text
  - viele Informationen, Daten und Fakten oder eher persönliche Eindrücke und Wertungen?
  - Fachwörter oder eher umgangssprachliche und wertende Wörter?

→ *Gemeinsamkeiten und Unterschiede in Texten herausarbeiten, S. 26/27, 28/29, 58/59, 254/255*
→ *Sachtexte und literarische Texte miteinander vergleichen, S. 12/13*
→ *Zeitungstext und Autobiografien miteinander vergleichen, S. 18–21*
→ *Lexikontext und Autobiografie miteinander vergleichen, S. 24/25*

Sprache

Sprache als Mittel der Verständigung

Wenn du über Sprache Bescheid weißt, kannst du Texte besser verstehen, dich in Gesprächen besser ausdrücken, Texte angemessener formulieren und Fehler vermeiden.

Mit Sprache handeln

Argumentieren

Beim Argumentieren versuchst du, dein Gegenüber zu überzeugen. Es gibt verschiedene Möglichkeiten zu argumentieren:

- Begründungen anführen: *weil, deshalb, wegen;*
- Bedingungen nennen: *wenn ..., dann ...;*
- Einschränkungen machen: *obwohl, trotzdem;*
- Experten zitieren: *Studien zeigen, dass ...;*
- Schlussfolgerungen ziehen: *sodass, dann.*

→ *Gedankenbrücken: Haupt- und Nebensätze, S. 208/209*
→ *Bedingungen formulieren: wenn ..., dann ..., S. 210/211*
→ *Argumentieren lernen, S. 212/213*

Meinungen wiedergeben

Oft musst du in deinen Texten die Meinungen anderer wiedergeben. Es gibt dazu verschiedene Möglichkeiten:

- als wörtliches Zitat: *„Jeder kann surfen“, hebt Nina hervor.* Du kannst Texte mithilfe wörtlicher Zitate lebendiger, anschaulicher und persönlicher machen.
- als indirekte Redewiedergabe (im Konjunktiv I): *Nina sagt, dass jeder surfen könne.* Oder: *Nina sagt, jeder könne surfen.*

→ *Die Meinung anderer wiedergeben, S. 214/215*
→ *Wörtlich zitieren, S. 216/217*

Personen/Textfiguren charakterisieren

Beim Interpretieren literarischer Texte musst du Textfiguren charakterisieren. Achte auf folgende sprachliche Mittel:

- Verben, die Handlungen und Reaktionen der Personen ausdrücken: *sie schlich, er zitterte*;
- Redeeinleitungen: *er brüllte mich an*;
- veranschaulichende und charakterisierende Ausdrücke: *eine ängstliche Frau*; *sie fiel erschöpft auf einen Stuhl*;
- bildliche Redewendungen: *sie stand da wie ein begossener Pudel*.

→ *Personen/Textfiguren charakterisieren, S. 102, 203*

Gesprochene und geschriebene Sprache unterscheiden

Zwischen gesprochener und geschriebener Sprache gibt es viele Unterschiede.
Beim Schreiben hat man in der Regel mehr Zeit, über seinen Text nachzudenken, ihn zu planen und zu überarbeiten.
Beim Sprechen äußern wir uns dagegen spontan. Wir haben keine Zeit, lange zu überlegen, dafür jedoch die Möglichkeit, direkt zu reagieren und auf unseren Gesprächspartner einzugehen.
Auffällige Merkmale der gesprochenen Sprache (Umgangssprache, Alltagssprache) (→ S. 64):

- kurze, einfache Sätze, die oft auch unvollständig sind *(Leicht verdientes Geld.)*
- Satzabbrüche *(z. B. Ich weiß nicht, ...)*,
- wenige Nebensätze, vor allem Hauptsätze, die mit „und“ verbunden sind *(Und dann dieses Geräusch)*.
- Abkürzungen von Wörtern am Anfang oder am Ende (z. B. *ich komm* statt *ich komme; mit ’nem* statt *mit einem*),
- Wortwiederholungen *(z. B. ich fuhr ..., ich fuhr ...)*,
- Wortverschmelzungen *(z. B. kommste* statt *kommst du)*,
- Ellipsen (unvollständige Sätze) *(z. B. Steh wie angewurzelt* statt *Ich steh wie angewurzelt)*,
- Einwortsätze *(z. B. Streber!* statt *Du bist ein Streber!)*,
- ausdrucksstarke Wörter und Wendungen *(z. B. So ’n Quatsch!)*,

- Wörter, die als grob oder unfein bewertet werden *(z. B. verschissen)*; in der geschriebenen Sprache werden diese Wörter gemieden.
- Routineformeln *(z. B. Wie geht's?)*
- Mit Gesprächsformeln (→ S. 142) lassen sich Meinungen und Standpunkte ausdrücken *(z. B. Ich bin froh, dass ...)*

→ *Merkmale von mündlicher Sprache, S. 64*

Mit Proben Texte schreiben und überarbeiten

▸▸ **Umstellprobe:** Wörter und Satzglieder kannst du im Satz umstellen. Dadurch vermeidest du Wiederholungen oder kannst Wichtiges an den Satzanfang stellen (z. B. kannst du den Zeitpunkt betonen: *Dieses Jahr reiste der Autor durch Afrika).*

▸▸ **Erweiterungsprobe:** Du kannst Satzteile durch weitere Informationen ergänzen. Verben lassen sich durch Adverbien oder adverbiale Bestimmungen (des Ortes, der Zeit, der Art und Weise) präzisieren, Nomen werden durch Adjektive genauer bestimmt *(z. B. fröhliche Fahrgäste)*. Durch diese Erweiterungen wird dein Text verständlicher oder interessanter.

▸▸ **Ersatzprobe:** Innerhalb eines Satzes kannst du bestimmte Wörter oder Satzglieder durch sinnverwandte Wörter oder Wortgruppen ersetzen. Hierdurch machst du deine Texte abwechslungsreicher, genauer oder spannender *(z. B. jemanden/etwas vorstellen, einführen, darstellen, wiedergeben, präsentieren)*.

▸▸ **Umformungsprobe:** Oft kannst du Wörter, Satzglieder oder Sätze umformulieren, ohne dass sich die Bedeutung ändert:
So gibt es unterschiedliche grammatische Möglichkeiten, seinen Partner zu etwas aufzufordern: Imperativ, Infinitiv, mit Modalverben *können* oder *sollen (z. B. Reisedokumente vorzeigen → du sollst die Reisedokumente vorzeigen)*.

Wortschatzarbeit: Wörter verstehen und gebrauchen

Wörterbücher
Die Wörter und Redensarten einer Sprache werden in einem Wörterbuch zusammengestellt und erklärt. Wörterbücher sind nach dem Abc geordnet, sodass du die Wörter und ihre Erklärungen schnell finden kannst. Im Wörterbuch findest du vor allem Worterklärungen und Beispielsätze.
Es gibt unterschiedliche Wörterbücher, die du beim Schreiben oder Lesen nutzen kannst:
- Rechtschreibwörterbuch,
- Synonymenwörterbuch,
- Fremdwörterbuch,
- Redensartenwörterbuch,
- Herkunftswörterbuch/etymologisches Wörterbuch.

→ *Wörter und Wortherkunft, S. 159*

Fremdwörter
Fremdwörter haben wir aus anderen Sprachen übernommen. Man erkennt sie an ihrer besonderen Aussprache und Schreibung *(z. B. Jeans)*. Fremdwörter erweitern unseren Wortschatz.
Sie haben verschiedene Aufgaben:
- Fremdwörter sind oft Fachwörter und können die Verständigung erleichtern *(z. B. Computer)*.
- Fremdwörter haben gegenüber ihren deutschen Entsprechungen eine besondere Bedeutung und dienen deshalb dazu, sich genau auszudrücken: Ein *Event* meint mehr als ein Ereignis: Es ist ein Ereignis, das sich in der Öffentlichkeit abspielt und als etwas Besonderes gilt.
- Fremdwörter werden aber auch verwendet, um etwas positiv zu bewerten oder sich selbst darzustellen, z. B. in der Jugendsprache (→ S. 83): *Ein cooler Song! Ich war ganz cool.*

Englischer Spracheinfluss
Zu allen Zeiten wurden Wörter aus anderen Sprachen ins Deutsche übernommen. Heute hat das Englische einen großen Einfluss, z. B. *Facebook, Online, chatten* (→ S. 83).

Falsche Freunde
In verschiedenen Sprachen können Wörter vorkommen, die sich in Schrift und Aussprache ähnlich sind, jedoch eine andere Bedeutung haben, z. B. deutsch *Glas* – russisch *glas = Auge*) (→ S. 21)

Mehrsprachigkeit
Heutzutage wachsen viele Kinder mehrsprachig auf: Ihre Erstsprache benutzen sie vor allem in der Familie, die Zweitsprache zur Verständigung in der Schule und im Alltagsleben (Umgebungssprache).
→ *Mit mehreren Sprachen leben, S. 194/195*

Sprachwandel und Wortherkunft
Wörter haben eine Geschichte: Ihre Aussprache, Schreibung und Bedeutung haben sich im Laufe der Zeit gewandelt: *Magd* bedeutete einst Mädchen, später Dienerin; heute ist das Wort nicht mehr gebräuchlich (→ S. 159).
In Herkunftswörterbüchern (etymologischen Wörterbüchern) wird die Herkunft der Wörter erklärt. Du kannst z. B. Ortsnamen nachschlagen und ihre Herkunft erklären (→ S. 198).

Wortnetz/Wortfeld
Die Wörter einer Sprache sind im Hinblick auf ihre Bedeutungen miteinander verwandt. Es gibt dabei unterschiedliche **Wortverwandtschaften**:
- Wörter sind bedeutungsähnlich oder bedeutungsgleich **(synonym)**, wenn sie eine ähnliche oder gleiche Bedeutung haben *(z. B. der Computer – der Rechner)*. Synonyme helfen beim Schreiben, Wiederholungen zu vermeiden (→ S. 202).
- Wörter haben **entgegengesetzte Bedeutungen**, sind **Antonyme** *(z. B. aktuell – veraltet)*,
- Wörter sind über- und untergeordnet. Man unterscheidet dabei den **Oberbegriff** *(z. B. Printmedien)* vom **Unterbegriff** *(z. B. Zeitung, Zeitschrift)*.

Wörter werden in typischen **Wortverbindungen** gebraucht. Dies ist für das Schreiben wichtig:
- Nomen und Verben: *Im Netz surfen*;
- Adjektive und Nomen: *weltweites Netz.*

Redensarten bestehen aus mehreren Wörtern *(z. B. etwas unter den Teppich kehren)*. Die Bedeutung einer Redensart ergibt sich nicht aus der Bedeutung der einzelnen Wörter. Redensarten sind nicht wörtlich gemeint. Du musst die Bedeutung der Redensart aus dem Textzusammenhang erschließen. Der Gebrauch der Redensarten macht Texte und Aussagen anschaulich.

Oft versteht man Texte nicht genau, weil einzelne Wörter schwer verständlich oder unbekannt sind. Es ist daher nützlich, wenn du weißt, wie man die **Wortbedeutung** entschlüsseln kann:
- Achte auf den Textzusammenhang.
- Achte auf die Worterklärungen im Text.
- Zerlege das Wort in seine Bestandteile.
- Ersetze das Wort durch ein Synonym.

Mehrdeutigkeiten von Wörtern
Wörter haben oft mehrere Bedeutungen, z. B.: *der Pass – Reisepass* und *Straße über ein Gebirge*. Mehrdeutigkeiten können zu Missverständnissen führen. Die Mehrdeutigkeit von Wörtern kannst du oft aus dem Textzusammenhang erschließen oder mithilfe des Wörterbuchs klären.

Metaphern/Sprachbilder
Bei einer Metapher werden Vorstellungen aus einem konkreten Bildbereich auf einen anderen Bereich übertragen, z. B. um ein Gefühl auszudrücken: *Schmetterlinge im Bauch* für *Verliebtsein*. Mit Metaphern kann man veranschaulichen.
→ *Sprachbilder - Metaphern, S. 196/197*

Wortbildung
Ständig entstehen neue Wörter. Es ist daher wichtig, dass du die Regeln kennst, wie man neu gebildete Wörter verstehen oder selbst neue Wörter bilden kann. Es gibt zwei Hauptarten der Wortbildung:

- **Wortzusammensetzungen** sind aus mehreren selbstständigen Wörtern zusammengesetzt. Zusammengesetze Nomen bestehen aus einem Grundwort und einem Bestimmungswort; das Grundwort steht am Ende:
  Schüler + Austausch = Schüleraustausch
- **Wortableitungen** bestehen aus mehreren Wortbausteinen: Vorsilben (Präfixe), Wortstamm und Nachsilben (Suffixe):
  - Verb-Präfixe, z. B. *aus-: auswandern, ver-: verirren*;
  - Verb-Suffixe, z. B. *-ieren: kopieren, -(e)n: mailen*;
  - Nomen-Präfixe, z. B. *Miss-: Missverständnis, Un-: Unglück*;
  - Nomen-Suffixe, z. B. *-heit: Fremdheit, -ung: Bewerbung*;
  - Adjektiv-Präfixe, z. B. *un-: unsicher, ur-: uralt*;
  - Adjektiv-Suffixe, z. B. *-isch: türkisch, -bar: denkbar*.

Nominalisierung, Nominalstil

Wenn aus Verben oder anderen Wortarten Nomen gebildet werden, spricht man von **Nominalisierung**. Es gibt verschiedene Möglichkeiten, aus Verben Nomen zu bilden:

- aus dem Infinitiv des Verbs:
  ansteigen → das Ansteigen,
- mit den Endungen *-ung/-ion/-age: planen → die Planung; installieren → die Installation; montieren → die Montage*.

Du erkennst Nominalisierungen an den Nomensignalen (Begleiter): *das/ein/sein Führen*. Nominalisierungen werden großgeschrieben. Texte, die kurz und knapp formuliert sein müssen (z. B. Anzeigen, Formulare, Notizen) enthalten viele Nominalisierungen. Man spricht dann von **Nominalstil**.

→ *Nominalstil und Verbalstil, S. 204/205*

Grammatische Formen kennen und gebrauchen

Wortarten unterscheiden

Wer über Wortarten Bescheid weiß, kann Sprache besser verstehen und beschreiben.

- Mit **Nomen** *(z. B. Freund, Schiff, Heimat)* bezeichnest du Lebewesen/Gegenstände (Konkreta) oder Gedachtes/Gefühle (Abstrakta). Wenn Nomen in Sätzen gebraucht werden, werden sie verändert, d. h. dekliniert.

- Artikel sind Begleiter des Nomens. Es gibt bestimmte (Singular: *der, die, das;* Plural: *die*) und unbestimmte Artikel (Singular: *ein, eine, ein*): *Ein Mann kommt auf mich zu. Ich frage den Mann nach dem Weg.*

- Mit **Verben** *(z. B. besuchen, treffen)* drückst du aus, was jemand macht oder was geschieht. Die Grundform der Verben nennt man Infinitiv.

- Mit **Adjektiven** *(z. B. fremd, mutig, traurig)* kannst du Nomen genauer beschreiben, Handlungen bewerten oder Sachverhalte vergleichen (→ S. 203).

- Mit **Präpositionen** *(z. B. in, vor, auf)* kannst du Angaben über Ort und Richtung machen.

- Mit **Adverbien** *(z. B. dorthin, heute, gern)* lässt sich genau angeben, wo, wann und wie etwas passiert.

- Mit **Konjunktionen** *(z. B. und, weil, als)* werden Sätze miteinander verbunden.

→ *Vergleiche dazu das Konjunktionenrad auf S. 209*

Einige Wortarten werden verändert (flektiert): Nomen, Artikel, Pronomen und Adjektive werden dekliniert; Verben werden konjugiert.
Adverbien, Präpositionen und Konjunktionen sind nicht veränderbar (flektierbar).

Die vier Fälle unterscheiden
Nomen verändern sich in Sätzen. Sie stehen in den vier Fällen **Nominativ, Genitiv, Akkusativ** und **Dativ**. Auch Artikel, Pronomen und Adjektive werden dekliniert, wenn sie direkt beim Nomen stehen.
In jedem Satz gibt es ein Subjekt. Das Subjekt steht im Nominativ (Wer oder was?):
Der alte Mann trifft den Jungen.
Die meisten Verben haben ein Akkusativobjekt (Wen oder was?):
Der junge Mann sieht den alten Mann.
Einige Verben stehen mit einem Dativobjekt:
Der Junge antwortet dem alten Mann.
Genitivobjekte kommen bei ganz wenigen Verben vor und sind sehr selten: *Er gedachte der Toten.*
Attribute stehen oft im Genitiv:
Das Gesicht des alten Mannes hellte sich auf.

Verben und Zeiten verwenden

- Das **Präsens** benutzt du, wenn du wiedergibst, was gerade passiert *(es schneit)*, was immer so ist *(die Erde dreht sich)* oder was in der Zukunft geschieht *(morgen regnet es)*.

- Um über Vergangenes zu berichten oder zu erzählen, gebrauchst du in schriftlichen Texten das **Präteritum** *(Der Zug fuhr ein)*.

- Wird über ein Ereignis berichtet, das vor einem anderen Ereignis in der Vergangenheit stattgefunden hat, steht das **Plusquamperfekt**:
  Nachdem es monatelang geregnet hatte, kam es zu heftigen Überschwemmungen.

- Wenn du Vergangenes mündlich erzählst, benutzt du oft das **Perfekt**:
  Es ist so, wie ich es mir vorgestellt habe.

- Mit dem **Futur** wird eine Prognose, eine Vermutung oder ein Versprechen in der Zukunft ausgedrückt:
  Vermutlich wird es regnen.

Für verschiedene **Textsorten** sind bestimmte **Zeitformen** charakteristisch:
Berichte und Märchen stehen beispielsweise im Präteritum, Witze im Präsens. Allerdings können in einem Text die Zeitformen auch wechseln.
Die Änderung der Zeitform signalisiert einen Perspektivenwechsel.
Beispiel: Die Schlagzeile in Zeitungsmeldungen steht oft im Präsens, der erste (zusammenfassende) Satz der Meldung häufig im Perfekt und die Meldung selbst im Präteritum:
Vater trifft Sohn (Schlagzeile)
Ein britischer Taxifahrer hat nach 34 Jahren seinen Sohn wiedergetroffen. (Erster Satz)
Dieser saß als Kunde auf dem Rücksitz seines Wagens ... (eigentliche Meldung)
→ *Der Gebrauch der Zeitformen in Texten, S. 206/207*

Wenn wir Verben in Sätzen verwenden, bilden wir aus dem **Infinitiv** (Grundform, z. B. *kommen*) die **Personalform** (im Präsens: *ich komme, du kommst, er kommt, wir kommen, sie kommen*). Dies nennt man **konjugieren**.

Konjunktiv I und II

- Den **Konjunktiv I** verwendet man bei der indirekten Rede. Wenn in einem Text die Aussagen oder Gedanken von Personen wiedergegeben werden, kann man neben der direkten (wörtlichen) Rede auch die indirekte Rede verwenden:
  - Wörtliche Rede: *Der Schulleiter sagt: „Handys sind verboten!“*
  - Indirekte Rede: *Der Schulleiter sagt, dass Handys verboten seien.*
    Oder: *Der Schulleiter sagt, Handys seien verboten.*

  Die indirekte Rede wird vor allem in Zeitungen sowie in Rundfunk- und Fernsehnachrichten gebraucht.

→ *Die Meinung anderer wiedergeben, S, 214/215*

- In Sätzen, in denen etwas Gewünschtes oder Vorgestelltes ausgedrückt wird, steht der **Konjunktiv II**: *Ich wäre lieber an einer anderen Schule.*
  Der Konjunktiv II bei den Verben *sein, haben, können, müssen* und *sollen* kommt häufig vor: *er wäre, er hätte, er könnte, er müsste, er sollte.*
  Bei anderen Verben benutzt man in der gesprochenen Sprache oft die *würde*-Form: *sie würde gern kommen* statt *sie käme gern.*

→ *Sich etwas im Konjunktiv II ausmalen, S. 199*

Aktiv/Passiv

- Sätze stehen im **Aktiv**, wenn betont wird, wer etwas tut: *Viele Schüler nutzen heute das Internet.*
- Wenn unwichtig oder klar ist, wer eine Handlung durchführt und der Vorgang betont werden soll, steht das **Passiv**: *Überall auf der Welt wird das Internet genutzt.*
  Gebildet wird das Passiv mit dem Hilfsverb *werden* und dem Partizip II: *Das Internet wird genutzt.*
  Das Passiv hat wie das Aktiv eigene Zeitformen:
  - Präsens: *Es wird genutzt.*
  - Präteritum: *Es wurde genutzt.*
  - Perfekt: *Es ist genutzt worden.*
  - Plusquamperfekt: *Es war genutzt worden.*
  - Futur: *Es wird genutzt werden.*

Satzglieder ermitteln

Sätze bestehen aus verschiedenen Satzgliedern. Du kannst sie durch die Umstellprobe ermitteln. Wörter, die beim Umstellen zusammenbleiben, bilden ein Satzglied. Beispiel:
Am Abend zeigte der alte Mann aus Mitleid dem Jungen seine weißen Kaninchen.
→ (Aus Mitleid) (zeigte) (der alte Mann) (dem Jungen) (am Abend) (seine weißen Kaninchen).
Subjekt *(der alte Mann)* und **Prädikat** *(zeigte)* kommen in jedem Satz vor. Sätze können außerdem ein **Akkusativ-Objekt** *(seine weißen Kaninchen)*, ein **Dativ-Objekt** *(dem Jungen)* und weitere **adverbiale Bestimmungen** *(aus Mitleid, am Abend)* enthalten.

Adverbiale Bestimmungen geben Informationen über Ort und Zeit des Geschehens, über dessen Ursachen und Gründe oder über die Art und Weise (wie etwas geschieht). Sie geben Antwort auf die Fragen: Wann? Seit wann? Wie lange? Wo? Wohin? Warum? Wie?
Man unterscheidet adverbiale Bestimmungen
- der Zeit, z. B.: *am Montag, montags, bis Samstag*,
- des Ortes, z. B.: *aus Berlin, am Ufer, dort*,
- der Art und Weise, z. B.: *bei Regen, mit viel Geduld, glücklicherweise*,
- des Grundes, z. B. *aus Neugier, trotz des schlechten Wetters, wegen des Gewitters*.

Attribute enthalten ebenfalls zusätzliche Informationen. Sie beziehen sich immer auf ein Nomen.
Man unterscheidet:
- Adjektivattribut: *ein spannendes Buch*,
- Genitivattribut: *im Mittelpunkt des Romans*,
- Präpositionalattribut: *ein Buch mit viel Witz*,
- Relativsatz: *Das Buch, das einen Preis bekommen hat*,
- Zusatz (Apposition): *Louis, ein 15-jähriger Junge, ist die Hauptfigur der Geschichte.*

Hauptsatz und Nebensatz

Jeder Text besteht aus einer Reihe von Sätzen. Man unterscheidet Haupt- und Nebensätze:

- In **Hauptsätzen** steht das konjugierte Verb an zweiter Stelle. Hauptsätze können für sich allein stehen: *Das Internet ist schneller als die Zeitung.*

  Werden zwei oder mehr Hauptsätze verbunden, spricht man von einer **Satzreihe**: *Das Internet ist schneller, als die Zeitung, aber Zeitunglesen kann man überall.*

- In **Nebensätzen** steht das konjugierte Verb am Ende. Nebensätze können nie allein stehen, sondern kommen nur in Verbindung mit Hauptsätzen vor. Der Nebensatz wird durch eine Konjunktion eingeleitet:

Das Internet ist schneller als die Zeitung, weil der Computer die Informationen direkt übermittelt.

Eine Verbindung aus Haupt- und (mehreren) Nebensätzen bezeichnet man als **Satzgefüge**.

Es gibt verschiedene **Konjunktionen**, mit denen man verschiedene Absichten ausdrücken kann:
- Zeit angeben: *als, bevor, nachdem*,
- Begründungen geben: *weil, da*,
- Bedingungen anführen: *wenn, falls*,
- einen Gegensatz ausdrücken: *obwohl*,
- einen Zweck nennen: *damit; um ... zu*,
- Folgen aufzählen: *sodass*.

Nebensätze mit diesen Konjunktionen heißen **adverbiale Nebensätze**.

→ *Gedankenbrücken: Haupt- und Nebensätze, S. 208/209*

Relativsätze sind Nebensätze, die ein vorhergehendes Nomen näher bestimmen: *Die Autorin, die zu den bekanntesten Jugendbuchautoren Frankreichs zählt, hat viele Preise gewonnen.* Relativsätze werden durch Relativpronomen eingeleitet *(der, die, das)*.

Dass-Sätze sind Nebensätze: *Das Mädchen weiß, dass es einen Fehler gemacht hat.*
Vor den dass-Satz musst du immer ein Komma setzen. In einem dass-Satz steht oft, was eine Person sagt, meint, behauptet oder denkt.

→ *Redeeinleitungen in dass-Sätzen S. 215/215*

Wenn-Sätze sind Nebensätze: *Wenn zu viel am Computer gespielt wird, wird man süchtig.*
In einem Wenn-Satz wird eine Bedingung ausgedrückt. Die Konjunktion kann in solchen Bedingungssätzen auch fehlen: *Wird zu viel am Computer gespielt, wird man süchtig.*
Haupt- und Nebensatz werden immer durch ein Komma getrennt.

→ *Bedingungen formulieren: wenn ..., dann ... S. 210/211*

Satzzeichen

Satzzeichen helfen dir, Sätze und Texte besser zu verstehen und auch besser zu lesen. Satzzeichen schließen Sinneinheiten ab: Achte darauf, wo eine Aussage abgeschlossen ist und wann eine neue Information beginnt.

- **Satzschlusszeichen** *(. ! ?)* schließen eine Sinneinheit ab.

- Bei Aufzählungen werden Sinneinheiten durch **Kommas** getrennt: *ein gutes, spannendes und unterhaltsames Buch* (Aufzählung von Wörtern); *er hat Bücher geschrieben, er hat Filme gedreht* (Aufzählung von Sätzen).
  - Einschübe und Nachträge (Appositionen) werden ebenfalls durch Kommas abgetrennt: *Marielou, die Chefin des Frisörsalons, versprach ...; Sie arbeitete bei Senior Lopez, einem Wirt.*
  - Auch zwischen Haupt- und Nebensätzen steht ein Komma: *Die Geschichte handelt von einem Jungen, der Schiffbrüchige gerettet hat.*

- Die **wörtliche Rede** steht immer in Anführungszeichen. Oft steht bei der wörtlichen Rede ein Begleitsatz. Dieser kann an verschiedenen Stellen stehen:
  Er hebt hervor: „Computer können durchaus gefährlich sein."
  „Computer können durchaus gefährlich sein", hebt er hervor.
  „Computer", hebt er hervor, „können durchaus gefährlich sein."
  Achte auf die Satzschlusszeichen und die Kommas.

→ *Zeichensetzung: Wörtlich zitieren, S. 216/217*
→ *Wichtige Zeichensetzungsregeln im Überblick, S. 218*
→ *Zeichen setzen und darüber nachdenken, S. 218/219*

Rechtschreibung

Übungsschwerpunkte herausfinden

- Sammle eine Zeit lang Wörter, die du häufig falsch schreibst. Schreibe sie in Spalte 1 der Tabelle. Markiere die Fehlerstelle:

Mein Fehler	Fehlerart	Rechtschreibhilfe
ließ	scharfes s hier mit ß. Betonte Silbe ist offen. Der Vokal wird lang gesprochen.	– Wörter verlängern: ließ – ließen – Reimwörter finden: ließ, gieß, fließ …

- Notiere die Fehlerart in Spalte 2.
- Überlege, was du tun kannst, um den Fehler zu vermeiden. Rechtschreibhilfen/-strategien helfen dir dabei. Notiere die Tipps in Spalte 3.

→ *Rechtschreibstrategien anwenden, S. 220/221*
→ *Rechtschreibwissen und -können überprüfen, S. 242/243*

Rechtschreibhilfen nutzen

Wenn du Zweifel hast und unsicher bist, wie ein Wort geschrieben wird, solltest du es mit anderen Wortformen und Wörtern vergleichen und dabei dein Sprachwissen nutzen.

- 1. Ein schwieriges Wort mal so und mal so **aufschreiben**. Schreibe es auch in Druckschrift. Oft sagt dir das Gefühl, was richtig ist! Beispiel: *kaputt – ~~kaput – kapput~~.*

- 2. **Lesen**, was du geschrieben hast, nicht was du schreiben wolltest: Sprich langsam Wort für Wort. Zerlege lange und ungewöhnliche Wörter in Silben. Beispiel: *Wel-ten-bumm-ler.*

- 3. Wörter mit offenen und geschlossenen **Silben** gegenüberstellen. Achte auf die Kürze und Länge des Vokals. Beispiele: *schiefe – Schiffe, Miete – Mitte.*

- 4. Einsilbige Wörter um eine Silbe **verlängern**. Der nächste Buchstabe soll ein e sein. Höre genau und entscheide, welcher Buchstabe der richtige ist. Beispiel: *raubt – rau-ben.*

→ *Zur Schreibung der „s-Laute" beachte die besonderen Hinweise in der folgenden Spalte.*

- 5. Das Wort oder den Wortbaustein mit dem Problembuchstaben **abtrennen und** anschließend **verlängern**. Beispiel: *Staubsauger – Staub – stauben.*

- 6. Das Wort, bei dem du unsicher bist, mit anderen Wörtern aus der **Wortfamilie** vergleichen. Beispiele: *säuerlich,* weil *sauer; Fahrrad,* weil *fahren.*

- 7. Dein **Sprachwissen** nutzen: Denke an die Bedeutung der Wörter. Probiere sie im Satzzusammenhang aus. Beispiel: *war – wahr: Es ist wahr, dass ich gestern in der Schule war.*

- 8. **Rechtschreibregeln** anwenden: *dass* oder *das*? Sätze mit *dass* als Konjunktion führen einen Gedanken zu Ende, vervollständigen den Satz; Sätze mit *das* als Relativpronomen beziehen sich auf ein vorhergehendes Nomen (Pronomen).

- 9. **Groß oder klein?** Auf Signale für Großschreibung wie Artikel, Pronomen, Adjektive mit Endung achten. Wenn sie fehlen, setze sie zur Probe ein. Auch Endungen wie *-heit, -keit, -ung, -nis* sind gute Signale für Nomen.

→ *Beachte auch die Hinweise zu „Groß oder klein?" auf der nächsten Seite.*

- 10. **Zusammen oder getrennt?** Häufig hilft die Betonungsprobe: Bei Zusammenschreibung trägt meistens die erste Silbe die Hauptbetonung.

→ *Beachte auch die Hinweise zu „Getrennt oder zusammen?" auf der nächsten Seite.*
→ *Übungen zum Umgang mit Rechtschreibhilfen, S. 222/223*

s-Laute: mit s, ss oder ß?

Es gibt zwei verschiedene s-Laute: das stimmhafte s *(lesen, Dose)* und das stimmlose s *(lassen, gießen)*. Für die s-Laute gibt es drei Schreibweisen: s, ß, ss.

- Das **stimmhafte s** wird immer mit dem Buchstaben s geschrieben: *Rose, Besen.*
- Für **zweisilbige Wörter mit stimmlosem s** gilt: Ist die erste Silbe geschlossen, wird der Vokal kurz gesprochen, man schreibt ss: *lassen, das Wasser.*
  Ist die erste Silbe offen, wird der Vokal lang gesprochen. Man schreibt ß: *fließen, die Füße, draußen.* Beachte: Zwielaute (ai, ei, äu, eu) gelten als Langvokale.
- Bei **einsilbigen Wörtern** hört man am Wortende immer ein stimmloses s: *Haus, es fließt.* Um herauszufinden, ob man s, ß oder ss schreibt, musst du eine zweisilbige Wortform bilden:
  das Haus – die Häuser
  heißt – wir heißen
  nass – eine nasse Hose.

→ *Übungen zum Umgang mit Rechtschreibhilfen, S. 222*

„Das" oder „dass"?

Eine Schwierigkeit bei der Schreibung des s-Lautes bereitet die Unterscheidung von *dass* und *das*:

a) *das* kann Artikel sein: *das Diktat, das Schreiben.*
b) *das* kann ein Pronomen sein: *Das (dieses) ist besonders schwierig!*
c) *das* kann ein Relativpronomen sein: *Ein Diktat, das (welches) besonders schwierig ist.*
d) *dass* leitet einen Nebensatz (Gliedsatz) ein. Merke dir besonders: *Dass* steht häufig nach Verben des Denkens, Fühlens und Sagens. Der dass-Satz will vor allem einen Gedanken fortführen und den Satz vervollständigen: *Ich glaube, dass ... Ich fühle, dass ...*

→ *dass als Konjunktion, das als Relativpronomen, S. 232/233*

Fremdwörter

In Wortausgängen steht für das lange i die Buchstabenverbindungen *-ie, -ier, -ieren*. Beispiele: *Batterie, Barbier, reparieren.* Von diesen Wortausgängen abgesehen steht in Fremdwörtern für langes i bloßes i: Beispiele: *Diva, Krise, Ventil.*

→ *Fach- und Fremdwörter, S. 229–231*

Worttrennung am Zeilenende

Die Trennung von Wörtern am Zeilenende erfolgt nach Sprechsilben: *Wör-ter tren-nen.*
Besondere Trennregeln sind:

- Folgen in einem Wortteil mehrere Konsonanten hintereinander, schreibst du den letzten auf die nächste Zeile: *schimp-fen, Förs-ter, Wes-pe.*
- *ch* und *sch* werden als Einheit gesehen und nicht getrennt: *knir-schen, su-chen.*
- Wörter mit *ck* trenne so: *Zu-cker, Ho-cker.*
- Einzelne Buchstaben am Wortanfang oder Wortende werden nicht abgetrennt: *Ele-fant, Kleie.*

Groß oder klein? – Auf Signalworte und Wortbausteine achten

- **Nomen** werden großgeschrieben. Man erkennt Nomen daran, dass vor ihnen besondere Signalwörter stehen: Artikel *(der, ein)* oder Pronomen *(mein, dies)*. Manchmal ist der Artikel in einem anderen Wort verborgen, z. B. in *beim (= bei dem)* oder *im (= in dem)*.
  Wenn ein Signalwort fehlt, kannst du es zur Probe einsetzen. So erkennst du, ob ein Wort ein Nomen ist.
- **Verben werden zu Nomen** (nominalisierte Verben), wenn vor ihnen ein Signalwort steht *(der, die, das, mein, dies, beim, zum ...): das Lesen, beim lauten Vorlesen.*
- Auch **Adjektive werden zu Nomen** (nominalisierte Adjektive), wenn vor ihnen ein Signalwort steht: *das Bunte, mein Rot.*
  Signalwörter für Nomen können auch Mengenangaben wie *alles, viel, wenig, nichts, etwas, alles, einiges, allerlei* sein. Die nominalisierten Adjektive enden dann mit -es oder -e:
  alles Gute, nichts Neues.

- Manche Nomen erkennst du an besonderen **Wortbausteinen**: *-heit, -keit, -ung, -nis, -schaft.*
- **Zeitangaben:**
  - Nomen, die eine Zeit angeben, schreibt man groß. Man erkennt sie oft an ihren Begleitern: *der Morgen, am Morgen, gegen Abend ...*
  - Adverbien, die eine Zeit angeben, schreibt man klein: *heute, gestern, morgens, abends ...*
  - In Tageszeitangaben wie *heute Morgen, gestern Abend, vorgestern Nachmittag* schreibt man die Adverbien klein und die Nomen groß.
  - Uhrzeitangaben werden kleingeschrieben: *halb zwölf, um halb zwölf, (ein) Viertel nach zwölf ...*

Groß oder klein? – Besonderheiten

- **Paar oder paar?**
  Ein Paar Schuhe – Es sind zwei Schuhe, die zusammengehören. *Paar* wird großgeschrieben. *Ein paar Wochen* – Es können zwei, drei oder mehrere Wochen sein. Jetzt schreibt man *paar* klein.
- **Mal oder -mal?**
  Wörter mit dem Wortbaustein *-mal/-mals* werden kleingeschrieben. Es sind Adverbien: *einmal, viermal, vielmals.*
  Wird das Wort *Mal* als Nomen gebraucht, wird es großgeschrieben: *das erste Mal, zum letzten Mal, letztes Mal.*

→ *Groß oder klein, S. 234–237*
→ *Personennamen und erdkundliche Namen, S. 226-227*

Schreibung von Straßennamen

- Straßennamen werden zusammengeschrieben, wenn sie wie zusammengesetzte Nomen aus einem einfachen Bestimmungswort und einem Grundwort bestehen. Nomen (auch Eigennamen) und Adjektive ohne Endung können dabei Bestimmungswort sein. Beispiele: *Heinestraße, Kaiserstraße, Wilhelmstraße, Neumark.*
- Besteht das Bestimmungswort aus mehreren Einzelwörtern, werden zwischen den einzelnen Wörtern (Wortbestandteilen) Bindestriche gesetzt. Beispiele: *Heinrich-Heine-Straße, Freiherr-vom-Stein-Ring.*
- Straßennamen werden getrennt geschrieben, wenn der Straßenname eine Präposition, einen Artikel oder ein flektiertes Adjektiv (Adjektiv mit Endung) enthält. Beispiele: *Im Dornbusch, An der Post, Neuer Markt.*
- Das erste Wort eines Straßennamens wird immer großgeschrieben, auch wenn es kein Nomen ist, ebenso alle zum Namen gehörenden Adjektive und Zahlwörter. Beispiele: *Auf dem Brink, Am Alten Sportplatz, In der Kleinen Hütte.*
- Von geografischen Namen abgeleitete Wörter auf -er schreibt man groß. Beispiele: *Leipziger Straße, Frankfurter Ring, Weimarer Allee.*

→ *Den Regelteil eines Wörterbuchs nutzen, S. 224-225*

Getrennt oder zusammen?

- **Verbindungen aus zwei Verben** werden getrennt geschrieben: *Wir haben ihn gehen lassen.*
- **Verbindungen mit sein** werden immer getrennt geschrieben: *da sein, übrig sein ...*
  Wenn sie als Nomen gebraucht werden, schreibt man die Verbindungen groß und zusammen: *das Dasein, das Zusammensein.*
- **Verbindungen aus Adjektiv + Verb** werden immer dann zusammengeschrieben, wenn ein Wort mit neuer Bedeutung entsteht. Die Betonung liegt auf dem ersten Bestandteil des neuen Wortes: *Taschengeld lockermachen* (= herausgeben) – *den Knoten locker machen* (= lockern).
- **Verben mit Wortbausteinen wie** *ab-, an-, her- hin- ...* werden im Infinitiv, im Partizip sowie im Nebensatz immer zusammengeschrieben. Die Hauptbetonung liegt fast immer auf einer Silbe des Wortbausteins:
  - Infinitiv: *abnehmen – er will abnehmen ...*
  Die Zusammensetzung bleibt auch erhalten, wenn ein „zu" dazwischensteht: *abzunehmen.*
  - Partizip: *abgenommen – er hat abgenommen.*
  - Nebensatz: *Wir hoffen, dass er bald abnimmt.*
  Im Hauptsatz und bei anderen Verformen wird der erste Bestandteil abgetrennt: *Er nimmt ab.*

→ *Getrennt oder zusammen?, S. 238–241*

Gemeinsam lernen

Viele Aufgaben lassen sich besonders erfolgreich gemeinsam mit anderen lösen.
Dazu findet ihr im Folgenden einige Methoden, die ihr schon aus den letzten Schuljahren kennt.

Nachdenken – Austauschen – Vorstellen

– *Etwas allein erarbeiten, dann gemeinsam ergänzen und anderen vorstellen*

▸▸ **Nachdenken:**
In dieser Phase arbeitest du allein. Du denkst nach, notierst deine Gedanken oder erarbeitest einen Text.

▸▸ **Austauschen:**
Jetzt besprecht und vergleicht ihr eure Arbeitsergebnisse mit einem Partner oder in einer kleinen Gruppe.
Ihr könnt Fragen stellen, eure Ergebnisse ergänzen und verbessern.

▸▸ **Vorstellen:** Schließlich werden die Ergebnisse aus der Austauschphase einer größeren Gruppe oder der gesamten Klasse vorgestellt. Ihr könnt über das Thema diskutieren und auch besprechen, ob die Präsentation gut gelungen ist.

Schreibgespräch

– *Gedanken austauschen und kommentieren*

1. Legt fest, wozu ihr ein Schreibgespräch führen wollt.
2. Setzt euch möglichst zu viert in einer Gruppe zusammen. Jede Gruppe bekommt ein großes Blatt Papier.
3. Schreibt zunächst jeweils eine Behauptung mitten auf das Blatt Papier.
4. Jeder aus der Gruppe kann nun dazu etwas dazuschreiben. Dabei wird nicht gesprochen – auch nicht nachgefragt. Lest auch, was andere schreiben, und ergänzt, was ihr dazu meint. So entwickelt sich ein stummes Schreibgespräch.
5. Am Schluss werden alle Blätter ausgelegt oder ausgehängt. Die Gruppen erzählen, wie das Gespräch verlaufen ist.

Karussellgespräch

– *Gedanken austauschen, sich gegenseitig informieren, Probleme lösen*

1. Bildet einen Innen- und Außenkreis. Jeweils ein Schüler aus dem Innenkreis und sein Gegenüber im Außenkreis sind Gesprächspartner.

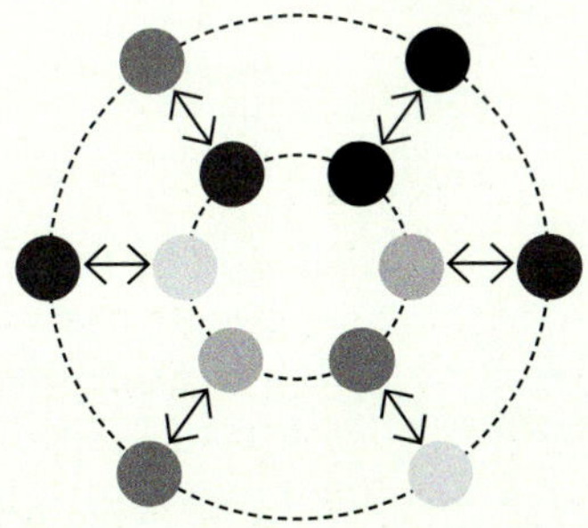

2. Der Schüler aus dem Außenkreis stellt seinem Gegenüber im Innenkreis seine Fragen. Der Schüler im Innenkreis beantwortet sie.

3. Die Gesprächspartner wechseln auf ein Zeichen, indem die Schüler im Innenkreis einen oder mehrere Plätze weiterrücken. Jetzt stellt der Partner im Innenkreis die Fragen, sein Gegenüber antwortet.
4. Der Platz- und Rollenwechsel wird zwei- bis dreimal wiederholt.

Placemat (Platzdeckchen)

– *Erst allein arbeiten, dann gemeinsam ein Gruppenergebnis erarbeiten und vorstellen*

1. Bildet Dreier- oder Vierergruppen. Jede Gruppe zeichnet in die Mitte auf ein großes Blatt Papier ein Feld für das gemeinsame Ergebnis und um dieses Feld im Außenbereich für jedes Mitglied gleich große Felder für eigene Notizen:

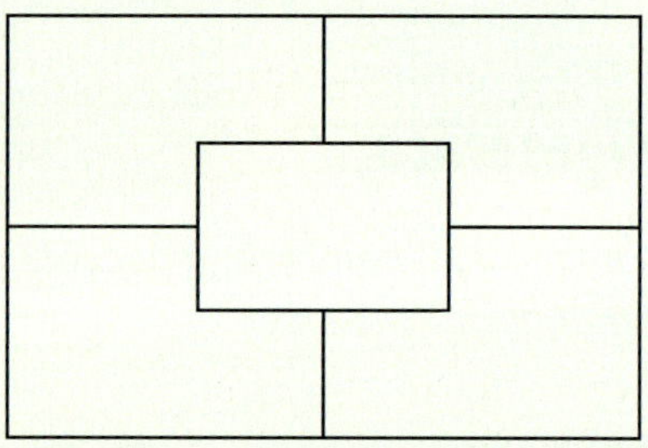

2. Jedes Gruppenmitglied bearbeitet im Außenbereich sein eigenes Feld und macht dort seine Notizen.
3. Nach dieser Einzelarbeit tauscht ihr in der Gruppe eure Vorschläge aus. Dreht dazu das Blatt so lange, bis jeder alle Notizen gelesen hat.
4. Diskutiert nun die verschiedenen Vorschläge und einigt euch auf eine gemeinsame Lösung. Tragt diese in das mittlere Feld ein.
5. Zum Schluss präsentiert jede der Gruppe ihre Ergebnisse vor der Klasse.

Interview

– *Erst allein arbeiten, dann mit einem Partner austauschen und die Gruppe informieren*

1. Bildet Gruppen zu 4–6 Schülerinnen und Schülern. Jeder arbeitet zunächst an seinem Teilthema allein.
2. Arbeitet in den Gruppen zu zweit. Einer übernimmt die Rolle des Interviewers und befragt den anderen zu einem Teilthema.
3. Wechselt die Rollen und wiederholt das Interview.
4. Jeder stellt der Gruppe vor, was er erfahren hat.

Sich zur Partnerarbeit verabreden

– *Feste Partnergruppen bilden, um gemeinsam zu arbeiten*

1. Jeder erhält ein Verabredungskärtchen und sucht sich einen Partner.
2. Sobald sich zwei für ein Tandem gefunden und verabredet haben, trägt jeder den Namen seines Partners auf sein Kärtchen ein. Am Ende hat sich jeder auf seinem Kärtchen mit vier unterschiedlichen Partnern oder Partnerinnen verabredet (Tandem A, B, C und D).
3. Die Lehrerin oder der Lehrer kann nun jederzeit ein Tandem aufrufen und so veranlassen, dass sich die Partner treffen und zusammenarbeiten.
4. Das ausgefüllte Verabredungskärtchen hebt jeder für sich auf. Die Verabredungen gelten für einen festgelegten Zeitraum und können dann neu vereinbart werden.
5. Überlegt und entscheidet, ob ihr euch bei der Verabredung stärker festlegt, z. B. sucht ihr
   - für Tandem A jemanden, mit dem ihr noch nie oder selten zusammengearbeitet habt,
   - für Tandem B jemanden, der euch gut weiterhelfen kann,
   - für Tandem C einen engen Freund oder eine enge Freundin,
   - für Tandem D als Junge ein Mädchen oder als Mädchen einen Jungen.

Sachtexte in Gruppen erschließen

– *Den Inhalt von Sachtexten kennenlernen*

Ihr könnt Sachtexte auch in Vierergruppen gemeinsam erarbeiten. Geht dabei so vor:

1. Alle lesen den ersten Abschnitt still durch.
2. Jetzt erhält jeder eine spezielle Rolle:
   - Schüler/in 1 stellt Fragen zum ersten Abschnitt. Die anderen antworten.
   - Schüler/in 2 konzentriert sich auf schwierige Wörter und Textstellen und fragt nach, wie die anderen sie verstanden haben.
   - Schüler/in 3 fasst den Textabschnitt mündlich mit eigenen Worten zusammen.
   - Schüler/in 4 äußert Erwartungen, was im folgenden Abschnitt stehen könnte.
3. Bei den nächsten Abschnitten wechseln die Rollen im Uhrzeigersinn.

Partnerpuzzle

– *Sich mit einem Lernpartner abstimmen und anschließend einen anderen informieren*

Bildet Vierergruppen. In jeder Gruppe werden zwei Texte bearbeitet.

1. Jeder bearbeitet allein einen Text. Die zwei Schüler, die sich gegenübersitzen, lesen Text A zu Thema A, die beiden anderen Text B zu Thema B.

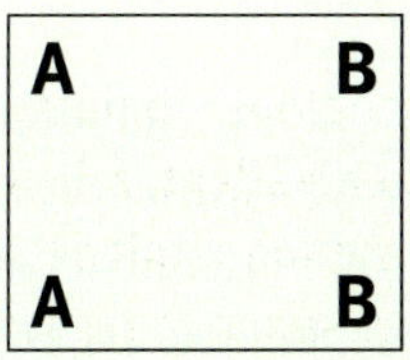

2. Die beiden Schüler mit demselben Thema sprechen nach einer vereinbarten Zeit über den Inhalt ihres Textes: Sie klären Fragen, helfen sich gegenseitig oder korrigieren sich. So werden sie beide zu Experten für ihr Thema. Sie überlegen anschließend, wie sie die beiden anderen der Tischgruppe über ihr Thema informieren wollen:
   Welches sind die wichtigsten Informationen?
   Wie werden sie geordnet und weitergegeben?
   Welche Stichpunkte sollen dazu notiert werden?

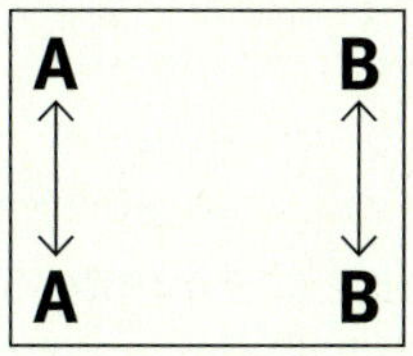

3. Die Schulterpartner stellen sich anhand ihrer Notizen nacheinander das Ergebnis ihrer Arbeit vor. So lernen beide Partner voneinander: Jeder ist einmal Experte und einmal Zuhörer.

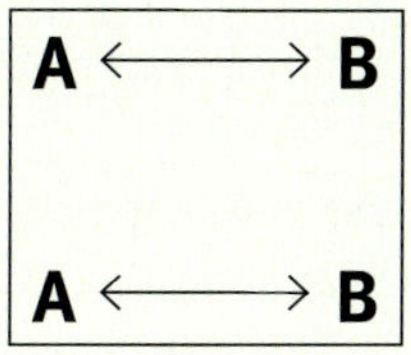

Rollenspiel

– *Sich in andere hineinversetzen*
– *Lösungen finden und ausprobieren*

1. Stellt zunächst einen Spielplan auf. Notiert eure Spielideen. Legt fest:
   - die Spielszene,
   - wer beteiligt ist und eine Rolle spielt,
   - wie sich die Personen verhalten sollen,
   - welche Beobachtungsaufgaben die Zuschauer erhalten.
2. Verteilt die Rollen.
3. Die Szene wird gespielt.
4. Wertet die Darstellung aus:
   - Wie verhielten sich die Personen?
   - Wie verlief das Spiel?
   - Ist die Lösung durchsetzbar?
   - Können alle Beteiligten zustimmen?
5. Macht mehrere Spielversuche und berücksichtigt die Auswertung.

Rechtschreibgespräch

- *Rechtschreibregelungen finden*
- *Rechtschreibwissen und Strategien anwenden*

Über Wörter und Ausdrücke, die schwierig zu schreiben sind, könnt ihr in der Klasse, zu zweit oder in kleinen Gruppen nachdenken und ein Gespräch führen:

1. Schreibt das Wort, das besprochen wird, an die Tafel oder auf einen Zettel.
2. Jeder, der zur Rechtschreibung etwas sagen kann, meldet sich zu Wort.
3. Legt fest, welche Aufgabe die Lehrerin oder der Lehrer während des Gesprächs übernehmen soll.

Stühletausch

- *Lösungen von anderen kennenlernen*
- *Hausaufgaben vergleichen*

1. Jeder Schüler löst die gestellte Aufgabe. Das Ergebnis wird am Platz ausgelegt.
2. Jeder gibt seinen Platz frei und sucht sich einen anderen Stuhl. Dort liest man die ausgelegten Lösungen und formuliert eine Rückmeldung.
3. Jeder geht zu seinem Platz zurück und liest die Rückmeldung zu seiner Lösung.
4. Ihr führt ein gemeinsames Auswertungsgespräch in der Klasse. Anmerkung: Wer seine Gedanken und Ideen nicht anderen zeigen möchte, bleibt am Platz sitzen.

Partnervortrag

- *Vortragen und zuhören einüben*

Beim Partnervortrag gibt es einen Sprecher und einen Zuhörer:

- Der Zuhörer hört dem Sprecher aufmerksam zu und wiederholt, was dieser berichtet hat.
- Der Sprecher achtet darauf, ob sein Vortrag richtig und vollständig wiedergegeben wird.
- Danach wechseln die Rollen.

Einigt euch, wer mit seinem Kurzvortrag beginnt. Setzt euch einander gegenüber und rückt so nah zusammen, dass ihr euch beim leisen Vortragen gut verstehen und ansehen könnt.

Fishbowl

– *Arbeitsergebnisse vortragen und diskutieren*

1. Um Ergebnisse einer Untersuchung auszutauschen, setzen sich vier Schülerinnen und Schüler in einen Innenkreis. Zusätzlich wird ein freier Stuhl in den Innenkreis gestellt. Die übrigen Schülerinnen und Schüler bilden den äußeren Sitzkreis und sind Zuhörer.

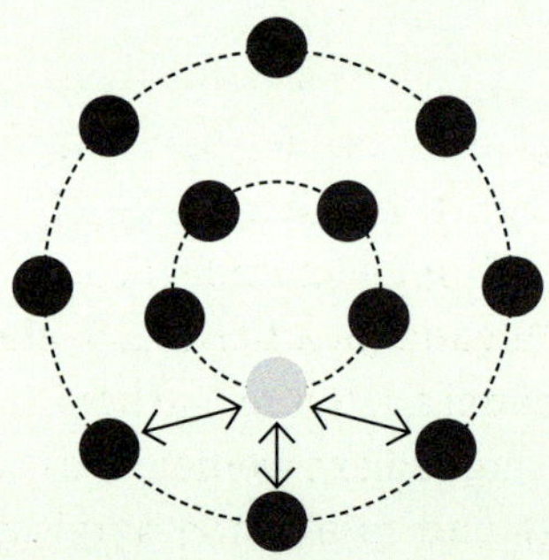

2. Die vier im Innenkreis besprechen untereinander alles, was sie herausgefunden haben. Wer etwas ergänzen möchte oder eine andere Ansicht vortragen will, kann sich direkt an den Vorredner wenden.
3. Auch aus dem Zuhörerkreis können sich Schülerinnen und Schüler beteiligen. Wenn sie etwas zu der Diskussion im Innenkreis äußern möchten (z. B. bestätigen, verdeutlichen, widersprechen), setzen sie sich auf den leeren Stuhl und bringen ihren Redebeitrag vor. Anschließend gehen sie in den Außenkreis zurück und sind wieder Zuhörer.

Galeriegang

– *Arbeitsergebnisse präsentieren*

Jede Gruppe präsentiert ihr Ergebnis aus einer Gruppenarbeit immer nur einer kleinen Gruppe von Mitschülern, und das mehrmals hintereinander. Die Vortragenden wechseln sich ab.
Alle Gruppenmitglieder beantworten die Fragen der Zuhörer.
Die Zuhörer machen sich Notizen.
Die Gruppen wechseln nach einer bestimmten Zeit zum nächsten Tisch.

Nummerierte Köpfe

– *Erst allein arbeiten, dann sich gemeinsam auf ein Gruppenergebnis einigen und als Einzelner das gemeinsame Ergebnis präsentieren*

1. Bildet Gruppen. Jedes Gruppenmitglied erhält eine Nummer (1, 2, 3, 4 ...).
2. Jeder in der Gruppe bearbeitet zunächst die gestellte Aufgabe (bearbeitet z. B. einen Text und geht dabei auf Spurensuche).
3. Die Arbeitsergebnisse werden in der Gruppe vorgetragen und miteinander verglichen. Durch Argumentation versuchen die Gruppenmitglieder, sich auf eine Lösung zu einigen. Ziel der Gruppenarbeit ist es, dass jedes Gruppenmitglied alle Fragen beantworten und auch als Gruppenergebnis präsentieren kann.
4. Für die Präsentation der Ergebnisse in der Klasse nennt der Lehrer oder die Lehrerin einen der „nummerierten Köpfe", der das gemeinsam Erarbeitete vorträgt. Die anderen in der Gruppe dürfen die Ausführungen des Vortragenden ergänzen.

Gruppenpuzzle (Jigsaw)

– *längere Texte gemeinsam erarbeiten, z. B. bei der Arbeit an einem umfangreichen Thema*

1. Bildet Vierergruppen. Jeder bereitet für seine Notizen ein DIN-A4-Blatt mit vier gleich großen Feldern vor. Nummeriert die Felder im Uhrzeigersinn. Teilt den Gesamttext in vier etwa gleich lange Abschnitte ein.

Thema ...	
Abschnitt 1 ...	Abschnitt 2 ...
Abschnitt 4 ...	Abschnitt 3 ...

2. Jeder liest den gesamten Text zunächst allein. Einigt euch nach dem Lesen, wer welchen Textabschnitt genauer bearbeitet.
3. Jeder bearbeitet nun seinen Abschnitt und notiert die Informationen stichwortartig in seinem Feld.
4. Das Ergebnis der Einzelarbeit vergleicht jeder mit einem Mitschüler aus einer anderen Gruppe, der an demselben Textabschnitt gearbeitet hat. Überarbeitet gegebenenfalls während dieser Phase eure Stichpunkte, damit ihr die Mitglieder eurer Stammgruppe möglichst umfassend informieren könnt.
5. Jeder informiert die Mitglieder seiner Stammgruppe kurz und sachlich über die wichtigsten Inhalte seines Abschnittes. Nach jedem Vortrag notieren die Zuhörer Stichpunkte dazu in die freien Felder ihres Stichwortzettels.

Autoren- und Quellenverzeichnis

Abelein, Anne
Eines Tages S. 39
Aus: Du gegen Mich. Hrsg. von Anne Teuter und Abraham Teuter. Frankfurt a. M.: Alibaba 1997. S. 11.

Aichinger, Ilse
Das Fenster-Theater S. 60
Aus: I. Aichinger. Der Gefesselte. Erzählungen I. Frankfurt a.M.: Fischer 1954. S. 62ff.

Akbaş, Melda
So wie ich will S. 21
Über Istanbul könnte man ... *S. 24*
Aus: M. Akbaş. So wie ich will. Mein Leben zwischen Moschee und Minirock. München: Bertelsmann 2010.

Andersch, Alfred
Sansibar oder der letzte Grund S. 109
Aus: A. Andersch. Sansibar oder der letzte Grund. Zürich: Diogenes 2004. S. 7ff. (gekürzt)

Bernhard, Thomas
Der Vorzugsschüler S. 190
Aus: T. Bernhard. Ereignisse. Frankfurt a. M.: Suhrkamp 1991. S. 41f.

Bichsel, Peter
San Salvador S. 200
Aus: Kürzestgeschichten. Hrsg. von Christine Hummel. Stuttgart: Reclam 2010, S. 29f.

Borchert, Wolfgang
Nachts schlafen die Ratten doch S. 52
Die Küchenuhr S. 66
Aus: W. Borchert. Das Gesamtwerk. Reinbek bei Hamburg: Rowohlt 1970. S. 76ff., 172ff.

Boyes, Roger
How to be a Kraut S. 27
Aus: R. Boyes. How to be a Kraut. Leitfaden für ein wunderliches Land. Berlin: Ullstein 2007. S. 18f. (gekürzt)

Brecht, Bertolt
Morgens und abends zu lesen S. 84
Ich habe gehört,
ihr wollt nichts lernen S. 114
Aus: B. Brecht. Gesammelte Gedichte. Frankfurt a. M.: Suhrkamp 1976. Bd. 2., S. 586; Bd. 1, S. 385 (gekürzt).

Carsten, Catarina
Du und ich S. 84
Aus: C. Carsten. Meine Hoffnung hat Niederlagen. Salzburg: Otto Müller 1990. S. 38.

Die Prinzen
Ich wär' so gerne Millionär S. 115
Text: Krumbiegel, Sebastian. (c) Moderato Musikproduktion GmbH/George Glueck Musik GmbH, Berlin.

Fried, Erich
Wintergarten S. 84
Aus: E. Fried. Liebesgedichte. Berlin: Wagenbach 1995.

Frisch, Max
Zitate S. 180
Aus: Frischs „Andorra". Hrsg. von W. Schmitz und E. Wendt. Frankfurt a. M.: Suhrkamp 1984.
Andorra. Drittes Bild S. 181, 187, 192
Aus: M. Frisch. Andorra. Stück in zwölf Bildern. Frankfurt a. M.: Suhrkamp 1961.

Goethe, Johann Wolfgang von
Mädchenwünsche S. 158
Mailied S. 160
Willkommen und Abschied S. 162
Neue Liebe, neues Leben S. 164
Die Leiden des jungen Werther S. 171
An die Entfernte S. 173
Aus: Goethes Werke. Hrsg. von Erich Trunz. München: Beck 1981.

Goetsch, Christa
Grußwort zur Verleihung
des Bertini-Preises 2010 S. 46
http://www.bertini-preis.de/index.php/article/detail/487 (19. 1. 2011)

Guben, Günther
So S. 176
Aus: Neue deutsche Kurzprosa. Hrsg. von Fritz Pratz. Frankfurt a. M.: Diesterweg 1976. S. 43.

Hahn, Ulla
Auswendig lernen möchte ich dich S. 75
Aus: U. Hahn: So offen die Welt. Gedichte. München: Deutsche Verlagsanstalt[2] 2004, S. 29.
Nie mehr S. 85
Aus: U. Hahn. Unerhörte Nähe. Stuttgart: Deutsche Verlagsanstalt 1988.

Heidenreich, Elke
Lesen ist das Glück meines Lebens S. 97
Aus einem Interview mit Elke Heidenreich im Stern 31/2003, S. 128, 132.

Herman-Friede, Eugen
Abgetaucht!
Als U-Boot im Widerstand S. 100
Aus: E. Herman-Friede. Abgetaucht! Als U-Boot im Widerstand. Hildesheim: Gerstenberg 2004.

Hintz, Ingrid
„Herzlichen Glückwunsch,
Isabell!" S. 32
Originalbeitrag.

Hohler, Franz
Die Taube S. 72
Aus: Franz Hohler: Das Ende eines ganz normalen Tages. München: btb 2010. S. 109.

Jandl, Ernst
my own song S. 188
Aus: E. Jandl. Gesammelte Werke. Bd. 2. Frankfurt a.M.: Luchterhand 1990. S. 557.

Kafka, Franz
Das Buch kann die Welt ... S. 97
Zitiert nach: Stefan Bollmann. Warum Lesen glücklich macht. München: Elisabeth Sandmann 2007. S. 126.

Kaléko, Mascha
Was man so braucht S. 84
Aus: M. Kaléko. In meinen Träumen läutet es Sturm. Gedichte und Epigramme aus dem Nachlaß. Hrsg. und eingeleitet von Gisela Zoch-Westphal. München: Deutscher Taschenbuch Verlag [2]2001. S. 157.
Ein Post Scriptum S. 197
Aus: M. Kaléko: In meinen Träumen läutet es Sturm. München: Deutscher Taschenbuch verlag 1977. S. 36.

Kästner, Erich
Wenn ein Kind lesen gelernt hat ... S. 97
Zitiert nach: Stefan Bollmann. Warum Lesen glücklich macht. München: Elisabeth Sandmann 2007. S. 46.

Lettgen, Stephanie
Keine Einsamkeit vor dem PC S. 144
Bericht: dpa. Aus: Hannoversche Allgemeine Zeitung Nr. 228 vom 30. 9. 2010.

Maibohm, Claudia
Der Niedergang
der deutschen Sprache S. 153
Originalbeitrag.

Manderscheid, Roger
ein beobachter der luft S. 13
Aus: R. Manderscheid. Polaroid. Esch/Lux: Editions phi 2002. S. 26.

Manz, Hans
Ich S. 175
Aus: Großer Ozean. Hrsg. von Hans-Joachim Gelberg. Weinheim/Basel: Beltz & Gelberg 2000. S. 77.

Marti, Kurt
Neapel sehen S. 73
Aus: K. Marti. Dorfgeschichten. Darmstadt/Neuwied: Luchterhand 1987.

Meibom, Barbara von
Die Aneignung neuer Medien als schöpferischer Balanceakt S. 150
Aus: Praxis Schulfernsehen 285/ März 2000.

Mey, Reinhard
Manchmal wünschte ich ... S. 199
Strophe aus dem Lied „Manchmal wünscht' ich"
http://www.reinhard-mey.de/start/texte/alben/manchmal-w%C3%BCnscht-ich (19. 1. 2011)

Möller, Steffen
Viva Polonia S. 26
Aus: S. Möller. Viva Polonia. Als deutscher Gastarbeiter in Polen. Frankfurt a. M.: Fischer 2009. S. 70ff. (gekürzt)

Mon, Franz
man muss was tun S. 40
Aus: F. Mon. Poetische Werke 1951-1970. Gesammelte Texte 2. Berlin: Janus Press 1995. S. 206.

Müller, Herta
Arbeitstag S. 71
Aus: H. Müller. Niederungen. München: Hanser ^{4}2010. S. 173.

Ndumba Mbogori, Gacheri
Wirklich, mir fehlt der Staub S. 16
Originalbeitrag.

Nöstlinger, Christine
Die weite Welt S. 12
Aus: Christine Nöstlinger/Jutta Bauer. Ein und Alles. Weinheim/Basel: Beltz & Gelberg 2002.

Özcan, Gökhan
In der türkischen Sprache ... S. 195
Text aus der Zeitschrift „alverde“. Hrsg.: dm-drogerie Markt. August 2010. S. 53.

Özdemir, Cem
„Ich war ein Gastarbeiterkind!“ S. 217
Aus: Dein Spiegel 7/2010. S. 21. (gekürzt und leicht verändert)

Özdoğan, Selim
Sonntag S. 63
Aus: S. Özdoğan. Ein gutes Leben ist die beste Rache. Stories. Berlin: Rütten & Loening 1998. S. 79f.

Pennac, Daniel
10 Rechte für Leser S. 97
Aus: D. Pennac. Wie ein Roman. Aus dem Französischen von Uli Aumüller. Köln: Kiepenheuer & Witsch 1994. S. 163.

Reim, Dagmar
Hinschauen,
wenn andere wegsehen S. 30
http://www.bertini-preis.de/index.php/file/download/416 (25.1.2011)

Rilke, Rainer Maria
Der Panther S. 269
Aus: R. M. Rilke. Sämtliche Werke. Hrsg. von E. Zinn. Frankfurt a.M.: Insel 1975.

Saint-Exupéry, Antoine de
Der kleine Prinz und der Fuchs S. 78
Aus: A. de Saint-Exupéry. Der Kleine Prinz. Übersetzt aus dem Französischen von Grete und Josef Leitgeb. Düsseldorf: Karl Rauch 1950/1999. S. 66ff. (gekürzt)

Schnurre, Wolfdietrich
Also, was ist eine Kurzgeschichte? S. 58
Aus: W. Schnurre. Kritik und Waffe. Zur Problematik der Kurzgeschichte. In: Theorie der Kurzgeschichte. Hrsg. von Hans-Christoph Graf v. Nayhauss. Stuttgart: Reclam 2004. S. 29.

Schulze, Ingo
Die erste Lektüre ... S. 58
Aus: I. Schulze. Endstation Sehnsucht. In: Theorie der Kurzgeschichte. Hrsg. von Hans-Christoph Graf v. Nayhauss. Stuttgart: Reclam 2004. S. 50f.

Schwan, Ben
Internet belebt die Sprachkompetenz S. 147
http://www.derwesten.de/nachrichten/technik/technology-review/Internet-belebt-die-Sprachkompetenz-id186422.html (24. 1. 2011)

Shakespeare, William
Romeo und Julia, 3. Akt, 5. Szene S. 89
Aus: W. Shakespeare. Romeo und Julia. Übersetzt von Erich Fried. Berlin: Wagenbach 2002. S. 148ff.

Spinner, Kaspar H.
Der Begriff der Kurzgeschichte ... S. 58
Aus: K. H. Spinner. Kurzgeschichte. In: Praxis Deutsch Nr. 206/2007. S. 15.

Stütze, Annett/Zöller, Elisabeth
Verliebt - oder was? S. 81
Aus: A. Stütze/E. Zöller. Verliebt - oder was? Braunschweig: Schroedel Verlag 2010. S. 60ff.

Taşman, Nilgün
Zwei Jahre Deutschland S. 19
Aus: N. Taşman. Ich träume deutsch ... und wache türkisch auf. Eine Kindheit in zwei Welten. Freiburg/Basel/Wien: Herder ^{4}2011. S. 7ff.

Thieme, Andreas
Das Web ist im Alltag angekommen S. 136
http://www.spiegel.de/netzwelt/web/0,1518,druck-711221,00.html (24. 1. 2011)

Trojanow, Illija
Das Bett auf dem Dach S. 14
Aus: I. Trojanow. In Afrika. Mythos und Alltag. München: Frederking & Thaler ^{3}2007. S. 110f. (gekürzt)

Vey, Daniela
Betriebspraktikum.
Eine Menge Erfahrungen gesammelt S. 117
Aus: Hofgeismarer Nachrichten vom 4.4.2002.

Wagner, Richard
Falsch S. 178
Aus: R. Wagner. Der Mann, der Erdrutsche sammelte. Stuttgart: Deutsche Verlags-anstalt 1994. S. 53.

Zeevaert, Sigrid
Mein Herz schlägt plötzlich schnell S. 86
Aus: S. Zeevaert. Wer ich bin. Stuttgart: Thienemann 2009.

Zimmermann, Tanja
Eifersucht S. 95
Aus: Total verknallt. Ein Liebeslesebuch. Hrsg. vom Marion Bolte u.a. Reinbek bei Hamburg: Rowohlt 1984. S. 119.

Texte ohne Verfasserangabe und Texte unbekannter Verfasser

98-Jähriger baut Unfall S. 207
Aus: Echt wahr? Hrsg. von Fremdkörper. Kuriose Meldungen der dpa. Hamburg: Tandem Verlag 2007. S. 8. (leicht verändert und gekürzt)

Aber während J. Wolfgang Goethe ... S. 159
http://www.fembio.org/biographie.php/frau/biographie/cornelia-goethe/ (20.1.2011)

Alexander von Humboldt S. 12
Originalbeitrag.

Alexis, 12 Jahre, aus Berlin S. 208
Aus: Dein Spiegel 06/2010. S. 22.

Aus dem Regelteil eines Wörterbuchs (K 161, K 162, K 134, K 140, K 141, K 142, K2) S. 225-228
Aus: Duden. Die deutsche Rechtschreibung. 24., völlig neu bearbeitete und erweiterte Auflage. Mannheim/Leipzig/Wien/Zürich: Dudenverlag 2006. S. 29ff.

Chemielaborant/in S. 229
http://berufenet.arbeitsagentur.de/berufe/berufld.do?_pgnt_pn=0&_pgnt_act=goToAnyPage&_pgnt_id=resultShort&status=T01 (24.1.2011)

Computer im Kinderzimmer? S. 212
Aus: Dein Spiegel 2/2010, S. 27

Computer: immer kleiner, immer schneller S. 219
Aus: Geolino 5/2010, S. 25f.

Das Freiwillige Soziale Jahr S. 132
Originalbeitrag.

Der beste Witz der Welt S. 207
Aus: Dein Spiegel 8/2010. S. 13.

Die wahren Namen unserer Welt S. 198
Aus: Geolino 1/2009. S 40ff. (gekürzt)

Ein Land, viele Gesichter S. 29
Aus: Geolino Extra Nr. 11. S. 28.

Fernando Pampillón Miguez S. 216
http://www.angekommen.com/iberer/Impressum/impressum.html (18. 1. 2011)

Freunde fürs Leben S. 28
Aus: Geolino Extra Nr. 11. S. 29.

Geschichte der „Gastarbeiter“ S. 18
Text links: http://www.planet-wissen.de/alltag_gesundheit/gastarbeiter_und_migration/geschichte_der_gastarbeiter/index.jsp (24.1.2011)
Text rechts: nacht-depesche westsektor 11. September 1964.

Hallo! Ich heiße Eva S. 215
http://www.schueleraustausch.de/sa/*berichte/eva.shtml (18. 1. 2011)*

Hilfe, mein Kind daddelt zu viel! S. 211
http://www.bild.de/BILD/ratgeber/kind-familie/2009/11/30/computerspiele-tipps-fuer-eltern/hilfe-mein-kind-daddelt-zu-viel.html (18. 1. 2011, Text gekürzt)

Inlinen S. 254
Aus: Duden - Wörterbuch der Szenesprache. Hrsg. vom Trendbüro durch Peter Wippermann. Mannheim: Bibliographisches Institut 2000.

Inlineskating S. 255
Aus: Brockhaus. Die Infothek - Faxservice. Dokument Nr. 15021. (c) 1999 F.A. Brockhaus.

Internet verhindert Vereinsamung S. 265
Aus: Borkener Zeitung Nr. 269 vom 18. 11. 2010.

Istanbul S. 24
http://www.reiseweltatlas.de/Istanbul.html (24. 1. 2011)

Karina, 15 Jahre, aus Köln S. 208
Aus: Dein Spiegel 06/2010. S. 22.

Machen Computer Kinder dumm? S. 210
Meinungen eines Schulleiters und eines Lehrers ,abgedruckt in: Südkurier Nr. 86. 12. April 2008. LR. S. 3.

Nina Krampe, 17 Jahre, aus Wahrendorf bei Münster S. 214
Aus: Geolino Extra Nr. 11, S. 30. (gekürzt)

„Papa ponte – Mama Brücke" S. 194
Text (gekürzt) aus der Zeitschrift „alverde". Hrsg.: dm-drogerie Markt. August 2010. S. 50.

Raus auf Rollen S. 250
Aus: Das Sportgespräch. Ein Sendung im Programm des Deutschlandfunks am 21. 3. 2002. (gekürzt)

Romeo und Julia. Auszug aus dem Filmdrehbuch S. 91
Aus William Shakespeares Romeo und Julia. Der Film. Ein Drehbuch von Baz Luhrmann und Craig Pearce. Aus dem Englischen von Jürgen Fischer. Frankfurt a. M.: Fischer 1997.

Schalt das Ding aus! S. 209
Text von Hilmar Schmundt (gekürzt und verändert). Aus: Dein Spiegel 6/2010. S. 19ff.

Schmetterlinge im Bauch S. 196
http://www.gutefrage.net/frage/woher-kommt-der-ausdruck-schmetterlinge-im-bauch (18. 1. 2011)

Ticket S. 22
Aus: „Eingewanderte Wörter". Hrsg. von Jutta Limbach. Ismaning: Hueber 2008. S. 67.

Virtuelles Reisen S. 13
Originalbeitrag.

Vom Kap an die Elbe S. 215
Aus: Geolino Extra Nr. 11. S. 31. (gekürzt)

Warum es so gesund ist, sich krankzulachen ... S. 206
Aus: Dein Spiegel 8/2010. S. 11.

Warum ist Eingreifen oft so schwer? S. 37
Originalbeitrag.

Wie kann es sein, dass niemand eingreift? S. 37
Originalbeitrag.

Bildquellenverzeichnis

adpic Bildagentur, Bonn: 204.1 (A. Trautmann); Agentur Focus, Hamburg: 248.1 (Christian Kruska); akg-images GmbH, Berlin: 12.1, 103.1, 155.2, 156.3, 157.1, 160.1, 170.1 (Heiner Heine), 171.1 (Heiner Heine); Arena Verlag GmbH, Würzburg: 152.6; asphalt und anders Verlag, Hamburg: 59.4; aus: Antoine de Saint-Exupéry: Der kleine Prinz, Düsseldorf, Rauch, 1998: 78.1; Michael Bamberger: 194.1 (alverde/dm-drogeriemarkt); Berlin Verlag GmbH, Berlin: 48.1; Bernhard Wicki Gedächtnis Fonds e.V., München: 111.1-4; Bertelsmann Jugendbuch-Verlag, München: 21.1; Bildagentur Schapowalow GmbH, Hamburg: 24.1 (SIME); Bildarchiv Preußischer Kulturbesitz, Berlin: 157.2, 166.1, 170.2 (Nationalgalerie, SMB/Reinhard Saczewski), 269.1; Bildarchiv Werner Bachmeier, Ebersberg: 205.1; Blickwinkel, Witten: 74.2+74.4 (McPHOTOs), 75.2 (McPHOTOs), 76.2 (McPHOTOs); Bridgeman Berlin, Berlin: 51.1, 72.2+3, 158.1 (Hamburger Kunsthalle); btb Verlag, München: 59.3; Andreas Buck, Dortmund: 9.2, 264.1; BÜNDNIS 90/DIE GRÜNEN, Berlin: 217.1+2 (Cem Özdemir); Carlsen Verlag GmbH, München: 59.2, 198.1; Caro Fotoagentur GmbH, Berlin: 223.1 (Oberhaeuser); CCC/www.c5.net, Pfaffenhofen: 30.1 (Luis Murschetz); Jürgen Christ, Köln: 118.1; Cinetext Bildarchiv, Frankfurt/Main: 91.1, 172.3; Corbis, Düsseldorf: 251.1; Deutsche Verlags-Anstalt GmbH, München: 191.1; Deutscher Taschenbuch Verlag GmbH & Co. KG, München: 96.1, 152.5+7, 172.2; dfd Deutscher Fotodienst GmbH/ddp images, Hamburg: 89.1, 93.1; Diogenes Verlag AG, Zürich: 109.1; EGMONT VGS Verlagsgesellschaft mbH/EHAPA COMIC COLLECTION: 172.2; Irmgard Ehls, Hofgeismar: 114.2, 116.1, 117.1, 124.1; F1online, Frankfurt/Main: 133.1 (ETSA RM), 156.2 (Norbert Guthier); Michael Fabian, Hannover: 9.1, 31.1, 36.1, 55.1, 57.1, 126.1, 130.1, 135.1, 137.1, 145.1, 175.1+2, 177.1, 179.1, 189.1, 190.1, 192.1, 209.1, 221.1, 244.1, 257.1, 261.1, 263.1; Franckh-Kosmos Verlags-GmbH & Co. KG, Stuttgart: 152.4; Jens Gerdes, Trier: 16.1; Getty Images, München: 3-7, 24, 44, 66, 86, 106, 130, 146, 168, 186, 194, 220, 244 (alle: Imagezoo/Images.com) Dieter Hackenberg, Dortmund: 216.1; imagetrust, Koblenz: 72.1 (Michael Hauri); INTERFOTO, München: 157.3 (Sammlung Rauch), 180.1 (Sammlung Rauch); K2 Ski-Sport und Mode GmbH, Prenzberg: 258.1; Karl Rauch Verlag, Düsseldorf: 79.1; Siegfried Kuttig, Lüneburg: 11.1; Ulrike Köcher, Hannover: 41.1, 174.1; Sabine Lochmann, Frankfurt a.M.: 33.1, 61.1, 67.1, 295.1; Loewe Verlag GmbH, Bindlach: 152.1; LOOK-foto, München: 250.1 (Stefan Eisend); Matthias Lüdecke, Berlin: 11.2; Marie Marcks, Heidelberg: 22.1; Niedersächsisches Ministerium für Inneres und Sport, Hannover: 31.2; PhotoAlto, Berlin: 206.1 (Frederic Cirou); photothek.net GbR, Radevormwald: 74.1 (Ute Grabowsky), 85.1 (Ute Grabowsky); Picture-Alliance, Frankfurt/M.: 10.1 (Scheidemann), 10.3 (Bernward Loheide), 11.3 (dpa-tmn/Ayusa), 13.1 (Zentralbild/Peer Grimm), 14.1 (Zentralbild/Karl-Heinz Schindler), 15.1 (Sandra Grätke), 18.1 (dpa), 42.1 (Oliver Berg), 46.1 (Zentralbild/Karlheinz Schindler), 60.1 (Martina Hellmann), 64.1 (picturedesk.com/Marko Lipus), 71.1 (Harald Tittel), 73.1 (Karlheinz Schindler), 75.1 (C2oth Fox/Twentieth Century Fox), 115.2 (picture-alliance/eb-stock), 122.1 (Globus), 128.1 (picture-alliance/eb-stock), 132.1 (Friso Gentsch), 136.1 (Achim Scheidemann), 140.1 (Frank Kleefeldt), 144.1 (Jürgen Lösel), 154.2 (Helga Lade/KaKi), 199.1, 200.1 (dpa/Zucchi Uwe), 217.3 (Zentralbild/Karlheinz Schindler), 232.1 (Oliver Berg), 233.1 (Zentralbild/Matthias Bein), 238.1 (Jürgen Lösel), 265.1 (LANDOV/MAXPP/Lucas Schifres); Polizeiliche Kriminalprävention der Länder und des Bundes, Stuttgart/www.aktion-tu-was.de: 38.1; Privatbesitz Eugen Herman-Friede: 101.1; Realschule Kronach II (Klasse 10d): 162.1-7; S. Fischer Verlag GmbH, Frankfurt: 26.1, 152.3; Jaroslaw Schwarzstein, Hannover: 23.1, 28.1, 29.1, 81.2, 82.1, 87.1, 88.1, 95.1, 134.1, 207.1, 210.1, 214.1, 215.1, 215.2; SPIEGEL-Verlag, Hamburg: 212 (aus: Dein SPIEGEL 2.2010. Foto: Imago / Jochen Tack); Suhrkamp Verlag, Frankfurt/Main: 181.1; Süddeutsche Zeitung Photo, München: 109.2 (Brigitte Friedrich); Theaterwissenschaftliche Sammlung Universität zu Köln, Köln: 183.1; Thienemann Verlag, Stuttgart: 48.2, 86.2, 152.2; ullstein bild, Berlin: 10.2, 50.1, 57.2 (Rosemarie Clausen), 197.1; Ullstein Buchverlage GmbH, Berlin: 27.1; United Feature Syndicate, Inc., New York: 229.1 (Scott Adams); vario images GmbH & Co. KG, Bonn: 74.3, 76.1, 114.1, 255.1; Verlag Herder GmbH, Freiburg: 19.1; Verlagsgruppe Beltz, Weinheim: 96.2; Verlagsgruppe Droemer Knaur, München: 48.3; VG BILD-KUNST e.V., Bonn: 176.1; Visum, Hamburg: 49.1 (Marion Losse), 115.1 (Ilja C. Hendel); Michaela von Aichberger, Erlangen: 196.1; Barbara von Meibom, Berlin-Friedenau (Schöneberg): 150.1; Warner Bros. Entertainment GmbH, Frankfurt/Main: 155.1, 172.1; Westend 61, München: 75.3 (Klaus Mellenthin), 84.1 (Klaus Mellenthin); Fritz Wiesmann, Borken: 139.1; Dr.-Ing. Horst Zuse, Berlin: 219.1;

Textsortenverzeichnis

Stichwortverzeichnis